CONTEMPORARY RUSSIAN

CONTEMPORARY RUSSIAN

Contemporary Russian Translation Guide for American Translators

Volume 1

L. L. DOWNING

AuthorHouse™
1663 Liberty Drive
Bloomington, IN 47403
www.authorhouse.com
Phone: 1-800-839-8640

Published by AuthorHouse 01/14/2013

ISBN: 978-1-4772-9853-4 (sc)
ISBN: 978-1-4772-9862-6 (e)

Library of Congress Control Number: 2012923461

This book is printed on acid-free paper.

CONTENTS

PART - A

Context

(Proper Russian translation is dependent upon "correct sentence context-identification". Comprehensive Russian/English dictionaries categorize "Context" for specific translation words.

The English academia have had a very strong influence upon the Russian Language for several centuries. However, Russian grammatic usage and sentence structure can vary significantly from American/English usage. Word by Word translation, using this guide in conjuction with contemporary/comprehensive Russian-American/ English dictionaries, will allow Sentence and Paragraph Translations that will contain the communicative meanings and approximate structure of the original Russian.

The American translator may be required to restructure to a degree, translations intended for American readers.

An excellent contemporary source of the Russian language can be found on the Internet. Go on line to the many Russian language sources, such as <ITAR-TASS.com>.

Following, limited listing of "generalized-context titles", is provided for assistance in determining "valid-context, appropriate cyrillic stem-words and their terminations").

CONTEXT TRANSLATION ASSISTANCE:

("Listing of generalized-context titles" [for a cyrillic word/term, having a multiple-translation], experienced through-out this translation guide and also in most "comprehensive Russian/English dictionaries", follows:)

абсолуютно (advb) - absolutely, totally, perfectly, irrevocably, quite
авиация (noun) - aviation
автомаческие механизмы - automatic mechanism
автомобиль - automobile
автомалавка - automobile shop
автор бытовых произведений - author (of) social works
альтруистичный - altruistic
англоворящий - English-tongue
анонимный - anonymous
аплодисменты - applause
аромат - aroma
аспирант - postgraduate-student
бабочка - butterfly
банда - band, gang
барахтаться - to wallow
без задников - without back (shoes)
без кровопролития - without bloodshed
без ног - without legs
без ноги - without (a) leg
без последствий - without consequences
без рук - without hands
без руки - without (a) hand
без специальных средств - without special means
без уха - without (an) ear
без ушей - without ears
бездарный - undistinguished
бездомный - homeless
бездумный - unthinking
безнадёжный - hopeless
Бейрутской (adjv) - Beirutian, Beirut-related

белая горяачка - delirium tremens
белого (adjv) - whitish, white-like, white-related
белого медведя (noun) - polar bear, white bear
белый хлеб - white bread
бельевой - linen
Берлинском (noun) - Berlin (name)
бесконтрольный - uncontrolled
беспоксить - concern
беспорядок - confusion, disorder
бессовестный - unscrupulous
бессознательность - without-awareness
бессознательный - unconscious
бесстыдный - shameless
бестактный - tactless
библиотеки - library
бильярда - billiards
битвы - battle
благодарность - gratitude
бланк - form, document
бледный - pale
блестящая пластинка - brilliant plate
близкие отношения - close relation
близкий - nearby
блюдце - saucer
боголмольный человек - religious person
бодров настроение - cheerful mood
бодрый - cheerful
болеть - to be ill
болтун - chatterbox
большими шагами - greater stride
большой - large, great
большой живот - large abdomen
бормотать - to mutter
борода - beard
ботинок - boot
бояться - to fear
брак - marriage
бранно о человеке - curse of mankind

брача - doctor, physician
брехун - liar
бриллиант/а - diamond
Британия - Britain, Great Britain
британский - British
бросаться - to rush
броситься - throw oneself
брус - bar
булавки - pin (tool)
булочка - bakery goods
бумажная - paper
бык - bull
быстрый - rapid
быть - to be
быть достаточным - to be sufficient
быть осторожным - to be careful
быть открытым - to be open
быть склонным - to be inclined
быть характерным - to be characteristic
быть царём - to be Tsar
в автобусе - in (a) bus
в автомобиле - in (an) automobile
в азартные игры - in excited play
в больнице - in (the) hospital
в бедущем - in (the) future
в бухгалтерии - in bookkeeping
в витрине - in (the) window
в газете - in (the) newspaper
в доме - in (a) house
в духовке - in (an) oven
в животе - in (the) abdomen
в игровом - in slot-machines
в индуизме - Hinduism
в картах - in (the) cards
в карточных играх - in card (playing)
в кишечнике - in (the) bowels
в котле - in (the) cauldron
в кучу - as to carouse

в магазине - in (the) shop
в машине - in (a) machine
в названиях статей и т. д. - in character-name, et cetera
в новом платье - in (a) new gown
в поезде - in (a) train
в православной церкви - in (the) orthodox church
в репликах - in reply's
в самолёте - in (an) aircraft
в споре - in (a) dispute
в стране - in (the) country
в танце - in dance
в тесных отношениях- in (a) close-relation
в течение - in (a) flow
в течение долгого времини - in (the) course of time
в туалете - in dressing (doning attire)
в уловольствие - in amusement
в целом виде - in entire-vision
в целости и сохранности - in safety and undamaged-state
в цирке - in (the) circus
в часах in times (past)
в школе - in school
ваза магазин - vase shop
важный - important
валяться - to roll (rotate)
везнравственныи - without morals
велосипеда - bicycle
венчик для взбивания яйц и т. п. - whisk for beating eggs, et cetera
вероятно - probably
верхнаяя часть ноги - leg's upper-part
вечером - evening
взбалтывать - to shake (liquids)
взгляд - look, glance
взрослый - adult
вид - look, appearance
вид состояние - appearance (of) state
вид спорта - type (of) sport
виднеться - be visible
вин/а - guilt

вино - wine
виртуозная вставка - virtuosic insertion
влияыие - influence
вне - outside, out of
внезапно - suddenly
внимание - attention
внимательный - attentive
во время - in time, later
во время еды - at meal-times, while-eating
во время чего-н. - in time anything, during
водяной пистолет - water pistol
воедить - to harm
возбуждать - rouse, awake
воздать - to render
воздух- air, atmosphere
возиться - to spend time
возле - near
возникнуть - to arise
воинственный - warlike
войска - forces
волна/я - wave
волнение - agitation
волновать- to worry
волный - waves
волосы - hair
вооруженный грабёж - armed robbery
вооруженный грабитель - armed robber
вопрос - question
вороватьй - thievish
воротник - collar
воспитанник - pupil, student
воспитанник закрытого среднего военно-учебного заведения - private middle-military-training institution pupil
восставших (adjv) - rebellious, mutinous, insurgent, seditious, rebel- related
восторг - rapture
восточная часть церкви - eastern part (of a) church
восточный - eastern, oriental

врать - to lie, to prevaricate
вращающиеся части машины - rotate (a) machine-part
вред - harm
временные деньги - provisional money, monetary-script
время - time, hours, period (time)
время застоя - time (of) stagnation
время по часат - time in hours
всадница - horse-woman, female-equestrian
второй этаж - ground floor
вулканическая - volcanic
выбоина - rut, groove
выговаривать - reprimand
выжимать - to reap clean (harvest)
вызывающий боль - defiant pain, unending pain
выполняющий работу - to carry-out work, work
выпускник средней школь - graduate (of a) secondary-school
выражаем злорадство - expression (of) malicious pleasure
выражаем согласие - expression (of) consent
выражает боль - express pain
выражает одобрение - express approval
выражает пожелание - express (a) wish
выражает предположительную возможность - express hypothetical possibilities
выражает сильное желание сделать что-н. - express strong desire to make something
выражает страх - express terror
выражает угрозу - express (a) threat
выражает удивление - express astonishment
выражает несогласие - express disagreement
выражение благодарности - expression of gratitude
выраженке безразличия или согласия - expression (of) indifference or consent
выраженке несогласия - expression (of) disagreement
выразить одобрение - to convey approval
высадка - alighting, landing
высокомерие - arrogance
выставка - exhibition
выстрел - shot

выстрелить - to shoot
выступающий в суде - act in judgement
вытекать - to flow out
газетный - newsprint
газирование - carbonation
газовая - gas (aerosol, liquid)
гайка - nut (mechanical)
гармоники - harmonica, concertina, accordion
гармонический оборот - harmonic sequence
глава семьи - head (of a) family
главным образом - main form, principal form
главных (adjv) - chief
гладкий - smooth
глаза - eye
говорить - to speak
говорить вздор - talk nonsense
говорить язвительно - to speak sarcastically
год - year
годовщина - anniversary
годорить - to speak
голод - hunger
голос - voice
гонки упряжных лошадей - harness-horse race
гора - hill, mountain
гордьй - proud
горе - grief
горная выработка - mountain building
город - city, town
горячие угли - hot place
господствовать - to exercise dominion, dominate
гостя - guest
государство - state, government, nation
грампластинка - phonograph record
график - graphic, graph
груз - load
грузовика - truck, motor vehicle
группа рабочих - working group/party
группа цыган - gypsy group

грязный - muddy
губы - lips
гулять - stroll
густой - dense
даже - even
далёкий - distant
далёко - far distant/off
далёко место - distant place
далёко пространство - distant expanse
данных - data
даннье - data
дать отзые - give (an) opinion
двойка - two
дворец - palace
дворянии - nobleman
девушка - girl, maiden
девушка из барской семьи - girl of gentry-family
девушку - girl, maiden
действи/е, ю - activity, action
действовать - to affect
делать пакости - to do (a) dirty trick
делать что-н. - to do something
дело - deed
денег - money
день - day
деньги - money
депо - depot (railway)
дерево - tree
держатель для лампы - holder for lamp
дерзкий - audacious
детей - children
детский сад - kindergarten
деятельности - activity
дикая свинья - wild pig
дикобраза - porcupine
дилер - dealer
дискуссия - discussion
длительное существование - protracted existence, long life

для автогонок - for car-racing
для автомобиля - for motor vehicles
для будней - for weekends
для вина - for wine
для воды - for water
для голосования - for voting
для заварки - for brewing
для зерна - for grain
для испытания автомобилей - for automobile testing
для кипячения воды - for boiling water
для купальщиков - for bathers
для лётчинка - for pilots
для наблюдения - for observation
для облицовки - for (a) cladding/surfacing
для пассажиров - for passengers
для подачи сигналов - for giving signals
для расправления шляп - for smoothing (a) hat
для смазки - for lubrication
для товаров - for waves
для шитья - for sewing
днём - daytime
добиваться своей цели - strive for one's goal
добродушный - good-natured
доброе дела - good deed
доброта - goodness
доверие - trust
доверять - to trust
догадка - guesswork
договор - agreement
доказательный - conclusive
документ/а - document
долг - debt
долос - voice
доля - share
дом - home, house
домощник профессора - assistant professor
донашний - home
дорога - road

дословно - verbatim
драться - to fight
древесины - wooden
древность - antiquity
друг - friend
друг друга - each other, friends
дружный - amicable
дрянь - rubbish
дурак - fool
дурманящий - stupified
душу - soul
дятельность адвоката - activity advocate
его обозначение - it's marking
еде - food
единственный - sole, only
ежа - hedgehog
жалованье - salary
жара - heat
железнодорожная - railroad
жемчуг - pearls
жена царя - wife (of the) Tsar, Tsarina
женская грудь - woman's breast
женский - feminine
женщин/а, ы - woman
жертва преступления - crime victim
жертвенник - altar
жестяная - tin
живой - vivacious
живолись на бытовые сюжеты - painting for genre-subject
живость - liveliness
животного - animal
животное - animal
животных - animal
жидкая пища - liquid food
жизнь - existence, life
жилищ/а, е - dwelling
жульнические махинации - dishonest intrigue
журналист - journalist

за ваше здоровье - to your health, to your (good) health
за детьми - for taking care of
забить струёй - to begin to spurt
заботливый - solicitous
заботясь - to care
заброшенный - neglected
завалить кругом - to pile around (something)
заведующий хозяйством - manage housekeeping
загиб - fold
заголовок - headline, title
загорелый - bronzed
задача - problem
закон - law
закрытое среднее военно-учебное заведение - private middle military-training institution
закусочная - snack-bar
замечание - remark
замужняя крестьянка - married peasant-woman
заниматься не всерьёз - to be not-seriously occupied
занимаясь данным прдметом - to be occupied (with) present subjects, to be pre-occupied
занятие (noun) - occupation, studies
запасной - spare
запеканка - bake
зарабатывать на стороне - earn on (the) side, moonlight (extra income)
заставлять падать - to force to fall
захватить - to seize
защемлять до боли - to pinch until pain
защита - protection
звонок - call
звук - sound
здороволь побегать - healthy for a run, fit for jogging
здоровье - health
земл/и, я - earth, ground
земноводное - amphibian, earth and water, land and water
злая проделка - evil prank
злобу - malice

змея - snake
знак - sign, mark
значительный - significant
зубах - teeth
зубы - tooth
и т. д. - et cetera
и т. п. - et cetera
иврит - Hebrew
игра - game, play
игральная кость - playing bone
играть - to play
игрушка - toy
идти - to go
идти с трудом - to go with difficulty
из гдины - from clay
из кожи барана - of sheep skin
избивать - to beat unmercifully
известие - news
изготовить - to manufacture
издавать звуки - to produce (a) sound
издание - edition
издать грамкий звук - emit (a) loud noise
издать резкий звук - emit (a) strong sound
изменение качества продукта - alteration (of) product quality
изобилие - abundance
изобильный - abundant
изучать - to observe
изъян - defect
именно - exactly
иметь - to have
иметь повадку щипать - to have (a) habit (of) pinching, a flirt
иметь пристанище - to have shelter
иметься - to be present
имущества/о - personality
индивидуальный - individual
иногда - sometimes
инструмент - instrument
искать ощупью - to seek by groping

искусства/о - art
искусственный - artificial
исполнение приговора - execution (of) sentence
испуг - fright
испытывать страх - to feel terror, to experience terror
исступление - frenzy
истори/и, ю - history
историк - historian
итальянец - Italian
й
к деньгам - for money
к тому же - what is more
кабинет врача - doctor's office
кажется - seems, looks like
как источник заработка - when spring-earnings (occur)
как следует - how (to do) next (step)
калека - cripple
каминные - fireplace
камнец - stones
канат - rope
капли - drops
карабкаться - to clamber
картина - picture
карточной игре - card playing
качаться - swing (a body part)
качество работы - quality work
квартира в запущенном состоянии - quarters in neglected condition
кисти - brush
клевета - slander
книг/а, и - book
кож/а, у - skin
коллективный - collective
колокала - bell
команда - command, crew (military)
комната - room
компактный диск - Compact Disk (CD)
комплект мебели - complement (to) furniture

конец - end
конец света - end (of the) world
контора - office
коробка - box
косметические - cosmetic
который охватывается - which to comprehend
кофта - jacket, cardigan
краска - paint
краски - painting
красная - red
красочный - colorful
кредитные документы - credit document
крестьянин - peasant
критик/а, у - criticism
крупье - croupier
кто зарабатывает на стороне - (those) who earn on (the) side, moonlighters
кто работает небрежно - (those) who work carelessly, un-professionals
культуризм - culturism, body-building
культурный - cultural
купальный - bathing
куртка - jacket
куртка с капюшоном - jacket with hood
кусок мяса - piece (of) meat
кусочек бархата - piece (of) velvet
лагерь - camp (military)
ларёк - stall (animal)
лаять - to bark (animal)
лебезить - to fawn-over, dolt on
лекарство - medicine
ленточка бархата - velvet ribbon
лес - forest
лётчик - pilot, aviator
лимон - lemon
линейка - measure, ruler
лист пальмый - palm leaf, palm fond
лист папоротника - fern leaf

листок бумаги - sheet (of) paper
листья - leaf (botanical)
лифта - elevator
лихорадка - fever
лиц/а, о - face (person)
личный - personal
лишённый жизни - lacking life
лишённый сознания - lacking consciousness
ломать - to break, to damage
лошадь - horse
лук - onion
лучшая часть - best part
любитель - lover
любитель антикварных предметов - lover (of) antique objects
любить - to be fond of
любовь - unrequited
любящий хорошо жить - affectionate and good life
магазин - shop, store
магазин ро продаже автомобилей - store for automobile sales, automobile dealership
малонаселённый - sparsely populated
малоценных - little-value
мальчик - boy
масть лошади - color (of a) horse
материал - material
матрац - mattress
междугородный - intercity
мера - measure
мерными шагами - measured side
место - location
месячная - monthly
металл - metal
металлические листь - metallic-sheet
метать - to throw
метаться - to rush-about
мех - fur
мешать - to disturb
мешок - (paper) bag

миллиард - billion
мирно - peaceful
мишени - target
мнение - opinion
много - much
много времени тому назад - much time ago
многоразовый билет - multi-season ticket
могущий работать - powerful work
молодая - young
молодости - youth
монотонно твердить - monotonous repeating
море - sea
мороз - frost
морского ежа - marine-hedgehog
моря - overseas
мужество - courage
мужчина - man
музыки или литературы - music or literature
мысл/и, ь - thought
мышью - bat (mammal)
мясо - meat
на английском языке - in (the) English tongue, in the English language
на виду у всех - on view by all
на вокзале - at (a) station
на заводе - at (a) factory
на здорове - to (your) health, Cheers
на кож/а, е - on (the) skin
на крыше - on (the) roof
на мебели - on (the) furniture
на основании - upon (a) foundation
на открытом месте - at (an) open-place
на предприятии - for venture (relaxation)
на работе - at work
на расстоянии - over (a) distance
на рёшетке - at (the) gate
на сбруе - on (a) harness
на сковороде - on (a) frying-pan

на скотобойне - at (the) slaughterhouse
на форме - on (a) form
навязаться - to intrude
награждать - to reward
надменность - arrogance
название некоторых государственных учреждений - name (of) some public-establishment
назначения - appointment
наконечник - (end) point
накопиться - to accumulate
намазывать - to smear
напиток - beverage
нарушение локоя - disturbance (of the) peace
насекомых - insect
насос - pump
настойчивый - persistent
настроения - mood
настройке - for (fine) tuning (controlling and planning)
насыпь - embankment
наука - science
находиться - to be present
начать бегать - begin to run, start running
начать белеть - begin to grow white
не имеющий названия - no present name, unnamed
не переносить - not be carried-away, self-controlled
не попапать - not hit (the target), miss (the target)
не тратить - not waste
небольшой невод - small net (seine)
небольшой ресторан - small restaurant
небрежная работе - careless work
небрежно работать - sloppy work
недостача - shortage
нездоровый - unhealthy
незнатного рода - humble genus, humble beginnings
неизвестно куда - unknown wherever, unknown everwhere
неискренний - insincere
неискренность - insincerity

нейтральный в отношении морали - neutral in respect (to) morals
немедленный - immediate
необруманно - thoughtless
необруманно сказать - thoughtless talk
неопытный в какой-л. сфере человек - inexperienced person in any sphere
неотложный - urgent
непоколебимый - steadfast
непокорный - unruly
непроизвольный - involuntary
несомненно - undoubtedly
несчастные - misfortune, dishonest
несчастный - unlucky
несчастный случай - unfortunate event
ниже в тексте - beneath in text, lower on the text
нищенский - beggarly, wanting
новичок - novice
ногами - foot
номерок - ticket
ночлег - night
нравов - dispositions
ныть - to ache
о ветре - of (the) wind
о воде - of (the) water
о волнах - of (the) waves
о волосах - of (the) hair
о времени - of (the) time
о времени дятельности - of activity-time
о выстреле - of (the) shot
о глазах - of (the) eyes
о горчице - of mustard
о еде - of (the) food
о женщине - of woman
о животных - of animals
о жидкост/и,ях - of liquids
о крови - of (the) blood
о кушке - of (the) cat

о лашади - of (the) horse
о либе - of beer
о масти животного - of (the) animal's color
о машине - of (the) machine
о металлах - of metals
о морозе - of frost
о моторе - of (the) motor
о мужчине - of man
о настроении - of (the) mood
о нравах - of tempers
о пациентке - about (a) patient
о платье - of (a) dress
о площади - of (the) horse
о поступке - of (a) deed
о предметах - of (the) items
о прожекторе - of (a) searchlight
о расстоянии - of (a) distance
о родстве - of (the) relatives
о сердце - of (the) heart
о сладкоежке - to have a sweet-tooth
о сдове - of (a) word
о стекле - of (the) glass
о телевизоре - of (a) television-set
о текани - of (a) cloth
о тице - of (a) bird
о толпе - of (the) multitudes
о транспорте - of (the) transport
о человеке - of (the) people
о человеческом теле - of (a) person's body
о чувстве грусти- to sense sadness
об отвлечённых понятиях - about (an) abstract idea
об ударении - concerning emphasis
обёртка - wrapper
обжалование - appeal
обильный - abundant
облака - cloud
область - oblast, region
обман - deception

обморочное состояние - syncope (medical)
обозначает владельца - to emphasize ownership
обозначает место действия - to emphasize place (of) activity
обозначает принадлежность - emphasize (a) membership
образ жизни - from (a) life
обращение - (personal) appeal
обрушить - to bring down
общательный - sociable
общего происхождения - common origin
объяснение - explanation
овощи - vegetables
огород - vegetable-garden
оградить - to protect
оделанный из меха барсука - presented with badger-fur
одинский человек - lonely person
одновременно - simultaneously
одновременный - simultaneous
однооврaзная жизнь - monotonous existence
одобрение - approval
одолжение - favor
одурманенный - drugged
оживлять - enliven
озера - lake
озорник - rascal
окреска - coloring
окроплять - to sprinkle
опасностью - danger
опекая - to watch over
оперятный - neat
описание - description
описание своей жизни - description (of) my life
описание своей карьеры - description (of) my career
описывать - to describe
опросный лист - questionnaire
опыт - experience
опытный - experienced
орган - organ
орган размножения - reproductive organ

орех/а, и - nut
оскаливать зубы - bare one's teeth
оскорбление - insult
основание - basis
основная группа - main group
особый - special
остерегаться - to beware
осторожный - careful
остров/а - island
остросюжетны фильм - tense movie
осуществление расяётов с использованием платёжных карт как
вид банковской деятельности - implementation statements
for use payment-card (for) processing banking-like conditions
от того же отца - from the same father
от удивления - from amazement
отановицься белым - growing white (hair)
отверстие - opening
отдалённость - remoteness
отдел - department
отдельное лицо - separate feature
отдельный - separate
отец - father
отзыв - judgement
открытый - open
отметка - grade, mark
относительно - concerning
относитья несерьёзно - to regard (as) frivolous
относящийся к предмету - to relate to (an) object
относящийся к рабочим - (have) regard for workers
относящийся к человеку - to relate to (a) person
отопительная - heating (equipment)
отрасль науки - branch (of) science
отсутствие дорог - absence (of a) road
отсутствие законности - absence (of) law and order
отсутствие контроля - absence (of) control
отсутствие лесов - absence (of) forest
отсутствие прав - lack (of) rights
отсутствие сознания - absence (of) consciousness

оценить знания - estimate accomplishments
очевидный - evident
очень - very
очень маленьки - very small
очередь - turn
очертить - to outline
паз - one
пазить - groove
паломник - pilgrim
пальто - overcoat (clothes)
партия - party
пачкать - to soil/dirty
пачкаться - to make oneself dirty
певец - singer
певиц - singer
пение - singing
первенстововать - to take first place
первой помощи - first aid
пердеть - pass gas (audibly)
перевод - spending
перед продолжением повествования после отступления - before continuing (a) narrative after digression
перекрестить - make the sign of the cross
перекреститься - make the sign of the cross
перекупщик (noun) - second-hand (merchandise) dealer
перепыв в чём-л. - break in activity (rest period)
переставать - to stop
песенка - song
петь - sing
печальный - sad
печатного листа - printing-sheet
печатный лист - printing-sheet
пиджак - jacket
писать - to write
письмо - letter (mail)
пищ/а, и - food
план - plan
платье - clothes

плечи - shoulder
плод - fruit
плоскогубцы - pliers
плохо рисовать - to paint badly
по величине - in (the) size
по гарязи - in (the) mud
по лбу - by (the) brow
по лбу и т. п. - by (the) forehead - et cetera
по политическим мотивам - for political motives
по причине - for cause
по часат - by (the) hour
побеждать - to conquor
повереный - attorney
поверхностный - superficial
поверхрость - surface
повиноваться -to obey
повиновение - unconditional
повозка - cart
погода - weather
под носом корабля - under (a) vessel's bow
подавленный - dispirited
подвижной состав - rolling-stock (railroad)
подделанная вещь - counterfeiting items
подделывание - to counterfeit
подлис/и, ь - signature
подонки - riff-raff (low life)
подсвечник - candlestick
подушечка - pin-cushion
подушка - pillow
поезд - Train (railway vehicle)
поезлка - travel
пожазаться - to slow
позади - behind
позволять поймать себя - allow oneself (to be) caught
позволять себе что-л. - permit oneself anything
позорить - to disgrace
покинуть - to leave
поклонник - admirer

покрытый цветами - covered flowers
политическое - political
полка - shelf
полностью - completely
поломка - breakdown
полотна - linen
полоэтаж - mezzanine
полуостров - peninsula
получить - to get/receive
получить благословение - to receive (a) blessing
поль зующийся блатом - make use of string-pulling, benefit from applying pressures
померя сознания - loss (of) conciousness
помешать - to accomodate
помещение - location
помещики - land owner
помощник - helper
портить - to ruin
посещать - to visit
после - afterwards
последствия - consequence
посредством - by means of
пост - post, position
постающийся по блату - to obtain by power
постройка - building (construction)
поступок - behavior
посуды - crockery
потеха - amusement
потратить - to spend one's money
походка - gait
похожий - resembling
почв/а, ый - earth
почта - mail
почтовое отправление - things sent by mail
появляться - to appear
правний - legal
право пользования чем-н - right (to) use more than once
праздник у татар и башкир - holiday by Tartar and Bashkir

празднование - celebration
превний - ancient
превратить в горючий газ - cover for combustible-gas
превращение в горючий газ - conversion to inflammable-gas
предлагать сесть - to offer to sit down
предмет - object
предназначенный для работы - intended for work
предполагать - assume
предположительный - hypothetical
предсказывание - fortune-telling
предсказывать - to predict
предумышленно - premeditation
прежний - previous
презесный материал - wooden material
преолдолевать - to overcome
пресмыкающееся - reptile
при аварии - by accident
при кипенин - by boiling
при наступлении чего-л. - by anything offensive
при обозначении добавления - by additional signs
при обозначении меры - by measure-marking
при обозначении места - by place-signs
при обозначении предельного срока - by maximum-period signs
при обозначении срока - by time-marking
при обозначении стоимости by - cost-marking
при обозначении цели - by target-marking
при обозначении чего-н. - it's time (for) anything
при промощи чего-н. - by assistance (with) anything
при указании назначения - by purpose-instructions
при умножении делении - by unit (of) multiplication
прибор - device
приблизительно - approximately
прибытие - arrival
прибыть - to arrive
привлекательный - attractive
приводить в дейтвие - to put in action
приём - welcome
приемлемый - acceptable

прийти по вызову - to arrive for (a) summons
приключение - adventure
применяемый на мелководье - to employ on shallow-water
принимать - take on
принимать на себя - to take on (by) oneself
приниматься - to begin
присвоить звание - award-rank
присутствие - presence
причёска - hair-style
причинять боль кому-н. - to cause pain (to) anyone
провести вокруг - to lead around
продавец - vendor
продолжающийся один час - continued (for) one hour
продуция - production
проигрывателя - record-player (phonograph)
произведени/е, я - work
произведение искусства - art-work
произведённый ра фабрике - labored to fabricate
производить звук/и - to create (a) sound
произвол - arbitrary rule
происходить - occur
происхолящий только один раз - occurs only one time
проказливый - mischevious
промах - miss (a target)
пропало - it's all lost!
просредством - by means of
проститутка - prostitute
пространство - space
протестант - Protestant
процесс - process
пруг пруга - each other, each friend
прыщ - spot
птицу - bird
птичье - poultry
пузырёк - vial
пустой человек - frivolous person
пустослов - windbag (person)
пусть - let, allow

путь - path
пчелы - sting
пянство - drunkenness
раболепный - servile
работа - work
работа машины - operating machine
работая - to work
равнодушие - indifference
разбиться - get smashed (injured)
разбрызгиватель - sprinkler
разве - perhaps
развлечение - entertainment
разврат - debauchery
район - region
раосказ о действительном - story of truth
рапутный - debauched
расбочий - worker
распутица - season of bad roads (winter)
распутница - libertine
распутство - debauchery
рассказ - story
растени/е, я - plant (vegetation)
растительность - vegetation
расцвет - bloom
расширяться - to expand
ребёнок - infant, child
регулярный - regular
результат - result
реки - river
рекламная - advertising
рецензия - review
решение - judgement
рисунков - drawing, sketching
род иделия - sort (of an) article
род искусства - kind of art
родственник - relation
рост - growth
рот - mouth

роща - grove (trees)
ругать - curse, swear
ругаться - to swear
рук/и, у - hand
руководитель - leader
ручка - hand
рыба - fish
рыжая со светлой гривой и хвостом - chestnut with light mane and tail (palomino horse)
рычаг - lever
с заранее обдуманным злым умыслом - with beforehand well-considered evil-intent
с квадратным верхом и кисточкой - with square-tops and tasseled
с помошью шеста или мелодвижений - with help (for) poling or rythm
с седыми волосами - with grey-hair
с трудом - with difficulty
с увечьем - by maiming
с шумом падать - to fall with noise
самец свиньи - male-pig
самолет - aircraft
самопроизвольный - spontaneous
сани - sleigh
сапоре - boot
сбежаться - to come running
сбор сведений - bringing together duties
сбросить бомбы на - to drop bombs on
сверкать - to sparkle
сверток - package
светло-игреневая - light palomino (horse)
светлый - bright
свидетельство - certificate
свободный - free (movement)
своеобразие художественной - техники originality of art-technology
своебразный - distinctive
своими знаниями - flaunt (self) knowledge
свойственнный - characteristic

свойственный молодости - characteristic (of) youth
свойство - characteristic, attribute
свыше - beyond
связанный с предступным миром - constrined by
criminal-elements
священнтк - priest
секрет - secret
семена - seed
семя - seed
сердце - heart
сказать - say
сказка - fairy tale
сказочный персонаж - fairy-tale personality
скалы - rock face
скамья - bench
склад - depot
скопиться - to gather
скрывать что-н.- to hide from everything
скрываться - to hide
скульптура - sculpture
скупиться - to skimp, to grudge
скупой - miserly
скупость - stinginess
скучный - tedious
слабость - weakness
слабы - weak
сласти - sweets
следить глазами - to watch (with ones) eyes
слишком длинный - too lengthy
слова - speech
слой лака - layer (of) varnish
слоняться - loiter about
служба - service
слухов - rumors
случайно - accidentally
случаться - to occur
смазывать - to lubricate
снабдить газовым топливом - to supply gas fuel

снабжение газовым топливом - gas fuel supply
снаряжение - equipment
снежный - snow
со светлыми волосами - with light (colored) hair
со спичками with matches (fire)
собак/а, е - dog
собрание игр - collection (of) games
событие - event
совет - advice
совокупность учреждений в какой н. отрасли- total establishment in which some branch
согласен - agreeable
соединение нескольких машин - combination (of) some machines
сожалеть - regret
созвездие - constellation
сок - juice
сокровища - treasure
солдат - soldier
сомнительный - doubtful
сон - sleep
сообщник - accomplice
сопласие - agreement
сопровождающая популярных музыкантов - to accompany popular musicians
соседный - neighboring
составитель Евынгелия - Evangelist author
состояние - condition
сострадательный - compassionate
состязание - contest
сосуд - vessel, container
сохранять равновесие - keep (a) balance
сочный - juicy
спасаться - escape
спастись бегством - to escape and flee
специалист - specialist
сплетник - gossip
сплетня - gossip

спокойный - tranquil
спокойствие - tranquility
спор/а - argument
спортсмен - sportsman
способ - way, method
способ путешествия - way (of) travel
способный много работать - capable of much work
сражение - battle
ссориться - quarrel
становиться алым - grow scarlet
стараться изо всех сил - to try with all one's might
старик - old man
стеклянная - glass
стены - wall
стихи - element
стихотворение - poem
стойка - counter (refreshment)
стол - table, desk
столица - metropolis
столкновение - clash
сторожа - guard, sentry
сторона - aspect
стоящий - worthy
страна - country, land
страсть - passion
страх - terror
стрелять - to shoot
стремиться - to strive
строение материала - building-material
струна - string (musical)
струнного инструмента - stringed instrument
студент - student
ступать - to tread
судн/а, о - vessel (transportation)
судья - judge
суетиться - to fuss
супружество - matrimony
суша - land (territory)

существо - creature
существовать - to be
существующий издавна - to exist for a long time
сучастье - happiness
съедать - to eat
таз - pelvis (anatomy)
так что - so
таким образом - thus, in this way
танец - dance
тарелка - plate (dinner)
твёрдый характер - hard character
театра - theater
телесное наказание - corporal punishment
телефон/а - telephone
телефонная - telephonic
телосложение - build (body)
тёмро-игреневая - chocolate-palamino (horse
территория- territory
терсть - wool
тип растения - type (of) plant (horticulture)
ткань - fabric, woven-cloth
ткурка - wallow
то - fact, that
тоже - too, also
только один раз - only one time
тон - tone
тонадьность - key (musical)
торговец лошадьми - horse-dealer
торговом автомате - commercial slot-machine
тормозной - brake
тот - that, those
точка зрения - point of view
трапеза - meal
требования - request
требовать - to demand
трогать - to touch
тропический - tropical
трос - rope, cable

труд - labor
трудность - obstacle
трус - coward
тупой человек - stupid person
туристов - tourist's
туфля - shoe
тщательный - thorough, careful
тяжёлое время - difficult times
у - at, of
у автомобиля - of (an) automobile
у животных - of (an) animal
у лощади - of (a) horse
у стредкового оружия - of shooting (a) weapon
убежавший - refuge
убивать - to kill
убогое жилище - squalid-dwelling
убой - slaughter
уволить - to dismiss
угнетать - to oppress
угорворить -to persuade
угрюмый человек - morose person
удалиться бегом - move-away (while) running-at-the-double
удар - stroke
ударить - to hit
ударться - to hit
ударять - to hit
удачно - good
удачный - successful
удивление - surprise
удовольствие - pleasure
удостоверение - card
указывает на источник - indicate the source
указывает на наличие чего-л. - to indicate the presence (of) anything
указывает на наличие чего-н. - to indicate the presence (of) anything
указывает на ответственного должника - to indicate the responsible debtor

указывает на предмет - indicate by object
указывает на предмет речи - to indicate by object (of) speech
указывает на соприкосновение - to indicate by contact
украсть - to steal
укрытие - shelter
улица - street
улыбка - smile
умный - intelligent
уничтожить - to destroy
упасть - to fall
уполномоченное лицо - representative person
употребляется вместо любого глагола для обозначения быстрого или энергичного действия - to make use of (,) instead of any verb (,) for making sharp or energetic turns (language)
управлять - to manage
упрёка или удивления - reproach or surprise
уродливый - ugly
уродство - ugliness
уронить - let fall
успех - success
усы - moustache
участник боя - participant in fear
учёная степень - academic degree
учреждения - establishment
ушибиться - to hurt oneself
фестиваль - festival
фонограмма - soundtrack
форма - form, mold, cast
функционирование - functioning
функционировать - to function
футлярчик - case, holder
хватать - to seize
хвойного дерева - pine tree
хирургические - surgical
хитрить - to be cunning
хобби - hobby
ходить - to walk

холм - hill
хороший - good
хулиган - hooligan
царствование - reign, rule
цвет/ов, ы - flowers
цветы на растинии - flowers blossoming on (a) plant
цветок - flower
цель - target
цену - price
цифра - digit, number
чаепитие - tea-drinking
чародей - sorcerer
часах - times
часов - striking (time)
частицы - small part
часть машины - machine part
часть Нового Завета - part (of) New Testament
часть текста - text part
часть тела - body part
человек/а - person
чемпионате - championship
чемпионкой - championed
через сито - sieve through, to filter
чёрная - black
чёрт - devil
черт возьми! - (let the) devil take it!
чертежей - mechanical-drawing
чистый - clean
член касты неприкасаемых - member (of the) untouchable-caste
что было - past event
что непонятно - that (which is) unintelligible
что-д. громоздкое - unwieldy anything
чтобы достать - in order to fetch
чувстве сострадания - to sense compassion
чувствовать жалость - feel pity
чуть - hardly
чьсй-л. протекцией - use (one's) influence
шалости - mischief

шар в бильярде - ball in billiards
шаровидный предмет - spherical object
шарф - scarf
шерсть - hair
шина - tire (vehicle)
шип рыбы - thorn-fish
шкаф - cupboard
шлюха - streetwalker (woman)
щов на месте соединения металлических пистов - seam on (a) metallic-sheet joint place
шоколадный - chocolate
шорох - rustle (make noise)
шипион - spy
штат - state, government
шумное веселье - noisy merriment
шумное застолье - noisy feast
шутка - joke
щадить - be naughty
щегольски одеваться - to dress foppishly (over-dress)
щеголять - to show off (attire)
щёки - cheek
щетиниться - to bristle (show anger)
щипать друг друга - pinch each other
ъ
ы
ь
экипажа - carriage, (vehicle) crew
ЭКСПО - EXSPO, Exposition
электропоездов - electric-trains
энойный - torrid
юность - youth
юноша - youth
язва - ulcer
языка - talk
яичница болтунья - scrambled-eggs
яйца - egg
яме - prison, pocket, hollow
яркое проявление - bright display

GRAMMATICAL ABBREVIATIONS:

(abbv) - abbreviation, (acnm) - acronym, (adjv) - adjective, (advb) - adverb, (comp) - compound-word, (conj) - conjunction/conjugation, (noun) - noun, (numb) - number, (pref) - prefix, (pron) - pronoun, (punc) - punctuation, (sufx) - suffix, (verb) - verb

AMERICAN/CYRILLIC KEYBOARD

`	1	2	3	4	5	6	7	8	9	0	-	=
ё	1	2	3	4	5	6	7	8	9	0	-	=

q	w	e	r	t	y	u	i	o	p	[	]	\	*
й	ц	у	к	е	н	г	ш	щ	з	х	ъ	\	

a	s	d	f	g	h	j	k	l	;	'
ф	ы	в	а	п	р	о	л	д	ж	э

z	x	c	v	b	n	m	,	.	/
я	ч	с	м	и	т	ь	б	ю	.

RUSSIAN KEYBOARD EQIVALENTS:

(Cyrillic/American equivalents)

Russian:	А	Б	В	Г	Д	Е/Ё	Ж	З	И	Й	К	Л	М	Н	О	П
American:	F	,	D	U	L	T/~	;	P	B	Q	R	K	V	Y	J	G

Russian:	Р	С	Т	У	Ф	Х	Ц	Ч	Ш	Щ	Ъ	Ы	Ь	Э	Ю	Я
American:	H	C	N	E	A	[	W	X	I	O	]	S	M	'	.	Z

RUSSIAN/AMERICAN TRANSLITERATIONS:

Russian:	А	Б	В	Г	Д	Е/Ё	Ж	З	Т	Й	К	Л	М	Н	О	П
American:	A	B	V	G	D	E/E	ZH	Z	T	J	K	L	M	N	O	P

Russian:	Р	С	Т	У	Ф	Х	Ц	Ч	Ш	Щ	Ъ	Ы	Ь	Э	Ю	Я
American:	R	S	T	U	F	KH	TS	CH	SH	SHCH		Y		E	YU	YA

(transliterating Cyrillic spellings frequently reveals the English influence on the Russian language. ie.: “Баскетбол” transliterates to; BASKETBOL/ American “BASKETBALL”).

PART - B

A - B

(Proper Russian translation is dependent upon «correct sentence context- identification». Comprehensive Russian/English dictionaries categorize «Context» for specific translation words.

For Context determination assistance, refer to this guides "Context Translation Assistance" section, at the inroduction of "PART A").

CYRILLIC ALPHABET

АБВГДЕ/ЁЖЗИЙКЛМНОПРСТУФХЦЧШЩЪЫЬЭЮЯ

Russian Cyrillic to American translations:

A

A/H1N1 (abbv) - Swine Influenza, Swine flu
а также (conj) - and on, and also
А. С. Пушкина (noun) - Aleksandr Sergeyevich Pushkin
Абадана (noun) - Abadan (name)
Абадане (noun) - Abadan (name)
Абакан (noun) - Abakan (name)
Абботабаде (noun) - Abbottabad (Pakistan locale)
Абдулла (noun) - Abdullah (name)
Абердин (noun) - Aberdeen (name)
Абитуриентов (noun) - college entrants, freshmen, new college students,new colligans, new scholars
абонентам (noun) - readers, subscribers, borrowers, season-ticket holders, season-pass holders, pass holders
абонентов (noun) - readers, subscribers, borrowers, season-ticket holders, season-pass holders, pass holders
абсолутная величина (noun) - absolute magnitude
абсолутная промышленная сисиема единиц (noun) - absolute meter-ton-second system
абсолутная система (noun) - centimeter-gram-second system, absolute system of measurement
абсолют вихря напряжённость (noun) - Absolute vorticity
абсолют температура-К (noun) - absolute temperature in degrees Kelvin
абсолютная влажность (noun) - absolute humidity
абсолютная высота (noun) - absolute altitude
абсолютная единица (noun) - absolute units, centimeter-gram-second units, CGS Units
абсолютная метр-тонна-секуида система (noun) - meter-ton-second system

абсолютная промышленная система единиц (noun) - Industrial system of absolute units, meter-ton-second system
абсолютно (advb) - absolutely, perfectly, utterly, outrightly, ultimately, fundamentally
абсолютно чёрное тело (noun) - absolute black body
абсолютное (advb) - absolutely, perfectly, utterly, outrightly, ultimately, fundamentally
абсолютный нуль (noun) - absolute zero, minus 273 degrees Centigrade temperature
абсолютный поток (noun) - absolute ceiling, significant cloud-base height
абсорбировать солнечный радиация (noun) - absorbed solar radiation
абсорбции (noun) - absorptivity, absorption-state
абсорбция (noun) - absorptivity, absorption-state
абстракцией (noun) - abstraction, abstractedness, preoccupation, absentmindedness, bemusement
абсцисса (noun) - abscissa, abscissae, Cartesian coordinate, Ordinate
абсциссы (noun) - abscissa, abscisse, Cartesian coordinate, Ordinate
Абу Грейб (noun) - Abu Ghraib (name)
Абу-Даби (noun) - Abi-Dabi (name)
Абхазией (noun) - Abkhazia (name)
Абхазии (noun) - Abkhazia (name)
Абхазин (noun) - Abkhazia (name)
Абхазию (noun) - Abkhazia (name)
Абхазия (noun) - Abkhazia (name)
авагардом (noun) - vanguard, avant-garde
Авангард (noun) - “Avangard” (Omsk hockey club)
аварии (noun) - crash, accident, pileup, breakdown, damage
аварийно (noun) - emergency, rescue, life-saving, salvage, danger, peril, hazard, crisis
аварийного (adjv) - survived, lived, continued, existed, crashed, distressed, broken, tramatic, emergency-related
аварийную (adjv) - survived, lived, continued, existed, crashed, distressed, broken, tramatic, emergency-related

аварийную посадку (noun) - crash-landing, emergency-embarkation
аварию (noun) - crash, accident, pileup, breakdown, damage
авария (noun) - crash, accident, pileup, breakdown, damage
Аватар (noun) - "Avatar" (Hollywood-film)
Аватара (noun) - «Avatar» (Hollywood-film)
Августе (noun) - August, eight month, summer month
авиабазе (comp) - Airbase, air station, aviation base, aviation facility
Авиабилеты (comp) - Airline ticket, Air-transport ticket, Airflight ticket
Авиадиспетчеры (comp) - Aviation dipatcher, Air-traffic controller
авиакатастрофа (comp) - Aviation catastrophe, air crash, aviation disaster
авиакатастрофе (comp) - Aviation catastrophe, air crash, aviation disaster
авиакомпании (comp) - aviation-company, airline, air-carrier
авиакомпания (comp) - aviation-company, airline, air-carrier
Авиакомпания Air France (noun) - Aviation-company Air France, French Airline
Авиакомпания Москва (noun) - Aviation-company Moscow
авиалайнер (noun) - airline, passenger aircraft
авиалайнеров (noun) - airliners, passenger aircraft
авиалайнером (noun) - airliner, passenger aircraft
Авиалинии Дагестана (noun) - Dagestan Airline
авиалиний (comp) - aviation-line, airline, air-carrier
авиамост (comp) - Aviation-link, Aviation connection-structure
АВИАНОВОЙ (comp) - Avianova (Russian Commuter-airline)
Авианосецов (noun) - Aircraft-carrier's, Marine aviation-vessels
Авианте (comp) - Aviation science/techology (publication)
авиаобъединения (comp) - aviation-unification, aviation-amalgamation
авиарейсов (comp) - aviation-flights, aero-flights, air-flights, aviation-trips, aviation-runs, aviation-voyages, aviation-passages
Авиаремонт (noun) - "Avia-remont" (Russian Aviation-repair company), Aviation repair, Aviation maintenance

Авиасалоне (comp) - Airshow, Aviation display, Aerial demonstration

Авиасообщение (comp) - Aviation-communication, Air transportation reporting

авиасообщением (comp) - Aviation-communications, Air-transportations reports

авиастроения (comp) - aviation-construction, aircraft-building, aviation-structure, aviation-composition

авиастроительные (comp) - aviation-construction, aircraft-building

авиатермосъемки (comp) - avia-thermos, water-temperature instrument

авиатехнику (comp) - aviation-technology, avia-technology

авиаударов (comp) - air strikes, air attacks, military-aviation missions

авиаузла (comp) - aviation-center, flight-control facilty

авиации (noun) - aeronautics, aviation, aircraft, air force's, force, fleet

авиации для школьников (noun) - Aviation for Schoolboys (future Olympics)

Авиационная и наземная транспортировкая (noun) - Aviation and ground transportation (medical)

авиационно (adjv) - aeronautic, aeronautical, aerial, aviatorial, aviational, aerotechnical, aerospace, aerobatic, aerodynamic, aeromedical, aviation-related

Авиационно-космической текники (noun) - Aviation-Space Technology, Aviation-cosmic technology

авиационно-спасательных (noun) - aviation-rescue, aviation-life saving

авиацию (noun) - aeronautics, aviation, aircraft, air force's, force, fleet

авиация (noun) - aeronautics, aviation, aircraft, air force's, force, fleet

Авиация поперечное-сечение выставка (noun) - Aviation cross-section display

авиашоу (comp) - Aviation Show, air-show, aviation display, aviation exhibition

АВК (abbv) - Aerological Computer Complex

авоннице (noun) - belfry, bell-holder, bell-tower
Авраам (noun) - Abraham (name)
Авраам Линкольн (noun) - Abraham Lincoln
Авраамом (noun) - Abraham (noun)
Аврора северное (noun) - Aurora Borealis, Northern lights
Аврора южное сияние (noun) - Aurora Australis, Southern lights
Австраийского (adjv) - Australian, Australia-related
Австралийскому (adjv) - Australian, Australia-related
Австралийцев (noun) - Australian, Australia-related
Австралию (noun) - Australia, «Down-under Nation»
Австралия и Новая Зеландия (noun) - Australia and New Zealand, Austral Asia
Австралия и Океания (noun) - Australia and the South Sea Islands, Austral Asia
австрийской (adjv) - Austrian, Austria-related
Австрию (noun) - Austria (name)
авто (noun) auto, car, automobile, motor-vehicle, transportation, "convenience", "luxury"
авто (pref) - auto-, automobile-, motor-vehicle-
автоаварию (noun) - auto-accident, automobile-accident, motor-vehicle accident, road-accident
автобуса (noun) - bus, motor-coach, auto-bus, motor-vehicle
автобусную (noun) - bus, motor-coach, auto-bus, motor-vehicle
автобусов (noun) - bus's, motor-coach, auto-bus's, motor-vehicles
автобусом (noun) - bus's, motor-coach's, auto-bus's, motor-vehicles
АВТОВАЗа (comp) - Russian Automotive manufacturer, motor-transport depot
автовокзале (noun) - bus depot, bus terminal, bus station
автогианты (noun) - auto-giant, major vehicle-manufacturer
автогонкам (noun) - car-races, motor-racing, automobile-racing
автогонок (noun) - Auto-racing, Automobile racing, racing-car competition
автогонщиков (noun) - racing-drivers, racing-automobile drivers
автограф-сессию (noun) - autograph session, signing occasion
автозаводом (noun) - car factories, car works, automobile factories
Автозак (comp) - Prisoner Transportation Vehicle (bus/van/truck)

автокатастрофе (comp) - automobile catastrophe, automobile accident, automobile collision, car crash
автоконцерн (comp) - Automobile constructor, Automobile maker, car-maker, automobile manufacturer
автокорреляции (noun) - auto-correlation
автокорреляционных (adjv) - auto-correlative, automation-related
автокорреляция (noun) - auto-correlation
автомагистрали (comp) - automated-mains, automated main-line,
automated main-road, automated arterial-road
автоматизированная (adjv) - automated, automatic, automation-related
автоматизированная система сбора и обработки
метеорологической и гидрогеологической информации (noun) -Automatic system for collecting and processing meteorological, hydrological and hydro-geological information
автоматизированного (adjv) - automated, automatic, automation-related
автоматизированное проектирование (noun) - computer-aided design
автоматизированной (adjv) - automated, automatic, automation-related
Автоматизированной Реляционной Геодисциплининарной
Оперативной Системы (noun) - Automated Relational Geodisciplinary Operative System/ARGOS
автоматизированный погода информация (noun) - automated weather information
автоматизированный продукты (noun) - automated products
автоматизированных (adjv) - automated, automatic, automation-aided
автоматически (advb) - automatically, involuntarily
автоматический анализ система (noun) - automated analysis system
автоматический данные обошлись (noun) - automatic data handling, automated data processing
Автоматический картина трансмиссия (noun) - Automated Picture Transmission, APT
автоматического (adjv) - automatic, automated, automation-related

автоматической (adjv) - automatic, automated, automation-related
автоматическую винтовку (noun) - automatic rifle, automatic gun
автоматов (noun) - machines, cars, auto's, motors, motorized vehicles
автомашиню (noun) - motor vehicle, automobile, autobus, bus
автомобилей (noun) - automobile, auto, car, motor vehicle, motor car
автомобилем (noun) - automobile, auto, car, motor vehicle, motor car
автомобили (noun) - automobile, auto, car, motor vehicle, motor car
Автомобилист (noun) - "Motorist" (Ekaterinburg hockey club)
автомобилисты (noun) - motorist, car driver, private-vechicle driver
автомобильная (adjv) - automotive, motorized, motoring, roadworthy, down the road, automobile-related
автомобильные (adjv) - automotive, motorized, motoring, roadworthy, down the road, automobile-related
автомобильным (adjv) - automotive, motorized, motoring, roadworthy, down the road, automobile-related
автомобилю (noun) - automobile, auto, motor vehicle, car, motor car
автомобилях (noun) - automobile, auto, car, motor vehicle, motor car
автомодельности (comp) - auto-modelity, automatic-modeling
автономное (adjv) - autonomous, stand-alone, automated, voluntary, independent, autonomy-related
автопробег (noun) - automobile race, vehicle race, road race
автопровегом (comp) - automobile race, car race, vehicle race, road race
автопроизводителя (comp) - automobile-producer, automobile-manufacturer, automobile-constructor
автопрома (comp) - automobile-industry, motor-vehicle industry
авторадио (noun) - Auto-radio, Automobile-radio, Self-radio (unregulated-content radio)
авторалли (comp) - auto-rally, automobile-rally, gymkhana
авторами (noun) - author, writer, lierary composer, person of letters, scribe, wordsmith, novelist, essayist, bibliographer

авторегрессионного (adjv) - auto-regressive, automation-related
авторегрессионной (adjv) - auto-regressive, automation-related
авторитетов (noun) - authorities, superiors, chiefs, heads, bosses, leaders, executives
авторов (noun) - authors, writers
автором (noun) - author, writer
автосалоне (noun) - automobile-salon, car show, motor show
автостраде (noun) - interstate, expressway, motorway, highway
Автотора (noun) - Auto-Tour, automobile-tour, automobile-rally
автотрассах (noun) - highways, roadways, freeways
автохонного (adjv) - autochthonous, indigenous, native, formulative, orifinated, thing-related
Агасси (noun) - Agassi (name)
агентств (noun) - agency, firm, concern, company, institution, office
агентство Рейтер (noun) - Reiter's (press) Agency (name)
агентством (noun) - agency, firm, concern, company, institution, office
агентству (noun) - agency, news agency, press agency, telegraphicagency агеострофик (adjv) - ageostrophic, wind-vectoring, actual-wind related
агеострофический (adjv) - ageostrophic, state-related
агеострофический ветер (noun) - ageostrophic win
Агнешкой (noun) - Agnes, Agnieszka (name)
агрегатов (noun) - units, machine-parts, machine- assemblies
агрессию (noun) - aggression, beligerance, hostility, antagonism, pugnacity
агроклиматических (adjv) - agro-climatic, agroculture-related
агрологии (noun) - agrology, science of crop production
агрология (noun) - agrology, science of crop production
агрогородком (noun) - agricultural-towns, farm-towns
агрометеорологи (comp) - agrometeorology, agricultural-meteorology
агрометеорологии (comp) - agrometeorology, agricultural-meteorology
агрометеорологий (comp) - agrometeorology, agricultural-meteorology

агрометеорологих (comp) - agrometeorology, agricultural-meteorology
агрометеорологическое (adjv) - agro-meteorological
агрометеорологическом (adjv) - agro-meteorological
агрометеорология (comp) - agrometeorology
агрометер (noun) - agrometer, soil monitoring instrument
агроном (noun) - agronomist
агрономии (noun) - agronomy/agronomics
агрономия (noun) - agronomy/agronomics
агрохимикат (adjv) - agrochemical, agriculture-related
агрономический (adjv) - agronomical, agriculture-related
Адама Ганижева (noun) - Adam Ganizheva (Ingush name)
адаптивна (noun) - adaptiveness
алаптивной (adjv) - adaptive, adaption-related
агаптивный (adjv) - adaptive, adaption-related
адаптированного (adjv) - adapted, adjusted, accommodated, reconciled, conformed
адвективной (adjv) - advective, replacement-related
адвективной ветер (noun) - advective wind
адвектион (noun) - advection
адвектионной (adjv) - advective, replacement-related
адвектионной по ветер (noun) - advection by wind
адвектионной туман (noun) - advection fog
адвекция (noun) - advection, mass replacement by movement
адвокатам (noun) - advocates, lawyers, attorneys, counsels, defenders, deputies, friends, justifiers, commenders
адвокатом (noun) - advocates, lawyers, attorneys, counsels, defenders, deputies, friends, justifiers, commanders
адвокаты (noun) - advocate, lawyer, attorney, counsel, defender, deputy, friend, justifier, commender
адекватно (advb) - adequately, sufficiently, appropriately
адекватность (noun) - adequacy, sufficiency, satisfactoriness, ability
Аденома (noun) - Adenoma (medical)
адепт (noun) - adept, expert, professional, technician, proficiency
адепточной (adjv) - adept, proficient, proficiency-related
Аджданбию (noun) - Adzhdabiya (name)
адиабата (noun) - adiabat, line of constant energy

адиабатик (adjv) - adiabatic, thermodynamic, temperature-related
алиабатический (adjv) - adiabatic, thermodynamic, temperature related
адиабатический диаграмма (noun) - adiabatic-diagram
адиабатический дромежуток норма (noun) - adiabatic lapse- rate
адиабатический насыщение (noun) - adiabatic saturation
адиабатический процесс (noun) - adiabatic process
адиабатический схема (noun) - adiabatic diagram
адиабатический температура изменение (noun) - adiabatic temperature change
адиабатическое (adjv) - adiabatic, thermodynamic, temperature/ dynamics-related
Адлерской (adjv) - Adlerian, Adler-related
административного (adjv) - administrative, administrating, governing, executive, officiating, presiding, ministerial, administration-related
административному (adjv) - administrative, administrating, governing, executive, officiating, presiding, ministerial, administration-related
административных (adjv) - administrative, administrating, governing, executive, officiating, presiding, ministerial, administration-related
дминистрацию (noun) - administration, government, management, supervision, regulation, direction, regime, discipline, reign
Адмирал Макаров (noun) - Admiral Makarov
адмиралтеиская (adjv) - naval, executive, commanding, maritime, judicial, administrative, admiralty-related
Адмиралтейство Бюро, Таунтон, Англия (noun) - Admiralty Office, Taunton, England
аднамической (adjv) - adynamic, weak, dysfunctional, strength- related
адреса домена (noun) - domain address, internet address
адронного (adjv) - Hadronian, Hadron-related
Адронном (noun) - Hadron (name)
Адронному (noun) - Hadron (name)
адронный (adjv) - Hadronian, Hadron-related
Адыгее (noun) - Adygeya, Adygeya Republic

АЕК (abbv) - Athens Football (Soccer) Club, Athens Joint (Athletic) Club, Agents (for) Electronic Communication
Азербайджане (noun) - Azerbaijan
Азербайджаном (noun) - Azerbaijan
Азербайджанская (adjv) - Azerbaijanian, Azerbaijan-related
Азербайджанским (adjv) - Azerbaijanian, Azerbaijan-related
Азербайджанской (adjv) - Azerbaijanian, Azerbaijan-related
азиатская (adjv) - Asiatic, Asian, Continental, Asia-related
азиатская территория (noun) - asiatic territory
азиатское (adjv) - Asiatic, Asian, Continental, Asia-related
Азиатское Европейскому (noun) - Asiatic-Europe
Азиатской (adjv) - Asiatic, Asian, Continental, Asia-related
Азиатской части России (noun) - Asiatic Russia, Asiatic part of Russia
Азией (adjv) - Asian, Asiatic, Continental, Asia-related
азимутальный (adjv) - azimuthal, azimuth-related
азимутальный круг (noun) - azimuth circle
Азовском море (noun) - Sea of Azov
Азовскому (noun) - Azov (name)
Азорские-Бермудские высокий (noun) - Azores-Bermuda high (pressure system)
азорского (adjv) - Azorean, Azores-related
Аи-80 (noun) - Au-80
АИБА (abbv) - Amateur International Boxing Association
АИЖК (abbv) - Agency for Housing Mortgage Credit
айсбергом (noun) - iceburg, berg
Аиши (noun) - Aisha (name)
Ак Барс (noun) - “Ak Bars” (Kazan hockey club)
Академик Федоров (noun) - Academic Fedorov (name)
академику (noun) - academician, scholar, savant, lettered-person, ademic-person
Академия наук (noun) - Academy of Sciences
Акадо (noun) - Acado (name)
акваторией (adjv) - aquatic, oceanic, water
акваторий (noun) - water, water-environment
акваторию (noun) - water, water-environment
акваториями (noun) - water, water-environment
Аквиле (noun) - Acquil (name)

аккордом - (noun) accord, unanimity, understanding, concord, agreement, consensus, concert
Аккредитации (noun) - accreditation, validation, confirmation, authentication, acceptance, authorization, approval
аккумулятор напорной воды (noun) - hydraulic accumulator, water-pressure accumulator
аккуратнее (adjv) - accurate, exact, thorough, orderly,regular, punctual, neat, tidy, accuracy-related
аккуратно (advb) - accurately, exactly, thoroughly, orderly, regularly, punctually, neatly, tidily
акр (noun) - acre, land measure
акроними (noun) - acronym
акселерометр (noun) - accelerometer, acceleration instrument
аксиальный (adjv) - axial
аксиоматика (noun) - axiom-set
аксонометрия (noun) - perspective-geometry
АКСОПРИ (acnm) - Computer-aided Complex assembly for Processing and Broadcasting Radar data
Акт Магнитского (noun) - "Act Magnitsky"(Magnitsky suspiciously died in Russian prison, "Sailor's Silence")
актере (noun) - actor, emoter, performer, role-taker, trickster
активизировался (verb) - activate, stimulate, mobilize, militarize, enliven, energize, erupt
активируют (verb) activate, energize, stimulate, mobilize, militarize, enliven, energize, erupt
активистов (noun) - activists, militants, rebels, doers
активная (adjv) - active, energetic, vigorous, strenuous, forceful, strong, dynamic, lively, animated, robust, aggressive, energy-related
активная поверхность (noun) - active surface
активнее (advb) - actively, increasingly, energeticly, strenuously, forcefully, strongly, dynamicly, lively, animatedly, robustly, aggressively
активного (adjv) - active, energetic, vigorous, strenuous, forceful, strong, dynamic, lively, animated, robust, aggressive, energy-related

активное (actv) - active, energetic, vigorous, strenuous, forceful, strong, dynamic, lively, animated, robust, aggressive, energy-related
активной (adjv) - active, energetic, vigorous, strenuous, forceful, strong, dynamic, lively, animated, robust, aggressive, energy-related
активности (noun) - activity, action, pursuit, process, procedure, recreation
активность (noun) - activity, action, pursuit, process, procedure, recreation
активные (adjv) - active, energetic, vigorous, strenuous, forceful, strong, dynamic, lively, animated, robust, aggressive, energy-related
активный отдалённый датчикы (noun) - active remote-sensors
активный отдалённый чувствоющий (noun) - active remote sensing
активных (adjv) - active, energetic, vigorous, strenuous, forceful, strong, dynamic, lively, animated, robust, aggressive, energy-related
активов (noun) - assets, means, resources, worth, wealth, funds
актиничный (adjv) - actinic, actinical, chemical-charge related
актиничный лучи (noun) - actinic rays
актинограмма (noun) - actinographic-recording, actinographic record
актинограф (noun) - Actinograph, actinographic-recorder
Актинометрии (noun) - Actinometry
актинометрические (adjv) - actinometric, radiation-related
Актинометрия (noun) - Actinometry
актиноскод (noun) - Actinoscope, Actinometer (radiation-intensity instrument)
актов (noun) - acts, performances, portrayals, dramatizations, depictions, presentations
актрисой (adjv) - acted, acting, emoted, actress-related
актуально (advb) - actually, really, factually, geniuinely, truly, in reality
Актюбинск (noun) - Aktyubinsk (name)
акуифер (noun) - aquifer, water-bearing stratum
Акула-людоед (noun) - Cannibal-shark

АКФ (abbv) - Auto-correlation Function
акценте (noun) - accent, emphasis, stress, pressure
акцией (adjv) - activity, acting, doing, undertaking, action-related
акций (noun) - share, stock, equity, investment
акций (adjv) - active, energetic, vigorous, dynamic, aggressive, shared, sharing, activity-related
акционе (noun) - action, activeness, activity, occurrence, behavior
акционеры (noun) - shareholder, stockholder, investor, active-person
акцию (noun) - share, stock, equity, investment
акциям (noun) - shares, stocks, equities, investments
акциями (noun) - shares, stocks, equities, investments
акциях (noun) - action, activity, activeness, undertaking, share
А. Л. Каца (noun) - A.L. Katz (indice producer)
Алабама (noun) - Alabama, U.S. Southern-state
Алания (noun) - Alania, Alaniya (name)
Албанская (adjv) - Albanian, Albania-related
албедос (noun) - albedo, reflective power
Алгарве (noun) - Algarve (name)
алгебраическая (adjv) - algebraic, algebraical, algebra-related
алгебраическая кривая (noun) - algebraic curve
алгебраическая сумма (noun) - algebraic sum
алгебраическое (adjv) - algebraic, algebraical, algebra-related
алгебраическое уравнение (noun) - algebraic equation
алгебраическое число (noun) - algebraic number, algebraic quantity
алгебраической (adjv) - algebraic, algebraical, algebra-related
алгоритмов (noun) - algorithms, mathematical procedures
алгоритмы (noun) - algorithm, mathematical procedure
Алек Болдуин (noun) - Alex Baldwin (American actor)
Александр Великий (noun) - Alexander the Great (name)
Александр Платц (noun) - Alexander-platz (Center of Berlin-city, Germany)
Александра (noun) - Alexander (name)
александровске (adjv) - Alexander (name)
Александровском саду (noun) - Alexander Gardens, Alexandria garden
Александром (noun) - Alexander (name)

Александру Солженицыну (noun) - Alexander Solzhenitsyn (Russian author)
алексеевский (adjv) - Alexsevian, Alexseev-related
Алексей (noun) - Alexsei (name)
Алексей Рыбников (noun) - Aleksei Rybnikov (Composer)
Алексею (noun) - Alexsei (name)
Алекси (noun) Aleksi (name)
Ален Шепард (noun) - Alan Shepard (American astronaut)
Алену (noun) - Alan (name)
Алеппо (noun) - Aleppo (Syrian city)
Алеусея (noun) - Alexsei (name)
Алеутской (adjv) - Aleutian, Aleut-related
Алеутской Циклон (noun) - Aleutian Cyclone, Aleutian Low (pressure system)
Алехандерии (noun) - Alexander (name)
Алёша (noun) - Alesha (name)
Алешин (noun) - Aleshin (name)
Алжире (noun) - Algeria, Algiers (name)
Алжиры (noun) - Algeria, Algiers (name)
Али (noun) - Ali (name)
Али-Юрт (noun) - Ali-Yurt (Ingush site)
Алиев (noun) - Aliev (name) Алимова (noun) - Alimova (name)
Алиса (noun) - Alice (name)
Алихан (noun) - Alikhan (name)
алкогольной (adjv) - alcoholic, alcohol-related
аллее (noun) - alley, bordered-walk, narrow side-street, enclosure, avenue, space, area
Аллее славы (noun) - “Avenue (of) Fame”
Аллеи славы (noun) - Walk of Fame (Hollywood)
аллерго-иммунолог (noun) - Allergy-immunologist (medical)
аллохтонного (adjv) - allochthonous, allochthonic, rock/mineral-location related
Алма Ате (noun) - Alma At, Alma Ata (name)
алмазов (noun) - diamonds, gems, stones
Алсу (noun) - Alsou (Popular Russian Pop-Singer)
Алтае (noun) - Alta (name)
Алтай (adjv) - Altaian, Alta-related
Алтай Западная Сибирь (noun) - Altai - Western Siberia

алтайские (adjv) - Altaian, Altai-related
алтайский (adjv) - Altaian, Altai-related
Алтайский край (noun) - Altai territory, Altai land
Алтайском (adjv) - Altaian, Altai-related
Алтаы (noun) - Altai
Алтаы хребет (noun) - Altai range (mountains)
Алфа Банк (noun) - Alfa Bank (lender bank)
алчность (verb) - greed, avarice, avidity, cupidity, greediness
Алые (noun) - Allie, Scarlet
Алые паруса (noun) - Scarlet Sail
Аль-Алям (noun) - Al-Alyam (Tehran TV-channel)
Аль Барадеи (noun) - Al-Baradei (Egyptian)
Аль-Иракия (noun) - Al-Iraq (name)
Аль-Каида (noun) - Al Qaeda (name)
Аль-Каидой (noun) - Al Qaeda (name)
Аль Каиды (noun) - Al Qaeda (name)
Аль-Кудс (noun) - Al Quds (name)
Аль Пачино (noun) - Al Pacino (American actor)
Альбера (noun) - Alber (name)
альбомах (noun) - albums, sketch-books, scrap-books, music-media jacket, music-collection container, anthology
альпинистов (noun) - mountain-climbers, climbers, mountaineers, climbers
Альт облаеах (noun) - Alto clouds, middle-level clouds
Альтернативной (adjv) - alternative, alternate, optional, elective, volitive, discretional, disjunctive, alternate-related
альтимеость (noun) - altimetry, height-finding
альтиметер (noun) - altimeter, height-meter
альтиметер показание (noun) - altimeter setting
альтиметрии (noun) - altimetry
альтиметрических (adjv) - altimetric, altimetrical, altimetry-related
альтиметрия (noun) - altimetry
альть (noun) - Alto, middle-level, viola
Альфа Банк (noun) - Alpha Bank, Russian commercial bank
Альфа-Шоу (noun) - Alpha-Show, Number One Show
алянсу (noun) - alliance, affiliation, association, league, partnership, coalition, treaty

Аляска (noun) - Alaska (name)
Аляска гольф (noun) - Gulf of Alaska
Аляска залив (noun) - Bay in Alaska, Gulf of Alaska
Аляске (noun) - Alaska (name)
Амазонка тропический лес (nou) - Amazon tropical forest,
Амазонках Вспыхивать (noun) - Amazon's Kindle, Amazon's electronic-book
Амазонке жаркий лес (noun) - Amazon torrid forest Амазонском (adjv) - Amazonian, Amazon-related
Амбио (noun) - Ambio (name)
американец (noun) - American (male), American
Американец Метеорологический Общество (noun) - American Meteorological Society (AMS)
американок (noun) - American, citizen of America
американская (adjv) - American, America-related
Американская киноакадемия (noun) - American Film-academy, American Cinema Academy
американская тонна (noun) - american ton (weight), short ton
американская угломер (noun) - american protractor (drafting instrument, american clinometer (cloud-height instrument)
американские (adjv) - Ameican, citizen of America, America-related
американский транспортир (noun) - american protractor (tool)
американским (adjv) - American, citizen of America, America-related
американских (adjv) - American, citizen of America, America-elated
Американских истребителей А-35 (noun) - American Fighter (aircraft) F-35
американского (adjv) - American, citizen of America, America-related
американском (adjv) - American, citizen of America, America-related
американском штате (noun) - American State
американскую (adjv) - American, citizen of America, America-related
Американца Метеорологический Общество (noun) - American Meteorological Society

Американцев (noun) - American's, American citizens
американцем (noun) - American, Citizen of America
американцы (noun) - American, Citizen of America
Америке (noun) - America, United States of America, New World
Америкии (noun) - America, United States of America, New World
АМИ-ТАСС (acnm) - Agency for Medical Information-TASS
Амкар (noun) - "Amkar" (Perm soccer team) Амкаром (noun) - "Amkar" (Perm soccer team)
амнистию (noun) - amnesty, pardon, absolution, reprieve, grace
АМО (abbv) - American Meteorological Society
ампер-секунда (noun) - ampere-second
ампер-час (noun) - ampere-hour
ампераж (noun) - amperage
ампервиток (comp) - ampere-turns
амперметер (comp) - amperes meter, ammeter (electrical instrument)
амплитуда волны (noun) - wave amplitude
амплитуда колебаний (noun) - oscillation amplitude
амплитуда напряжения (noun) - voltage amplitude
амплитуда сброса (noun) - fault amplitude
амплитудой (adjv) - amplitudinal, amplitudinous, voluminous, spacious, amplitude-related
амплитудые (adjv) - amplitudinal, amplitudinous, voluminous, spacious, amplitude-related
амплитудый (adjv) - amplitudinal, amplitudinous, voluminous, spacious, amplitude-related
амплитудый волна (noun) - wave amplitude
амплитулый дефект (noun) - defect amplitude, fault amplitude
амплитудый искажения (noun) - distortion amplitude
амплитудый коэффициент (noun) - amplitude coefficient
амплитудый фактор (noun) - amplitude factor
амплификации (noun) - amplification, inflation
амплификация (noun) - amplification, inflation
Амстердаме (noun) - Amsterdam (name)
Аму Даря (noun) - Amu Darya (river)
Амударьи (noun) - Amudar (region)
Амудсен (noun) - Amundsen (Arctic explorer)
Амундсена (noun) - Amundsen (Arctic explorer)

Амур (noun) - "Amur" (Khabarovsk hockey club)
Амур река (noun) - Amur river
Амуре (noun) - Amur (name)
АМУРСКИЙ ТИГР (noun) - Amur Tiger (indigenous animal)
Амурской (adjv) - Amurskian, Amur-related
Амуру (noun) - Amur (name)
А.Н. (abbv) - Academy of Sciences
Ан (abbv) - Antonov (Original Design Bureau aircraft designator))
Ан-24 (abbv) - Antonov-24 (Commuter-aircraft)
Ан-158 (abbv) - Antonov-158 (Twin-engine passenger airliner)
Ана фронт (noun) - Ana front (meteorology)
Анажайм (noun) - Anaheim (name)
Анбар (noun) - Anbar (name)
анабарик (adjv) - anabaric, anabarometric, pressure-related
анадырской (adjv) - Anadyrian, Anadyr-related
Анадырь (noun) - Anadyr (name)
анакистис (adjv) - anacistic, Neolithic, burial, depth-related
анакистис нудулонов (noun) - anacistic nudulous
анализ ассоциацтя (noun) - analysis by association
анализ крови (noun) - blood analysis (medical)
анализам (noun) - analysis, study, evaluation
анализатор (noun) - analyzer, analyst, evaluator
анализе (noun) - analysis, study, evaluation
анализировались (verb) - analyze, study, evaluate
анализируемых (adjv) - analytic, studious, evaluative, study-related
анализирует (verb) - analyze, evaluate, study
анализируется (verb) - analyze, evaluate, study
анализируют (verb) - analyze, evaluate, study
анализируются (verb) - analyze, evaluate, study
анализов (noun) - analysis, evaluation, studies, examinations
аналитика (noun) - analytics, analysis
аналитическая (adjv) - analytic, analytical, analysis-related
аналитическая геометрия (noun) - Analytic geometry
аналитическими (adjv) - analytic, analytical, analysis-related
аналитических (adjv) - analytic, analytical, analysis-related
аналитическое (adjv) - analytic, analytical, analysis-related

аналитическое выражение (noun) - analytic expression, analytical expression
аналогии (noun) - analogy, similarity, comparison, likeness
аналогичная (adjv) - analogous, similar, like, analogic, similarity- related
аналогичное (adjv) - analogous, similar, like, analogic, similarity- related
аналогичные (adjv) - analogous, similar, like, analogic, similarity-related
аналогию (noun) - analogy, similarity, comparison, likeness
аналогов (noun) - analogs, mechanisms, timepieces
Анаприлин (noun) - Inderal, Anaprilin (medical)
Анапы (noun) - Anapa (name)
анархистов (noun) - anarchist's, revolutionist's
Анастасия (noun) - Anastasia (name)
Анатолийское (adjv) - Anatolian, Anatoli-related
Анатолию (noun) - Anatoli (name)
Анатомия Грей (noun) - Grey's Anatomy
Ангаро (noun) - Angar (name)
Ангаро Енисейский (noun) - Angar Yinise (region)
Ангарск (noun) - Angarsk (name)
Ангарь (noun) - Angar (name), hangar (aviation)
Ангары (noun) - Angar (name), hangar (aviation)
Ангелина (noun) - Angelina (name)
Ангелой Меркель (noun) - Angela Merkel
английская тонна (noun) - English ton, Long ton
английский (adjv) - English, Anglian, British, England-related
Английский футбольный клуб (noun) - English football club, English soccer club
английским (adjv) - English, Anglian, British, England-related
английского (adjv) English, Anglian, British, England-related
английском (adjv) - English, Anglian, British, England-related
Англия (noun) - Anglia, English, British
Ангола (noun) - Angola (name)
Анголагейт (comp) - Angolian-agent Анголе (noun) - Angola (name)
ангстрем (noun) - angstrom, one ten-billionth of a meter, length unit

Андаман (noun) - Andaman (name)
Андаман море (noun) - Andaman Sea
Андерлехту (noun) - Anderiecht (Soccer-player name)
Андерс (noun) - Anders (name)
Андерс Брейвик (noun) - Anders Breivik (Norwegian terrorist)
Анджей (noun) - Andrzei (name)
Анджелина Джоли (noun) - Angelina Jolie (Actress)
Анджелины Джоли (noun) - Angelina Jolie (Actress)
Андорры (noun) - Andorra (name)
Андре Агасси (noun) - Andre Agassi (name)
Андрей (noun) - Andrei, Andrew (name)
андролог (noun) - Andrologist (medical)
Андрюша (noun) - Andrusha (name)
Андрэ (noun) - Andrei (name)
анемометер (noun) - anemometer, wind-speed instrument, wind gauge
анемометер чадечный (noun) - anemometer cup, wind-speed device
анемомтрическая (adjv) - anemometric
анемомтрическая тень (noun) - anemometric shadow
анемофикация (noun) - anemofication, wind-energy exploitation
анероид алитиметр (noun) - aneroid altimeter, pressure-cell instrument
анероид барометр (noun) - aneroid barometer, pressure-cell instrument
анероид высотометр (noun) - aneroid altimeter, pressure-cell instrument
Анжи (noun) - “Anji” (Russian soccer club, based in Makhachkala, Dagestan)
анилин (noun) - aniline, Indigo plant, oily poisonous-liquid
анилиновый (adjv) - anilinean, aniline-related
анилином (noun) - aniline
Анкара (noun) - Ankara (Turkish city)
Анкаре (noun) - Ankara (Turkish city)
Анкару (noun) - Ankara (Turkish city)
Анна (noun) - Anna (name)
Аннаном (noun) - Annan (name)
Анни (noun) - Ann (name)

аннулировали (noun) - annulment, annulling, abrogation, abrogating, cancellation, canceling, nullification, nulling
аннулирован (pred) - annulment, insolvency, failure, bankruptcy
Анны (noun - Anna (name)
аномалией (noun) - anomaly, inconsistency, abnormality, eccentricity
аномалий (noun) - anomaly, inconsistency, abnormality, eccentricity
аномалий средней годовой темлературы воздука (noun) - Mean annual air-temperature Anomaly
аномалийы (noun) - anomaly, inconsistency, abnormality, eccentricity
аномалия карта (noun) - chart anomaly
аномальная (adjv) - anomalous, inconsistent, abnormal, eccentric, anomaly-related
аномального (adjv) - anomalous, inconsistent, abnormal, eccentric, anomaly-related
аномальной (adjv) - anomalous, inconsistent, abnormal, eccentric, anomaly-related
аномальности (noun) - anomaly, inconsistency, abnormality, eccentricity
аномальность (noun) - anomaly, inconsistency, abnormality, eccentricity
аномальность доля геопотенциала AT500 (noun) - Anomalies of the 500 hPa Geopotential height, Anomalies of the 500 Millibar Geopotential height
аномальные (adjv) - anomalous, inconsistent, abnormal, eccentric, anomaly-related
аномальный 500-миллибар карта (noun) - anomalous 500 millibar chart
аномальный моря давление карта (noun) - anomalous sea-level-pressure chart
аномальный размножение (noun) - anomalous propagation
аномальных (adjv) - anomalous, inconsistent, abnormal, eccentric, anomaly-related
анонимного (adjv) - anonymous, incognito, nameless, anon, unnamed, confidential, esoteric, unquotable, identification-related

анонсировал (verb) - announce, state, proclaim, herald, advertise,
ансамблей (noun) - ensemble, group, harmony
Анталье (noun) - Antal (name)
Антальи (noun) - Antal (name)
Анталью - (noun) - Antal (name)
Антарктиду (noun) - Antarctica, Antarctic region
Антарктика Геофизический Изучение (noun) - Antarctica Geophysical Research
Антарктика Журнал, С.Ш. (noun) - Antarctica Journal, U.S.
Антарктике (noun) - Antarctica, Antarctic region
антарктическая (adjv) - Anarctic, South-polar Continent-related
Антарктическая экспедиция (noun) - Anarctic Expedition
Антарктический (adjv) - Antarctic, South-polar Continent-related
Антарктический авиация одерация (noun) - Antarctic Aviation operations, Antarctic flying
Антарктический лёд ядроы (noun) - Antarctic Ice cores
Антарктический морское операция (noun) - Antarctic Maritime operations
Антарктичкский озонный-слой отверстие (noun) - Antarctic Ozone-layer hole
антарктических (adjv) - Antarctic, South-polar Continent-related
антарктическое (adjv) - Antarctic, South-polar Continent-related
антарктическое циркумполярное течение (noun) - Antarctic circumpolar current
Антверпен (noun) - Antwerp (name)
Анти-Э (noun) - Anti-E. (medical)
антикоррупционный (adjv) - anti-corruptioning, anti-corruption- related
антикрепускулярный луч (noun) - Anticrepuscular ray
антикризисном (noun) - anti-crisis, anti-distress, anti-disorder, anti- crucial time, anti-critical phase, anti-urgent situation, counter-distress
антикризисные (adjv) - anti-crucial, anti-urgent, anti-crisis related
антикризисный (adjv) - anti-crucial, anti-urgent, anti-crisis related
антикризисный фонд (noun) - Anti-crisis Fund, Anti-urgency fund
антилогарифм (noun) - antilogarithm

антимитинг (noun) - anti-miting, anti-meeting, protest, alternative ralley
антимонопольный (adjv) - anti-monopolistic, anti-exclusive, anti-monopoly related
антинаркотической (adjv) - anti-narcotic, anti-druging, anti-narcotics related
антиобленительная (adjv) - deicing, deiced, thawed, anti-icing related
антиобленительная система (noun) - deicing system
антиобледенительный (adjv) - deicing, deiced, thawed, anti-icing related
антиобледенительный бак (noun) - Deicing tank, alcohol tank
антиокислительная (adjv) - anti-oxidizing, anti-oxidized, anti-oxidation related
антиокислительный (adjv) - anti-oxidizing, anti-oxidized, anti-oxidation related
антипассаты (noun) - anti-trades, anti- tradewinds
антиправительственная (adjv) - anti-governmental, counter-governmental, Anti-government related
антиправительственных (adjv) - anti-governmental, counter-governmental, Anti-government-related
антипхеньянкой (adjv) - Anti-Pyongyang, Pyongyang-related
антитриптик (adjv) - antitriptic, counter-triptic, antitriptic-wind related
антитриптик ветер (noun) - Antitriptic wind
антифашистов (noun) - Anti-facist's, counter-facist's
антифашистского (adjv) - anti-fascist, anti-fascistic, political-philosophy related
антифрикционные (adjv) - antifrictional, antiresistance, friction- related
антициклон (noun) - anticyclone, high-pressure system
антициклон край (noun) - high-pressure ridge, anticyclone ridge
антициклон система (noun) - high-pressure system, anticyclone system
антициклоник (adjv) - anticyclonic, circulated, flowed, anticyclone- circulation related
антициклоник вихря напряжённость (noun) - anticyclonic Vorticity

антициклоник изгиб (noun) - Anticyclonic curvature
антициклоник изентропик вихры (noun) - anticyclonic Isentropic eddies
антициклоник изентропик водовороты (noun) - anticyclonic Isentropic eddies
антициклоник кривизна (noun) - anticyclonic curvature
антициклоник ножниц (noun) - anticyclonic shear
антициклоник поток (noun) - anticyclonic flow
антициклоник резать (noun) - anticyclonic shear
антициклоник струя (noun) - anticyclonic curvature
антициклоник течение (noun) - anticyclonic flow
антициклонический (adjv) - anticyclonic, anticyclone-circulation related
антициклонического (adjv) - anticyclonic, anticyclone-circulation related
антициклонической (adjv) - anticyclonic, anticyclone-circulation related
антициклогнезис (noun) - anticyclogenesis, anticyclone development or intensification
антициклолз (noun) - anticyclolysis, Anticyclonic development or intensification
Аниони (noun) - Anthony (name)
Антонина (noun) - Antonin (name)
Антонио (noun) - Antonio (name)
антропогенический (adjv) - anthropogenic, human-made, human-induced, anthropogeny-related
антропогенический активность (noun) - anthropogenic activity
антропогенический влияние (noun) - anthropogenic influence
антропогенический начало (noun) - anthropogenic origin
антропогенический сульфат аэрозолы (noun) - anthropogenic sulfate aerosols
антропогенного (adjv) - anthropogenic, human-made, human-induced, anthropogeny-related
антропогенной (adjv) - anthropogenic, human-made, human-induced, anthropogeny-related
антропогенные (adjv) - anthropogenic, human-made, human-induced, anthropogeny-related

антропогенный (adjv) - anthropogenic, human-made, human-induced, anthropogeny-related
антропогенных (adjv) - anthropogenic, human-made, human-induced, anthropogeny-related
Антс (noun) - Anthes (name)
Антса (noun) - Anthes (name)
Анушка (noun) - Anushka (name)
Анюта (noun) - Anyuta (name)
Аня (noun) - Anya (name)
апелляционный (adjv) - appealed, appealing, contested, contesting, litigious, litigable, actionable, prosecutable, moot, unlitigable, unactionable, appellant-related
Апелляционныщ суд (noun) - Court of Appeal, Appellate court
апелляцию (noun) - appeal, attraction, interest, enticement,
апериодическикй (adjv) - aperiodic, aperiodical, irregular, variable, occurance-related
АПЛ (abbv) - Atomic Submarine, Nuclear Submarine
аплодисментами (noun) - applaudings, applauses, plaudits, cheers, acclaims, congratulations Аполлон-Союз (noun) - Apollo-Soyuz (Joint USA-Russian Space Project)
апостола Фому (noun) - Apostle Fom
апофема (noun) - apothem, theme, plygon perpendicular Апеннинь (noun) - Apennine (name)
аппроксимахия (noun) - approximaton, simulation
аппроксимацией (noun) - approximation, simulation
аппроксимации (noun) - approximation, simulation
аппроксимационные (adjv) - approximative, simulative, approximation-related
аппроксимация (noun) - approximation, simulation
аппроксимированные (adjv) - approximative, simulative, approximation-related
аппроксимируется (verb) - approximate, simulate
аппроксимирующей (verb) - approximate, simulate
Апеннинь (noun) - Apennine (name)
Аполлон-Союз (noun) - Apollo-Soyuz (Joint USA-Russian Space Project)
Апреле (noun) - April, fourth month, calendar month

апробацию (noun) - approbation, respect, ratification, consent, approval, esteem
апробируется (verb) - test, approve, sanction, endorse, validate
АПС (abbv) - Automatic Pistol Assembly, Automatic Assembly Specialist
АПЭП (abbv) - Actual Problem Electronic Instrument-making
Арабелла (noun) - Arabella (name)
Арабо (noun) - Arab, Arabian people, Arabic people
Арабо-израильских (noun) - Arab-Israeli (name)
арабская (adjv) - Arab, Arabian, Arabic, Arabia-related
арабским (adjv) - Arab, Arabian, Arabic, Arabia-related
арабского (adjv) - Arab, Arabian, Arabic, Arabia-related
арабской (adjv) - Arab, Arabian, Arabic, Arabia-related
арабскому (adjv) - Arab, Arabian, Arabic, Arabia-related
арабскую (adjv) - Arab, Arabian, Arabic, Arabia-related
аравийские (adjv) - Arab, Arabian, Arabic, Arabia-related
аракавы (noun) - arrack (Asian beverage), arak
аракавы С (noun) - Arrack S (mesoscale model grid)
Арал (noun) - Aral (name)
Арал море (noun) - Aral Sea
Арбат Престиж (noun) - Arbat prestige (major retail firm)
арбитражный (adjv) - arbitrage, trading, speculation, venture, leverage, stock-market related
Аргентине (noun) - Argentina (name)
Аргентиной (adjv) - Argentinian, Argentine, Argentina-related
Аргентинский (adjv) - Argentinian, Argentina-related
Аргентину (noun) - Argentina (name)
АРГОС (acnm) - Automated Relational Geodisciplinary Operative System, ARGOS аргументов (noun) - arguments, pleadings, pleas, defenses, demurrings, rebuttals, refutations, statements
Арена Львов (noun) - Lviv Arena (Lviv-Arena stadium)
аренде (noun) - lease, rent, let, hiring, charter
арене (noun) - arena, ring, entertainment-facility, enclosure
ареометр (noun) - Areometer (physical-measuring instrument)
ареометр, Боме (noun) - Baume areometer
ареометр, Брикса (noun) - Brix areometer
Арес (noun) - Ares, NASA rocket series

арестами (noun) - arrests, apprehensions, seizures, captures, arrestations, confinements, incarcerations, custodies, detentions, imprisonments
аресте (noun) - arrest, apprehension, seizure, capture, arrestation,confinement, incarceration, custodies, detention, detainment, imprisonment
арестовав (verb) - arrest, apprehend, seize, capture, detain, confine, incarcerate, detain, imprison
арестовал (verb) - arrest, apprehend, seize, capture, detain, confine, incarcerate, detain, imprison
арестовали (verb) - arrest, apprehend, seize, capture, detain, confine, incarcerate, detain, imprison
арестовало (verb) - arrest, apprehend, seize, capture, detain, confine, incarcerate, detain, imprison
арестован (verb) - arrest, apprehend, seize, capture, detain, confine, incarcerate, detain, imprison
арестованного - (adjv) arrested, apprehende, seized, captured, confined, incarcerated, detained, legal-custody related
арестованному (noun) - arrest, apprehension, seizure, capture, confinement, incarceration, arrestaion, custody, detention, imprisonment
арестованный (adjv) - arrested, apprehended, seized, captured, confined, incarcerated, detained, legal-custody related
арестованных (adjv) - arrested, apprehended, seized, captured, confined, incarcerated, detained, legal-custody related
арестованы (noun) - arrest, apprehension, seizure, capture, confinement,incarceration, arrestation, custody, detention, imprisonment
Ариане (noun) - Arian (name)
Арианспейс (comp) - Arian-space (American missile manufacturer)
арифметика (noun) - arithmetic
арифметическая (adjv) - arithmetical, mathematics-related
Аркадии (noun) - Arkadi (name)
аркив (noun) - archive, repository, historical documents
аркивных (adjv) - archival, archive-related
аркивы (noun) - archive, repository, historical documents

Арктика (noun) - Arctic,region from latitude 76 degrees 30 minutes North - to the North Pole, North Polar region
Арктика авиация операция (noun) - Arctic aviation operations
Арктика воздух масса (noun) - Arctic air mass
Арктика дымка (noun) - Arctic haze
Арктика море дым (noun) - Arctic sea smoke
Арктика морское операция (noun) - Arctic maritime operations
Арктика туман (noun) - Arctic mist
Арктика фронт (noun) - Arctic front, front separating Arctic air from Polar air
Арктике (noun) - Arctic, region from latitude 76 degress 30 minutes North - to the North Pole
Арктики (noun) - Arctic, region from latitude 76 degrees 30 minutes North - to the North Pole, North Polar region
Арктикой (adjv) - arctic-like, regional, northern, polar, frigid, icy, snowy, desolate, Arctic-related
Арктику (noun) - Arctic, region from latitude 76 degrees 30 minutes north - to the North Pole, North Polar region
Арктическая (adjv) - Arctic-like, regional, northern, polar, frigid, icy, snowy, desolate, Arctic-related
арктический (adjv) - arctic-like, regional, northern, polar, frigid, icy, snowy, desolate, Arctic-related
Арктикческий бассейн (noun) - Arctic basin
Арктикческий пояс (noun) - Arctic zone, frigid zone
арктических (adjv) - arctic-like, regional, northern, frigid, Arctic- related
арктического (adjv) - arctic-like, regional, northern, polar, frigid, icy, snowy, desolate, Arctic-related
арктической (adjv) - arctic-like, regional, northern, polar, frigid, icy, snowy, desolate, Arctic-related
Арктическом (noun) - Arctic, North Polar region, northern frigid zone, Zone north of 66 1/2 North latitude
Арктическом бассейне (noun) - Arctic basin
Арктичесткому (noun) - Arctic, North Polar region, northern frigid zone, Zone north of 66 1/2 North latitude
Армавира (comp) - Army-virulent, Army-strong

армейских (adjv) - militarized, forceful, trooped, arrayed, defensive, national, army-related Арменией (noun) - Armenia (name)

Армению (noun) - Armenia (name)

Армия Египта (noun) - Egyptian Army

Армиянская (adjv) - Armenian, Armenia-related

Арнольда (noun) - Arnold (name)

Арнольда Шварценеггера (noun) - Arnold Swartsenegger (name)

ароматов (noun) - aromas, fragrances, odosr, bouquets, flavors, essences

ароматы (noun) - aroma, fragrance, odor, bouquet, flavor, essence

Арсенал (noun) - Arsenal, London England Soccer Club

арсенале (noun) - arsenal, armory, storehouse, works, ammo-dump

арсеналу (noun) - arsenal, armory, storehouse, works, ammo-dump

арт-проект (noun) - art-project, art-design, art-draft, art-plan

Артемом Савельевым (noun) - Artem Savelev (returned-boy's name) артиллерийских (adjv) - ballistic, firing, gunning, striking, throwing, hurling, rocketing, missiled, artillery-related

артистический (adjv) - artistic, talented, tasteful, aesthetic, unaffected, art-rlated

артистический погода прогнозировании (noun) - Artistic weather forecasting, Non-scientific weather forecasting

артистка (noun) - artist, artiste, virtuoso, expert, singer, dancer

артисту (noun) - artist, artiste, virtuoso, expert, singer, dancer

артролог (noun) - Synosteologist (medical)

Артур (noun) - Arthur (name)

Архангельск (noun) - Archangel (name)

Архангельска (noun) - Archangel (name)

Архангельская (adjv) - Archangelian, Archangel-related

Архангельске (noun) - Archangel (name)

Архангельской (adjv) - Archangelian, Archangel-related

Архангельской области (noun) - Archangel region, Archangel oblast

археологами (noun) - archeolgists's, scientist's

археологическое (adjv) - archeological, archeologic, scientific, archeology-related

археологической (adjv) - archeological, acheologic, scientific, archeology-related
Архив романовых (noun) - Romanoff Archieve
архиве (noun) - archive, repository, historical documents
архивных (adjv) - archival, historical, archives-related
архивов (noun) - Archive, repository, historical documents
Архивов у Микробиология (noun) - Archives of Microbiology
Архиерея (noun) - Archdiocese, diocese, parish, synod
архипелаге (noun) - Archipelago
Архипелаге Земля Франца-Иосифа (noun) - Franz-Joseph Land Archipelago
Архитектором (noun) - architect, designer, planner, developer, facilitator
архитетктурного (adjv) - architectural, design,designer, planning, developing, facilitating, structural
Архыз (noun) - Arkhyz (name)
Аршты (noun) - Arshty (name)
Асад (noun) - Assad (Syrian harsh leader)
Асада (noun) - Assad (Syrian harsh leader)
Асаду (noun) - Assad (Syrian harsh leader)
АСГТВ (abbv) - Mean-annual Air-temperature Anomaly
асимметрический (adjv) - asymmetrical, asymmetric, asymmetry- related
асимптотический (adjv) - asymptotic, geometric-related
асимптотических (adjv) - asymptotic, geometic-related
асимдтотическое (adjv) - asymptotic, geometric-related
асинхронного (adjv) - asynchronous, unsynchronized-related
аспекты (noun) - aspect, perspective, view, prospect
аспирантуре (noun) - aspirant, candidate, post-graduate study
АСПП (abbv) - Peripheral Passive Docking Assembly, peripheral passive docking module
Ассанж (noun) - Julian Assange (Wikileaks founder)
Ассанжа (noun) - Julian Assange (Wikileaks founder)
ассеметры (noun) - asymmetry, skewness, divergence, variation
ассеметры на давление системы (noun) - Asymmetry of pressure systems
ассигновании (noun) - assignation, assigning, allocation, appointment

ассимилятов (noun) - assimilation, incorporation, conversion
ассимиляционной (adjv) - assimilative
ассимметрия (noun) - asymmetry, skewness
ассимулировались (verb) - assimulate, incorporate, convert
ассоциировалось (verb) - associate, join, attend, combine
Астане (noun) - Astana (name)
Астаной (adjv) - Astanian, Astana-related
Астану (noun) - Astana (name)
Астахова (noun) - Astakhov (name)
Астрахани (noun) - Astrakhan (name)
Астраханской (adjv) - Astrakhanian, Astrakhan-related
Астраханском (adjv) - Astrakhanian, Astrakhan-related
Астрахань (noun) - Astrakhan (name)
астрокомпас (noun) - Astrocompass, celestrial-body directional instrument
астролномический сезон (noun) - Astronomical season
астролябия (noun) - Astrolabe, celestrial-body instrument
астронавов (noun) - astronauts, cosmonauts, space-men, space- women
астронавтам (noun) - astronauts, cosmonauts, space-men, space- women
астронавтике (noun) - astronauts, cosmonauts, space-men, space- women
астронавты (noun) - cosmonaut, astronaut, space-men, space-woman
астрономической (adjv) - astronomic, astronomical, astronomy- related
Астрофизиков (noun) - Astrophysics, Branch of Astronomy
астрофизическую (adjv) - astrophysical, astronomy-related
Астрофотография (noun) - Astrophotography
АТ (abbv) - Atmospheric Temperature
АТ500 (abbv) - 500 millibar height, 500 hPa height, atmospheric temperature at 500 millibars height
атаке (noun) - attack, assault, aggression, onslaught, offense
атаковали (verb) - attack, assault, assail, strike, hit, blitz
атакован (verb) - attack, assault, assail, strike, hit, blitz
атаку (noun) - attack, assault, aggression, onslaught, offense
атакуют (verb) - attack, assail, strike, hit, blitz

Атлант (noun) - “Atlanta” (Moscow-region hockey club)
Атланта (noun) - Atlanta (name)
Атлантик Берд (noun) - Atlantic Bird (name)
Атлантик Сити (noun) - Atlantic City (name)
Атлантик Эланд (noun) - Atlantic Eland (name)
Атлантике (noun) - Atlantic, Atlantic Ocean (name)
Атлантики (noun) - Atlantic, Atlantic Ocean (name)
Атлантико (noun) - Atlantic, Atlantic Ocean (name)
Атлантико-Евразийского (adjv) - Atlantic-Eurasian
Атлантикой и Тихим океаном (noun) - Altlantic and Pacific Oceans
Атлантику (noun) - Atlantic, Atlantic ocean
Атлантис (noun) - Atlantis (U.S. Space shuttle-vehicle)
Атлантический океан тропический циклон (noun) - Atlantic Ocean tropical cyclone
атлантических (adjv) - Atlantic, Atlantic Ocean-related
Атлантического-шельфа (noun) - Atlantic-shelf
атлантической (adjv) - Atlantic, Atlantic Ocean-related
Атлантической тропичрской энергоактивной зоны океана (noun) - Atlantic tropical oceanic energy zone
Атланту (noun) - “Atlanta” (Moscow region hockey club)
атлетике (noun) - athletics, sports, games, exercises
атлетики (noun) - athletics, sports, games, exercises
Атлетико (noun) - Athletics (soccer-club name)
Атмометр (noun) - Atmometer, Evaporimeter
атмосфера газовая (noun) - gas atmosphere
атмосфере (noun) - atmosphere, planet's gaseous envelope
атмосферная (adjv) - atmospheric, airy, aerial, ethereal, airish, atmosphere-related
атмосферного (adjv) - atmospheric, airy, aerial, ethereal, airish, atmosphere-related
атмосферное (adjv) - atmospheric, airy, aerial, ethereal, airish, atmosphere-related
атмосферное давление (noun) - atmospheric pressure
атмосферное поглощение (noun) - atmospheric absorption
атмосферное старение (noun) - atmospheric aging, weather aging
атмосферной (adjv) - atmospheric, airy, aerial, ethereal, airish, atmosphere-related

атмосферной диамики (noun) - atmospheric dynamics
атмосферный вихрь (noun) - atmospheric vortex
атмосферный влага (noun) - atmospheric moisture
атмосферный воздух (noun) - atmospheric air
атмосферный волны (noun) - atmospheric wave
атмосферный зондр (noun) - atmospheric sounder, radiosonde
атмосферный кислород (noun) - atmospheric oxygen
атмосферный лидар размер (noun) - atmospheric lidar measurement, atmospheric laser-light measurement
атмосферный наука (noun) - atmospheric science
атмосферный параметры (noun) - atmospheric parameters
атмосферный партикулироваты (noun) - atmospheric particulates
атмосферный помехи (noun) - atmospheric interference, atmospheric-static (radio)
атмосферный процессы (noun) - atmospheric processes
атмосферный радиация (noun) - atmospheric radiation
атмосферный радиация бюджет (noun) - atmospheric radiation- budget
атмосферный разряды (noun) - atmospheric discharges, lightning, atmospheric-static (radio)
атмосферный слойы (noun) - atmospheric layers
атмосферный состав (noun) - atmospheric composition
атмосферный старение (noun) - atmospheric aging
атмосферный телесоединеннеы (noun) - atmospheric tele- connections
атмосферный температура (noun) - atmospheric temperature
атмосферный температура профиль (noun) - atmospheric temperature profile, atmospheric lapse-rate
атмосферный удаление процесс (noun) - atmospheric removal- process
атмосферный учёныйы (noun) - atmospheric scientists
атмосферный химик (noun) - atmospheric chemist
атмосферный циркуляция (noun) - atmospheric circulation
атмосферными (adjv) - atmospheric, airy, aerial, ethereal, airish, atmosphere-related
атмосферных (adjv) - atmospheric, airy, aerial, ethereal, airish, atmosphere-related

атмосферой (adjv) - atmospheric, airy, aerial, ethereal, airish, atmosphere-related
атмосферостойкий (adjv) - water-proof, atmosphere-proof
атмосферу (noun) - atmosphere
атометер (noun) - Atometer (nuclear-radiation instrument) атомная подлодка (noun) - Atomic Submarine, Nuclear submarine, atomic underwater-vessel
атомная теплоёмкость (noun) - atomic structure, nuclear structure
атомная электростация (noun) - atomic electro-power station, nuclear power plant
атомная энергия (noun) - atomic energy, nuclear energy
атомная подлодка (noun) - Atomic submarine, Nuclear submarine
атомного (adjv) - atomic, nuclear, atom-related
атомное (adjv) - atomic, nuclear, atom-related
атомное число (noun) - atomic number
атомное ядро (noun) - atomic nucleus
атомной (adjv) - atomic, nuclear, atom-related
атомной бомбы (noun) - atomic bomb, nuclear bomb
Атомной подводной лодки (noun) - Atomic Submarine, Nuclear Submarine, Atomic Submarine Boat
Атомной подлодки "Екатеринбург" (noun) - Atomic Submarine Ekaterinburg"
Атомной электростации (noun) - Atomic Electro-station, Atomic Power-station
атомные (adjv) - atomic, nuclear, radiative, dangerous, powerful, subatomic, molecular, microscopic, power-related
атомный вес (noun) - atomic weight
Атомный ледокол (noun) - Atomic Icebreaker, Nuclear Icebreaker
атомный теория (noun) - atomic theory
атомный часы (noun) - atomic period, atomic clock
Атомный Энергия Изучение (noun) - Atomic Energy Research
атомных (adjv) - atomic, nuclear, atom-related Атомных бомб (noun) - Atomic bomb, Nuclear bomb, Atom bomb
Атомных подлодок проекта (noun) - Atomic-submarine project, Nuclear-submarine project
Атомных энергоустановок (noun) - atomic-energy installations
Атомстройэкспорт (comp) - Atomic-systems export (ASE), (Russian international builder of Nuclear Power Plants)

атомщик (noun) - atomist, theorist of universal miniature-particle composition, Nuclear worker
атомы (noun) - atom, smallest element-particle, bit
атомы о кислород (noun) - atoms of oxygen
АТОМЭКС (comp) - Atomic Exposition (Russian Nuclear-community seminar/forum)
АТОМЭКСПО (comp) - Atomic Exposition (Russian Nuclear-community seminar/forum)
Атомэнергопром (comp) - Atomic Energy Power
АТП (abbv) - Association of Tennis Professionals аттрактор (noun) - attractor, enticer
аттрактора (noun) - attractor, enticer
АТЭС (abbv) - Asian-Pacific Economic Cooperation, APEC (Business Summit/Youth Summit/Volunteer-corps Summit -Vladivostok)
аудиторская (adjv) - auditing, audited, accounting, accounted, bookkeeping, budgeting, verifying, checking, validating, account- related
аукционе (noun) - auction, biding-sale, sale Аукционе Сотбис (noun) - Sotheby,s Auction, Sotheby,s auction- house
Афганистана (noun) - Afghanistan (name)
Афганистане (noun) -Afghanistan (name)
Афганистаном (noun) - Afghanistan (name)
Афганистану (noun) - Afghanistan (name)
Афганскими (adjv) - Afghanistanian, Afghanistan-related Афганских (adjv) - Afghanistanian, Afghanistan-related
Афганское (adjv) - Afghanistanian, Afghanistan-related
Афганцев (noun) - Afghan, Afghanistan native, Afghanistan citizen
Афелий (noun) - Aphelion
Афинах (noun) - Athens (name)
Афины (noun) - Athens (name)
АФП (abbv) - Alfa Feto-зrotein, Anti-Frictional Process
Африканских (adjv) - African, Africa-related
Африканских союза (noun) - African Union
Африканского (adjv) - African, Africa-related
Африканскому (adjv) - African, Africa-related
Африке (noun) - Africa (name

Африкой (adjv) - African, Africa-related
Ахатовой (adjv) - Akhatovian, Akhatov-related
Ахатовой (adjv) - Akhatovian, Akhatov-related
Ахмадинежад (noun) - Ahmadinejad, Akhmadinezhad (name)
Ахуеть (noun) - Ahuet (name)
АЧР (abbv) - Asiatic Russia, Asiatic part of Russia, Southern and Eastern Russia
Ашан (noun) - Auchan (name)
Ашуры (noun) - Asura (Iraq city)
Ашхабад (noun) - Ashkabad, Ashgabat (name)
АЫПТ (abbv) - Antartic Circum-polar Current
аэратор (noun) - aerator, aeration apparatus, aerator deployer
аэации (noun) - aeration, supply air, impregnate with air, respirate oxygen, lighten or make sparkle
аэрация (noun) - aeration, supply air, impregnate with air, respirate oxygen, lighten or make sparkle
Аэробус (noun) - Aerobus, airbus, airliner (name)
Аэробуса (noun) - Aerobus, airbus, airliner (name)
аэрогидродинамический (adjv) - aero-hydrodynamical, aero-hydrodynamic related
аэрограмма-спектрометрических (noun) - spectrometric-aerogram
аэрограмма-съёмка (noun) - aerogram-survey
аэрограмма-съёмки (noun) - aerogram-survey
аэрозоле (noun) - aerosol, spray
аэрозолем (noun) - aerosol, spray
аэрозольной (adjv) - aerosol-like, spray-like, gasous, Aerosol-related
аэрозольных (adjv) - aerosol-like, spray-like, gasous, Aerosol-related
аэрозлями (noun) - aersol, spray
аэрокосмическая (adjv) - aero-cosmic, aero-spacial, aerospace- related
Аэрологии (noun) - Aerology, Upper-atmospheric observation, U.S. Naval Meteorology
аэрологические (adjv) - aerologic, aerological, aerial, Aerology- related

аэрологический (adjv) - aerologic, aerological, aerial, Aerology- related
аэрологический вычислительный комплекс (noun) - Aerological computer complex
аэрологических (adjv) - aerologic, aerological, aerial, Aerology- related
аэрологического (adjv) - aerologic, aerological, aerial, Aerology- related
Аэрология (noun) - Aerology, Upper atmospheric observation, U.S. Naval Meterology
аэрометр (noun) - Aerometer (gas weight and density instrument)
аэронавигационную (adjv) - aero-navigational, air-navigational, aviation-navigation related
Аэопорт Донмыанг - Donmyang Airport (Bangkok)
Аэропорт Куантран (noun) - Kuantran Airport (Geneva)
аэропортах (noun) - airports, aeroports, airdromes, air-terminals, air- transportation facility
аэропортов (noun) - airports, aeroports, airdromes, air-terminals, air- transportation facilities
аэропорту (noun) - airport, aeroport, airdrome, air-terminal, air-transportation facility
аэропорту Домодедово (noun) - Domodedovo Airport, Major Moscow Airport
аэропорту Франкфурта (noun) - Frankfurt (Germany) Aeroport, Frankfurt Airport
Аэроспейс (comp) - Aero-space, Aeronautical-Space, Aero-cosmos
аэростат-пилот (noun) - Pilot-balloon (PIBAL)
аэросъёмка (comp) - aerial-survey, aviation-survey, aerial- reconnaissance
Аэрофлот (comp) - Aero-fleet, Aviation-fleet, Russian Airlines
Аэрофлота (comp) - Aero-fleet, Aviation-fleet, Russian Airlines
аэрофлюгер (comp) - aero-vane, wind vane, wind sock
Аэроэкспрессе (comp) - Aero-express, Express Air
АЭС (abbv) - Atomic Electro Station, Nuclear power station, Nuclear Power Plant (NPP)
Аятолла (noun) - Ayatollah (name)
Аятолла Хатами (noun) - Ayatollah Khatami (name)

Б

б (noun) - beta, b
б-системе (noun) - beta-system, beta-coordinates
бабочек-монархов (noun) - Monarch butterflies, Yellow-black butterfly Баварией (noun) - Bavaria (Southern Germany) (name)
Багдада (noun) - Bagdad (name)
Багдаде (noun) - Bagdad (name)
Багдади (noun) - Bagdad (name)
Багдадом (noun) - Bagdad (name)
Багдадской (adjv) - Bagdadian, Bagdad-related
Багдатиса (noun) - Bagdatisa (name)
базе (noun) - base, depot, post, station, center, seat, venue, basis, grounds
Базель (noun) - Basel (name)
базиед (verb) - based, made, formed, served
базис данные (noun) - base data, basic data
базис о западный ветер (noun) - base of the westerlies
базисов (noun) - base, basis
базовая (adjv) - basic-like, fundamental, basic-related
базовы (noun) - bases, foundations, platforms
базу (noun) - base, depot, post, station, center, seat, venue, basis, grounds
Байесовского (adjv) - Bayesian, Bayes-related
байесовского алгоритма (noun) - Bayesian algorithm
байесовской (adjv) - Bayesian, Bayes-related
Байкал (noun) - Baikal (name)
Байкал окружающщьй волна (noun) - Baikal Environmental Wave (Lake Baikal Environmental group)
Байкала (noun) - Baikal (name)
Байкалом (noun) - Baikal's (name)
Байкальского (adjv) - Baikalian, Baikal-related
Байкалском (adjv) - Baikalian, Baikal-related
байкеров (noun) - Bikers, Motor-cyclists
Байконура (noun) - Baikonur (Russian Space launch-site)
Байконуре (noun) - Baikonur (Russian Space launch-site) Байройте (noun) - Bayreuth (German city)

Байрона (noun) - Byron (name)
БАК (abbv) - Large Hadron Collider, Large Hadron Accelerator
Бакинской (adjv) - Bakuvian, Baku-related
Баксанской (adjv) - Baksanian, Baksan-related
бактериальной (adjv) - bacterial, microbial, microbic, microorganic, amoebic, bacteria-related
бактериальную (adjv) - bacterial, microbial, microbic, microorganic, amoebic, bacteria-related
бактерии-Возбудителя (noun) - Pathogen-Bacteria бактерию (noun) - bacteria, bacterium, one-celled organism, Schizomycota, phylum, infectious-disease species, involved in other processes
бактерия (noun) - bacteria, bacterium, one-celled organism, Schizomycota, phylum, infectious-disease species, involved in other processes
бакшевская (noun) - Bakshevskaya (holiday carnival)
балансеые (adjv) - balanced, symmetric, symmetrical, proportioned, harmonious, uniform, regular, equilateral, balance-related
балансных (adjv) - balanced, symmetric, symmetrical, proportioned, harmonious, uniform, regular, equilateral, balance-related
балансовой (adjv) - balanced, symmetric, symmetrical, proportioned, harmonious, uniform, regular, equilateral, balance-related
балансовыми (adjv) - balanced, symmetric, symmetrical, proportioned, harmonious, uniform, regular, equilateral, balance- related
балансовых (adjv) - balanced, symmetric, symmetrical, proportioned, harmonious, uniform, regular, equilateral, balance-related
Балашихе (noun) - Balashikha (name)
Балет XXI век (noun) - Twenty First Century Ballet
балетной (adjv) - ballet-like, dance-like, dance drama-like, song-and- dance-like, ballet-related
балетной труппой (noun) - ballet troupe, ballet company
балистических (adjv) - ballistic, missile, trajectile, projectile, ejective, ballistics-related

Балистических Ракет (noun) - Ballistic Mssile, Ballistic Rocket
балладе (noun) - ballad, song, ditty, carol, canticle, lilt, ballade
баллистисеская (adjv) - ballistic, projectiled, trajectiled, projectable, guided, falling, projectile-related
баллистических (adjv) - ballistic, projectiled, trajectiled, projectable, guided, falling, projectile-related
баллистической (adjv) - ballistic, projectile, trajeiled, projectable, guided, falling, projectile-related
баллов (noun) - balls, forces, strengths, cloud coverage, grades, marks, scores
баллом (noun) - ball, force, strength, cloud coverage, grade, mark, score
баллон (noun) - ballon, container, can, cylinder, tire, carboy (large liquid container)
баллотироватся (verb) - run (for office), ran (for office), be a candidate (for an office), seek ballots, stand (for office), go (for election), compete (for office)
баллы (noun) - ball, force, cloud coverage, grade, mark, score
БалтАЭС (abbv) - Baltic Atomic Electro-station, Baltic Nuclear Power-station
Балтии (noun) - Baltic, Baltic sea, Baltic region
Балтийский джаз (noun) - Baltic Jazz (name)
Балтийский дом (noun) - Baltic Home
Балтийского (adjv) - Baltic-like, Baltic-related
Балтийского моря (noun) - Baltic Sea
Балтике (noun) - Baltic
Балтиское (adjv) - Baltic-like, Baltic-related
Балтиское море (noun) - Baltic Sea
Балтиском (adjv) - Baltic-like, Baltic-related
Балтиском моря (noun) - Baltic Sea
балтискому (adjv) - Baltic-like, Baltic-related
балютой (adjv) - monetary, pecuniary, financial, capital, currency- related
бамбуковый медведь (noun) - Bamboo bear, Giant Panda
Бангалоре (noun) - Bangalore (name)
Бангкока (noun) - Bangkok (name)
Бангкоке (noun) - Bangkok (name)

бандгруппы (noun) - gang, band, unlawful-group, antisocial-group, group, crew, body
Бандере (noun) - Bander (name)
бандитах (noun) - bandits, thugs, robbers, highjackers
бандподполья (comp) - cellar-gang, underground-gang, secretive-mob members, band (thugs) -underground
банды (noun) - band, gang, ring, mob, alliance, partnership
Бани-Валид (noun) - Bani-Walid (Libyan town)
Банк Авангард (noun) - Vanguard Bank, Avangard Bank
Банка Москвы (noun) - Bank of Moscow
банка Теджарат (noun) - Bank (of) Tedzharat (Syrian bank in Russia)
банке (noun) - bank, money-matters facility, depository, depot, faro, jar, can, shoal, marine bank (reef)
Банке Москвы (noun) - Bank of Moscow
Банки России (noun) - Bank of Russia
банкинг (noun) - banking, bank business, banker business, monetary- transfer facility
банков (noun) - banks, money establishments, depositories, depots, financial places
банковских (adjv) - banking, banked, money dealing, financial, bank-related
банковской (adjv) - banking, banked, money dealing, financial, bank-related
Банкок (noun) - Bankok (name)
Банкоке (noun) - Bankok (name)
Банком Москвы (noun) - Bank of Moscow, Moscow bank
Банкоматах (noun) - Bank-o-matics, Cash-machines, Automated teller-machines (ATM's)
банкротом (noun) - bankrupt, insolvent, defaulter, insolvent-company, insolvent business
банкротстве (noun) - bankruptcy, insolvency, receivership, failure
Барак Обама (noun) - Barack Obama (name)
барака (noun) - hut, barrack, casern, tent, building, pavilion
Барака Обаму (noun) - Barack Obama (name)
Барака Обамы (noun) - Barack Obama (name)
Бараку Обаме (noun) - Barack Obama (name)
барашжах (noun) - mackerel (sky), fleecy clouds, lambs, lambkins

барбер (noun) - barrier, restriction
барбер ветры (noun) - barrier winds
Баренбург (noun) - Barenburg (name)
Баренбурге (noun) - Barenburg (name)
Баренца (noun) - Barents (name)
Баренцевом море (noun) - Barents Sea (name)
Баренцеву (noun) - Barents (name)
барические (adjv) - baric, pressure-related
барических (adjv) - baric, pressure-related
барки (noun) - bark, bargue, boat, watter-vessel
Барнаул (noun) - Barnaul (name)
Барнео (noun) - Borneo, Russian No. Pole - drifting Ice Camp/ Base
бародынамика (noun) - pressure-dynamics
бароклиника (adjv) - baroclinic, pressure-related
бароклиника лист (noun) - baroclinic mechanism, baroclinic leaf
бароклиника неустойчивость (noun) - baroclinic instability
бароклиника тенденция (noun) - baroclinic tendency
бароклиника фактор (noun) - baroclinic factor, baroclinical factor
бароклинная (adjv) - baroclinic, baroclinical, baroclinity-related
бароклинной (adjv) - baroclinic, baroclinical, baroclinity-related
бароклинности (noun) - baroclinicity, bariclinity, barotropy
бароклинность (noun) - baroclinicity, baroclinity, barotropy
бароклинностью (noun) - baroclinicity, baroclinity, barotropy
барометр летун (noun) - barometer drift, barometer change
барометр падает (noun) - sinking barometer, falling pressure
барометр Регистрирующий (noun) - Recording barometer
барометр сифонный (noun) - Siphon barometer, Aneroid barometer
барометрический (adjv) - barometric, barometrical, barometric-pressure related
барометрический давление исравление о СМУ (noun) - barometric pressure adjustment to Mean Sea Level
барометрический дневной изменение (noun) - barometric diurnal variation
барометрический константа (noun) - barometric constant
барометрический станция исправление (noun) - barometric station correction

барометрический тенденция (noun) - barometric tendency
барометрический формула (noun) - barometric formula
барометрическое (adjv) - barometric, barometrical, barometric-pressure related
барометрическое давление (noun) - barometric pressure
Бароны (noun) - Baron, nobility, aristocrat
баротропного (adjv) - barotropic, barotropical, barotrophy-related
баротропной (adjv) - barotropic, barotropical, barotrophy-related
баротропной фактор (noun) - barotropic factor
баротропные (adjv) - baotropic, barotropical, barotrophy-related
баротропные фактор (noun) - barotropic factor
баротропных (adjv) - barotropic, barotropical, barotrophy-related
баротрофы (noun) - barotropy, fluid-stratification state
баррелов (noun) - barrels, kegs, containers
Барселона (noun) - Barcelona (name)
Барселоне (noun) - Barcelona (name) Барселоны (noun) - Barcelona (name)
баскетболе (noun) - basketball, ball/hoop-game, court-sport баскетболистки (noun) - Basket-ballist, Basket-baller, Basketball- player, hoop sport-player
баскетболистом (noun) - Basket-ballist, Basket-baller, Basketball-player, hoop sport-player
баскетболисты (noun) - Basket-ballist, Basket-baller, Basketball-player, hoop sport-player
баскетбольной (adjv) - basketball-like, court-gaming, basketball-related
баскетбольный (adjv) - basketball-like, court-gaming, basketball-related
баскетбольный клуб (noun) - Basketball Club, Basketball team
баскетболу (noun) - basketball, ball/hoop-game, court-sport
бассейн Амударьи (noun) - Amudari Basin
басснйн Ангары (noun) - Angary Basin
бассейн Донаб сев. (noun) - Northern Don Basin
бассейн Енисея (noun) - Eniseya Basin
бассейн Иссык-Куля (noun) - Issyk-Kulya Basin
бассейн Камы (noun) - Kamy Basin
бассейн Нижней Оби (noun) - Lower Ob Basin
бассейн Тобола (noun) - Tobola Basin

бассейн Сырдарьи (noun) - Syrdari Basin
бассейнах (noun) - basins, pools, fields
бассейне (noun) - basin, pool, field
бассейнов (noun) - basins, pools, fields
бассейны (noun) - basin, pool, field
Бастрыкин (noun) - Bastrykin (name)
Бастующегов (noun) - strikers, revolters, uprisers insurgents, rebels, mutineers, revolutionists, protesters
бастующие (adjv) - striking, cogent, energetic, potent, powerful, mighty, forceful, vigorous, strong, authoritative, power-related
бастующих (adjv) - striking, cogent, energetic, potent, powerful, mighty, forceful, vigerous, strong, authoritative, power-related
Батаган (noun) - Batagan (name)
Батарея ракет (noun) - Rocket grouping, Rocket battery, Missile group
Батболда (noun) - Batbold (name)
батиметрия (noun) - bathymetry, water-depth measurement
батисфера (noun) - bathysphere, deep-sea observation submersible
батисферы (noun) - bathysphere, deep-sea observation submersible
батитермограф (noun) - bathythermograph, deep-sea water-temperature instrumentation
батитермограф и температура и солёность данные-БАТГЫ (noun) - Bathythermograph and Temperature and Salinity Data-BATHY
Баткивщины (noun) - Batkivshchiny (name)
Батлер (noun) - Butler (name)
батометр (noun) - bathometer (water-depth instrument)
Батуми (noun) - Batumi (name)
батуте (noun) - trampoline, tumbling equipment, canvas springboard
Батькивщина (noun) - Batkivshchin (name)
Бахрейна (noun) - Bahrain (name)
Бахрейне (noun) - Bahrain (name)
Башар Асад (noun) - Bashar Assad (Syrian harsh leader)
Башара Асада (noun) - Bashar Assad (Syrian harsh leader)
Башару Асаду (noun) - Bashar Assad (Syrian harsh leader)
башенкообразный (adjv) - turreted, castelled, turrent-related

башенкообразный высококучевый облака (noun) - highly-turreted clouds, vertical-development clouds
башенкообразный высококучевый облака-БВО (noun) - Alto-cumulus Castellatus Clouds-ACC
Башкирии (noun) - Bashkir, Bashkortostan (name)
Башкирия (noun) - Bashkir, Bashkortostan (name) Башкортостан (noun) - Bashkortostan, Republic of Bashkortostan
башне (noun) - tower, tall building, tall structure, fortress, bulwark, type of Personal Computer
Башнефть (comp) - Bashkir Petroleum
башнировка (adjv) - towering, castled, over-shadowed, mass-related
башнировка-кучевые облака (noun) - Towering-cumulus Cloud
Башта (noun) - Bashta (name)
Башкортостане (noun) - Bashkortostan, Republic of Bashkortostan
Баян-Булак (noun) - Bayan-Bulak (village name)
Бе (abbv) - Beriev (Original Design Bureau)
бе (verb) - be, was, were, been, being, am, are бегах (noun) - run's, jog's, races, compete's, bag's, capture's, hide's
Бедекер (noun) - Bedeker (name)
бедных (adjv) - poor, meager, slight, barren, scanty, skimpy, miserly, austere, frugal, wanting-related
бежевого (adjv) - beige, tan, khaki, cinnamon, hazel, brownish, sepia, color-related
беженцев (noun) - refugees, evacuee's, displaced person's, escapee's, fugitives
без Бога абусрден (noun) - "absurd without God"
без тепла (adjv) - without heat, unheated, disrupted heat, warmth-related
без числа (adjv) - undated, unstamped, undocumented, date-related
безбилетников (noun) - fare-dodgers, fee-evaders, free-loaders
безвизовый (adjv) - informal, unceremonious, un-signed, unofficial, agreeable, relations-related
безвозвратных (adjv) - irrevocable, mandatory, unchangeable, inevitable, revocation-related

безвоздушное (adjv) - airless, stuffy, close, oppressive, stifling, suffocating, breathing-related
безвоздушное пространство (noun) - airless space, vacuum
бездействующий (adjv) - quiescent, quiet, idle, inactive, inactivity- related
бездоказательеыми (adjv) - undemonstrative, restrained, inactive, unconclusive, indefinite, restraint-related
беззащитностью (noun) - defenselessness, lacking protection, helplessness, vulnerability, untenability
безин (noun) - benzene, fuel, gasoline, gas, juice (slang)
безленточной (adjv) - standard, normal, natural, regular, usual, common, normalcy-related
безморозного (adjv) - frost-free, non-iced, non-condensed, frost- related
безоблачной (adjv) - cloudless, cloud-free, clear sky, sky-erlated
безоблачном (noun) - without clouds, cloud free, clear sky
безоблачный (adjv) - cloudless, cloud-free, clear sky, sky-related
безопасного (adjv) - safe, secure, protected, sheltered, safety-related
безопасности (noun) - failing, not-passing, unsucceeding
безработной (adjv) - unemployed, jobless, idle, available, free, off, at leisure, unemployment-related
Безработица-департамент (noun) - Unemployment-department
безработицей (noun) - unemployment, without-work, jobless, unoccupied
безработицы (noun) - unemployment, without-work, jobless, unoccupied
безразмерной (adjv) - non-dimensional, without-size, sizeless, size-related
безразмерных (adjv) - non-dimensional, without-size, sizeless, size-related
Беиджинг (noun) - Beijing (name) Бейонсе (noun) - Beyonce (American vocalist)
Бейрутский (adjv) - Beirutian, Beruit-related
бейсболу (noun) - baseball, sport, game, ball, National League, American League, team, club, nine
Бекхэма (noun) - Beckham (name)
Беларуси (noun) - Belarussia, Belarus

Беларуссия (noun) - Belarussia, Belarus
Белая (noun) - Belaya (name)
белая мгла (noun) - whiteout
Белгородской (adjv) - Belgorodian, Belgorod-related
Белград (noun) - Belgrade
Белграда (noun) - Belgrade
Белевитин (noun) - Belevitin (name)
Белене (noun) - Belene (Bulgaria)
белизакеппинг (adjv) - white-capping, white-capped (waves), water- condition related
белладонной (adjv) - belladonna, medicinal, plant-related
Беллорусской (adjv) - Bellorussian, Belorus, Belorussia-related
Беллот (noun) - Bellot (name)
Белнефтехим (comp) - Belorus Petroleum (Belorussia State Concern for Oil and Chemistry)
Белово (noun) - Belovo (name)
белого (adjv) - whitish, colors-combined, colorless, white-related
Белого моря (noun) - White Sea (name)
белогородская (adjv) - Belogorodian, Belogorod-related
Белое и Баренцево (noun) - White and Barents (seas)
Белом море (noun) - White Sea (name)
Белору (noun) - Belorus, Belorussia (name)
Белоруснефть (comp) - Belorus Oil, Belorus petroleum
Белоруссией (noun) - Belorus, Belorussia (name)
Белоруссии (noun) - Belorus, Belorussia (name)
Белоруссию (adjv) - Belorussian, Belorus/Belorussia-related
Белоруссия (noun) - Belorus, Belorussia (name) Белорусских (adjv) - Belorussian, Belorus/Belorussia-related
Белорусской (adjv) - Belorussian, Belorus/Belarussia-related
БЕЛТА (acnm) - Belarus Telegraph Agency
Белтрансгаза (comp) - Belarus-Trans-Gas, Belarussian imported gas Белу Оризонти (noun) - Bela Vista (name)
Белфасте (noun) - Belfast (name)
Белые ночи Федора Достоевского (noun) - White Night, Fedor Dostoevsky
Белый дом (noun) - White House, Presidential Residence (USA)
Белый моря (noun) - White Sea, white ocean, white brine
белый цвет (noun) - color white, hue white, hue composite

Белыц медведь (noun) - Polar Bear, White bear
Бельгии (noun) - Belgium (name)
Бельгийской (adjv) - Belgian, Belgium-related
Бельгию (noun) - Belgium (name)
бельности (noun) - fairness, justice, rightfulness, appropriateness, spirit
Бельцы (noun) - Beltsy (name)
Белэнерго (comp) - Belorussia-energy, Belorussia-power
Беляеву (noun) - Belyaevu (name)
Бен Ладен (noun) - Ben Laden, Osama ben-Laden (deceased terrorist-leader)
Бен Ладена (noun) - Ben Laden, Osama ben-Laden (deceased terrorist-leader)
Бена Бернанке (noun) - Ben Bernanke (name)
Бенгази (noun) - Bengazi (name)
Бенгалия (noun) - Bengal (name)
Бенжамин Нетанягу (noun) - Benjamin Netanyahu (name)
бенз цирен (noun) - benzene-pyrene
бензапирен (noun) - benzapyrene
бензине (noun) - benzene, petrol, gasoline, petroleum-products
бензоспирит (noun) - gasoline-spirits, gasohol
Benois de la Danse (noun) - «Blessing of the Dance» (name/ international dance-award)
берегам (noun) - banks, shores, lands(bordering seas), straits
берегах (noun) - banks, shores, lands (bordering seas), straits
берегов (noun) - banks, shores, lands (bordering seas), straits
береговая (adjv) - coastal, shore-like, bank-like, land-like, waters-edge related
берегового (adjv) - coastal, shore-like, bank-like, land-like, waters-edge related
береговой буря (noun) - coastal storm
береговой ветер (noun) - land breeze, land wind, offshore wind
береговой океан (noun) - coastal waters, coastal ocean
береговой тропический погода (noun) - coastal tropical-weather
берегу (verb) - be careful, take care, beware of, look after, count, guard
бережливого (adjv) - thrifty, economical, frugal, saving, sparing, prudent, cost-effective, cost-related

бережливого производства (noun) - frugal production, economical output
бережная (adjv) - careful, heedful, cautious, solicitous, patronized, caution-related
бережное (adjv) - careful, heedful, cautious, solicitous, patronized, caution-related
Березовского (noun) - Berezovsky (name)
берет (verb) - take, get, obtain, acquire, earn, secure, derive
Берингов пролив (noun) - Bering Strait
берингово Пролив (noun) - Bering Straits
Беринговом (noun) - Bering (name)
Беринговом море (noun) - Bering Sea
Берлина (noun) - Berlin (name)
Берлинале (comp) - Berlin Ale (German beer)
Берлине (noun) - Berlin (name)
Берлинская стена (noun) - Berlin Wall
Берлинский институт вирусологии (noun) - Berlin Institute (of) Virology
берлинского (adjv) - Berliner, Berlin-related
Берлинского кинофестиваля (noun) - Berlin Film-festival
берлинской (adjv) - Berliner, Berlin-related
Берлинской стены (noun) - Berlin Wall, East/West Germany wall
берлинском (adjv) - Berliner, Berlin-related
Берлину (noun) - Berlin (name)
Берлускони (noun) - Berlusconi (Italian name)
Бермуда антицклон (noun) - Bermuda anticyclone, Bermuda High
бермудские струя (noun) - Bermuda Current
Берн (noun) - Berne (name)
Бернард (noun) - Bernard (name)
Бесик (noun) - Besik (name)
бесконтрольному (adjv) - uncontrolled, ungoverned, uncommanded, unreigned, undominated, uninfluenced, authority-related
беспилотика (noun) - without-pilot operation, pilotless situation, underway without a pilot
беспилотник (noun) - without-pilot operation, pilotless situation, underway without a pilot

беспилотного (adjv) - without-pilot, pilotless, unmanned, pilot- related
беспилотного летательного аппарата (noun) - unmanned flying apparatus, pilotless flight-vehicle
беспилотный (adjv) - without-pilot, pilotless, unmanned, pilot-related
беспилотных (adjv) - without-pilot, pilotless, unmanned, pilot-related
бесплатной (adjv) - free, benevolent, gratuitious, complementary, beneficial, cost-free, benevolence-related
бесплатные (adjv) - free, benevolent, gratuitious, complementary, beneficial, cost-free, benevolence-related
беспорядки (noun) - disturbance, riot, melee, disorder, confusion
беспорядков (noun) - disturbances, riots, melee's, disorders, confusions
беспохмельнок (noun) - hangover-cure, hangover-cocktail, spirits- cocktail
беспрерывность (noun) - continuity, uninterruption, continuation
беспрерывный волна (noun) - Continuous Wave, C.W.
беспроводных мониторов (noun) - wireless monitors, wireless monitoring
беспорядки (noun) - riot, disorder, unrest, melee, fracas, brawl
беспутствовка (verb) - dissipate, break-up, scatter, use-up
беспутстаовка циклон (noun) - dissipating cyclone, dissipating low
бесславныце (adjv) - inglorious, ignominious, despicable, dishonorable, humiliating, degrading, disgrace-related
бесспорную (adjv) - undeniable, obvious, patent, unquestionable, unexceptionable, self-evident, irrefutable, apparentcy-related
бессрочной (adjv) - timeless, indefinite, eternal, everlasting, perpetual, dateless, endless, interminable, ceaseless, perpetuity-related
бессрочные (adjv) - timeless, indefinite, eternal, everlasting, perpetual, dateless, endless, interminable, ceaseless, perpetuity-related
бессточного (adjv) - enclosed, surrounded, confined, fenced-off, enclosure-related

бессточных (adjv) - enclosed, surrounded, confined, fenced-off, enclosure-related
БестСтрой (noun) - “Best Story” (Internet portal for construction suppliers)
бета (noun) - Beta, Greek letter
бета-активности (noun) - Beta-activity
Бжезинский (noun) - Brzezinski (American political-scientist)
Би Би Си (abbv) - British Broadcasting Corporation (BBC)
Би-би-си (abbv) - British Broadcasting Company (BBC)
Би-пи (abbv) - BP, British Petroleum
Би-скай-бу (comp) - B-Sky-B, BSkyB Limited (UK/Ireland pay-TV broadcasting group)
биатлонистов (noun) - biathloners, biathlon participants, biathlon competitors
биатлонисток (noun) - biathlon, biathlon participant
биатлонисты (noun) - biathlonist, biathloner, biathlete
биатлону (noun) - biathlon, biathlon events
библейское (adjv) - biblical, scriptural, revelational, inspired, religious, bible-related
библиотек (noun) - library, literary-selection facility, archieves
БИВ (abbv) - Berlin Institute (of) Virology
бизнес-план (noun) - business-plan, operating-plan
бизнес-элитой (noun) - best business, elite busness
бизнесе (noun) - business, commerce, trade, traffic, dealings, market, industry
бизнесмен (noun) - businessmen, commercial-men, company-men
бизнесменами (noun) - businessmen, commercial-men, company-men
бизнесменом (noun) - businessmen, commercial-men, company-men
билетов (noun) - tickets, passes, tokens, certificates бильярдном (noun) - billiards, pool
Билял (noun) - Bilal (name)
Билялетдинов (noun) - Bilyaletdinov (name)
бимс морской (noun) - marine beam, ships' timber
бинаризаций (noun) - binarization
бинаризированное (adjv) - binary, two-related
бинарное (adjv) - binary, two-related

бинарной (adjv) - binary, two-related
биогенная (adjv) - biogenic, biogenous, biogenetic-related
биогенных (adjv) - biogenic, biogenous, biogenetic-related
биологические (adjv) - biologic, biological, biology-related
биологический (adjv) - biologic, biological, biology-related
биологического (adjv) - biologic, biological, biology-related
биологической (adjv) - biologic, biological, biology-related
биомасса (noun) - bio-mass, biological mass
биомассы (noun) - bio-mass, biological mass
биометрические (adjv) - biometric, biometrical, biometry-related
биореактор (comp) - biological-reactor, bio-reactor (cosmonaut training-equipment)
биотический (adjv) - biotic, biotical, biotry-related
биотопливо (noun) - biological-fuel, bio-fuel
биоэкологический (adjv) - bioecologic, bioecology-related
биржах (noun) - exchanges, boards, stock-markets, ticker-tapes, burse's, changes, houses
бирже (noun) - exchange, board, stock-market, ticker-tape, burse, change, house
Бирме (noun) - Birma (name)
Биробиджан (noun) - Birobidzhan (name)
Бискайском заливе (noun) - Bay of Biscay (name)
Бисмарка на Букнике (noun) - Bismark on (the) Buknik (Pushkin duel site)
битлов (noun) - "Beatles" (English rock group)
Битцевским (noun) - Bitsevsky (name)
Битцевским Парком (noun) - Bitsevsky Park
бифенил (noun) - biphenyl
бифенилов (noun) - biphenyl
бифуркации (noun) - bifurcation
бифуркаций (noun) - bifurcation
бифуркация (noun) - bifurcation
Бишкека (noun) - Bishkek (name)
Бишкеке (noun) - Bishkek (name)
Бишкеку (noun) - Bishkek (name)
Бк. (abbv) - Bequerel (radionuclide decay-rate unit)
БЛА (abbv) - Unmanned Aerial Vehicle (UAV)
Благовещенск (noun) - Blagoveshchensk (name)

Благовещенске (noun) - Blagoveshchensk (name)
благодаренению (noun) - thanksgiving, appreciation, gratitude
благодатного (adjv) - holy, blessed, sacred, graced, sanctioned, abundant, beneficial, godliness-related
благодатным (adjv) - holy, blessed, sacred, graced, sanctioned, abundant, beneficial, godliness-related
благоприятной (adjv) - favorable, auspicious, fortunate, propitious, promising, lucky, favorability-related
благоприятные (adjv) - favorable, auspicious, fortunate, propitious, promising, lucky, favorability-related
благоприятных (adjv) - favorable, auspicious, fortunate, propitious, promising, lucky, favorability-related
благоприятыми (adjv) - favorable, auspicious, fortunate, propitious, promising, lucky, favorability-related
благотворительная (adjv) - charitable, giving, philanthropic, humanitarian, charity-related
благотворительной (adjv) - charitable, giving, philanthropic, humanitarian, charity-related
благотворительный (adjv) - charitable, giving, philanthropic, humanitarian, charity-related
бланк (noun) - blank, Annunciation
бланк (adjv) - blank, colorless, bare, empty, features-related
бланковая (adjv) - blank, colorless, bare, empty, featureless, content- related
бланковая карта (noun) - blank map, bare map
Блаттером (noun) - Blatter's (name)
Блекко (noun) - Blekko (American internet “Search Engine”)
блесйк (noun) - brightness, brilliance
ближайшее (adjv) - near, nearest, close, closer, closest, immediate, soon, soonest, next, future, proximity-related
ближайшие (adjv) - near, nearest, close, closer, closest, immediate, soon, soonest, next, future, proximity-related
ближайших (adjv) - near, nearest, close, closer, closest, immediate, soon, soonest, next, future, proximity-related
ближневосточного (adjv) - Near-Eastern, Near East-related
ближней (adjv) - near, nearest, close, closest, immediate, next, future, proximity-related
Ближнем Востоке (noun) - Near East, Middle East

Ближний Восток (noun) - Near East, Middle East
ближних (adjv) - near, close, local, short-distance, short-ranged, like, similar, imminent, intimate, distance-related
Близ Явы (noun) - Bliz Yavi (name)
близкая (adjv) - near, close, local, short-distanced, short-ranged, like, similar, imminent, intimate, distance-related
близким (adjv) - near, close, local, short-distanced, short-ranged, like, similar, imminent, intimate, distance-related
близкой (adjv) - near, close, local, short-distanced, short-ranged, like, similar, imminent, intimate, distance-related
близкой к нейтральной (noun) - near-neutral, about-neutral
блины (noun) - blin, bliny, pancake, hotcake, griddlecake, flapjack
БлМ3 (abbv) - Bequerels per cubic Meter
блн (abbv) - billion, one-thousand million
блогера (noun) - bloger, blogging-website paricipant
блок (noun) - block, section, paragraph
блок число (noun) - Block Number
Блок Юлии Тимошенко (noun) - Blok Yuli Timoshenko (name)
блока (noun) - block, section, paragraph
блокаде (noun) - blockade, obstruction, cordon, obstacle, curtain, determent, deterrent
блоки (noun) - bloc, block, section, paragraph
Блоки управления (noun) - Block Control
блокинг (noun) - blocking, obstructing, bottling, stopping, barring, hindering, delaying
блокировала (verb) - block, blockade, obstruct, bottle, freeze, stop, bar, cordon, hinder, impede, delay, engage,
блокированы (noun) - bloc, block, blockade, obstruction, bar, barrier
блокировать (verb) - block, blockade, obstruct, bottle, freeze, stop, bar, cordon, hinder, impede, delay, engage
блокировка антициклон (noun) - Blocking Anticyclone, blocking Highблокировка край (noun) - Blocking Ridge, Blocking high
Блокировка спинка (noun) - Blocking Ridge, Blocking high
блокирует (verb) - block, blockade, obstruct, bottle, freeze, stop, bar, cordon, engage, hinder, delay
блокирующие (adjv) - blocking, obstructing, stopping, barring, impeding, obstructive, interrupting, block-related

блокирующий (adjv) - blocking, obstructing, stopping, barring, impeding, obstructive, interrupting, block-related
блокирующих (adjv) - blocking, obstructing, stopping, barring, impeding, obstructive, interrupting, block--related
блоков (noun) - blocks, sections, paragraphs
Блэк Хоук (noun) - "Black Hawk" (American Sikorsky military helicopter)
Блэр (noun) - Blair (name)
Блэра (noun) - Blair (name)
блюдом (noun) - dishes, servings, courses, portions, helpings
Блю-рей (noun) - Blue Ray, Blue Ray DVD
блюдений (adjv) - served, dished, allotted, dining-related
БМП (abbv) - Infanty Combat Vehicle, Infantry Fighting Vehicle, Armored Fighting Vehicle
бниз (adjv) - down, downwards, lower, beneath
бниз воздух (noun) - downdraft, descending air current
бниз торопить (noun) - down-rush
Боб Дилан (noun) - Bob Dylan (name)
бобслеистов (noun) - bobsleds, bobsledges
бобслеисток (noun) - bobsledders, bobsledgers
бобслею (noun) - bobsled, bobsledding богатых (adjv) - rich, richest, wealthy, wealthiest, affluent, prosperous, upper-income, wealth-related
богословы (noun) - theologian, priest, deacon, rabbi, cantor, imam, mullah, brahman, pujari, lama, bonze, druid, flamen, monk, nun, sister
Богоявленский (adjv) - Bogoyavlenian, Bogoyavlen-related
Бодайбо (noun) - Bodaibo (name)
бодопроводе (noun) - water-supply system, plumbing, running-water
боевая (adjv) - militant, fighting, battling, striking, urgent, energetic, military-related
боевике (noun) - fighter, combatant, battler, belligerent, hitman, militant, scuffler, rioter, adventurer, action-movie, thriller (movie) thriller (movie), feature (film)
боевиками (noun) - fighters, combatants, battler, belligerent, hitman, militant, scuffler, rioter, adventurer, action-movie, thriller (movie), thriller (movie), feature (film)

боевики (noun) - fighter, combatant, battler, belligerent, hitman, militant, scuffler, rioter, adventurer, action-movie, thriller (movie), feature (film)
боевиков (noun) - fighters, combatants, battlers, belligerents, hitmen, militants, scufflers, rioters, adventurers, action-movies, thrillers (movie), feature (film)
боевому (noun) - combat, battle, warfare, fighting, hostility,conflict, bloodshed, belligerence, war
боевые действию (noun) - military operation, operation, battle operation
боевым (adjv) - combative, martial, militant, soldiered, served, fighting, battling, striking, personnel-related
боевых (adjv) - combative, martial, militant, soldiered, served, fighting, battling, striking, personnel-related
боеннослужащих (adjv) - combative, militant, soldiered, served, fighting, battling, martial, striking, urgent, energetic, military-personnel related
боеприласами (noun) - ammunitions, ammo's, shells, projectiles, cartridges, grenades, bombs, explosives
боеприпасов (noun) ammunitions, ammo,s, shells, projectiles, cartridges, grenades, bombs, explosives
боестолкновения (comp) - fighting-clash, combat-collision, battle-hostility, belligerent-conflict
божией (adjv) - God's, Allah's, Brahma's, Atman's, Vishnu's, Siva's
Божией Матери (noun) - Mother God, God Mother
возросли (noun) - increasing, gaining, enlargement, amplification, growth, extension, expansion, proliferation
возросло (advb) - increasingly, amplifyingly, extensively, expansively, proliferatingly
бои (noun) - battle, fight, combat, attack, action, beating, breakage
Боинг (noun) - Boeing (major American aircraft manufacturer)
Боинг 737 (noun) - Boeing 737 Airliner (name)
Боинг 747 (noun) - Boing 747 Airliner (name)
Боинг 747-400 (noun) - Boeing 747-400 Airline (name)
Боинга (noun) - Boeing (major American aircraft manufacturer)
Боинга 737 (noun) - Boeing 737, American Passenger Airliner
Боинга и Эрбаса (noun) - Boeing and Airbus
Бока (noun) - Boka (name)

боке (noun) - box, container, boxing, fighting, fisticuffs, cubicle
Боко харам (noun) - Boko Haram (Nigerian Islamist Terror group)
боковая линия (noun) - lateral line, later demarcation
боковой расхождение (noun) - lateral divergence
бокс диффузия (noun) - box diffusion
бокс диффузной (noun) - box diffusion
бокс диффузным (noun) - box diffusion
Бокса Дженкинса (noun) - Box-Jenkins (name)
боксах (noun) - box's, containers, boxing, fighting, fisticuffs, cubicles
боксе (noun) - boxing, pugilism, fighting, prize-fighting, fisti-cuffs
боксере (noun) - boxer, prize-fighter, pugilist, scrapper
боксером (noun) - boxers, prize-fighters, pugilist, scrappers
боксерское (adjv) - boxed, boxing, pugilistic, boxing-related
боксерской (adjv) - boxed, boxing, pugilistic, boxing-related
боксеры (noun) - boxer, pugilist, fighter, prize-fighter
боксов (noun) - box's, containers, boxing, fighting, fisticuffs, cubicles, (description's)
боксу (noun) - boxing, fighting, prize-fighting, pugilism, fisticuffs, short back and sides, cubicle Болгарских (adjv) - Bulgarian, Bulgaria-related
болгарской (adjv) - Bulgarian, Bulgaria-related
Болгарской АЭС - Белен (noun) - Bulgaian Atomic Power Station - Belen, Bulgarian Atomic Energy Station
Болград - Одесской (noun) - Bolgrad (city district of) - Odessa (area of Ukraine)
Болдинская осень (noun) - Bold Autumn, festival
более (advb) - more, more than, moreover, in addition, to a greater or higher degree, yet, most, above
более слабым (adjv) - weak, feeble, strengthless, impotent, powerless, languorous, strength-related
болеешь (noun) - sick, ecstatic, wild, crazy, rooting, supporting
Болеку (noun) - Bolek (name)
болельщиков (noun) - fans, supporters, devotees, followers, patrons
Болгарских (adjv) - Bulgarian, Bulgaria-related
болгарской (adjv) - Bulgarian, Bulgaria-related

Болгарской АЭС - Белен (noun) Bulagarian Atomic Power Station-Belen

более (advb) - more, greater, in excess of, more and more, much more, ever more, increasingly, growingly

более слабым (adjv) - weak, feeble, strengless, impotent, powerless, languorous, strength-related

болельщикам (noun) - fans, buffs, rooters, afficionado's, supporters, admirers, backers, abettors

болельщики (noun) - fan, buff, rooter, afficionado, supporter, admirer, backer, abettor

болельщиков (noun) - fans, buffs, rooters, afficionados, supporters, admirers, backers, abettors

болен (verb) - be ill, be sick, be down, ail, suffer, ache, hurt, worry, support, be a fan

болеют (verb) - be ill, be sick, be down, ail, suffer, ache, hurt,worry, support, be a fan

Болжский (noun) - Bolzh (name)

болидов (noun) - fireballs, Race-car drivers, energetic people, Meteors

болотом (noun) - bog, marsh, swamp, slough

больницах (noun) - hospitals, clinics, infirmaries, trauma centers, emergency medical facilities, wellness centers

больнице (noun) - hospital, clinic, infirmary, trauma center, emergency medical facility, wellness center

больницу (noun) - hospital, clinic, infirmary, trauma center, emergency medical facility, wellness center

больничной (adjv) - medical, clinical, treating, nursing, resting, healing, hospital-related

больничных (adjv) - medical, clinical, treating, nursing, resting, healing, hospital-related

Больцмана (noun) - Boltzmann (name)

большая (adjv) - big, great, grand, large, stronger, greater, larger,taller, more, much, most, importance-related большая вода (noun) - high water, high tide

Большая книга (noun) - «Big Book» (literary-prize)

Большая Медведица (noun) - Great Bear

больше всё (adjv) - biggest of all, largest, highest of all, tallest, size- related

большие (adjv) - big, great, grand, large, stronger, greater, larger, taller, more, much, most, importance-related
большим (adjv) - big, great, grand, large, stronger, greater, larger, taller, more, much, most, importance-related
больших (adjv) - big, great, grand, large, larger, stronger, greater, larger, taller, more, much, most, importance-related
большого (adjv) - big, great, grand, large, larger, stronger, greater, larger, taller, more, much, most, importance-related
Большого театра (noun) - Bolshoi Theater, Moscow Theater (Ballet), Big Theater/Stage/Playhouse
большое (adjv) - big, great, grand, large, stronger, greater,larger, taller, more, much, most, importance-related
Большой Адронный коллайдер (noun) - Large Hadron Collider, particle-accelerator
Большой Барьерный риф (noun) - Great Barrier Reef
Большой Восьмерки (noun) - Big 8, Top 8, G 8, eight economic country-affiliations
Большой двадцатки (noun) - Big 20, Top 20, G 20, twenty economic country-affiliations
Большой Енисей река (noun) - Great Yenisei River, Big Yenisei river
Большой круг (noun) - Great circle
Большой круг дуга (noun) - Great circle Arc
большой пустыняы (noun) - great deserts
Большой театра (noun) - Bolshoi Theater
Большой театре (noun) - Bolshoi Theater (Moscow's premier theater)
большой энергия длинный пульс (noun) - high-power, long-pulse
большом (adjv) - big, large, stronger, greater, taller, more, much, strength-related
большом ветер системы (noun) - large wind system, large wind area
большом градинах (noun) - large hailstones
большом масштабе (noun) - large scale
Большом театре (noun) - Bolshoi Theater, Moscow's premier theater

Большому адронному коллайдеру (noun) - Large Hadron Collider, Large Hadron Particle-accelerator

большую (adjv) - big, large, larger, stronger, greater, taller, more, much, most, strength-related

большую восьмерку (noun) - Greater eight

большую двадцатку (noun) - Greater twenty

бомб (noun) - bomb, explosive device, detonating-device, highly-destructive device, aerially-deployed device, missile-deployed explosive

Бомба буря (noun) - BOMB storm, Explosive storm, Rapidly intensifying storm

Бомба ураган (noun) - Hurricane BOMB, Explosive storm, BOMB Storm

бомбадиров (noun) - bombadier's, bomb-aimers, bomb-throwers, strikers

бомбардировках (noun) - bombardments, bombings, air bombings, strafings

бомбардировке (noun) - bombardment, bombing, air bombing, strafing

бомбардировку (noun) - bombardment, bombing, air bombing, strafing

бомбе (noun) bomb, explosive device, detonating-device, highly-destructive device, missile-deployed explosive

Бомнак (noun) - Bomnak (name)

бондиане (noun) - James Bondish characters, James Bondian

бонитировочных (adjv) - bonitational, valuational, appraisal, estimated-value, determined-market, judgemental, appreciative,superlative, value-related

Бонн (noun) - Bonn (name)

Бор (noun) - Bor (name)

Боренька (noun) - Borenka (name)

борется (verb) - struggle, fight, battle, contest, oppose

Борец за охрану природы (noun) - Activist for protecting nature, Conservationist

Борис (noun) - Boris (name)

Бориса (noun) - Boris (name)

Бориса Соколова (noun) - Boris Sokolov (W.W. II hero)

Борисович (noun) - Borisovich (name)

Борису Резнику (noun) - Boris Rezniku (name)
борне (verb) - borne, carry, tote, haul
Бородинской (adjv) - Borodinian, Borodin-related
Бородину (noun) - Borodin (name)
боронежская (adjv) - boronic, boron-related
боронский (adjv) - boronic, boron-related
бороться (verb) - fight, struggle, battle, deal with, contend,wrestle
бортового (adjv) - boarded, positioned, logged, rcorded, documented, notated, followed, tracked, computer-related
бортовых (adjv) - boarded, positioned, logged, recorded, documented, notated, followed, tracked, computer-related
бортпроводников (comp) - Air Stewards, male air-passenger attendents
борту (noun) - bort, board, broadside, side, head, cushion, near,vicinity
Боруссия (noun) - "Borussia" (Dortmund soccer club/Germany)
борьба с наводнениями (noun) - flood control, struggling with flooding,
борьбе (noun) - struggle, struggling, conflict, fight, fighting, strife, wrestling, competition, mat-sport
борьбу (noun) - struggle, struggling, conflict, fight, fighting, strife, wrestling, competition, mat-sport
борьбы (noun) - struggle, struggling, conflict, fight, fighting, strife, wrestling, competition, mat-sport
Боря (noun) - Borya (name)
Босвеллом (noun) - Boswell (name)
Боснии-Герцеговине (noun) - Bosnia-Hertzegovina
боснийской (adjv) - Bosnian, Bosnia-related
Бостон (noun) - Boston (name)
Бостоне (noun) - Boston (name)
Ботнический залив (noun) - Gulf of Bothnia
Боулдер (noun) - Boulder (name)
Боулдер Колорадо США (noun) - Boulder, Colorado, USA
Боуэна (noun) - Bowen (name)
Бофортова (adjv) - Beaufort-like, wind-like, speed-like, Beaufort- related
Бофортова буква (noun) - Beaufort letter
Бофортова шкала (noun) - Beaufort Scale

бохсу (noun) - boxing, fighting, fisticuffs, cubicle
Бошкортостане (noun) - Boshkortostan (name)
боя (noun) - battle, battlefield, combat, fight, fray, clash, struggle, war
БП (abbv) - Benzene Pyrene, gasoline Pyrene
BP (abbv) - British Petroleum (major oil conglomerate)
БПК (abbv) - Benzene Pyrene Concentration, gasoline Pyrene concentration
БПЛА (abbv) - Unmanned Aerial Vehicle, Pilotless flying aircraft
Бразил (noun) - Brazil (name)
Бразилию (noun) - Brazil (name)
бразильская (adjv) - Braziian, Brazil-related
Бразильской (adjv) - Brazilian, Brazil-related
бразильском (adjv) - Brazilian, Brazil-related
бразильцев (adjv) - Brazilian, Brazil-related
бразильянок (adjv) - Brazilians, Brazil-related
Братск (noun) - Bratsk (name)
братского (adjv) - fraternal, brotherly, sisterly, friendly, neighborly, sociable, brotherhood-related
Братского круга (noun) - Fraternal Circle, Fraternal ring
братству (noun) - brotherhood, fellowship, comradeship, fraternity, sisterhood, sorority
браузеров (noun) - browsers, access/information computer-program
Браун (noun) - Brown (name)
бреквотер (noun) - breakwater, harbor outer-wall
брендом (noun) - brand, brnd name, earmark, label, tag, mark, bar-code
Брент (noun) - Brent, Oil
Брест (noun) - Brest (name)
Бреста (noun) - Brest (name)
Брестская (adjv) - Brestian, Brest-related
Брестская крепость (noun) - Brest Citadel
Бретань (noun) - Britanny, Britain (name)
бригады (noun) - brigade, unit, division, company, group organization
Брижит Бардо (noun) - Brigit Bardo (name)
бризовом (noun) - breeze, wind, air-motion

бризовыми (adjv) - breezy, windy, airy, galeish, stormy, wind related

бризовыми фронтами (noun) - breezy front

бризовых (adjv) - breezy, windy, airy, galeish, stormy, wind-related

БРИК (abbv) - Brazil-Russian Federation Institute (for) Cooperation, Brazil- Russian Federation-India-China (economic organization)

БРИКС (abbv) - Brazil-Russian Federation-India-China Summit (economic organization)

бриллиантового (adjv) - brilliant, colorful, bright, gorgeous, illustrious, vivid, rich, resplendent, sparkling, dazzling, glamorous, diamond-related

Бриллиантовой лиги (noun) - Diamond League, brilliant league

Бриллианты (noun) - brilliancy, brightness, vividness, dazzling, sparkle, spot-light, diamond

Британиив (noun) - Britain, Brittany (name)

Британская (adjv) - British, Britannic, royal, English, Great Britain-related

Британские (adjv) - British, Britannic, royal, English, Great Britain-related

Британский (adjv) - British, Britannic, royal, English, Great Britain-related

британским (adjv) - British, Britannic, royal, English, Great Britain-related

британских (adjv) - British, Britannic, royal, English, Great Britain-related

британского (adjv) - Britsh, Britannic, royal English, Great Britain-related

британской (adjv) - British, Britannic, royal, English, Great Britain-related

британском (adjv) - British, Brittanic, royal, English, Great Britain-related

Британском суде (noun) - British Law, English Law

британцами (noun) - Britain's, Britishers, «Brit's», Britanny's, royalty's

Бритиш петролеум (noun) - British Petroleum (major British petroleum company)

Бровцев (noun) - Brovtsev (name)
Бродского (noun) - Brodsky (name)
бродячих (adjv) - stray, straying, wandering, lost, roving, roaming, meandering, vagrant
бронежилетов (comp) - bulletproof-vests, police-vests, personnel-protection vests
бронемашин "Рысь" (noun) - Armored-vehicle "Lynx" (four-wheel drive military armored-vehicle)
бронетехники (comp) - armored-vehicle, armor-protected military-vehicle
бронзовой (adjv) - bronzed, metallic, plated, god-like, tanned, bronze-related
бронзовую (adjv) - bronzed, metallic, played, god-like, tanned, bronze-related
бронзовых (adjv) - bronzed, metallic, plated, god-like, tanned, bronze-related
бронзу (noun) - bronze, bronze medal, copper/tin alloy, copper-base alloy, metal, statue
Бругге noun) - Bruges (Belgium city)
Брукс (noun) - Brooks (name)
Бруней (noun) - Brunei (name)
Брюселле (noun) - Brussels (name)
брызговом (noun) - spray, splash, fragment
Брюера (noun) - Brewer (name)
Брюсселе (noun) - Brussels (name)
Брянская (adjv) - Bryanian, Bryan-related
Вт (abbv) - British Thermal
BTE (abbv) - British Thermal Unit
БТЭК (abbv) - Blagoveshchhensk Commercial-Economic College
будем (conj) - if, whether
будем говорить (advb) - if I say, whether I say, shall I say
будет (pron) - you, it, that, it's, that's, he, he'll
будет (pred) - will, will go into, will enter, timed for, scheduled for, stop, enough
Будивельника (noun) - "Budivelnika (Stadium", Cherkasy, Ukraine/Sports arena)
будке (noun) - booth, compartment, chamber, closet, space, cavity, cell, box, pew, crypt, vault

буду (conj) - will, to be, to come, to be present, to happen, to take place
будут (verb) - come, be, be present, will, happen, take place
будущему (adjv) - future, later, coming, forthcoming, predicted, projected, prospective, future-related
буёв (adjv) - breezy, windy, airy, galeish, stormy, wind-related
Бузина (noun) - Elder (name)
Бузулук (noun) - Buzuluk (name)
Буйнакска (noun) - Buinsk, Buinaksk (name)
Бук (noun) - Beech (name)
буквы-печатные (noun) - printed-letters
буквы-рукописные (noun) - manuscript-letters
букетов (noun) - bouquets, flowers, gifts, presents, compliments,song medlies
буксира Дунайский-66 (noun) - Tugboat “Danube-66”
буксиров (noun) - tugboats, tugs, tow ropes, tows, helping hands,
Бул. (abbv) - Boulevard, thoroughfare, major street
Булгарии (noun) - Bulgaria, Bulgar (name)
Булгарию (noun) - Bulgaria, Bulgar (name)
буллетень (noun) - bulletin, notice, annoucement
Буллетень у АМО США (noun) - Bulletin of the American Meteorological Society
Буллетень у Глобальный Вулканизм Сеть Смитгсониан
Организация (noun) - Bulletin of the Global Volcanism Network, Smithsonian Institution
бумажно (noun) - paper, paper stock, sheet, leaf, page, ream, stationary, cardboard
бумажно-картонную (noun) - paper-carton, paper-board
Бундесвера (noun) - Bundesver (name)
Бундесвере (noun) - Bundesver (name)
BUOY (noun) - Buoy-originated oceanic data
бурая (adjv) - red, crimson, scarlet
Бурая лисица (noun) - Red fox
Бурдона (noun) - Bourdon (name)
буре (noun) - storm, blow, frenzy, tempest, bluster, rage
бурение скаважины (noun) - well drilling
бури (noun) - storm, gale, heavy weather
Буркина-фасо (noun) - Burkina-faso (Libyan town)

бурное (adjv) - stormy, rough, heavy, rapid, turbulent
бурное дождь кратковременный (noun) - heavy rain shower
бурное морей (noun) - heavy seas, stormy seas, rough seas
бурность (noun) - turbulence
бурность интенсивность (noun) - intensive turbulence, heavy turbulence
бурный передача (noun) - turbulent transfer
бурный поверхность ветры (noun) - gusty surface winds
буровикам (noun) - drillers, borer's, hole-drivers
бурый медведь (noun) - brown bear, grizzly bear
буря воды (noun) - storm water
буря волны (noun) - storm surge
буря вред (noun) - storm damage
буря избежание (noun) - storm avoidance
буря пути (noun) - storm track
буря уклонение (noun) - storm evasion
бура теория (noun) -storm theory
буря фурия (noun) - storm fury
Бурятии (noun) - Buryat (name)
Бут (noun) - butt, buttocks, thigh
Бута (noun) - butt, buttocks, thigh
Бутросу-Гали (noun) - Boutos-Gali (Secretary General of the United Nations Organization)
Бутусова (noun) - Butusova (name)
бутылков (noun) - bottles, vessels, receptacles, containers, vials
бутылку (noun) - bottle, vessel, receptacle, container, vial
бутылок (noun) - bottle, vessel, recepricle, container, vial
Буфф (noun) - Buff (name)
Бухара (noun) - Bukhara (name)
Бухарова (noun) - Bukharova (name)
бухта (noun) - gulf, bay, inlet
Бухта Провидения (noun) - Gulf of Providence
Буш (noun) - Bush (name)
бушевавший (adjv) - raged, stormed, blustered, frenzied, infuriated, rage-related
Бушенр (noun) - Bushenr (Iranian Nuclear site)
Бушер (noun) - Busher (name)
бушует (noun) - storm, storming, raging, rage, tumult

бушующий (adjv) - blustered, winded, squalled, raged, blustery-wind related
Буы (noun) - Buy, Buys (name)
Буы Баллоты Закон (noun) - Buys Ballot's Law
Буэнос Айресе (noun) - Buenos Aires (name)
буя (noun) - bouy, marine marker
буян (noun) - wharf, pier
Бхагавад-гиту (noun) - Bhagavad-Gita (Hindu, “As it is”)
БЦН (abbv) - Baikal Center for Nano-technology
бы (part) - would, should, could, may, might, better
бывшего (adjv) - past, former, ago, once, old, ex, late, was, were, wake, one-time, passe, later, sometime,out-moded, time- related
бывшему (adjv) - past, former, ago, once, old, ex, late, was, were, wake, one-time, passé, later, sometime, out-moded, time-related
бывший (adjv) - past, former, ago, once, old, ex, late, was, were, wake, one-time, passe, later, sometime, out-moded, time-related
бывших (adjv) - past, former, ago, once, old, ex, late, was, were, wake, one-time, passé, later, sometime, out-moded, time-related
бывшой (adjv) - past, former, ago, once, old, ex, late, was, were, wake, one-time, passé, later, sometime, out-moded, time-related
бык береговой (noun) - shore pier, seaside pier
быковский (adjv) - Bykovian, Bykovsk-related
был (adjv) - past, ago, once, former, was, were, wake, one-time, passé, out-moded, time-related
была (noun) - past event, past story, true story, fact
были (noun) - past event, past story, true story, fact
были бурность (noun) - wake turbulence, lee turbulence
было (noun) - fact, factual, true occurrence, correct reporting
быро (noun) - bureau, department
Быро Погоды (noun) - Weather Bureau, Weather Service
Быссоль (noun) - Bussol (name)
быстрее (adjv) - faster, speedier, quicker, more rapid, more prompt, speed-related

быстрого (adjv) - rapid, fast, quick, prompt, speed-related
быстрымй (adjv) - rapid, fast, quick, prompt, speed-related
бытового (adjv) - social, domestic, home, everyday, consumer, society-related
быть (verb) - be, exist, have, had, come, be present, coming, had on, happen, take place, do, done, constitute, play, fare
Бьюла (noun) - Bulah (name)
бьюти (noun) - beauty, pulchritude, beautifulness, loveliness, prettiness, attractiveness, charm, handsomeness
бьет (verb) - beat, hit, strike, knock, pound, rap, punch, poke, pelt, drub
бюджете (noun) - budget, allowable expenditure, operating expense, financial statement, expense account, resources vice expenditures overhead
бюджетную (adjv) - budgetary, fiscal, economical, accounting, book-keeping, budget-related
бюджетные (adjv) - budgetary, fiscal, economical, accounting, bookkeeping, budget-related
бюджетных (adjv) - budgetary, fiscal, economical, accounting, bookkeeping, budget-related
бюджетов (noun) - budgets, budgetaries, economies, accounts, bookkeepings
бюджетом (noun) - budgets, budgetaries, economies, accounts, bookkeepings
бюджеты (noun) - budget, allowance, expense, cost, liability, overhead
бюллетени (noun) - bulletin, report, statement, brief, account, minutes, press-release
Бюллетень Американец Метеорологический Общество (noun)-Bulletin of the American Meteorological Society
Бюль-Бюль (noun) - Beul-Beul (Ballet title)
Бюро переписи (noun) - Census Bureau, population and property office
Бюро погода (noun) - Weather Bureau, Meteorological office
Бюро погоды (noun) - Weather Bureau, Meteorological office
БЮТ (abbv) - Bloc for Yulia Timoshenko (Ukraine)

B

в. (abbv) - East, Volt
в. виде (advb) - as, likewise, just as, more at
в. виду (prep) - in sight, in view
в. воздухе погода радиолокация (noun) - airborne weather-radar
в. воздухе погода радиодокация эхо (noun) - airborne weather-radar echo
в. г. (abbv) - in town, in city
в. д. (abbv) - East longitude
в. дальнейшем (adjv) - further, in the future, in addition, add-related
в. зависмости от (prep) - subject to
в. качестве (prep) - in the character, in the capacity, used as, as an,at first
В. м. (noun) - Volts per Meter
в. образный (adjv) - Vee-shaped, V-shaped, form-related
в. образный жёлоб (noun) - Vee-shaped trough
в. общем (prep) - in general, the whole, in sum
в. отличие (adjv) - unlike, different, difference-related
в. период (prep) - in the period, during
в. рамках (adjv) - within the framework, within limits, confinement- related
в. смысле (prep) - as regards
в. соответствии (prep) - in accordance
в. том (pron) - the, they, them
в. том (adjv) - in volume, bulk-related
в. увеличенном масштабе (noun) - enlarged scale, greater scale
в. целом (adjv) - in general, in total, as a whole, majority-related
Вагнера (noun) - Wagner, Wilhelm Richard Wagner (German Classical-musician)
вагонаж (noun) - wagonage, wagon-transportation, wagon-conveyance, wagon-train, wagon-group, wagonage-money paid
вагонов (noun) - cars, wagons, railroad cars, freight cars, carriages, coach's, trucks, automobiles
Ваден-верфтен (noun) - Vaden-verften, German shipyard
Вадима (noun) - Vadima (name)

важнейшие (noun) - majority, importance, significance
важные (adjv) - important, weighty, consequential, importance-related
важных (adjv) - important, weighty, consequential, importance- related
ВАЗ (abbv) - Volga Automobile Works (VAZ)
Ваймкга (noun) - Vaimuga (name)
вакцинацию (noun) - vaccination, inoculation, shots
вал (noun) - ocean wave
валдайского (adjv) - Valdaian, Valdai-related
валдайское (adjv) - Valdaian, Valdai-related
валдайском (adjv) - Valdaian, Valdai-related
Валенсия (noun) - Valencia (Spain)
Валентина (noun) - Valentin (name)
Валерием (noun) - Valerian (name)
Валерий (noun) - Valeri (name)
валовой вес (noun) - gross weight
валы (noun) - ocean wave, roller, shaft
валюте (noun) - currency, money, exchange, foreign currency, pecuniary funds, financial exchange, fiscal funds, numismatic items,value exchange
валютный фонд (noun) - monetary fund, money fund, values
валютных (adjv) - monetary, pecuniary, financial, fiscal, numismatic,valuable, money-related
валютой (adjv) - monetary, pecuniary, financial, fiscal, numismatic,valuable, money-related
вам (pron) - you, me, I, myself, one
вампиров (noun) - vampires, fiends, monsters, demons, devils, ghouls, werewolves, ogres, ogress's
вампиров и ведьм (noun) - vampires and witch(s), (Halloween characters)
Ван (noun) - Van (name)
Вангенгейма Гирса (noun) - Vangengeim-Girs (name)
Ванесса (noun) - Vanessa (name)
Ванёк (noun) - Vanyek (name)
Ванино-Холмск (noun) - Vanino-Kholmsk (name)
Ванкувер (noun) - Vancouver (name)
Ванкувере (noun) - Vancouver (name)

Вануату (noun) - Vanuatu (name)
Ваня (noun) - Vanya (name)
вапор (noun) - vapor, mist, spray, gas
вапор давление вода (noun) - water vapor-pressure
Варвара (noun) - Varvara (name)
Варенька (noun) - Varenka (name)
вариантах (noun) - variant, variable, version, option, ways
варианте (noun) - variant, version, option, scenario
вариантов (noun) - variant, variable, version, option, ways
вариантом (noun) - variant, variable, version, option, ways
варианты (noun) - variant, variable, version, option, ways
вариаций (adjv) - variational, fluctuant, variable, unstable, departure-related
вариационие (adjv) - variational, fluctuant, variable, unstable, departure-related
вариационие согласование (noun) - variational coordination
вариационного (adjv) - variational, deviational, departure-related
вариационное (adjv) - variational, eviational, departure-related
вариационное исчисление (noun) - variational calculus
вариационной (adjv) - variational, deviational, departure-related
вармационном (adjv) - variational, deviational, departure-related
вариационный (adjv) - variational, deviational, departure-related
вариационным (adjv) - variational, deviational, departure-related
вариациями (noun) - variation, deviation, difference
Вармлуфтинсел (noun) - Thermal, warm-air-island (Warmluftinsel-German)
Варна (noun) - Varn (name)
Варнациям (noun) - variation, deviation, difference
Варне (noun) - Varn (name)
Варшава (noun) - Warsaw (name)
` Варшаве (noun) - Warsaw (name)
Варыс (noun) - “Baris” (Astana hockey club)
варьирование (adjv) - variational, deviational, variation-related
Варя (noun) - Varya (name)
васенька (noun) - Vsenka (name)
василий (noun) - Vasili (name)
Василия (noun) - Vasili (name)
Васильев (noun) - Vasilev (name)

вассалов (noun) - vassal's, captives, subjects, lieges, slaves
Вася (noun) - Vasya (name)
Ватикана (noun) - Vatican (name)
Ваффен СС (noun) -Waffen SS (Nazi storm-troopers)
ваш (pron) - you, your, yours, all
Вашингтон (noun) - Washington (name)
Вашингтоне (noun) - Washington (name)
Вашингтоном (noun) - Washington (name)
вашингтонскому (adjv) - Washingtonian, Washington-ite, Washington-related
ВБ (abbv) - World Bank, Water Balance
ВБС (abbv) - Water Balance Station, Water-monitoring station
введ (verb) - introduce,include, enfold, incorporate, innovate, bring in, import, prefix, preface, initiate
введен (verb) - introduce, include, enfold, incorporate, innovate,
bring in, import, prefix, preface, initiate
введении (noun) - bringing in, inclusion, input, introduction, imposition
введению (noun) - bringing in, inclusion, input, introduction, imposition
введенный (adjv) - bringing, including, inputting, introducing, imposed, introduction-related
введенных (adjv) - bringing, including, inputting, introducing, imposed, introduction-related
введено (verb) - introduce, bring in, input, lead in, take in, open, initiate
введены (noun) - introduction, inputting, bring into, inputting, opening, initiation
ввел (verb) - introduce, bring in, enter, impose, input, lead in, take in, open, initiate
ввели (verb) - introduce, bring in, enter, impose, input, lead in, take in, open, initiate
ввод данные нет начальныед (noun) - un-initialized input-data
ввод данные решётка (noun) - grid input-data
вводившихся (verb) - input, enter, insert, introduce
вводимого (adjv) - used to, accustomed, customary-related
вводит (verb) - lead, bring, take in, introduce, put into, enter, key in, acquaint

вводится (verb) - lead, bring, take in, introduce, put into, enter, key in, acquaint
вводятся (verb) - bring into, introduce, lead in, input
ввозе (noun) - importation, importing, introduction, import, transferal, inport, intake, coming-in, entering
ВВП (abbv) - Gross Domestic Product, Vertical Takeoff and Landing
ВВС (abbv) - Air Force, Air Force's, Air Army (historical)
ВВЦ (abbv) - All Russian Exhibition Center (Moscow)
Вгиковцы (noun) - Vgikovts (name)
ВДВ (abbv) - Air-Landing Forces, Russian airborne troops
вдоль побережья (advb) - coast-wise, coastwards, landward
ВДУ-91 (abbv) - Temporary permissible levels-1991, (Radioactivity)
вебмастеров (noun) - Web-Masters (Internet web-controllers)
вегетационного (adjv) - vegetational, vegetative, autonomic, vegetable-related
вегетационный (adjv) - vegetational, vegetative, autonomic, vegetable-related
ведет (verb) - enter, begin, relate, discuss, tell, lead, direct
ведреннеый (adjv) - fine, thin, superior, excellent, quality-related
вёдро (none) - fine weather, magnificent weather
ведущая (verb) - undo, cancel, nullify, revoke, repeal, negate
ведущая (adjv) - leading, foremost, first, heading, preceeding, driving, moderating, chairing, forefront-related
ведущему (verb) - steer, lead, drive, present
ведущему потоку (noun) - flow steering, flow driving
ведущие (adjv) - leading, foremost, first, heading, preceeding, driving, moderating, chairing, forefront-related
ведущих (adjv) - leading, foremost, first, heading, preceeding, driving, forefront-related
ведьмах (noun) - witch's, crones, hags, beldams, frumps, old women
везет (adjv) - lucky, fortunate, providential, blessed, auspicious, fortune-related
везувий (adjv) - Vesuvian, Vesuvius-related
вековые (adjv) - age-old, ancient, centennial, age-related
вековыми (adjv) - age-old, ancient, centennial, age-related

Вексельберг (noun) - Vekselberg (name)
вектоеная диаграмма (noun) -vector diagram
вектор ветра (noun) - wind-vector, vectorial wind-presentation
векториальный (adjv) - vector-like, vectorial, vector-related
векторного (adjv) - vector-like, vectorial, vector-related
векторного рессионого (noun) - regressive-vector
векторное (adjv) - vector-like, vectorial, vector-related
векторное исчисление (noun) - vector analysis
векторное поле (noun) - vector field
векторное произведение (noun) - vectorial-product
векторной (adjv) - vector-like, vectorial, vector-related
векторной регрессией (noun) - regressive-vector
векторный (adjv) - vector-like, vectorial, vector-related
векторов (noun) - vector, linear-quantity
векторы (noun) - vector, linear-quantity
веленевый (adjv) - vellum-like, slightly-rough, vellum-related
великая (adjv) - great, grand, large, big, too big, great-deal, value-related
Великий Новгород (noun) - Great Novgorod (name)
великих (adjv) - great, grand, large, big, too big, a lot, great-deal, value-related
Великих Моголов (noun) - Great Moguls, Emperiors of Indian Mogul Empire
Великобритании (noun) - Great Britain, United Kingdom (UK)
Великобританию (noun) - Great Britain, United Kingdom (UK)
великого (adjv) - great, grand, large, big, too big, a lot, great-deal, value-related
великой (adjv) - great, grand, large, big, too big, a lot, great-deal, value-related
великолепной (adjv) - voluptuous, shapely, magnificent, splendid, excellent, attractiveness-related
Велимезиса (noun) - Velimezisa (name)
величайшим (adjv) - greatest, ultimate, largest, extremer, extremest, supreme, supremest, gargantuan, huge, hugest, importance-related
величинами (noun) - size, magnitude, quantity, value, figure
веичинах (noun) - size, magnitude, quantity, value, figureл
величиной (adjv) - size, figured, valued, magnitude-related

величину (noun) - size, magnitude, quantity, value, figure
величиный (adjv) - size, figured, valued, magnitude-related
велогонку (noun) - cycle race, bicycle race
велогонщиков (noun) - racing-cyclists, cycle-racers, bicycle-racers
велопробег (noun) - cycle-races, bicycle races
велоспортах (noun) - Cycling, Bicycle-sports, bicycling
велоспорту (noun) - Cycling, Bicycle sport, bicycling
велум (noun) - velum, membrane, soft palate, gastropod organ
Вель (noun) - Vel (name)
Белэнерго (comp) - Belarus-power, Belarus-energy
венгерского (adjv) - Hungarian, Hungary-related
Венгрии (noun) - Hungarian, Hungary-citizen
Вене (noun) - Vienna (name)
Венера (noun) - Venera, Venus
Венеры Милосской (noun) - Venus (of) Milos, Venus de Milo, Aphrodite of Milos (classical sculpture)
венесен (verb) - bring in, carry in, paying in, deposit, insert, enter, submit, move
венесена (verb) - bring in, carry in, paying in, deposit, insert, enter, submit, move
Венесуэле (noun) - Venezuela (name)
Венесуэлу (noun) - Venezuela (name)
Венесуэлы (noun) - Venezuela (name)
Бенесуэльских (adjv) - Venezuelan, Venezuela-related
Венецианский (adjv) - Venetian, Venice-related
Венецианского (adjv) - Venetian, Venice-related
Венецианском (adjv) - Venetian, Venice-related
Венецию (noun) - Venice, crown, row, diadem, corona, coronet, corona
венки (noun) - wreath, garland, bouquet, spray, corsage, posy, nosegay, lei
Венский Музей (noun) - Viennese Museum (Vienna, Austria)
вентиляция (noun) - ventilation, aeration, freshening, conditioning
вентиляция естественная (noun) - natural ventilation, natural air circulation
вентури (noun) - venture, adventure
вентури труока (noun) - venturi tube
Вены (noun) - Vienna (name)

Вера (noun) - Vera (name)
вербов (noun) - willows, willow branches
Вербье (noun) - Verbier (name)
верга (noun) - virga, precipitation
вергенций (adjv) - vergence, convergence or divergence
вёрджин (noun) - virgin, chaste woman, biblical character, inexperienced person
вердия (noun) - version, variant, variation
верительные (adjv) - official, authoritative, controlling, authorized, constituted, empowered, authority-related
вернется (verb) - return, go back, revert, come back, get back, turn back, put back, restore, reflect, regress, retort, yield, make restitution
верносту (noun) - faithfulness, loyalty, fidelity, allegiance, homage
вернулась (verb) - return, go back, revert, come back, get back, turn back, put back, restore, reflect, regress, retort, yield, make restitution
вернули (verb) - return, go back, revert, come back, get back, turn back, put back, restore, reflect, regress, retort, yield, make restitution
вернулись (verb) - return, go back, revert, come back, get back, turn back, put back, restore, reflect, regress, retort, yield, make restitution
вернулся (verb) - return, give back, bring back, get back, restore, make restitution
вернуть (verb) - return, go back, revert, come back, get back, turn back, put back, restore, reflect, regress, retort, yield, make restitution
вернуться (verb) - return, go back, revert, come back, get back, turn back, put back, restore, reflect, regress, retort, yield, make restitution
верные (adjv) - true, faithful, loyal, devoted, correct, obedient, loyalty-related
верньер (noun) - vernier, fine-adjustment device, short-scale
верньерная (adjv) - verniered, scaled, fine-adjustmented, deviced, short-scaled, vernier-related
верньерная ручка (noun) - vernier indicator, vernier dial
верньерная шкала (noun) - vernier scale, vernier dial

Вероника (noun) - Veronica (name)
Верочка (noun) - Verochka (name)
вероятнее (adjv) - probable, likely, presumptious, probability-related
вероятного (adjv) - probable, likely, presumptious, probability-related
вероятностного (adjv) - probabilistic, probable, likely, probability-related
вероятностной (adjv) - probabilistic, probable, likely, probability-related
вероятностном (adjv) - probabilistic, probable, likely, probability-related
вероятностные (adjv) - probabilistic, probable, likely, probability-related
вероятностный (adjv) - probabilistic, probable, likely, probability-related
вероятность правильного распазнавания класса (noun) - probability of correctly identified class
вероятностю (noun) - probability, likelihood, good chance, expectation, outlook
вероятностями (noun) - probability, likelihood, good vhance, expectation, outlook
вероятными (adjv) - probable, likely, presumptious, probability- related
вероятных (adjv) - probable, likely, presumptive, probability-related
версией (adjv) - versional, configurational, veriational, interpretative, version-related
версор (noun) - Versor (name)
вертикаль быстрота (noun) - vertical speed
вертикаль движение (noun) - vertical motion
вертикаль движение адвектионной (noun) - vertical-motion advection
вертикаль интерполяйия (noun) - vertical interpolation
вертикаль конвергенция (noun) - vertical convergence
вертикаль поперечное-сечение (noun) - vertical cross-section
вертикаль развитие (noun) - vertical development
вертикаль разложение (noun) - vertical resolution

вертикаль расхождение (noun) - vertical divergence
вертикаль скорость (noun) - vertical velocity
вертикаль структура (noun) - vertical structure
вертикаль структура у этот атмосфера (noun) - vertical structure of this atmosphere
вертикаль температура структура (noun) - vertical temperature structure, vertical temperature lapse-rate
вертикаль тепло нередача (noun) - vertical heat transfer
вертикаль уровень (noun) - vertical level
вертикаль ускорение (noun) - vertical acceleration
вертикальная (adjv) - vertical, upright, orientation-related
вертикального (adjv) - vertical, upright, orientation-related
вертикальное (adjv) - vertical, upright, orientation-related
вертикальное обнажение породы (noun) - escarpment, bluff, vertical rock uncovering
вертикальной (adjv) - vertical, upright, orientation-related
вертикальной наклон (noun) - vertical slope
вертикальной наклонять (noun) - vertical tilt
вертикальном (adjv) - vertical, upright, orientation-related
вертикальные (adjv) - vertical, upright, orientation-related
вертикальные кривая температура (noun) - vertical temperature lapse-rate
вертикальный ветровой-резать (noun) - vertical wind-shear
вертикальный профил (noun) - vertical profile
вертикальных (adjv) - vertical, upright, orientation-related
вертикадях (noun) - vertical, verticality, verticalness
вертолета Ка-32Т (noun) - Ka-32T helicopter
вертолетам (noun) - helicopters, “whirly-birds”, “choppers”, rotorcraft, hoverplanes, aircraft
вертолетов (noun) - helicopters, «whirly-birds», “choppers”, rotorcraft, hoverplanes, aircraft
вертолетоносцев “Мистраль” (noun) - “Mistral” Helicopter (French manufactured helicopter)
вертолетостроения (noun) - helicopter, rotorcraft, “whirlybird”
вертолеты (noun) - helicopter, rotorcraft, “whirlybird”, hoverplane, “chopper”, aircraft
вертолеты Ми-35М (noun) - Mi-35M helicopter

Вертолеты Россий (noun) - Russian Helicopter, State Helicopter manufacturer
верующих (adjv) - religious, pious, theological, theistic, clergical, religion-related
верфей (noun) - shipyard, dockyard, drydock, ways, marine workshop
верхнего (adjv) - upper, top, outer, supreme, position-related
верхнего квазиоднородного слоя (noun) - upper quasi-homogenious stratum
верхнее дуброво (noun) - Upper Dubrovo (name)
Верхнее озеро (noun) - Lake Superior (name)
верхней (adjv) - upper, top, outer, supreme, position-related
верхней тропосфере (noun) - upper troposphere
верхнем (adjv) - upper, top, outer, supreme, position-related
верхнем квазиоднородном слое (noun) - upper quasi-homogenious layer
верхние (adjv) - upper, top, outer, supreme, position-related
Верхние Волжский (noun) - Upper Volga
верхнии (adjv) - upper, top, outer, supreme, position-related
верхнии атмосфера иселедовательский Спутник (noun) - upper atmosphere research Satellite
верхнии атмосферный (noun) - upper atmosphere
верхнии вождух аэростат (noun) - upper-air aerostat, upper-air (sounding) balloon
верхнии вождух карта (noun) - upper-air chart, upper-air map
верхнии воздух перестановка (noun) - upper-air inversion
верхнии воздух поток (noun) - upper-air flow, upper-air currents
верхнии воздух сетьработа (noun) - upper-air network
верхнии западныеах (noun) - upper westerlies, westerly (winds) aloft
верхнии касательная дуга (noun) - upper tangent-arc
верхнии тропосферик желоб (noun) - upper tropospheric-trough
верхнии уровень поток (noun) - upper-level flow
Верхний Амур (noun) - Upper Amur (name)
Верхний Днепр (noun) - Upper Dnieper (name)
Верхний Дон (noun) - Upper Don (name)
Верхний Енисей (noun) - Upper Yenisei (name)
Верхний и средний Амур (noun) - Upper and Middle Amur

Верхний Иртыш (noun) - Upper Irtysh (name)
Верхний Уфалей (noun) - Upper Ufalei (name)
верхний ярус (noun) - top layer, upper layer
верхностой (adjv) - upper, top, outer, supreme, position-related
Верхняя и средняя Лена (noun) - Upper and Middle Lena
Верняя и Средняя Обь (noun) - Upper and Middle Ob
Верхняя Лена (noun) - Upper Lena
Верхняя Обь (noun) - Upper Ob
Верхняя Ока (noun) - Upper Oka
Верхняя Пышма (noun) - Upper Pushma
Верховная Рада (noun) - Supreme Council, high assembly
верховного (adjv) - supreme, highest, high, ultimate, paramount, foremost, overruling, leading, main, chief, principal, prime, position- related
Верховного комиссара ООН (noun) - High Commissioner, United Nations Organization
верховной (adjv) - supreme, highest, high, ultimate, paramount, foremost, overruling, leading, main, chief, principal, prime, position- related
Верховной Равы (noun) - Supreme Rada, Supreme Council
Верховной суд (noun) - Supreme Court, Supreme Legal Body, Supreme Law
верховный (adjv) - supreme, superior, preeminent, omnipotent, omniscient, imperative, commanding, controlling, authoritative
Верховья Водги (noun) - Upper Volga (river)
верхом (noun) - summit, peak, acme, hood
Верхотурье (noun) - Verkoture (name)
Верхоянск (noun) - Verkoyansk (name)
верхоянский (adjv) - Verkoyanskian, Verkoyansk-related
Верхоянский Хребет (noun) - Verkoyansj Range
верху (noun) - upper, full, high, top, summit, height, folding top, outside, right side
верхушка облако (noun) - cap cloud, top cloud
вершие (adjv) - upper, top, outer, position-related
вершина облако (noun) - peak cloud, cap cloud
вершиной (adjv) - upper, top, outer, position-related
Веры Глаголевой (noun) - Glagolitian Faith, Glagolitian Belief
Веры Трифоновой (noun) - Vera Triphonova (name)

вес без груза (noun) - unladen weight
вес брутто (noun) - gross weight
вес гросс (noun) - gross weight
вес порожний (adjv) - empty weight, weight-related весе свыше (comp) - weight over, weight in excess of, excessive- weight
весельной (adjv) - rowing, rowed, paddling, paddled, oared, oaring, boat-related
весельной лодке (noun) - row-boat, canoe, kayak
весеннего (adjv) - spring-like, springtime, springtide, vernal, blooming, spring-related
весеннее разноденствие (noun) - vernal equinox
весеннему (adjv) - spring-like, springtime, springtide, vernal, blooming, spring-related
весеннему периоду года (noun) - vernal season of year
весенним (adjv) - spring-like, springtime, springtide, vernal, blooming, spring-related
весенних (adjv) - spring-like, springtime, springtide, vernal, blooming, spring-related
весна (noun) - spring, springtide, blooming season, growing season
весный (adjv) - spring-like, springtime, springtide, vernal, blooming, growing, spring-related
весового (adjv) - weighted, burdened, weighed down, loaded, heavy, ponderous, leaden, burdensome, encumbered, weight-related весовой категори (noun) - weight category, weight range
весомых (adjv) - weighty, substantial, ponderable, bulk-related
вести (noun) - vestige, trace, residue, remainder, refuse, debris вести (verb) - lead, conduct, direct, wield, maintain, sustain, save
Вестминстерским (adjv) - Westministerian, Westminister-related
весы гидростатические (noun) - hydrostatic-balance
Весь мир - театр (noun) - All World - Theater
ветер (noun) - wind, breeze, air, air-current, air-stream, zephyr, air-circulation
ветер быстрота индикатор (noun) - wind-speed indicator
ветер волна прогноз (noun) - wind-wave forecast
ветер волны (noun) - wind waves

ветер воронках (noun) - wind funneling, wind channeling
ветер вред (noun) - wind damage
ветер двигатель (noun) - wind motor, wind motive-force, wind force
ветер зондирование (noun) - wind sounding, PIBAL (Pilot balloon sounding)
ветер компоненты (noun) - wind components
ветер конус (noun) -wind cone, wind sock
ветер меняется (noun) - veering wind
ветер мотор (noun) - wind motor, wind motive-force, wind force
ветер направление (noun) - wind direction
ветер отсутствие непрерывностиами (noun) - wind lulls, wind discontinuities
ветер поле (noun) - wind field, wind pattern
ветер поток (noun) - wind flow
ветер резать (noun) - wind shear
ветер резать детекция (noun) - wind-shear detection
ветер с берега (noun) - off-shore wind, wind from shore
ветер с моря (noun) - sea-breeze, wind from the sea
ветер сбило волны (noun) - wind-whipped waves
ветер скульптед (noun) - wind-sculpted, wind carved, wind eroded
ветер смешиватьировка (noun) - wind mixing
ветер стихает (noun) - wind indicator
ветер структуры (noun) - wind structure, wind patterns
ветер унесло (noun) - wind blown
ветер холод индекс (noun) - wind-chill index, wind factor
ветер холод температура (noun) - wind-chill temperature
ветер холод фактор (noun) - wind-chill factor
ветер циркуляции (noun) - wind circulation
ветер энергия эксплуатация (noun) - wind-energy exploitation
ветеранам (noun) - veterans, vet's, campaigners, old soldiers, war-horses
ветеранов (noun) - veterans, vet's, campaigners, old soldiers, war-horses
ветерану (noun) - veteran, vet, campaigner, old soldier, war-horse
ветераны (noun) - veteran, vet, campaigner, old soldier, war-horse
ветеринары (noun) - Veternary, Veternarian-services

ветеровал (noun) - wind-balloon, wind-oval
ветерорез (noun) - wind-shelter, wind cutter
ветершторм (noun) - wind-storm, gale
ветершторм вред (noun) - wind-storm damage
вести (verb) - lead, conduct, direct, wield, maintain, sustain, save
ветретился (verb) - meet, encounter, receive, greet, gather, congregate, occur
ветров (noun) - wind, breeze, blow
ветровая (adjv) - windy, breezy, wind-swept, wind-related
ветровая связь (noun) - wind brace, wind tie, wind stay, wind strut
ветрового (adjv) - windy, breezy, wind-swep, wind-relatedt
ветровое (adjv) - windy, breezy, wind-swept, wind-related
ветровое усилие (noun) - wind force, wind motive-force
ветровой (adjv) - windy, breezy, wind-swept, wind-related
ветровой конус (noun) - wind cone, wind sock, wind indicator
ветровой резать (noun) - wind-shear, wind shearing-force
ветровых (adjv) - windy, breezy, wind-swept, wind-related
ветром (noun) - wind, air-current, breeze, blow, gale, hurricane
ветросиловой (adjv) - wind blown, wind propelled, wind powered,wind-related
ветроуказатель (comp) - wind indicator, wind sock, wind instrumentation
ветроуказателя (comp) - wind indicator, wind sock, wind instrumentation
ветроэлектростанция (comp) - wind (powered) electro-station, wind-turbine facility
ветры (noun) - wind, breeze, air-motion
ветры переменные (noun) - changeable winds, variable winds
ветры переменных направленний (noun) - changeable wind-direction, variable wind-direction
ветры чередовать (noun) - alternate winds, alternate (airfield) winds
ветрых (adjv) - windy, breezy, wind-swept, wind-related
ветхозаветная (comp) - Old Testament, Tenach, Hexateuch, Octateuch, Penteteuch, Chumash, Five books of Moses, Hagiographa, Ketubim, Torah, religious writings
ВЕФ (abbv) - “VEF” (Latvian basketball-club)

вехе (noun) - landmark, milestone, marker, salient point, essence
вечеров (noun) - evenings, nights, eve's, eventides, sunsets, sun- downs, night-falls, end-of-day hours
вечером (noun) - evening, eve, eventide, sunset, sundown, nightfall, night, end-of-day hours
Вечная мерзлоте (noun) - perma-frost, permanently frozen-ground
вечное движение (noun) - perpetual motion
вечнозелёная (adjv) - evergreen, perennial, plant-related
Вечный огонь (noun) - Eternal Flame, eternal fire
вещанию (noun) - prophesying, foretelling, forecasting, broadcasting
вещественное (adjv) - material, substantial, real, substance-related
вещественное число (noun) - real number, material number
вещесть (noun) - material, substance, matter, real
взаимная (adjv) - relative, mutual, reciprocal, relation-related
взаимное (adjv) - relative, mutual, reciprocal, relation-related
взаимное положение (noun) - relative position, reciprocal position
взаимностью (noun) - reciprocity, reciprocation, give-and-take, return action, unrequiting, compromise
взаимных (adjv) - relative, mutual, reciprocal, relation-related
взаимодействие (noun) - interaction, coordination, cooperation
взаимодействии (noun) - interaction, coordination, cooperation
взаимодействфщих (verb) - interact, coordinate, cooperate
взаимодневной (adjv) - internal, interactive, cooperative, relationship-related
взаимозменяемость (noun) - interchangeability, interchangeableness
взаимоотношений (adjv) - interrelative, relative, connective, correlative, associative, affiliative
взаимоотношенияах (noun) - interrelations, relationships, relations
взаимоприемлемое (advb) - mutually, cooperatively, jointly, collectively, unitedly, conjointly, communally, corporately, coincidentally, simultaneously, concurrently
взбалтывание (noun) - agitation, disturbance
взволнованный (adjv) - agitative, agitational, disturbed, aggression- related

вздыматься этот (noun) - trade-wind surge, trade-wind rise
взлётная дорожка (noun) - flight path
взлётно посадочная полоса (noun) - landing runway, landing strip
взлёто (advb) - flighty, swiftly, speedily, rapidly, quickly, hastily
взморье эроэия (noun) - seashore erosion, beach erosion
взносов (noun) - contributions, donations, grants, fees взносы (noun) - contribution, donation, grant, gift, fee
взорвана (noun) - explosion, blast, burst, bang, outburst, destruction
взрослых (adjv) - adult-like, grown up, grown, mature, fully developed, adult-related
взрыаного (adjv) - explosive, destructive, blasted, destruction-related
взрыве (noun) - explosion, blast, outburst, bang, outburst, storm, destruction
взрывное (adjv) - explosive, destructive, blasted, destruction-related
взрывными (noun) - explosives, high explosives, explosive assembly's, explosive devices, explosive weapons
взрывных (adjv) - explosive, destructive, blasted, destruction-related
взрывов (noun) - explosions, blasts, bursts, bangs, outbursts, outbreaks, storms, destructions
взрывчатку (noun) - explosive, cellulose, nitrate, cordite, dynamite,
gelignite, guncotton, gunpowder, nitroglycerin, plastique, TNT
взрывчатость (noun) - explosiveness, destruction, danger
взрывы (noun) explosion, burst, blast, outburst, bang
взяли (verb) - took, take, taken, taking, seize, capture, acquire, catch, attack, gain, receive, bring, transfer, have
взятке (noun) - bribe, payoff, hush money, boodle, backhander, trick
взяты (verb) - take, seize, capture, grab, pickup, make, head (for), originate, call, sing, play (music), undertake, follow, place (something), raise, bail, put under, get, obtain, book, borrow, rent, hire, move, exact, surmount, clear, succeed, work, operate, be effective, bear

взять (verb) - take, seize, capture, grab, pickup, make, head (for), originate, call, sing, play (music), undertake, follow, place (something), raise bail, put under, get, obtain, book, borrow, rent, hire, move, exact, surmount, clear, succeed, work, operate, be effective, bear

ВИБФ (abbv) - Woman's International Boxing Federation

вид в разрезе (noun) - sectional point-of-view, sectional view

вид сверху (noun) - view from above, top view

вид сзади (noun) - view from behind, rear view

вид снизу (noun) - view from below, bottom view

вид функция (noun) - functional view, function view

видам (noun) - looks, views, airs, sights, eyes, appearances, shows, aspects, shapes, forms, pictures, conditions, prospects, means, species, types, kinds, states

виде (noun) - look, view, air, sight, eye, appearance, show, aspect, shape, form, picture, condition, prospect, means, species, type, kind, state

видеил (noun) - look, view, air, sight, eye, appearance, show, aspect, shape, form, picture, condition, prospect, means, species, type, state

видеоканал (comp) - Television-channel, Television-frequency

видеоканал РПЦ (noun) - Television channel RPTS, Television-channel (for) Russian Orthodox Church

видеоконференции (comp) - Video-conference, closed-circuit meeting

видео-конференцию (noun) - Video-conference, closed-circuit meeting

видеоресурсе (comp) - video-resource, picture-resource

видеосимуляцию (comp) - video-simulation, video-presented simulation

видеотабло (noun) - video-scoreboard, television-display, video-indicator

видеотрансляции (comp) - Video-broadcasts, Video-broadcasting streams, Video-streams

видимого (adjv) - visible, apparent, evident, seemed, appearance- related

видимого света (noun) - evident-light, visible-light

видимой (adjv) - visible, apparent, evident, seemed, appearance-related
видимость ограничениеы (noun) - restricted visibility, visibility restrictions
видимость установление (noun) - determining visibility, visibility determination
видимый копия (noun) - visible image, seeable image
видимый погода (noun) - visible weather, seeable weather
видимый полоса у свет (noun) - band of visible-light
видите ли (advb) - you see, you understand
Видное (noun) - Vidno (name)
Виза (noun) - VISA (credit account), visa, foreign-travel authorization, official signature/stamp
визе (noun) - visa, foreign-travel authorization, official signature/stamp
визите (noun) - visiting, calling, attendance, coming, appearing, taking in
визитом (noun) - visit, call, attendance, coming to, appearance, taking in
визиту (noun) - visiting, calling, attendance, coming, appearing, taking in
визовые (adjv) - visited, toured, called, attended, appeared, visa-endorsed, travel-related
визовый (adjv) - visited, toured, called, attended, appeared, visa-endorsed, travel-related
визуальные (adjv) - visual, visible, vivid, appearance-related
визуальным (adjv) - visual, visible, vivid, appearance-related
Викер (noun) - Vieker (German)
Викилико (noun) - "Wikileaks" (secret/sensitive-information divulging - Website)
Викиликс (noun) - "Wikileaks" (secret/sensitive-information divulging - Website)
википердия (noun) - Wilipedia (Internet Encyclopedia)
вико-овес (noun) - vetch-oats, tare-oats
викосе (noun) - vetch, tare
Виктор (noun) - Victor (name)
Виктора (noun) - Victor (name)
Виктория (noun) - Victoria (name)

Виктору (noun) - Victor (name)
Вилково (noun) - Vilkovo (name)
виллами (noun) - villa, chateau, estate, mansion, palace, castle
Виллы Виллы (noun) - Willy-Willy (Australian Storm-name)
Вилфи (noun) - Vilyui (name)
Вильнфс (noun) - Vilnius (name)
Вильфанд (noun) - Vilfand (name)
Вильфанда (noun) - Vilfand (name)
Вильносе (noun) - Vilnius (name)
Вильям А. Клинтон (noun) - William A. Clinton (U.S. President)
Вилюй (noun) - Vilyui (name)
Вилючинск (noun) - Vilyuchinsk (name)
Вингротор (noun) - rotor-wing
виндзейл (noun) - wind-sail
виндсерфингу (noun) - windsurfing, windsurfer, sailboarding, sailboarder, sailboard, ice-boating, ice-sailing
виниловые (adjv) - vinyl, polymeric, polymer-related
Винница (noun) - Vinnitsa (name)
виновник (noun) - culprit, perpetrator, author, responsible-party, cause, reason
виновной (adjv) - guilty, culpable, peccant, at fault, criminal, guilt-related
виновные (adjv) - guilty, culpable, peccant, at fault, criminal, guilt-related
виновным (adjv) - guilty, culpable, peccant, at fault, criminal, guilt- related
виновных (adjv) - guilty, culpable, peccant, at fault, criminal, guilt-related
винокурен (noun) - winery, wine-distillation facilty, distillery, brewery
винтовку (noun) - rifle, firearm, gun, shoulder weapon
вину (noun) - fault, vice, guilt, criminality, culpability, blame
вип-залами (noun) - VIP waiting-room
Вирджиния (noun) - Virdzhinia (name)
бирже (noun) - exchange, stock exchange
бирже форекс (noun) - Foreign-Exchange
виртуальной (adjv) - virtual, inferred, simulated, apparent-related
виртуальной температуры (noun) - virtual temperature

виртуальность (noun) - virtual, inference, simulation
вирусом (noun) - virus, infection, illness, sickness, ailment, bug, germ, microbe, bacteria, carcinogen
виске (noun) - whiskey, alcoholic drink, liquor, spirits, potable
вискозиметр (noun) - Viscosimeter (viscosity instrument)
Виталии Гинзбург (noun) - Vitali Ginsburg (name)
Витебске (noun) - Vitebsk (name)
Витим (noun) - Vitim (name)
Витязем (noun) - “Hero’s” (Minsk Hockey team)
витязем (noun) - heros, heroines, stalwarts, gallants, cavaliers,
paladin's, knights, tigers
витязи (noun) - hero, heroine, stalwart, gallant, cavalier, paladin, knight, tiger
Витязь (noun) - “Hero” (Chekhov hockey club)
витязь (noun) - hero, heroine, stalwart, gallant, cavalier, paladin, knight, tiger
вихре (noun) - eddy, vortex, whirlwind, maelstrom, whirlpool
вихре-волновых (noun) - eddy-wave, whirlwind-eddy, leeside-wave
вихревая (adjv) - eddy, vortical, swirly, twisted
вихревая воронка (noun) - eddy funnel, vortex
вихревая энергия (noun) - eddy energy, vortical energy вихревей (noun) - eddy, vortex, whirlwind, maelstorm, whirlpool
вихревого (adjv) - eddy-like, vortical, swirly, twisted, rotation- related
вихревое (adjv) - eddy-like, vortical, swirly, twisted, rotation-related
вихревое движение (noun) - eddy motion, eddy movement, vortical motion
вихревое облако (noun) - eddy cloud, swirly cloud
вихревое поле (noun) - vortical field, vortex field
вихревой поток (noun) - vortical flow, vortex flow
вихревой ток (noun) - vortical current, vortex current
вихревых (adjv) - eddy, vertical, swirly, twisted вихрем (noun) - eddy, vortex, whirlwind, maelstrom, whirlpool
вихреоразных (comp) - vivid eddy, vivid vortex, picturesque vortex
вихры (noun) - eddy, vortex, whirlwind, maelstrom, whirlpool

вихрь вектора (noun) - vortex rotation, rotating vortex
вихрь липкость (noun) - eddy viscosity, vortex viscosity
вихрь липкость напряжение (noun) - eddy-viscosity stress
вихря были бурность (noun) - vortex wake-turbulence
вихря напряжённость (noun) - Vorticity, vortical tension, vertical strain
Вихря напряжённость абсолфт (noun) - Absolute Vorticity
Вихря напряжённость геострофик- относящийся (noun) - Relative-Geostrophic Vorticity
Вихря напряжённость действительный-относящийся (noun) - Actual Relative-vorticity
Вихря напряжённость потенциального (noun) - Potential-vorticity
вихря поколение (noun) - vortex generation, vertical development
вихря циркуляция (noun) - vortex circulation, eddy circulation
вице (pref) - vice-, second in command-, assistant-
вице-губернатора (noun) - Vice-governor (title)
вице-президент (noun) - Vice-president (title)
вице-премьера (noun) - Vice-premier (title)
Вице-премьером (noun) - Vice-premiers (title)
вкладах (noun) - deposits, contributions, don ations, investments, impacts
вклады (noun) - deposit, contribution, investment, impact
включающих (adjv) - included, incorporated, inclusion-related
включен (verb) - include, incorporate, turn on, energize, enable
включил (verb) - include, incorporate, turn on, energize, enable
вконтакте (noun) - In contact, In touch, in communication
ВКС (abbv) - Upper quasi-homogenious layer
вкусом (noun) - tastes, impressions, sensations, manners, styles, flavors, seasonings
влага содержание (noun) - moisture content, liquid content
влага струйка (noun) - moisture plume, geyser
влагозапасам (noun) - moisture supply, moisture source
влагозапсов (noun) - moisture supply, moisture source
влагомер (noun) - hygrometer (water-vapor instrument)
влагонепроницаемый (adjv) - water-proof, moisture-proof
влагообмен (comp) - moisture exchange
влагообмена (comp) - moisture exchange

влагопереноса (comp) - moisture transfer
влагосодержание (adjv) - moisture-content, water-content, water- related
влагосодержания (adjv) - moisture-content, water-content, water- related
влагоупорный (adjv) - water-resistant, resistant-related
влагоупорный погодрстойкий (noun) - weather-proof (and) water-resistant
владельцам (noun) - owners, proprietors, businessmen
владельцев (noun) - owner, proprietor, businessman
владельцем (noun) - owner, proprietor, businessman
владельцы (noun) - owner, proprietor, bussinessman
Владивосток (noun) - Vladivostok (name)
Владивосток Авиа (noun) - Aviation Vladivostok (Siberian airlines)
Владивостока (noun) - Vladivostok (name)
Владикавказе (noun) - Vladikavkaz (name)
Владимир (noun) - Vladimir (name)
Владимир Путин (noun) - Vladimir Putin (name)
Владимиром (noun) - Vladimir (name)
Владимиром Путиным (noun) - Vladimir Putin (name)
Владимирский (adjv) - Vladimirian, Vladimir-related
Владимирской (adjv) - Vladimirian, Vladimir-related
Владимирском (adjv) - Vladimirian, Vladimir-related
Владислав (noun) - Vladislav (name)
влажность переменных (noun) - variable humidity, variable dampness
влажность пробинг (noun) - moisture probing, humidity sampling
влажный ветёрдый воздук (noun) - unstable moist-air
влажный воздук (noun) - moist air, humid air, damp air
влажный пар (noun) - wet steam, moist steam
влажный стабильный воздук (nonu) - stable moist-air
влажный язык у воздук (noun) - moist tongue of air, wet tongue of air
влажный язычки (noun) - moist tongue, wet tongue
властей (adjv) - authoritative, imperious, commanding, masterful, competent, powerful, controlling, authority-related

власти (noun) - dominance, dominion, domination, preeminence, authority, supremacy, superiority, ascendance, predominance, sovereignty
властью (noun) - power, force, governing, authority, control, decisiveness
властям (noun) - powers, forces, governors, authorities,controllers, decisions
влияет (noun) - influence, impact, effectiveness, responsibility
влияниеах (noun) - influence, impact, effectiveness, responsibility
влияний (noun) - influence, impact, effectiveness, responsibility
влиянию (noun) - influence, impact, effectiveness, responsibility
влияния (noun) - influence, impact, effectiveness, responsibility
влиятельной (adjv) - influential, powerful, prestigious, persuasive, winning, effective, weighty, influence-related*
влиятельных (adjv) - influential, powerful, prestigious, persuasive, winning, efefective, weighty, influence-related
влияющие (verb) - influence, impact, effect, alter, modify
влияющих (verb) - influence, impact, effect, alter, modify
вложено (noun) - enclosing, investing
вместо (prep) - instead of, in place of, in lieu of, vice
вмешательстве (noun) - interference, intervention, intrusion, encroachment, infringement, interloping, meddling
вмешательству (noun) - interference, intervention, intrusion, encroachment, infringement, interloping, meddling
ВМО (abbv) - Ozone data, Toronto, Canada
ВМС (abbv) - Navy, Maritime Forces, Intra-uterine Facility
ВМУ (abbv) - Above Sea Level, Above mean watrer-level
ВМФ (abbv) - Military Maritime Fleet, Navy
вне зависимости (prep) - irrespective, regardless of
внеатмосферным (adjv) - extra-atmospheric, atmosphere-related
внедреднию (noun) - introduction, acquaintance, inculcation, indoctrination, application, implantation, instillment, infusion, impression
внезапный прилив (noun) - sudden rising-tide, sudden influx
внеочередные (adjv) - out-of-turn, out-of-order, out-of-step, out-of-sequence, missequenced, extraordinary, extra, superfluous, sequence-related

внеочередных (adjv) - out-of-turn, out-of-order, out-of-step, out-of-sequence, missequenced, extraordinary, extra, superfluous, sequence-related
внесено (noun) - bringing, carrying, paying, deposit, entry, insertion, moving, submission
внесистемная (adjv) - non-systemic, extra-systemic, system unrelated, outside-the-system, system-related
внесистемной (adjv) - non-systemic, extra-systemic, system unrelated, outside-the-system, system-related
внесло (verb) - bring, carry, introduce, put in, pay, deposit, bring in, bring about, cause, enter, submit, move, made, insert, table, set aside
внетропических (adjv) - extratropical, outside-the-tropics, tropics-related
внетропических циклон (noun) - extratropical-cyclone
внешнего (adjv) - external, outer, exterior, foreign, outside, outward, superficial, externalness-related
внешнее (adjv) - external, outer, exterior, foreign, outside, outward, superficial, externalness-related
внешней (adjv) - external, outer, exterior, foreign, outside, outward, superficial, externalness-related
внешний воздук (noun) - external air, outside air
внешних (adjv) - external, outer, exterior, foreign, outside, outward, superficial, externalness-related
внешняя сила (noun) - external force, outside force
Внешторгбанк (comp) - Foreighn-trade Bank, Exterior-trade Bank
Внешторгбанка (comp) - Foreign-trade Bank, Exterior-trade Bank
Внешэкономбанк (comp) - Foreign-Economy-Bank, Exterior-Economy Bank
Внешэкономбанка (comp) - Foreign-Economy-Bank, Exterior-Economy Bank
вниз пик (noun) - down-rush, peak down
ВНИИ (abbv) - All-Russia Science Research Institute
внимание (verb) - heed, notice, focus, note, consider
внимания (verb) - heed, notice, focus,note consider\
внимательно (advb) - attentively, thoughtfully, considerately
вничью (noun) - draw, tie, standoff, the same, dead heat, photo finish, wash

вновь (advb) - again, afresh, anew, newly, over
вносили (noun) - bringing, moving, carrying, causing, introducing, clarifying, contributing, paying, depositing, inserting, entering
вносят (verb) - bring, carry, move, enter, insert, cause, influence, deposit, pay-in
вносящие (verb) - bring, carry, move, enter, insert, cause, influence, deposit, pay-in
внуку (noun) - grandson, sons' son, daughters' son
внутреннего (adjv) - domestic, inner, interior, internal, intrinsic, private, inland, inside-related
внутренней (adjv) - domestic, inner, internal, interior, intrinsic, private, inland, inland, inside-related
Внутренней Радиация Симпозиум (noun) - Internal Radiation Symposium
внутреннем (adjv) - domestic, inner, internal, interior, intrinsic, private, inland, inside-related
внутренних (adjv) - domestic, inner, internal, interior, intrinsic, private, inland, inside-related
внутренняя (adjv) -domestic, inner, internal, interior, intrinsic, private, inland, inside-related
внутренняя сила (noun) - internal force, inner force
внутренняя теплота (noun) - internal heat, interior warmth
внутренняя энегия (noun) - internal energy, intrinsic energy
внутри (advb) inside, within, herein, therein, wherein, in, indoors
внутри месяца (comp) - intra-month, within a month
внутригодовая (adjv) - intra-annual, within-the-year, interior-related
внутригодовой (adjv) - intra-annual, within-the-year, interior-related
внутригодовых (adjv) - intra-annual, within-the-year, interior-related
внутримесячого (adjv) - intra-monthly, within-the-month, interior-related
внутринековой (adjv) - intra-secular, intra-ages, interior-related
внутрипикноклинной (adjv) - intra-pycnocline, inter-pycnocline, pycnocline-related
внутриполитическое (adjv) - domestically-political, domestic-politics related

внутриполитической (adjv) - domestically-political, domestic-politics related
внутрисе (adjv) - within, under, intra, in-, interior-related
внутрисе-точного (adjv) - intra-grind, under-grid. precisely within, interior-related
внятно (advb) - distinctly, clearly, perceptibly, manifestly, plainly
BO (abbv) - Altostratus cloud, Stratified middle-level cloud
BOB (abbv) - Great Patriotic War, World War II, War against Nazism
Вова (noun) - Vova (name)
вода вапор (noun) - water vapor, water mist
вода вапор давление (noun) - water vapor-pressure
вода вапор изображение (noun) - water-vapor portrayal, water-vapor illustration, water-vapor representation
вода вместимость (noun) - water capacity, water containment
Вода Воздух и Почва Издание (noun) - Water, Air and Soil Publication
вода голный для питья (noun) - potable water, drinking water
вода дождевая (noun) - rain-water, precipitation water
вода избыточная (noun) - excess water, surplus water
вода изменение у состояние (noun) - change-of-state water, melt water, condensation water
вода магистраль (noun) - water-main, water-artery, water vein
вода молекулы (noun) - water molecule
вода не поддаватьсяинг (noun) - water-resisting, water repellant, water resistant, not-giving-way (to) water
вода отталкивающий (adjv) - water-repulsing, water-repellant, water-resistant, water-related
вода питьевой (noun) - potable water, drinkable-water
вода пресная (noun) - fresh water, sweet water, unsalted-water
вода содержание (noun) - water content, water properties, water substance
вода солёная (noun) - salt water, brine water
вода температура изменения (noun) - water-temperature variation, water-temperature change
вода уровень (noun) - water level, water standard (quantity)
водами (noun) - waters, H2O, liquids, moistures, streams, lakes, rivers, oceans, seas

водах (noun) - waters, H2O, liquids, moistures, streams, lakes, rivers, oceans, seas
воде (noun) - water, H2O, liquid, moisture, stream, lake, river, ocean, sea
водителской (adjv) - motoring, driving, operating, touring, traveling, going, moving, motor-vehicle related
водительское (adjv) - motoring, driving, opeating, touring, traveling, moving, going, motor-vehicle related
водителями (noun) - motorists, drivers, operators, tourers, travelers
водная (adjv) - watery, aqueous, aquatic, water-related
водная жила (noun) - water vein, water artery, water main
водно (advb) - watery, aqueously, aquaticly
водно физические (noun) - physical-water, material-water
воднобалансовой (adjv) - water-balance, water-properties, water-quality, water-related
воднобалансовых (adjv) - water-balance, water-properties, water-quality, water-related
воднобалансовых стаций (noun) - water-balance station, water-quality (monitoring) site
водного (adjv) - watery, aqueous, aquatic, water-related
водной (adjv) - watery, aqueous, aquatic, water-related
волному поло (noun) - Water Polo, aquatic ball-game
водности (noun) - water content, liquid-water content, moisture, humidity
водную (adjv) - water, watery, aqueous, aquatic, water-related
водный путы (noun) - inland-waterway, canal
водный раствор - (noun) - water-solution, water homogeneous- mixture
водным (noun) - water, aqua, H2O, hydrol, rain, snow melt, melt water, groundwater
водных (adjv) - watery, aqueous, aquatic, water-related
водовместилище (comp) - water-collection site, reservoir
водоводе (noun) - water-pipeline
водоворот диффузия (noun) - eddy diffusion, maelstrom diffusion, whirlpool diffusion
водовороты (noun) - eddy, maelstrom, whirlpool
водоём (noun) - reservoir, water-reserve site, water body

водоёма (noun) - reservoir, water-reserve site, water body
водоёма вода содержание (noun) - reservoir water-content
водоёма уровень (noun) - reservoir level, reservoir (water) level
водоёмах (noun) - reservoir's, water-reserve sites, water bodies
водоёмов (noun) - reservoir's, water-reserve sites, water bodies
водозапаса (noun) - watercourse, water-path, canal, irrigation-ditch
водоизмещение (comp) - vessel displacement, marine water- displacement
водой (adjv) - watery, aqueous, aquatic, water-related
водолазами (noun) - divers, frogmen, Newfoundlanders (dogs), wren (birds)
водомерное (adjv) - water-gauged, water-measured, water-measurement related
водомерное стекло (noun) - water-gauge glass, water-gauge window
водометр (noun) - Hydrometer (specific-gravity instrument)
водонапорная башня (noun) - water-tower, water-works tower
водонапорная колонна (noun) - water column, water spout
водонапорная труба (noun) - water-pipe, water-conduit
водонапорный насос (noun) - hydraulic pump, water pump
водонепроницаемая (adjv) - waterproofed, watertight, coffer, water-related
водонепроницаемая крепь (noun) - coffer-dam, water-timbering
водонепроницаемый (adjv) - waterproofed, watertight, coffer, water-related
водообмена (comp) - water-exchange, water-transfer site
водообмене (comp) - water-exchange, water-transfer site
водообменом (comp) - water-exchange, water-transfer site
водообразованием (noun) - water formation, (usable) water production
водообразований (adjv) - water-formative, water productive, water-related
водообразовния (comp) - water formation, (usuable) water production
водооносный (adjv) - aquiferous, water-carrying, water-related
водооносный слой (noun) - aquiferous stratum, aquiferous layer

водоотвод (comp) - drainage system, water-removal system
водоотводные (adjv) - drainage, drained, wasteful, water-removal related
водоотводных (adjv) - drainage, drained, wasteful, water-removal related
водоотдачи (comp) - water issuing, water giving
водоотделитель (comp) - water trap, water drain
водоотливный (adjv) - water-main moulded, sewer-line cast, water-related
водоохлаждаемый (adjv) - water-cooled, water heat-reduced, cooling-related
водоочистительная установка (noun) - water-purifying installation, water-purifying plant
водоплавающие (adjv) - amphibious, land and sea, travel-related
водоплавающий (adjv) - amphibious, land and sea, travel-related
водоподачи (comp) - water supply, water service
водоподёмный (adjv) - water-raised, water-elevated, water-lifted, water-related
водопользования (comp) - water use, water usage
водопотребление (comp) - water-consumption, water usage, water use
водопрадная труба (noun) - waterline pipe, water pipe
водораздельной (adjv) - watershed, regionally drained, regionally-collected, water-related
водорастворимым (adjv) - water-soluble, water-dissolvable, water- dilutible, water-related
водородистый (adjv) - hydrogenated, hydrogenous, hydrogen-related
водосбор (noun) - watershed, catchment (region)
водосбора (noun) - watershed, catchment (region)
водосборах (noun) - watersheds, catchments (region)
водосборе (noun) - watershed, catchment (region)
водосборная (adjv) - watershed, regionally-drained, regionally-collected, water-related
водосборная плащадь (noun) - rain-water catchment area, rain-water collecting basin, rain-water watershed
водосборный (adjv) - watershed, regionally-drained, regionally-collected, water-related
водосборов (noun) - watersheds, catchments (region)

водосброс (noun) - spillway, sluice, water-gate
водосливная (adjv) - barrier-confined, dam-contained, weir- controlled
водосодержание (adjv) - water-content, water-substance contained, water-related
водоток (noun) - water current, water flow
водотоках (noun) - water currents, water flow's
водотребление (adjv) - water-consuming, water-consumptive, water-consumption related
водоудержательная (adjv) - water-storage, water-containment, water-related
водоудержательная плотина (noun) - water-storage dam, water containment dam
водоуказатель (noun) - water gauge, water-measurement device
водоупорность (noun) - water-resistant, water-repelling, water-proof
водоустойчивость (noun) - water-resistance, water-proofing, water-repelling
водохранилищ (noun) - water-storage, water-safekeeping, water-reservoir, water-basin, water-tank
водохранилище (noun) - water-storage, water-safekeeping, water-reservoir, water-basin, water-tank
воду (noun) - water, watering place, spa, waffle
водух (noun) - air, gas, nitrogen and oxygen mixture
воды филтрация (adjv) - water filtered, water purified, water-related
воды фильтровать (noun) - water filtration, filtering water
воды хлорирование (adjv) - water chlorinated, water chlorine-purified, water-related
водяная заклка (noun) - hard water, high mineral-content water
водяная рубашка (noun) - water-jacket, water-line casing
водяное (adjv) - watery, aqueous, aquatic, water-related
водяное колесо (noun) - water wheel, water-raising wheel
водяное пространство (noun) - water-space, water-area, aquatic area
водяное растение (noun) - water plant (organism), aquatic plant
водяное уплотнение (noun) - water compression, water-pressurization

водяной балласт (noun) - water ballast, marine ballast
водяной затвор (noun) - water-floodgate, sluice, water-control gate
водяной колодец (noun) - water well, earthen water-scource
водяной насос (noun) - water pump
водяной пар (noun) - steam, heated-water vapor
водяной смерч (noun) - waterspout, aquatic funnel-cloud
водяной столь (noun) - water column
водяные птицы (noun) - waterfowl, aquatic birds
Воейково (noun) - Voejkovo (name)
военно-морские силы (noun) - Military Naval power, Military Naval Forces, Military maritime power
военно-морской флот (noun) - MilitaryNaval Fleet, Navy
военно-техническую (noun) - Military Technology
военно-транспортных самолетов С-295 (noun) - Military-transport Aircraft C-295
военного (adjv) - military, militarized, armed, naval, martial, munition-like, served, armed-forces related
военной (adjv) - military, militarized, armed, naval, martial, munition-like, served, armed-forces related
военном (noun) - military, army, war, military-housing, munitions, soldier, sailor, marine, airmen, service-person
военном полигоне (noun) - military firing-range
военнопленных (adjv) - confined, imprisoned, impounded, interned, prisoner-of-war related
военнослужащие (adjv) - served, fighting, patriotic, afoot, asea, aloft, land or sea, trained, martial, military-personnel related
военнослужащий (adjv) - served, fighting, patriotic, afoot, asea, aloft, land or sea, trained, martial, military-personnel related
военнослужащим (adjv) - served, fighting, patriotic, afoot, asea, aloft, land or sea, trained, martial, military-personnel related
военнослужащими (adjv) - served, fighting, patriotic, afoot, asea, aloft, land or sea, trained, martial, military-personnel related
военнослужащих (adjv) - served, fighting, patriotic, afoot, asea, aloft, land or sea, trained, martial, military-personnel related
военную технику (noun) - military technology, war technology

военные (adjv) - military, war, war-time, fighting, army-like, service-like, serviceable, munition-like, martial, soldiered, warless, armed-forces related
военный контингенте (noun) - military contingent, military force
военный самолет (noun) - military aircraft, war aircraft
военным (adjv) - military, war, warlike, war-time, army-like,service-like, serviceable, munition-like, martial, soldiered, armed-forces related
военным атташе (noun) - military attache, armed-forces attache
военных (adjv) - military, war, warlike, war-time, army-like,service-like, serviceable, munition-like, martial, soldiered, armed-forces related
военных журналистах (noun) - war-correspondents, war- journalists
ВОЗ (abbv) - World Public-health Organization
возбращен (verb) - return, come back, resume, recommence, renew,revive, recover, retrieve
возбращена (noun) - returning, going back, coming back, sent back,
возбращение сигнал (noun) - signal return, signal returning, signal detection, detected signal
возбудил (verb) - institute, incite, stir, rouse, arouse, get excited, be aroused, be stimulated, expedite,
возбудила (verb) - institute, incite, stir, rouse, arouse, get excited, be aroused, be stimulated, expedite
возбудино (advb) - excitedly, stirringly, agitatedly, perturbedly, stimulatively,exhilaratively, irritatively
возбудить (verb) - arouse, excite, incite, stir, inflame, agitate, whet, institute (action), sue, bring a suit (against), bring action (against), bring a suit (against), submit a petition
возбужденного (adjv) - excited, agitational, expectant, anticipative, hopeful, extreme, great, emotion-related
возбуждено (advb) - excitedly, agitationally, expectantly, expectingly, anticipatively, anticipatingly, hopefully, extremely, greatly, institutionally
возбуждено (verb) - institute, initiate, open, file, bring, introduce, submit, petition, inaugurate, establish, anticipate, expect, hope,

excite, arouse, raise, stir, provoke, stimulate, sharpen, whet, inspire

возбуждены (noun) - institution, initiation, opening, filing, bringing, introduction, submission, petition, inauguration, establishment, anticipation, expectation, hope, excitement, arousal, raising, provoking, stimulating, sharpening, whetting, inspiration

возбуждено (verb) - initiate, open, file, institute, bring

возвращает (verb) - return, come back, resume, rcommence, renew, revive, recover, retrieve

возвращается (verb) - return, come back, resume, recommence, renew, revive, recover, retrieve

возвращаются (verb) - return, come back, resume, recommence, renew, revive, recover, etrieve

возвращению (noun) - returning, going back, coming back, sent back, homecoming, reentry, recursion, reentrance, remigration

возвращены (noun) - returning, going back, coming back, sent back, homecoming, reentry, recursion, reentrance, remigration

возвышен (adjv) - elevated, raised, lifted, height-related

возвышен ностей (noun) - elevated plains, high plains

возвышение (adjv) - rear elevation, rear rise, rear-height related

возглавил (noun) - head, director,executive, manager, chief, leader

возглавила (noun) - head, director, executive, manager, chief, leader

возглавило (noun) - head, director, executive, manager, chief, leader возглавит (verb) - lead, head, guide, manage, supervise, point

воздействием (noun) - coercion, intimidation, duress, impact, force, influence, pressure

воздействий (adjv) - coercive, intimidated, impacted, forced, influential, pressure-related

воздействию (noun) - coercion, intimidation, duress, impact, force, influence, pressure,

воздействиям (noun) - coercions, intimidations, duress, impacts, forces, influences, pressures

воздействиями (noun) - coercions, intimidations, duress's, impacts, forces, influences, pressures

воздух загрязнение техника (noun) - air-pollution technology

воздух масса (noun) - air-mass, homogenious air-expanse
воздух масса исток (noun) - air-mass source, air-mass source-region
воздух масса классификация (noun) - air-mass classification
воздух масса модификация (noun) - air-mass modification, modified air-mass
воздух масса переливается (noun) - air-mass over-running, air-mass over-flowing
воздух масса погода (noun) - air-mass weather
воздух массы (noun) - air-mass, homogenious air-expanse
воздух насыщенный туманом (noun) - saturated-air fog, fog-laden air
воздух плотность (noun) - air density
воздух траектория (noun) - air trajectory, air path
воздух трение (noun) - air friction
воздух участок (noun) - air parcel, limited-quantity of air
воздуходува (noun) - air blast
воздухом (noun) - air, gas, nitrogen and oxygen mixture
воздухом накачанный (adjv) - inflated-air, pumped-air
воздухомер (noun) - Aerometer, air-properties instrument
воздухонаправляющее (verb) - guided-air, directed-air, air-scoop
воздухоотборника (adjv) - air-selected, air-chosen
воздухоохлаждаемый (adjv) - air-cooled
воздухоочиститель (noun) - air cleaner, air purifier
воздухоплаватель (noun) - aeronaut, balloonist, airship-pilot
воздухопровод (noun) - air duct, air vent
воздухосборник (noun) - air-collector, air-intake
воздушная баня (noun) - air bath, air wash
воздушная закалка (noun) - air-conditioning, air tempering
воздушная камера (noun) - air chamber, air cell
воздушная линия (noun) - airline, aviation transport company
воздушная масса (noun) - air mass, homogenious air-expanse
воздушная обзор (noun) - aerial survey, aerial mapping
воздушная подушка (noun) - air-cushion, inflated-cushion
воздушная скорость самолёта (noun) - aircraft air-speed
воздушная струя (noun) - air flow, air current, wind
воздушная сушилка (noun) - dry air, atmospheric drying
воздушная съёмка (noun) - aerial survey, aerial plotting
воздушная яма (noun) - aircraft turbulence, bumpy flight

воздушно (adjv) - airy, aerial, blown, light, flimsy, air-driven, air-operated, air-related
воздушно-десантных (noun) - Aerial Assault, Air attack
воздушно масляный радиатор (noun) - oil-cooled radiator, aircraft oil-cooler
воздушно сухой (noun) - dry air, arid air
воздушного (adjv) - airy, aerial, blown, light, flimsy, air-driven, air-operated, air-related
воздушное (adjv) - airy, aerial, blown, light, flimsy, air-driven,air-operated, air-related
воздушное охлаждение (noun) - cooled air, air cooling
воздушное течение (noun) - air flow, air current, wind
воздушной (adjv) - air, aerial, blown, airy, light, flimsy, air-driven,air-operated, air-related
воздушной сушки (noun) - dry air, drying air
воздушном (adjv) - airy, aerial, blown, light, flimsy, air-driven,air-operated, air-related
воздушный винт (noun) - aircraft propeller, air-screw
воздушный зазор (noun) - air-gap, air-space, air clearance
воздушный корабль (noun) - dirigible, airship, Zeppelin
воздушный мешок (noun) - air-bag, air-bladder, air-sack
воздушный порт (noun) - airport, airdrome, airfield
воздушный поток (noun) - air flow, air stream, wind flow
воздушный слой (noun) - air layer, air stratum
воздушный ток (noun) - air current, air flow, wind
воздушных (adjv) - aerial, airy, light, flimsy, air-related
воздушных масса (noun) - air mass, homogenious air-expanse
возложенными (adjv) - assigned, tasked, delegated, appointed,assignment-related
возложившей (adjv) - laid, having put, placed, entrusted, relied, pinned, depended on, reliance-related
возложил (verb) - lay, put, place, entrust, rely, pin, depend on
возложили (verb) - lay, put, place, entrust, rely, pin, depend on
возлюбленную (adjv) - beloved, adored, worshipped, love-related
возмещении (noun) - compensation, recompense, reparation, amends, redress, damages, indemnity, retribution, atonement
возможно (advb) - likely, possibly, potentially, feasibly, perhaps, maybe

возможном (noun) - likelihood, probability, feasibility, possibility
возможностей (noun) - capacity, potential, capability, possibility, opportunity, means, resources, facility, scope, vista
возможностю (noun) - capacity, potential, capability, possibility, opportunity, means, resources, facility, scope, vista,
возможностями (noun) - capacity, potential, capability, possibility, opportunity, means, resources, facility, scope, vista
возможные (adjv) - likely, probable, feasible, possible, probability- related
возможные буря волны вред (noun) - possible storm-surge damage
возможным (adjv) - likely, probable, feasible, possible, probability-related
возможных (adjv) - likely, probable, feasible, possible, probability-related
возмущена (noun) - disturbance, indignation, revulsion, abhorrence, revolting, pertubation
возмущение (noun) - disturbance, indignation, revulsion, abhorrence, revolting, pertubation
возмущение давления (noun) - pressure disturbance, pressure perturbation
возмущений (adjv) - disturbed, perturbed, troubled, outraged, indignant, resentful, scandalized, revolted, disturbance-related
возмущения давления (noun) - pressure disturbance, pressure perturbation
возмущенный (adjv) - disturbed, perturbed, troubled, outraged, indignant, resentful, scandalized, revolted, disturbance-related
возмущены (noun) - disturbance, indignation, revulsion, abhorrence, revolting, outrage, disgust, perturbation
вознаграждению (noun) - reward, recompense, compensation, fee, remuneration
вознесениональной (adjv) - ascensional, ascendant, ascending, increasing-height related
Вознесения остров (noun) - Ascension Island
возник (verb) - arise, appear, spring up, pop up, begin, occur
возникновения тропических циклонов (noun) - Intensifying Tropical cyclones, Tropical Cyclogenesis
возобновил (verb) - resume, restart, renew, refresh, reform

возобновилась (verb) - resume, restart, renew, refresh, reform
возобновит (verb) - resume, restart, renew, refresh, reform
возобновлением (noun) - renewal, resuming, resumption, restarting
возобновлении (noun) - renewal, resuming, resumption, restarting,
возобновления (noun) - renewal, resumption, resuming, restarting
возобновляется (noun) - renewal, resuming, resumption, restarting
возобновляются (noun) - renewal, resuming, resumption, restarting
возражать (verb) - protest, object, dispute, complain, dissent, oppose
возражений (adjv) - objected, objecting, protested, protesting, complained, complaining, disputed,disputing, dissented, opposed, objection-related
возрастам (noun) - ages, eras, spans, times, days, dates, cycles, years, generations
возрастет (verb) - increase, expand, extend, amplify, enlarge, magnify
возрос (verb) - increase, expand, extend, amplify, enlarge, magnify
возросло (adjv) - increased, expanded, extended, amplified, enlarged, magnified, enlargement-related
воинским (noun) - military, troops, militants, combatants, warriors, fighters, army, navy, marines, air force
воинской (adjv) - trooped, paraded, trooping, militant, martial, warlike, military-related
войне (noun) - war, warfare, conflict, struggle, combat, warrior, arms, weapons
войну (noun) - war, warfare, conflict, struggle, combat, warrior,arms, weapons
войскам (noun) - troops, forces, fighting men, fighting women
войсками (noun) - troops, forces, fighting men, fighting women
войсках (noun) - troops, forces, fighting men, fighting women
войске (noun) - troops, forces, military, array
войсковую (noun) - military, armed forces, personnel, weapons
вокалистов (noun) - vocalists, singers, melodist's, minstrels, crooners
вокальные (adjv) - vocal, spoken, uttered, said, voiced, verbalized,

pronounced, sounded, articulated, oral, linguistic, speech-related
вокзалах (noun) - stations, buildings, ports, facilities
вокзале (noun) - station, building, port, facility
Волга (noun) - Volga (name)
Волга река (noun) - Volga River
Волге (noun) - Volga, Volga river, "Volga"(Nizhny Novgorod soccer-team))
Волги (noun) - Volga, Volga river Волго-Балт (noun) - Volga-Balt, Volga-Baltic (name)
Волго Вятский (noun) - Volgo Vyat (name)
Волгоград (noun) - Volgograd (name)
Волгоградская (noun) - Volgogradian, Volgograd-related
Волгоградской (adjv) - Volgogradian, Volgograd-related
Волгоградскому (adjv) - Volgogradian, Volgograd-related
Волгодонске (noun) - Volgodonsk (name)
Волгодонской (adjv) - Volgodonskian, Volgodonsk-related
Волгу (noun) - Volga (name)
волейболисток (noun) - Volleyball Players
волейболу (noun) - Volleyball, ball/net sport, ball used in the sport
волканического (adjv) - volcanic, hot, heated, burning, fervent,
passionate, ardent, excited, volcano-related
волжский (adjv) - Volgian, Volga-related
Волжский тур (noun) - Volga Tour (name)
Волжский автомобильный завод (noun) Volga Automobile Works (VAZ)
волжском (adjv) - Volgian, Volga-related
волна длинная (noun) - long wave
волна короткая (noun) - short wave
волна переходная (noun) - intermediate wave, transient wave
волнам (noun) - wave, breaker, roller
волнами (noun) - waves, breakers, rollers
волненеий (adjv) - agitationable, troublesome, excitable, disturbed, worrying, alarmable, upsettable, ruffled, nervious, unrestful, fretable, surging, billowing, fermentable, agitation-related
волно число (noun) - wave number, waves number
волно энергия передача (noun) - wave-energy transfer
волновая высота (noun) - wave height, breaker height

волновая механика (noun) - wave mechanics, wave physics
волновая облаках (noun) - wave clouds, (mountain)-wave clouds
волновая продалжительность (noun) - wave length, wave duration
волновая состояние (noun) - wave state, wave condition
волновая теория (noun) - wave theory, wave (mechanics) theory
волновая фетч (noun) - wave fetch, wave travel-distance
волновом (noun) - wave, breaker, roller
волновых (adjv) - wave-like, undulating, periodic, oscillating, waving, wave-related
волномер (noun) - Wavemeter (wave-length or frequency instrument)
волнообразное (adjv) - wave-like, undulating, periodic,oscillating, waving-wave-related
волнообразное движение (noun) - wave motion, wave movement
волноприбойная (adjv) - shore-waves, breaking-waves, dashing-waves, ocean-waves related
волноприбойная терраса (noun) - off-shore platform, shore-waters platform
волны (noun) - wave, breaker, roller
волны дециметровые (noun) - microwave, very-short-length wave
волны ультравысокой частоты (noun) - ultra-high-frequency wave
волныь (noun) - wave, breaker, roller
Вологода (noun) - Vologoda (name)
вологодская (adjv) - Vologodian, Vologod-related
Володина (noun) - Volodina (name)
Володя (noun) - Volodya (name)
волосной (adjv) - capillarian, hair-like, small-bore, capillary-related
волосность (noun) - capillarity, molecular-activity
Волт (noun) - Volt, electrical unit (potential and force)
Волыискую (adjv) - Volynian, Volyn-related
Вольво (noun) - Volvo (name)
вольной (adjv) - free, unrestricted, untethered, familiar, at liberty, limit-related

вольной борьбе (noun) - free-style wrestling, unrestricted-style wrestling
вольный (adjv) - free, unrestricted, familiar, at liberty, freedom-related
вольный энергия (noun) - free energy, combined energy, available energy
вольным (adjv) - free, unrestricted, familiar, at liberty, limit-related
вольным стилем (noun) - Free-style, swimming-stroke
вольных (adjv) - free, unrestricted, familiar, at liberty, freedom- related
вольт-ампер (noun) - Volt-Ampere (electrical units)
вольтаметр (noun) - Voltmeter (electrical instrument)
вольтамперметр (noun) - Volt-Ampere meter (electrical instrument)
Вольфа (noun) - Volfa (name)
Вольфсбург (noun) - Volfsburg (name)
волю (noun) - will, will power, legal document, freedom, liberty
воодушевлены (noun) - encouragement, inspiration, enthusiasm, fervor, rousing
вооружению - (noun) armament, arms, weaponization, equipage, weaponry, equipment, arming, deployment
вооруженное (adjv) - armed, carrying, bearing arms, weapon-bearing, garrisoned, weapon-manned, armament-related
вооруженные силы (noun) - Armed Forces, Military forces
вооруженными (adjv) - armed, carrying arms, bearing arms, weapon- bearing, weapon-manned, garrisoned, armament-related
вооруженными силами (noun) - armed forces, armed force
вооруженных (adjv) - armed, carrying arms, bearing arms, weapon- bearing, weapon-manned, garrisoned, armament-related
вопрос (noun) - question, issue, problem, inconvenience, difficulty, topic, matter, subjects, points
вопросам (noun) - questions, issues, problems, inconveniences, difficulties, topics, matters, subjects, points
вопросах (noun) - questions, issues, problems, inconveniences, difficulties, topics, matters, subjects, points

вопросе (noun) - question, issue, problem, inconveniene, difficulty, topic, matter, subject, point
вопросов (noun) - questions, issues, problems, inconveniences, difficulties, topics, matters, subjects, points
вопросом (noun) - question, issue, problem, inconvenience, difficulty, topic, matter, subject, point
вопросы (noun) - question, issue, problem, convenience, difficulty, matter, topic, subject, point
Борису Резнику (noun) - Boris Rezniku (name)
Воркута (noun) - Vorkut (name)
воробьевых (adjv) - birdlike, avian, perching, oscine, sparrowlike, sparrow-related
Воронеже (noun) - Voronezh (name)
Воронежской (adjv) - Voronezhian, Voronezh-related
воронка конвергенция (noun) - funnel convergence, funnel (tornado) inrush, vortex inrush
воронка облака (noun) - funnel cloud, tornado cloud
воронка сходимость (noun) - funnel convergence, funnel (tornado) inrush, vortex inrush
воронкообразный (adjv) - funnel-shaped, funnel-imaged, funnel-related
вортисеы (noun) - vortice, vortex
восемьдесят один (nmbr) - eighty-one
воскресеные (adjv) - sunday-like, sunday-related
Воскресенье (noun) - Voskresen (name)
воспетая (noun) - praise, honor, cite, recognize, decorate
воспитанию (noun) - upbringing, breeding, education, parenting
воспитанникам (noun) - pupils, students, wards
воспитанников (noun) - pupils, students, wards
воспитателями (noun) - teacher, educator, tutor, guardian
воспользоваться (verb) - use, take, exploit, manipulate, impose upon, profiteer
воспроизведена (verb) - reproduce, replay, simulate, copy
воспроизведению (verb) - reproduce, replay, simulate. copy
воспроизведены (verb) - reproduce, replay, simulate, copy
воспроизведит (verb) - reproduce, replay, simulate, copy
воспроизводящая (verb) - represent, depict, portray, typlify
воспользоваться (verb) - use, utilize, profit, take, enjoy

воссоздали (verb) - recreate, reconstitute, reconstruct, remake, rebuild, refabricate, refashion, reassemble восстанавливается (verb) - regain, recover, recuperate, revive, restore, reinstate, bring back

восстановлению (noun) - restoration, renewal, reinstatement, recovery, reduction

восстановлено (verb) - restore, return, recover, regain, retrieve, recoup, redeem

восстановливаетую (noun) - restoration, recalling, recollection, reinstatement, antagonizing, reduction, reducing

восстановит (verb) - restore, renew, reinstate, recall, antagonize, reduce

восстановительной (adjv) - restorative, reconstructive, rehabilitative

восстановлено (noun) - restoration, renewal, reinstatement, recalling, antagonizing, reduction, reducing

восстановлением (noun) - restoration, renewal, reinstatement, recalling, antagonizing, reduction, reducing

восстановлению (noun) - restoration, renewal, reinstatement, recalling, antagonizing, reduction, reducing

восстановления (noun) - restoration, recovery, renewal, reinstatement, recalling, recollection, antagonizing, reduction, reducing

восстановлено (noun) - restoration, recovery, renewal, reinstatement, recalling, recollection, antagonizing, reduction, reducing

восстановлены (noun) - restoration, recovery, renewal, reinstatement, recalling, recollection, antagonizing, reduction, reducing

восстановят (verb) - restore, recover, recall, recollect, reinstate, antagonize, set against, reduce

востановленного (adjv) - constructive, restorative, renewal, restoration-related

востановленны (adjv) - constructive, restorative, renewal, restoration-related

востановленными (adjv) - constructive, restorative, renewal, restoration-related

востановленных (adjv) - constructive, restorative, renewal, restoration-related
востановят (verb) - restore, recall, recollect, reinstate, antagonize, reduce
Восток Забайкалья (noun) - East Zabaikal (name)
Восток Китай море (noun) - East China Sea
Восток КК (noun) - Space Craft “Vostok”, Space Craft “East”
Восток Могла (noun) - East Mogla (name)
востока ветра (noun) - east wind, easterly wind
востока волна (noun) - Easterly wave, Easterlies perturbation
востока волны (noun) - Easterly wave, Easterlies depression
востока фаза (noun) - easterly phase, easterly period
востоках (noun) - east’s, eastwards, easterlies
востоке (noun) - east, eastward, easterly, easterlies
востоке Финляндии (noun) - Eastern Finland, East Finland
Востокерлиеах (comp) - Easterly Lines, Easterly-wave troughs
Востоком (noun) - East, eastward, eastern
восточная (adjv) - eastern, easterly, eastward, oriental, East-related
Восточная долгота (noun) - East longitude, eastern longitude
Восточная Сибирь (noun) - East Siberia. Eastern Siberia
Восточнее (adjv) - eastern, easterly, eastward, oriental, East-related
Восточно Атлантическому (noun) - East Atlantic, Eastern Atlantic
Восточно Китайском (noun) - East China
Восточно Сибирский (noun) - East Siberia, Eastern Siberia
Восточно Сибирского (noun) - East Siberia, Eastern Siberia
Восточно Сибирское море (noun) - East Siberian sea
Восточно Сибирскому (noun) - East Siberia, Eastern Siberia
Восточно Тихоокеанскому (noun) - East Pacific Ocean, Eastern-oceanic Pacific Ocean
восточного (adjv) - eastern, easterly, eastward, oriental, East-related
восточной (adjv) - eastern, easterly, eastward, oriental, East-related
Восточной Европе (noun) - Eastern Europe, East Europe
Восточнй Сибири (noun) - East Siberia, Eastern Siberia
восточном (noun) - east, east direction, east cardinal-point

Восточносибирского (comp) - East-siberian, Eastern-Siberia
Восточнославянский (comp) - East-slavic, Eastern-Slavic, East- People
восточную (adjv) - eastern, easterly, eastward, oriental, East- related
Восточные (adjv) - eastern, easterly, eastward, oriental, East-related
Восточный Тихий Океан (noun) - East Pacific Ocean, Eastern Pacific Ocean
восточных (adjv) - eastern, easterly, eastward, oriental, East-related
Восточныь (noun) - Vostochny (Future Russian Spaceport)
восход соднца (noun) - Rising Sun, Sunrise, Sun-up
восходящий вихрь (noun) - rising whirlwind, strengthening whirlwind, strengthening maelstrom
восходящий воздух (noun) - ascending air, rising air
восходящий поток тёплого воздуха (noun) - ascending-flow (of) warm-air, Thermal, rising-flow (of) heated-air
восходящий поток тёплого воздуха струя (noun) - current (of) ascending-warm-air-flow, Thermal
восходящих (adjv) - ascending, rising, mounting-upward, motion- related
воцарилось (noun) - reigning, prevailing, predominating, dominating, ruling, influence, environment, atmosphere, control- related
Воццек (noun) - Wozzeck (Opera)
Воченбер Деуцч Инстит Вирсчафтсфорсч, Германя (noun) -Wochenber Deutsch Institute, Wirshaftsforsch, Germany
вошли (verb) - include, enter, add, list
Вояджер (noun) - Voyager (NASA space-probe) ВП (abbv) - Vegetation Period, Growing Season
впервые (advb) - first time, first, in the first place, sooner, sometime, sooner or later, at some future time
вперед (advb) - past, beyond, ahead, forward, in the future, from now on, in advance, fast
впитывание (noun) - infiltration, penetration, absorption
впитывания (noun) - infiltration, penetration, absorption

впитывающих (verb) - infiltrate, intrude, interpose, infringe, penetrate, absorb
ВПС (abbv) - Oceanic Upper Mixed-layer
ВР Водоворот (noun) - VR-Vortex
Врангел (noun) - Wrangel (name)
Врангел остров (noun) - Wrangel Island
Врангеля (noun) - Wrangel (name)
врача (noun) - doctor, physician, practitioner, medical-officer
врачей (noun) - doctors, physician's, practitioners, medical-officers
врачи (noun) - doctor, physician, practitioner, medical-officer
вращательное (adjv) - rotary, rotative, rotated, revolvable, rotation- related
вращательное движение (noun) - rotative motion, spinning motion
вращающая ветры (noun) - rotating winds, spinning winds
вращающая сила (noun) - rotary force, rotation force
вращающегося типа (noun) - gyratory type (circulation)
вращающее усилие (noun) - turning effort, rotating effort
вращающееся поле (noun) - rotatary field, rotation field
вращающейся (verb) - rotate, revolve, turn, spin
вращающемся (verb) - rotate, revolve, turn, spin
вращающий момент (noun) - rotative moment
вращающийся (adjv) - rotary, rotative, revolvable, rotation-related
вращающтйся железная дорога алуг (noun) - rotary railway-track plow, locomotive rotary snow-plow
вредит (verb) - harm, injure, damage, be detrimental
врезка карта (noun) - small map, small chart
врезке карта (noun) - small map, small chart
времени жизни (noun) - life-time, age-span
временная (adjv) - temporary, provisional, tentative, interm, stop-gap, limiting-related
мременно (advb) - temporarily, provisionally, tentatively, provisorly, intermediately
временного (adjv) - temporary, provisional, tentative, interm, stop- gap, limiting-related
временной (adjv) - temporary, provisional, tentative, interm, stop-gap, limiting-related

временном (noun) - time, duration, occasion, lifetime, season
временные (adjv) - temporary, provisional, tentative, interm, stop-gap, limiting-related
временных (adjv) - temporary, provisional, tentative, interm, stop-gap, limiting-related
временных попустимых уровней (noun) - temporary permissible- level (nuclear-radiation)
время (noun) - time, period, moment, future, when, day, date, tense (grammatic)
время вернулись (noun) - spring-time, time of the vernal-equinox
время войны (noun) - War-Time, conflict-time
время по Гринвичу (noun) - time in-accordance-with Greenwich, Greenwich (observatory) time, Greenwich Mean Time, Z time
время секцияы (noun) - time units, time sections
Время танцора (noun) - «Time Dancer» (movie)
время у день (noun) - time of day, hour of day
время у доклад (noun) - time of report
ВРО (abbv) - Vertical Ozone Distribution
вручен (noun) - presentation, presenting, introduction, acquaintance вручена (noun) - presentation, presenting, introduction, acquaintance
вручению (noun) - handling, serving, delivery, presenting
вручил (verb) - present, hand, deliver, serve, entrust, award
вручили (verb) - present, hand, deliver, serve, entrust, award
ВС (abbv) - Armed Forces, Variational-coordination, Variational- concordance
всасывание коэффициент (noun) - absorption coefficient
всасывающий вместимость (noun) - absorption capacity
все составляющие (noun) - all-components, all-forms
всей (adjv) - all, whole, total, entire, one, inclusive, exhaustive
вселенная (adjv) - bright, shiny, sparkling, sunny, cheerful, merry, feel-good, radiance-related
всемирно (noun) - world, planet, globe, universe
всемирного (adjv) - all-world, whole-world, world-wide, universal, world-related
всемирной (adjv) - all-world, whole-world, world-wide, universal, world-related

Всемирной Метеорологической Организаыии (noun) - World Meteorological Organization

Всемирном (comp) - All-world, all-earth, the total-world, all-globe, all-planet

Всемирном чемпионате (noun) - World's Championship (name)

Всемирный (adjv) - All-world, whole-world, world-wide, world, universal, earth-related

Всемирный Банк (noun) - All-world Bank, Universal Bank

Всемирный время (noun) - Universal Time, Greenwich time,World-wide time

Всемирный поверхность давление распределение (noun) -World-wide surface-pressure distribution

Всемирный Торговля Организация (noun) - World Trade Organization (WTO)

Всемирный Экономический Форум (noun) - World Economic Forum (WEF)

Всемирных (adjv) - All-world, whole-world, world-wide, world, universal, earth-related

Всему (pron) - all, whole, everything, total всенародного (adjv) - national, world-wide, nation-wide, nation- related

всеобщим (adjv) - universal, global, comprehensive, overall, general, total, omnibus, synoptic, panoramic, extent-related

всеобщих (adjv) - universal, global, comprehensive, overall, general, total, omnibus, synoptic, panoramic, extent-related

всероссийская (adjv) - all-Russian, All-Russia, Russia-wide related

всероссийские (adjv) - All-Russian, All-Russia, Russia-wide related

всероссийский (adjv) - All-Russian, All-Russia, Russia-wide related

Всероссийский научно исследовательский институт сельское-хоэяйственной метеорологии (noun) - All-Russian scientific research institute (of) agricultural meteorology

Всероссийского (adjv) - All-Russian, All-Russia, Russia-wide related, Total-Russia related

Всероссийской (adjv) - All-Russian, All-Russia, Russia-wide related

Всероссийскому (adjv) - All-Russian, All-Russia, Russia-wide related
всестороннего (adjv) - all-strange, all-foreign, all-filled, full, all- related
Vseturisty (noun) - Vseturisty (Statistics web-site)
вскоре (advb) - soon, shortly, shortly after, before long, presently, anon, directly, nearby
вскрытиы (noun) - opening, unsealing, unlocking, disclosure, revelation, autopsy, post mortem
вслед (adjv) - after, behind, followed, trailed, later, following-related
всплывание (noun) - flotation, drifting, float, buoy
всплывной (adjv) - bouyant, buoyed, drifted, floated, flotation- related
всплывной проыесс (noun) - flotation process, buoyant process
всплытьировка (adjv) - emergant, out-flow, out-bound, egressive, leaving-related
всплытьировка дуга (noun) - emergency arch, emergency arc
вспоминают (verb) - remember, recall, recollect, reflect, evoke
вспомнил (verb) - remember, recall, recollect, reflect, evoke
вспышка молния (noun) - lightning flash, lightning outbreak
вспышкой (adjv) - outbursting, outbreaking, flashed, flared
вспышкы (noun) - flash, flare, burst, outbreak
ВСТО (abbv) - Eastern-Siberia - Pacific Ocean
ВСТО-1 (abbv) - Eastern-Siberia - Pacific-Ocean (Oil pipeline 1)
ВСТО-2 (abbv) - Eastern-Siberia - Pacific-Ocean (Oil pipeline 2)
встревоженность (noun) - disturbance, perturbation, anxiety
встретил (noun) - meeting, greeting, reception, celebration
встретилсь (verb) - meet, met, encounter, come across, find, occur, gather, assemble, appear, congregate
встретился (verb) - meet,met, encounter, come across, find, occur, gather, assemble, appear, congregate
встретятся (verb) - meet, met, encounter, come across, find, occur, gather, assemble, appear, congregate
встреча (noun) - summit, gathering, meeting, reception, session, match, match, party, celebration
встречает (verb) - meet, met, encounter, occur, found, gather, appear

встречают (verb) - meet, met, encounter, occur, found, gather, appear, welcome, greet
встрече (noun) - summit, gathering, meeting, reception, session, match, party, celebration
встречей (adjv) - summited, gathered, meeting, received, sessioning, matched, partied, celebrated, gathering-related
встречный ток (noun) - counter-current, opposite-flow
встречу (noun) - summit, gathering, meeting, reception, session, match, party, celebration
встроенная программа (noun) - firmware, computer-resident machine-instructions, built-in program (computer)
встроенный (adjv) - built-in, incorporated, inherent, internal, integration-related
Встроенный действинг система (noun) - Built-in operating system
встроиться (verb) - construct, build, erect, fabricate, structure, form, organize
вступает (verb) - enter, join, enter into, come into, become, begin, mount,ascend
вступил (verb) - enter, join, enter into, come into, become, begin, mount, ascend
вступила (noun) - enterance, accession, coming into, becoming, beginning, joining, accessing, meeting, introduction, preluding, assumption
вступлении (noun) - entry, entrance, accession, joining, meeting, introduction, prelude, assumption
вступлению (noun) - entry, entrance, accession, joining, meeting, introduction, prelude, assumption
ВТ (abbv) - Watt, Electrical-power unit
ВТБ (abbv) - VTB (Foreign Market Bank, now ВТБ24)
ВТБ24 (abbv) - VTB24 (Moscow, Retail-services Bank, 24 Hours)
втекание (noun) - entrainment, in-flow, in-flux
Втекание наслоение (noun) - Entrainment layer, In-flow stratum
втекание пласт (noun) - entrainment stratum, in-flow sheet
втекание слой (noun) - entrainment layer, in-flow stratum
ВТО (abbv) - World Trade Organization, WTO, International trade organization
вторая (adjv) - second, secondary, alternate, subordinate

вторая волна (noun) - Second Wave, Second Breaker, second cycle
вторичный депрессия (noun) - secondary depression, secondary low
вторичный низко (noun) - secondary low, secondary cyclone
вторичный холод фронт (noun) - secondary cold front
вторичный циклон (noun) - secondary cyclone, secondary low
вторичный шторм тропа (noun) - secondary storm-path, secondary storm-track
ВТОРМЕТ (acnm) - Recyclable Metal (recycling enterprise)
второго номера (noun) - number two, second place, second position
второго порядка (noun) - second order, second procedure
второе (noun) - second, in second place, meals main-course
Второй мировой войны (noun) - Second World War, WW II
втором (adjv) - seconded, second placing, second serving, second- related
второму (noun) - second, next afer first
вторые (adjv) - second, secondary, alternate, subordinate, piority-related
ВТС (abbv) - Military Technologic Cooperation
вувузела (noun) - VUVUZELA, Soccer-game Horn, sport-activity noise-maker
Вуде Дыра (noun) - Woods Hole (name)
Вузам (noun) - Universities, colleges, institution’s of higher education, schools, educational institutions, students of higher learning, scholars, savants
вузах (noun) - universities, colleges, institutions of higher education, schools, educational institutions, students of higher learning, savants
вузов (noun) - universities, colleges, institution's of higher education, schools, educational institutions, students of higher learning, savants
вузы (abbv) - institution of higher learning, institution of higher education, student of higher learning, scholar, savant
вулканический зола (noun) - volcanic-cinders, volcanic-ash
вулканический извержение (noun) - volcanic eruption

вулканический пепел (noun) - volcanic-ash, lava-ash
вулканический сумерки (noun) - volcanic-dusk, volcanic-twilight
вулканических (adjv) - volocanic, vulcanian, eruptive, ash-spewed, volatile, volcano-related
вулканического (adjv) - volcanic, vulcanian, eruptive, ash-spewed, volatile, volcano-related
вулканического облака (noun) - volcanic cloud, volcanic ash-cloud
вулканической (adjv) - volcanic, vulcanian, eruptive, ash-spewed, volatile, volcano-related
вулканов (noun) - volcanos, volcanic-vents
входе (noun) - entry, input, entrance, opening, door, ingress, access, entrée, admission
входили (verb) - were, was, are, be, been, include, consist
входят (verb) - enter, go in, come in, fit in, go down, get on, become, log on, are
вхождении (noun) - entry, input, entrance, opening, door, ingress, access, entrée, admission
въезд (noun) - entry, entrance, ingress, access, admittance, reception
въезде (noun) - entry, entrance, ingress, access, admittance, reception
выбирают (verb) - opt, choose, elect, pick, shop around, leave, quit
выбор (verb) - select, sample, choose, pick, opt, alternate, assort, elect, sort, vary, range
выборам (noun) - selections, samples, choices, picks, options, alternatives, elections, assortments, variety's, ranges
выборами (noun) - selections, samples, choices, picks, options, alternatives, elections, assortments, varieties, ranges
выборах (noun) - selections, samples, choices, picks, options, alternatives, elections, assortments, variety's, ranges
выборе (verb) - select, sample, choose, opt, elect
выборка (noun) - selection, sample, choice, option, election, assortment, variety, range
выборкам (noun) - selections, samples, choices, options, elections, assortments, variety's, ranges

выборами (noun) - selections, samples, choices, options, elections, assortments, variety's, ranges
выбрах (noun) - selections, samples, choices, options, elections, assortments, variety's, ranges
выборку (verb) - select, sample, choose, opt, elect
выборов (noun) - choices, options, selections, assortments, elections, assortments, variety's
выборок (verb) - select, sample, choose, opt, elect
выбором (noun) - selection, election, choice, option, pick, assortment
выборочные (adjv) - selective, elective, optional, chosen, selection- related
выборочный (adjv) - selective, elective, optional, chosen, slection- related
выборочный метод (noun) - selective method, optional method
выборочных (adjv) - selective, elective,optional, chosen, selection-related
выборы (noun) - choice, option, election, pick, decision, preference, election, selection
выбрана (noun) - abuse, hostility, corruption
выбранного (adjv) - abusive, hostile, caustic, corrupt, hostility- related
выбранный (adjv) - abusive, hostile, caustic, corrupt, hostility-related
выбранных (adjv) - abusive, hostile, caustic, corrupt, hostility-related
выбраны (noun) - scolding, reproving, abusing, cursing
выбросах (noun) - discharge, emission, spillage, depositing, landing
выбросивший (adjv) - discharged, decommissioned, landed, spilled, emissioned, discharge-related
выбросов (noun) - discharge, emission, spillage, deposits, landings
выбросы (verb) - reject, discard, emit, eject, land
выбыл (verb) - eliminate, purge, exclude, drop, bar, reject
выбыла (verb) - eliminate, purge, exclude, drop, bar, reject
выбыли (verb) - eliminate, purge, exclude, drop, bar, reject
вываливатьировка велро дожды измеритель (noun) - tipping-bucket rain-gauge

вываренная соль (noun) - evaporated salt, evaporated brine
выварочная соль (noun) - boiled salt, evaporated salt
выведена (noun) - leading out, bringing out, deduction, deducing, deriving, conclusion, hatching, growing, breeding, rising, removal, finding, ending up, extermination
выведенные (adjv) - derivative, deductive, conclusive, removal, derivation-related
выведены (noun) - exit, removing, extermination, deduction, conclusion, hatching, breeding, raising
выведет (verb) display, demonstrate, parade, flourish, flaunt
вывел (verb) - deduce, elicit, reason, suppose, conclude
вывела (adjv) - withdrawn, isolated, insular, separated, alienated, detached, removed, reserved, reticent, oneness-related
вывела (verb) - brought, led, attract, persuade, induce, adduce
выверил (noun) - correction, adjustment, revision, amendment, rectification, tuning, perfecting
вывести на чистую воду (verb) - expose, unmask, lead to clear waters
вывод формулы (noun) - formula deduction, formula conclusion
выводе (noun) - reduction, withdrawal, pull-out, output, conclusion, decision, derivation, interference
выводит (verb) - launch, bring out, lead out, place выводов (noun) - conclusions, findings, affirmations, decisions, completions, solutions, deductions, opinions
выводы (noun) - reduction, withdrawal, pull-out, output, conclusion, decision, derivation, interference
выводят (verb) - deduce, infer, theorize, analyze, generalize, derive, find, conclude, reason, withdraw
выгнутость (noun) - convexity, convex-surface
выгнутый (adjv) - convex, curved, shape-related
выгодные (adjv) - advantageous, beneficial, profitable, useful, gainful, expedient, use-related
выдавила (verb) - force out, press out, squeeze out, extricate, break out, knock out
выдал (verb) - issue, disperse, distribute, spread, diffuse, spread, radiate, deal out
выдала (verb) - issue, disperse, distribute, spread, diffuse, spread, radiate, deal out

выдаче (verb) - issue, grant, authorize, permit, disperse, distribute, spread, diffuse, radiate, deal out
выдачу (verb) - issue, grant, authorize, permit, disperse, distribute, spread, diffuse, radiate, deal out
выдающаяся (adjv) - prominent, famous, celebrated, salient, outstanding, eminent, famous
выдвигается (verb) - advance, rise, move, slide, reciprocate
выдвижением (noun) - nomination, selection, naming, tabbing, ordination, appointment, assignment, promotion, advancement
выдвинул (verb) - move forward, move out, put forward, advance, pull out, pull open, promote, nominate, propose
выдвинут (verb) - move out, pull out, pull open, put forward, advance, bring, promote,nominate, propose
выдворила (verb) - expel, depose, dismiss, remove, suspend, oust, cashier, purge, retire, liquidate, unfrock, dethrone
выделена (verb) - isolate, identify, define, delineate, allocate, assign, apportion, excrete
выделение теплоты (noun) - heat emission, heat liberation, heat isolation
выделении (noun) - emission, secretion, excretion, liberation, isolation, allocation, apportionment, assignment
выделенным (adjv) - emmisive, excretory, secretory, liberative, emission-related
выделенными (adjv) - emissive, excretory/secretory, liberative, emission-related
выднленных (adjv) - emissive, excretory, secretory, liberative, emission-related
выделено (noun) - isolation, identification, definition, delineation, allocation, assignment, apportionment, excretion, secretion
выделены (verb) - isolate, identify, define, delineate, allocate, assign, apportion, excrete, secrete
выделивший (adjv) singled, bachlored, individual, unmarried, unaccompanied, alone, single-related
выделивших (adjv) - singled, bachlored, individual, unmarried, unaccompanied, alone, single-related
выделит (verb) - pick out, single out, isolate, detach, detail, highlight, allocate, assign, earmark, allot, secrete, excrete, emit

выделяет (verb) - pick out, single out, detach, detail, highlight, allocate, assign, earmark, allot, emit, secrete, excrete, isolate

выделяется (verb) - split off, separate, stand out, mark, stood out, ooze out, exude, emit

выделяются (verb) - split off, separate, stand out, mark, stood out, ooze out, exude, emit

выдержанный (adjv) - sustained, protracted, prolonged, preserved, guarded, protected, maintained, aged, lasting, enduring, sustenance- related

выдержка времени (noun) - exposure time, endurance time

выезде (noun) - exit, departure, withdrawal, parting, leaving, going

выездные (adjv) - taxed, site taxed, field taxed, tax related

выезжающих (adjv) - departed, left, moved out, explored, departure- related

выживший (adjv) - suicidal, deadly, devastating, calamitous, disastrous, ruinous, suicide-related

выживших (noun) - survivor, survivalist, existee, live-oner, functioner

выжили (verb) - survive, remain alive, exist, live on, live after, get through, make it, withstand

вызвал (verb) - call for, send for, summon, challenge, threaten, menace, forebode, due to

вызвала (noun) - called for, send for, challenge, threaten, menace, forebode, due to

вызван (verb) - call for, send for, summon, challenge, threaten, menance, forebode, due to

вызванная (adjv) - induced, caused, formed, activated, challenged, accounted, inducment-related

вызовве (noun) - call, challenge, invocation, summons, defiance

вызывает (verb) - call, call out, send for, summon, subpoena, challenge, provoke, arouse, cause, stimulate

вызывать (verb) - cause, induce, invoke, produce, raise, call

вызывающее (adjv) - defiant, bold, impudent, provocative, excited, defiance-related

вызывающим (adjv) - defiant, bold, impudent, provocative, excited, defiance-related

вызывающую (adjv) - defiant, bold, impudent, provocative, excited, defiance-related

выиграв (verb) - win, vanquish, conquer, triumph, master, gain
выигравший (adjv) - winning, victored, triumphed, conquerored, vanquished, championing, champed, mastered, victory-related
выиграл (verb) - win, vanquish, conquer, triumph, master, gain, advance
выиграла (verb) - win, vanquish, conquer, triumph, master, gain, advance
выиграли (verb) - win, vanquish, conquer, triumph, master, gain
выйдет (verb) - appear, go out, come out, turn out, ensue, be by, originate, marry, expire, be used up
выкапывание воздух (noun) - sinking air, descending air, subsiding air
выкладках (noun) - computation, laying-out, facing, kit (military)
выкручивают (verb) - twist, wind, twine, turn, screw, corkscrew, shirl, swirl, whorl, wring
вылазки (noun) - raid, attack, assault, strike, drive, sortie, mission, outing, excursion
вылазок (noun) - attack, assault, foray, sortie, sally, drive, push, onslaught, strike, blitz
вылелило (noun) - splitting off, separating, standing out, oozing out, exuding, being emitted
вылетел (verb) - flew, aviate, took off, depart, left, air-departure related
вылетели (noun) - flight, flying, aviating, soaring, gliding, aviation, aeronautics, air show, flying circus
вылетом (noun) - light, flying, aviating, soaring, gliding, aviation, aeronautics, air show, flying circus
вылетят (verb) - fly, will fly, fly out, fly a mission, fly an attack, go out, leave, radiate, boom, gab
вылились (verb) - pour, culminate, result, reach, bring, occur, expire
выловленную (adjv) - fishing, fished, angling, seining, netting, trawling, reeling, fish-related
вылусков (noun) - issue, matter, concern, problem
вымогавший (adjv) - extortioned, extortioning, extortion-related
вымогательстве (noun) - extortion, blackmail, demands, gross overcharging

Вымпелком (noun) - Pennant-Communications (Internet provider)
вымыслом (noun) - fiction, invention, inventiveness, ingenuity, fabrication, creativity, originality
вынесен (verb) - submit, offer, proffer, present, extend, put up
вынесенном (noun) - elimination, exclusion, annihilation
вынесенный (adjv) - outrigged, projected, spar-like, marine, boat-equipped,strutted, braced, outrigger/strut related вынесшему (verb) - pronounce, proclaim, declare, render, deliver, hand, pass, turn over
вынужденной (adjv) - forced, crashed, compelled, displaced, pressed, driven, restraining, force-related
Вынужденной посадке (noun) - Crashed landing, Forced landing
вынужденную (adjv) - forced, crashed, compelled, displaced, pressed, driven, restraining, force-related
вынужденную посадку (noun) - forced landing, crash landing
Выпадение (noun) - Hair-loss, Baldness (medical)
выпадет (verb) - fall, descend, drop, come down,plummet
выпалающих (adjv) - fallen, down-trodden, unfortunate, lunged, thrusted, occurred, loss-related
выпало (noun) - fallout, eruption, out-burst, deposition
выпаренная соль (noun) - evaporated salt, evaporated brine
выпаривание (noun) - evaporated, evaporative, vaporized
выпарка (noun) - evaporation, steam, vapor, fumes
выпарной (adjv) - evaporated, evaporative, vaporized, evaporation-related
выпативать (verb) - evaporate, vaporize, steamed
выписан (verb) - discharge, release, free, deliver, purge, cleanse
выплате (noun) - payment, expenditure, disbursement, consumption, budgeting
выплатила (noun) - payment, pay off, paying, defrayment, disbursal, remittance
выплатит (verb) - pay, pay out, pay off, remunerate, settle up, compensate, liquidate
выплату (noun) - payment, pay off, paying, defrayment, disbursal, remittance
выплатят (verb) - pay, pay out, pay off, remunerate, settle up, compensate, liquidate

выполении (noun) - fulfillment, execution, carrying-out, accomplishment, performance

выполенно (verb) - fulfill, execute, carry-out, accomplish, perform, made

выполенной (adjv) - fulfilled, executed, carried-out, accomplished, performed, fulfillment-related

выполенных (adjv) - fulfilled, executed, carried-out, accomplished, fulfillment-related

выполнен (verb) - fulfill, execute, carry-out, accomplish, perform, made, complete

выполнена (verb) - fulfill, execute, carry-out, accomplish, perform, made, complete

выполнении (noun) - implementation, excecution, effectuation, commission, perpetration, fulfillment, carrying-out, accomplishment

выполнению (noun) - implementation, execution, effectuation, commission, perpetration, fulfillment, carrying-out, accomplishment

выполненной (adjv) - executable, fulfillable, performable, accomplishable, execution-related

выполненных (adjv) - executable, fulfilled, performable, accomplishable, execution-related

выполнено (verb) - fulfill, execute, carry out, accomplish, perform, made

выполнены (verb) - fulfill, execute, carry out, accomplish, perform, made

выполни (verb) - fulfill, execute, carry out, accomplish, perform, made

выполнив (verb) - straighten, correct, improve

выполнил (verb) - fulfill, execute, carry out, accomplish, perform, made

выполнила (verb) - complete, meet, finish, fulfill, execute, make, discharge, transact

выполнила первые (noun) - complete first, finish earliest

выполнило (advb) - fulfillingly, executingly, carryingly, accomplishingly, performingly

выполнит (verb) - fulfill, execute, carry out, accomplish, perform, made

выполняется (verb) - perform, run, do, carry-out, execute, satisfy, progress
выполнялся (verb) - carry out, execute, perform, accomplish, complete, produce
выпуске (noun) - output, issue, discharge, emission выпусных (adjv) - scholastic, academic, scholarly, pedantic, curricular, graduate-related
выпустила (verb) - release, issue, turn out, show, publish, omit
выпустило (verb) - release, issue, turn out, show, publish, omit
выработают (verb) - manufacture, produce, make, work out, draw up, earn
выработке (noun) - manufacture, manufacturing, production, making, working, fabricating, drawing up, output, yield, make
выражен (verb) - express, state, speak, orate
выраженная (adjv) - pronounced, marked, manifested, decided, significance-related
выраженные (adjv) - pronounced, marked, manifested, decided, significance-related
выраженный (adjv) - pronounced, marked, manifested, decided, significance-related
выразил (verb) - express, convey, manifest, state, suggest
вырастут (verb) - grow, develop, become, increase, appear, rise, rise up
вырезали (verb) - cut, record, tape, transcribe, translate
вырос (advb) - up, upward, upwards, upalong, upstream
выросла (verb) - increase, gain, heighten, intensify, enlarge, extend, enhance, expand, multiply
выросли (verb) - increase, gain, heighten, intensify, enlarge, extend, enhance, expand, multiply
выросло (verb) - increase, gain, heighten, intensify, enlarge, extend, enhance, expand, multiply
вырубка лесов (noun) - deforestation, cleared woods
высказался (verb) - express, convey, manifest, state, suggest
высказаны (adjv) - expressive, stated, suggestive, expression-related
высказываниями (noun) - statements, pronouncements, opinions, expressions, speaking out

высокая (adjv) - high, tall, lofty, elevated, great, distinguished, sublime, vertical-height related
высокая индекс выкройка (noun) - high-index pattern, high-index (circulation) pattern, Long-Wave related
высокая спдошная облачность (noun) - high overcast cloudiness, high unbroken cloudiness, high continuous cloudiness
высокая частота (noun) - high frequency
высокие (adjv) - high, tall, lofty, elevated, great, distinguished, sublime, vertical-height related
высокий (adjv) - high, tall, lofty, elevated, distinguished, sublime, great, vertical-height related
высокий высота турбулентность (noun) - high-altitude turbulence
высокий дымовая труба рассеивание (noun) - tall-smokestack dispersion, tall-flue dispersal, tall-chimney scattering
высокий облака (noun) - high cloud
высоким (adjv) - high, tall, lofty, elevated, distinguished, sublime, great, detail- related
высоким разрешением (noun) - high resolution, great detail
высокинй вакуум (noun) - high vacuum, elevated vacuum
высоких (adjv) - high, tall, lofty, elevated, distinguished, sublime, great, detail- related
высоких артических широт (noun) - high Arctic latitude
высокого (adjv) - high, tall, lofty, elevated, distinguished, sublime, great, detail- related
высокогорная станция (noun) - high-mountain station
высокое (adjv) - high, tall, lofty, elevated, distinguished, sublime, great, detail- related
высокое ветер резать (noun) - high wind-shear, elevated wind-shear
высокое давление (noun) - high pressure, elevated pressure
высокое морей прогноз (noun) - high-seas forecast, oceanic prognosis
высокое пространственный рвздожение шторм описание (noun) -high-spatial-resolution storm depiction
высокое разложение измерение (noun) - high-resolution measurement

высококучевые (adjv) - turreted, castellated, towering, vertically-developed, vertical-height related

высококучевые облака (noun) - turreted cloud, castellated cloud, vertically-developed cloud

высококучевый (adjv) - turreted, castellated, towering, vertically-developed, vertical-height related

высокомолекуляный (adjv) - high-molecular, molecule-related

высокообогащенным (adjv) -low-enriched, low-level enriched, element-enhanced, enrichment-related

высокопоставленных (adjv) - high-ranking, high-standing, high-listing, high-grading, high-sorting, senior-grading, seniority-related

высокорадиоактивной (comp) - high-radioactivity, dangerous- radioactivity

высокоскоростной (adjv) - high-speed, high-grade, quality-related

высокослоистые (adjv) - elevated-stratified, Altostratus (cloud),middle-level related

высокослоистые литикуларус облака (noun) - Alto-stratus Lenticularus cloud, Lens-shaped middle cloud

высокослоистые облака (noun) - elevated-stratified cloud, Alto-stratus cloud

высокотемпературный (adjv) - high temperature, elevated temperature, temperature-related

высокотехнологичные (adjv) - high-technologic, high-technological, high-technology-related

выысокоточных (adjv) - high-accuracy, high-precision, great-accuracy, precision-related

высокоточных автоматизированных спектрофотометров (noun) -high-precision computer-assisted spectrophotometer

высокочастотный (adjv) - high-frequency, distinguished-frequency, frequency-related

высокош разложение (noun) - high resolution, high (image) sharpness

высокош разложение данные поле (noun) - high-resolution data- field

высокучевые стоять линтикулар облака (noun) - Standing lenticular Altocumulus cloud, stationary lens-shaped Altocumulus cloud, (mountain) lenticular Altocumulus cloud

высокую (adjv) - highest, high, tallest, tall, lofty, loftiest, elevated, distinguished, sublime. great, height-related
высота вертикаль координата системь (noun) - altitude vertical-coordinate system
высота верхних облаков (noun) - upper-altitude clouds
высота над уровнем моря (noun) - altitude above mean-sea-level, elevation above mean-sea-level
высота нижней границы облаков (noun) - lower-limit (of) clouds altitude, height (of) cloud-bases
высота потеря (noun) - altitude loss, height loss
высота тенденция (noun) - altitude tendency, height (change) trend
высота у волны (noun) - height of waves, wave height
высота экстраполяция (noun) - height extrapolation, infer height from known values
высотах (noun) - altitudes, heights, levels, pitch's
высотного (adjv) - altitudinal, altitudinous, elevated, high-altitude, high-rise, towered, height-related
высотного градиента (noun) - elevated gradient, high-altitude gradient
высотной (adjv) - altitudinal, altitudinous, elevated, high-altitude, high-rise, towered, height-related
высотный (adjv) - altitudinal, altitudinous, elevated, high-altitude, high-rise, towered, height-related
высотный турбулентность (noun) - high-altitude turbulence
высоцкого (adjv) - Vysotskian, Vysotsky-related
выставками (noun) - exhibition, show, display, exposure, posting, demonstration
выставке (noun) - exhibition, show, display, exposure, posting, demonstration
выставку (noun) - exhibition, show, display, exposure, posting, demonstration
выставлен (verb) - exhibit, display, expose, post, put up, sell
выставление (noun) - exhibiting, displaying, exposing, posting, putting up, selling
выставлены (noun) - exhibiting, displaying, exposing, posting, putting up, selling
выставят (verb) - exhibit, expose, display, post, put up, sell

выстроходный (adjv) - quick, speedy, swift, fast, high-speed-related
выступает (verb) - advocate, speak, favor, act, serve, play, stand, are
выступают (verb) - advocate, speak, favor, act, serve, play, stand, are
выступил (verb) - speak, spoke, appear, act, perform, gave, made
выступила (verb) - speak, spoke, appear, act, perform, gave, made
выступлением (noun) -speech, address, appearance, statement, publication, performance, action, demonstration, protest, unrest, uprising, setting out, departure
выступлению (noun) - speech, address, appearance, statement, publication, performance, action, demonstration, protest, unrest, uprising, setting out, departure
высшая точка прилива (noun) - high-point (of) rising-tide, high tide
высшего (adjv) - highest, higher, supreme, height-related
высшей возможный частота (noun) - highest-possible frequency
высшие (adjv) - highest. higher, supreme, height-related
высший давление (noun) - high pressure, highest pressure
высший разложение данные (noun) - highest-resolution data, higher-resolution data
вытащив (verb) - drag out, pull out,extract, help out, assist out
extract, evacuate, vacate, remove, pilfer, steal
вытекание (adjv) - issued, followed, resulted, flowed, spewed, expelled, emission-related
вытекающие (verb) - issue, follow, result, flow
выучи (verb) - teach, learn, understand
выходе (verb) - exit, go out, depart, leave, appear, release, vent
выходит (verb) - exit, go out, depart, leave, appear, release, vent
выходят (verb) - exit, go out, depart, leave, appear, release, vent
Вычегды (noun) - Vychegdy (name)
вычислений (adjv) - calculational, calculated, calculating, computational, calculation-related
вычисленионный матрица (noun) - computational matrix
вычисленионный сеть (noun) - computational grid
вычисленионный стабильность критерий (noun) - computational
stability criterion, computational stability criteria

вычисленионный эксперимент (noun) - computational experiment
вычисленное (adjv) - calculational, calculated, calculating. computational
вычисленного (adjv) - calculational, calculated, calculating, worked-out, computational, computed, computing, computable
вычисленной (adjv) - calculational, calculated, calculating, worked- out, computational, computed, computing, computable
вычисленные (adjv) - calculational, calculated, calculating, worked- out, computational, computed, computing, computable
вычисленных (adjv) - calculational, calculated, calculating, worked-out, computational, computed, computing, computable
вычислены (verb) - calculate, compute, figure-out, estimate
вычислил (verb) - calculate, compute, figure-out, estimate
вычислил ветры (noun) - calculated winds, estimated winds
вычислительная техника (noun) - computer science, computational science
вычтслительного (adjv) - calculational, calculated, calculating, worked-out, computational, computed, computing, computable, calculation-related
вычислительные (adjv) - calculational, calculated, calculating, worked-out, computational, computed, computing, computable, calculation-related
вычитание у давление структуры (noun) - subtraction of pressure patterns, differential-pressure analysis
выше замёрз (noun) - above freezing, above-zero temperature
выше море уровень (noun) - above sea-level
выше полёт уровёнь (noun) - above flight-level
вышел (verb) - exit, go out, come out, turn out, ran out, ensue, appear, happen, occur, be by origin, marry, leave, depart, be used up, expire
выший (adjv) - topmost, uppermost, top-level, highest, tip-crowning, consummate, maximal, top-related
вышла (verb) - exit, go out, come out, turn out, ran out, ensue, appear, happen, occur, be by origin, marry, leave, depart, be used up,expire

вышли (verb) - exit, go out, come out, turn out, ran out, ensue, appear, happen, occur, be by origin, marry, leave, depart, be used up, expire

выявилась (verb) - expose, reveal, show, display, exhibit

выявлен (verb) - detect, discover, determine, define, show, display, reveal, expose

выявлена (verb) - detect, discover, determine, define, show, display, reveal, expose

выявдении (noun) - detection, discovery, determination, definition, revelation, exposition

выявленных (adjv) - detectable, discoverable, determined, showable, exposed, definitive, revealed, detection-related

выявлено (verb) - detect, discover, determine, define, show, display, reveal, expose

выявлены (verb) - detect,discover, determine, define, show, display, reveal, expose

выявуть (verb) - detect, discover, determine, define, show, display, reveal, expose

выязкий (adjv) - viscous, viscid, ductile, tough, rugged, viscosity- related

выязкости индекс (noun) - Viscosity Index

выязкость (noun) - viscosity, ductility, toughness

вызовый (adjv) - elm, deciduous, stipulate, tree-related

выяснили (verb) - find, learn, ascertain, discover, determine, reveal

выясняют (verb) - find, learn, ascertain, discover, determine, reveal

ВЭБ (abbv) - Foreign-Economy-Bank (Russian)

Вэнь Цзябао (noun) - Ven Tsyabao (Prime Minister of Peoples Republic of China)

ВЭФ (abbv) - World Economic Forum вяхирь (noun) - wood-pidgeon, ring-dove

В 25-и раз (noun) - "25th Time", 25th occurance

GRAMMATICAL ABBREVIATIONS:

(abbv) - abbreviation, (acnm) - acronym, (adjv) - adjective, (advb) -adverb, (comp) - compound-word, (conj) - conjunction/conjucation, (noun) - noun, (numb) - number, (pref) - prefix, (prep) - preposition, (pron) - pronoun, (punc) - punctuation, (sufx) - suffix, (verb) - verb

AMERICAN/CYRILLIC KEYBOARD:

`	1	2	3	4	5	6	7	8	9	0	-	=
ё	1	2	3	4	5	6	7	8	9	0	-	=

q	w	e	r	t	y	u	i	o	p	[	]	\	*
й	ц	у	к	е	н	г	ш	щ	з	х	ъ	\	

a	s	d	f	g	h	j	k	l	;	'
ф	ы	в	а	п	р	о	л	д	ж	э

z	x	c	v	b	n	m	,	.	/
я	ч	с	м	и	т	ь	б	ю	.

CYRILLIC/AMERICAN EQUIVALENTS:

А	Б	В	Г	Д	Е/Ё	Ж	З	И	Й	К	Л	М	Н	О	П
F	,	D	U	L	T/~	;	P	B	Q	R	K	V	Y	J	G

Р	С	Т	У	Ф	Х	Ц	Ч	Ш	Щ	Ъ	Ы	Ь	Э	Ю	Я
H	C	N	E	A	[	W	X	I	O	]	S	M	'	.	Z

RUSSIAN/AMERICAN TRANSLITERATIONS:

Russian:	А	Б	В	Г	Д	Е/Ё	Ж	З	Т	Й	К	Л	М	Н	О	П
American:	A	B	V	G	D	E/E	ZH	Z	T	J	K	L	M	N	O	P

Russian:	Р	С	Т	У	Ф	Х	Ц	Ч	Ш	Щ	Ъ	Ы	Ь	Э	Ю	Я
American:	R	S	T	U	F	KH	TS	CH	SH	SHCH		Y		E	YU	YA

(transliterating Cyrillic spellings frequently reveals the English influence on the Russian language. ie.: “Баскетбол” transliterates to; BASKETBOL/ American “BASKETBALL”).

PART - C

Г - К

(Proper Russian translation is dependent upon «correct sentence context-identification». Comprehensive Russian/English dictionaries categorize «Context» for specific translation words.

For Context determination assistance, refer to this guides "Context Translation Assistance" section, at the introduction of "PART A").

CYRILLIC ALPHABET

АБВГДЕ/ЁЖЗИЙКЛМНОПРСТУФХЦЧШЩЪЫЬЭЮЯ

Russian Cyrillic to American translations:

Г

г. (abbv) - mountain, Mount, year, town, city, gram, hector
Г. Елбрус (noun) - Mount Elbrus, Tallest Russian mountain
г. кг. (abbv) - Grams per Kilogram
Г. Пинатубо (noun) - Mt. Pinatubo, Philippine Volcano
Г. Я. Вангенгейма (noun) - G. Ya. Vangengeim (name)
Гааге (noun) - The Hague, The international court
Гаарский (adjv) - Justice, international, governmental, royal, residential, Hague-related
Гаагский трибунал (noun) - The Hague, Hague International Tribunal
Гаагским (noun) - The Hague, Hague International Body
Гаагу (noun) - Hague, The Hague
Гаарском трибунале (noun) - The Hague, Hague International Tribunal
габаритного (adjv) - sizing, sized, dimensional, size-related
габооб (noun) - Haboob, violent duststorm, Sudanese sandstorm
Габриэл (noun) - Gabriel (name)
гаванская (adjv) - wwHavanian, Cuban, Havana-related
гаванскую (adjv) - Havanian, Cuban, Havana-related
Гагарин (noun) - Gagarin (first Russian cosmonaut)
Гагарина (noun) - Gagarin (first Russian cosmonaut)
Гадлея (noun) - Hadley (name)
Гадлея ячеи (noun) - Hadley Cell
газ (noun) - gas, aerosol, heating/cookin fuel, combustible-gas, gaseous-mixture
газ константа (noun) - gas constant
Газа (noun) - Gaza (Israel neighbor)
газа (noun) - gas, aerosol, gaseous-mixture, heating/cooking fuel
газа (adjv) - gaseous, aerosol, gas-related

газами (noun) - gas, aerosol, heating/cooking fuel
ГАЗель-Бизнес (noun) - Gazelle-Business (automobiles)
газо (pref) - gas-, aerosol-, heating/cooking fuel-
газоанализаторы (comp) - Gas-analyser
газов (noun) - gases, aerosols, fuels, combustible-gases, gaseous-mixtures
газового (adjv) - gaseous, aerosol, gas-related
газовой (adjv) - gaseous, aerosol, gas-related
газовой промышленности (noun) - Gas Industry, Gas Industrial-production
газовому (noun) - gas, aerosol, fuel, heating-product
газовые (adjv) - gaseous, aersol, gas-related
газовых (adjv) - gaseous, aerosol, gas-related
газом (noun) - gas, aerosol, fuel, petroleum-product
газообмен (comp) - gas exchange
газоперерабатывающем (comp) - gas-processing, gas-treatment,gas-conversion
газопровод (comp) - gas-pipeling, gas-main
газопровода (comp) - gas-pipeline, gas-main
газопроводный (adjv) - gas-piping, gas-transporting, gas-pipeline related
газопроводу (comp) - gas pipeline, gas main
газотранспортном (comp) - gas-transport, gas-pipeline, gas-main
Газпром (comp) - Industrial-Gas (major Russian gas producer)
Газпром и Нафтогаз (noun) - Industrial-gas (Russian) and Naphtogas (Ukrainian)
Газпромбанке (comp) - IndustrialGas Bank
Газпромвьет (comp) - Industrial-Gas Vietnam
Газпромом (comp) - Indusrial-gas
Газпрому (comp) - Industial-gas
газработки (comp) - gas-works, gas-manufacturing plant, heat/fuel plant
газу (noun) - gas, aerosol, heating/cooking fuel, Gaza, strip
газы (noun) - gas, aerosol, heating/cooking fuel
ГАИ (abbv) - State Automobile Inspection
Гаитяи (noun) - Haitian, Haiti citizen
Гайд парка (noun) - Hyde Park
Гайтнер (noun) - Geithner (name)

гала концерт (noun) - Gala-concert, spectacular performance
гала концерте (noun) - Gala-concert, spectacular performance
галактик (noun) - Galaxy, celestial body, star, sun, galactic feature
галин конвекция (noun) - Haline-convection
Галины (noun) - Galin (name)
галл (noun) - gall, bile, body-fluid
Галлахер (noun) - Gallagher (name)
галлонов в минуту (noun) - Gallons per Minute
гало (noun) - halo, light-circle
галоеы (noun) - halo, light-circle
галошак (noun) - galoshes, weather-overshoes
галс (noun) - course, base-line, reference
галса (noun) - course, base-line, reference
галсе (noun) - course, base-line, reference
Гамаля (noun) - Gamal (name)
Гамбург (noun) - Hamburg (German large city)
Гамбурге (noun) - Hamburg (German large city)
Гамид Карзай (noun) - Harmid Karzai (name)
гамма излучения (noun) - gamma radiation, gamma emanation
гамма лучи (noun) - gamma rays
Ганбаатар Ариунбаатар (noun) - Ganbaatar Ariunbaatar (Mongolian name)
гандболистки (noun) - handballist, handball-player, walled-court player
гандболисты (noun) - handballist, handball-player, walled-court ball player
гандболу (noun) - handball, walled-court ball, ball-sport
Ганза (noun) - Hansa (name)
Ганиной (adjv) - Ghanian, Ghana-related
гарантие (noun) - guarantee, warranty, safeguard, surety, insurance, sponsor, warrantor
гарантию (noun) - guarantee, warranty, safeguard, surety, insurance, sposor, warrantor
гарантия (noun) - guarantee, warranty, safeguard, surety, insurance, sponsor, warrantor
Гардез (noun) - Gardez (name)
Гардиан (noun) - Guardian (name)

гармоникой (adjv) - harmonic, overtonal, rhythmic, harmonious, resonance-related
гармонические (adjv) - harmonic, overtonal, rhythmic, harmonious, resonance-related
гармонических (adjv) - harmonic, overtonal, rhythmic, harmonious, harmony-related
гарн. (abbv) - font, type-set, character-set
гарнитурыь (noun) - font, type-set, character-set
Гаролд Браун (noun) - Harold Brown (name)
Гарри (noun) - Harry (name)
Гарри Поттере (noun) - Harry Potter (British fictional-character)
гассказывает (verb) - tell, relate, describe, cover, narrate, delineate, address
гастроэнтеролог (noun) - Gastroenterologist (medical)
гаусс (noun) - gauss, magnetic-flux density
гауссовских (adjv) - Gaussian, gauss-like, gauss-related
GBP (abbv) - Great Britain Pound, British Pound-Sterling
Гвинджия (noun) - Gvindzhia (name)
Гвинее (noun) - Guinea (name)
Гвинее-Бисау (noun) - Guinea-Bissau (African country)
Гвинеи-Бисауа (noun) - Guinea-Bissau (African country)
Гвинейской (adjv) - Guinean, Guinea-related
Гвинею (noun) - Guinea (name)
гг. (abbv) - year, city, town, Mister and Madame
ГГИ (abbv) - State Hydrological Institute
ГГО (abbv) - State Hydrological Organization, Analytical Information Center
Гданьске (noun) - Gdansk (name)
Гей-парада (noun) - Gay-parade
гейзеров (noun) - geysers, spouters gushers fountains liquid-jets
Гейму (noun) - Game (name)
гексаэдр (noun) - hexahedron, polyhedron
гектары (noun) - hectares, 2.47 acres
Гектопаскал (noun) - Hectopascal, hPa
гематолог (noun) - Hermatologist (medical)
Генассамблее ООН (comp) - United Nations General-Assembly
Генассамблеи (comp) - General-Assembly
Генассамблеи ООН (comp) - United Nations General-Assembly

Генассамблея ООН (comp) - United Nations General-Assembly
Геленджик (noun) - Helendzhik (name)
гендиректор (comp) - general-director, general-manager, general-principal
гендиректора (comp) - general-director, general-manager, general- principal
гендиректором (comp) - general-director, general-manager, general-principal
Генерал-лейтенант (noun) - Lieutenant General
Генерал-майора (noun) - Major-General
Генерад Нисифоров (noun) - General Nisiforov (name)
Генерал-полковник (noun) - General-Colonel
Генеральная-прокуратура (noun) - General-Prosecutor
генерального (adjv) - general, typical, usual, common-place, ordinary, principal, main, chief, primary
генеральной (adjv) - general, typical, usual, common-place, ordinary, principal, main, chief, primary
генеральный муссонной район (noun) - general monsoon-region
генеральный циркуляция (noun) - general circulation, hemispheric circulation
генеральный циркуляция у этот атмосферный (noun) - general circulation of the atmosphere, general atmospheric circulation
генеральным директором (noun) - Director General
генерации (noun) - generation, procreation, ancestoral single-step
генерация (noun) - generation, procreation, ancestoral single-step
генерированного (adjv) - inducive, inducible, persuasive, influential, persuasion-related
генерируемые (adjv) - effective, makeable, producible, manufacturable, production-related
генетический (adjv) - genetic, genetical, hereditary, originative, genetics-related
гениальную (adjv) -genial, brilliant, ingenious, remarkable, personality-related
Геннадий (noun) - Gennadi (name)
генов (noun) - genes, genetic material, DNA, RNA, hereditary character
геноме (noun) - genome, orgtanism’s genetic-material, haploid set of chromosomes (including genes)

геноциде (noun) - genocide, homicide, manslaughter, murder, carnage, killing, slaying, slaughter, extermination, bloodshed, assassination
Генплану (comp) - General-plan
Генпрокуратура (comp) - Prosecutor-General, Public-prosecutor, Attorney-General
Генпрокуратуре (comp) - Prosecutor-General, Public-prosecutor, Attorney-General
Генпрокуратуру (comp) - Prosecutor-General, Public-prosecutor, Attorney-General
Генпрокуратуры (comp) - Prosecutor-General, Public-prosecutor, Attorney-General
генпрокурор (comp) - Prosecutor-General, Public-prosecutor, Attorney-General
генпрокурора (comp) - Prosecutor-General, Public-prosecutor, Attorney-General
генпрокурором (comp) - Prosecutor-General, Public-Prosecutor, Attorney-General
Генри (noun) - Henry (name)
Генри Киссинджер (noun) - Henry Kissinger (name)
Генриха (noun) - Henrica (name)
Генриху (noun) - Henric (name)
Генсек (comp) - Secretary-General
Генсек НАТО (noun) - Secretary-General - North American Treaty Organization (NATO)
Генсек ООН (noun) - Secretary-Generak - United Nations Organization
Генсека (comp) - Secretary-General
Генсека ООН (noun) - Secretary-General - United Nations
Генсека Совета Европы (noun) - General-Secretary of European (Council)
Генсеком (comp) - General-Secretary
Генсекретарем (comp) - General-Secretary
Генсеку ООН (noun) - Secretary-General - United Nations Organization
Генсовета (comp) - General Council
Генштаб (comp) - General-staff, General-headquarters
Генштаба (comp) - General-staff

Генштабов (comp) - General-staff's
географическая (adjv) - geographic, geographical, geography-related
географическая район (noun) - geographical region, geographical area
географические (adjv) - geographic, geographical, geography-related
географический исследованние письмоы (noun) - geographical research letters
географическим (adjv) - geographic, geographical, geography-related
географическими (adjv) - geographic, geographical, geography-related
географических (adjv) - geographic, geographical, geography-related
географического (adjv) - geographic, geographical, geography-related
географической (adjv) - geographic, geographical, geography-related
географической информационной системы (noun) - geographical information system
геодезических (adjv) - geodesic, geodetic, geodesy-related
геодинамическому (adjv) - geodynamic, geodynamical, geodynamics-related
геодисциплинарной (adjv) - geodisciplinary, geodynamic-disciplinable, geo-discipline related
геоид (noun) - Geoid, Imaginary-surface, mean-sea-level-surface
геологик время (noun) - geologic time, Earth's historic-divisions
геологические (adjv) - geologic, geological, geology-related
геомагнитный (adjv) - geomagnetic, geographic-magnetic, geo-magnetism-related
геомагнитный девиация (noun) - geomagnetic deviation
геомагнитный изменение (noun) - geomagnetic variation
геометрические (adjv) - geometric, geometrical, geometrics-related
геометрический свойстовы (noun) - geometric properties
геопотенциал (noun) - geopotential, potential-energy differential
геопотенциада (noun) - geopotential, potential-energy differential

Георгием (noun) - Georgie's, dahlia's
Георгий (noun) - Georgi (name)
Георгию (noun) - Georgi (name)
ГЕОСАТ (acnm) - Geostationary Operational Environmental Satellite
геостационарный (adjv) - geostationary, stationary equatorial-orbit
Геостационарный Оперативный Окружающий Сателлит (noun) -Geostationry Operational Environmental Satellite
геостационарный орбита (noun) - geostationary orbit
геостационарный сателлит образно (noun) - geostationary satellite image
геостационарный сателлит орбита (noun) - geostationary satellite orbit
Геостациопераокружспутник (comp) - Geostationary Operational Evironmental Satellite
геострофик (noun) - geostrophic, atmospheric force-equilibrium
геострофик ветер (noun) - geostrophic wind
геострофик ветер вертикальный резать (noun) - geostrophic-wind vertical shear
геострофик ветер горизонтальный резать (noun) - geostrophic-wind horizontal shear
геострофик ветер деформация (noun) - geostrophic-wind deformation
геострофик ветер зональный (noun) - zonal geostrophic-wind
геострофик ветер расхождение (noun) - geostrophic-wind divergence
геострофик ветер шкала (noun) - geostrophic-wind scale, geostrophic-wind plotting tool
геострофик деформация (noun) - geostrophic deformation
геострофик сила (noun) - geostrophic force, geostrophic strength
геострофические (adjv) - geostrophic, geostrophical
геострофический (adjv) - geostrophic, geostrophical
геострофическим (adjv) - geostrophic, geostrophical
геострофических (adjv) - geostrophic, geostrophical
геострофического (adjv) - geostrophic, geostrophical
геострофической (adjv) - geostrophic, geostrophical
геострофическому (adjv) - geostrophic, geostrophical

геофизики и космос физика (noun) - geophysics and space-physics
Геофизический Жидкость Динамиках Лаборатортя, Принзтон (noun) - Geophysical Fluid-dynamics Laboratory, Princeton (USA)
Геофизический изучение письмо (noun) - Geophysics research letter
геофизического (adjv) - geophysic, geophysical, geophysics-related
геочим (noun) - Geochim
гепард (noun) - cheetah, large African cat
гепотезу (noun) - hypothesis, theory, premise, explanation, speculation
Гергиевский (adjv) - Gergievian, Gergiev-related
Германии (noun) - Germany, germanium (name)
Германию (noun) - Germany, germanium (name)
Германия (noun) - Germany, germanium (name)
Германия, Франция и Польша (noun) - Germany, France and Poland
Германская (adjv) - German, Germanic, Teutonic, Germany-related
Германские (adjv) - German, Germanic, Teutonic, Germany-related
Германские социал-демократов (noun) - German Social-Democrats
германский (adjv) - German, Germanic, Teutonic, Germany-related
германской (adjv) - German, Germanic, Teutonic, Germany-related
гермeнтизировать (verb) - pressurize, compress, squeeze, survive (pressure)
Герой (noun) - Hero, Heroine, person of courage, good soldier, paladin, the brave one, champion, character
Герой России (noun) - "Hero (of) Russia"
Герой Советского Союза (noun) - "Hero (of the) Soviet Union"
герою (noun) - hero, heroine, stalwart, knight, soldier, paladin, tiger
Герцеговина (noun) - Herzegovina (name)

ГИБДД (abbv) - State Inspector for Highway Traffic Safety (STSI)
гибели школьников (noun) - schoolboys death, schoolboys loss
гибелиам (noun) - deaths, destruction, ruin, losses, downfalls, masses, swarms, hosts
гибель (noun) - death, destruction, ruin, loss, doom, downfall, collapse, fate, masses, swarms, hosts
Гибралтар (noun) - Gibralter (name)
гигантская (adjv) - gigantic, colossal, herculean, giant-related
Гигантский лайнер (noun) - Gigantic Liner, Super Liner, Large Cruise Ship
гигантское (adjv) - gigantic, colossal, herculean, giant-related
гигантском (adjv) - gigantic, colossal, herculean, giant-related
гигантском слаломе (noun) - Giant slalom (Down-Hill Skiing event)
гигиенических (adjv) - hygienic, hygenical, hygene-related
гигиенических (adjv) - hygienic, hygenical, hygene-related
Гигрометр (noun) - Hygrometer, humidity-instrument
гигрометр самопишущий (noun) - humidity recorder
гигроскопический (adjv) - hygroscopic, humidity-related
Гигроскопичность (noun) - Hygroscopicity Гидо (noun) - Gido (name)
гидравлическая (adjv) - hydraulic, fluidal, fluid-related
гидравлическая аналогия (noun) - hydraulic analogy, hydraulic analog
гидравлическое (adjv) - hydraulic, fluidal, fluid-related
гидравлическое испытание (noun) - hydraulic test, fluid test, water test
гидратация (noun) - hydration, moisturization
гидратехника (comp) - hydraulic engineering
гидратизированный (adjv) - moisturized, moisture-related
гидратировать (verb) - hydrate, moisturize
гидратная (adjv) - hydrated, aridity-related
гидратная вода (noun) - hydrate water, hydrated water
гидратный (adjv) - hydrated, aridity-related
гидрирование (noun) - hydrogeneation
гидрированный (adjv) - hydraulic, fludial, fluid-related
Гидро Метцентра (noun) - Hydro-meteorological Center
Гидро термограф (noun) - Hydro-thermograph
гидро турбо-генератор (noun) - Hydro turbo-generator

гидробиологические (adjv) - hydrobiological, biology-related
гидробиологических (adjv) - hydrobiological, biology-related
гидробионта (noun) - hydrobiont
гидробионтах (noun) - hydrobiont
гидрогенизация (noun) - hydrogenation
Гидрограф (noun) - Hydrograph
Гидрографер (noun) - Hydrographer
гидрографии (noun) - hydrography
гидрографические (adjv) - hydrographic, hydrographical, hydrography-related
Гидрографический судно (noun) - Hydrographic vessel
гидрографическим (adjv) - hydrographic, hydrographical, hydrography-related
гидрографического (adjv) - hydrographic, hydrographical, hydrography-related
гидрографической (adjv) - hydrographic, hydrographical, hydrography-related
гидрография (noun) - hydrography
гидрографов (noun) - hydrographs
гидрографы (noun) -hydrographer, water-bodies specialist
гидродинамиков (noun) - hydrodynamics
гидродинамический (adjv) - hydrodynamic, flowing, streaming, hydrodynamics-related
гидродинамическим (adjv) - hydrodynamic, flowing, streaming, hydrodynamics-related
гидродинамических (adjv) - hydrodynamic, flowing, streaming, hydrodynamics-related
гидродинамического (adjv) - hydrodynamic, flowing, streaming, hydrodynamics-related
гидроксильных (adjv) - hydroxylic, hydroxyl-related
гидролаборатории (noun) - Hydro-laboratory (Cosmonaut training)
гидролог (noun) - hydrologist
гидрологика (adjv) - hydrologic, hydrological, hydrology-related
гидрологика цикл (noun) - hydrologic cycle
гидрологический (adjv) - hydrologic, hydrological, hydrology-related

гидрологических (adjv) - hydrologic, hydrological, hydrology-related

гидрологического (adjv) - hydrologic, hydrological, hydrology-related

гидролого (adjv) - hydrological, hydrologic, hydrology-related

гидролокатор (noun) - hydrolocator, hydrologic-locator, sonar (sound navigation ranging - underwater), ASDIC (Britsh system)

гидрометеоиздат (comp) - Hydrometeorological publication

гидрометеор (noun) - hydrometeor, atmospheric water or ice

гидрометеоиздата федерации (noun) - Federation Hydrometeorological publication

гидрометеорилогии (noun) - hydrometeorology

гидрометобеспечению (noun) - hydrometeorological services

гидрометеорологические (adjv) - hydrometeorologic, hydrometeorological, hydrometeorology-related

гидрометеорологический (adjv) - hydrometeorologic, hydrometeorological, hydrometeorology

Гилрометеорологический научно исследовательский центр (noun) - Hydrometeorological Scientific Research Center

гидрометеорологическими (adjv) - hydrometeorologic, hydrometeorological, hydrometeorology-related

гидрометеорологических (adjv) - hydrometeorologic, hydrometeorological, hydrometeorology-related

гидрометерологической (adjv) - hydrometeorologic, hydrometeorological, hydrometeorology-related

гидрометеорология (noun) - hydrometeorology

гидрометеостанции (comp) - hydrometeorological station, hydrometeorological office

Гидрометр (noun) - Hydrometer

Гидрометр, Бауме (noun) - Baume Hydrometer, liquid specific-gravity instrument

Гидрометр, Брих (noun) - Brix Hydrometer, liquid specific-gravity instrument

гидрометрии (noun) - hydrometry

гидрометрический (adjv) - hydrometric, hydrometrical, hydrometry-related

гидрометрия (noun) - hydrometry гидрометфонда (comp) - hydrometeorological archive
гидрометцентр (comp) - hydrometeorological center, hydromet center, hydromet facility
Гидрометцентр России (noun) - Hydrometeorological Center Russia (Moscow located Russian Weather center)
гидрометцентра (comp) - hydrometeorological center, hydromet center, hydromet facility
гидрометцентре (comp) - hydrometeorological center, hydromet center, hydromet facility
гидромеханика (noun) - hydromechanics, water-power mechanics
гидромодуль (noun) - hydromodulus, hydro-coefficient
гидросамолёт (noun) - hydroplane, racing-boat, seaplane
гидростатическая (adjv) - hydrostatic, hydrostatical, fluid-at-rest related
гидростатический (adjv) - hydrostatic, hydrostatical, fluid-at-rest related
гидростатический способом (noun) - hydrostatic means. hydrostatic method
гидростатическое (adjv) - hydrostatic, hydrostatical, fluid-at-rest related
гидростатическое зависимость (noun) - hydrostatic dependence
гидростатическое отношение (noun) - hydrostatic relation, hydrostatic treatment
гидростатическое стабильность (noun) - hydrostatic stability
гидростатическое уравнение (noun) - hydrostatic equalization
гидростатической (adjv) - hydrostatic, hydrostatical, hydrostatistics-related
гидротермодинамики (noun) - hydrothermodynamics
гидротурбина (noun) - hydroturbine, water turbine
гидротурбогенератор (comp) - hydro-turbo generator, water turbo-generator
гидроустановка (comp) - hydro-electric power-plant
гидрофизических (adjv) - hydrophysic, hydrophysical, hydrophisics-related

гидрофизическом (adjv) - hydrophysic, hydrophysical, hydrophysics-related
гидрохимические (adjv) - hydrochemic, hydrochemical, hydrochemistry-related
гидрохимический (adjv) - hydrochemic, hydrochemical, hydrochemistry-related
гидрохимический институт (noun) - Hydrochemical Institute
гидрохимических (adjv) - hydrochemic, hydrochemical, hydrochemistry-related
гидрохимического (adjv) - hydrochemic. hydrochemical, hydrochemistry-related
гидрохимия (noun) - hydrochemistry
гидроэлектрический (adjv) - hydroelectric, hydroelectrical, hydroelectricity-related
гидроэлектрический энергия оборудование (noun) - hydro-electric energy-equipment, hydro-electric power-plant
гидроэлектростанция (comp) - hydro-electric (power) station
гидроэнергия (noun) - hydroenergy, water power
гиетограф (noun) - Hyetograph, Average-rainfall graph
гиетографы (noun) - Hyetographs, Average-rainfall graphs
Гималай (noun) - Himalayas, Asian mountain-range
Гималаях (noun) - Himalayas, Asian mountain-range
гимнастике (noun) - gymnastics, physical-exercise, bodily-exercise
гимнастка (noun) - gymnast, person trained in gymnastics
гинеколог (noun) - Gynecologist (medicaL)
Гиннесса (noun) - Guiness (name)
гиперболические функции (noun) - hyperbolic function
Гиперплазия (noun) - Hyperplasia (medical)
гипнотизировать (verb) - hypnotize, mesmerize, fascinate, captivate, beguile, enchant, bewitch
гипотезе (noun) - hypothesis, theory, speculation, premise, idea, explanation
гипотетического (adjv) - hypothetical, theoretical, speculative, conjectural, academic, theory-related
гипотетическом (adjv) - hypothetical, theoretical, speculative, conjectural, academic, theory-related

гипсометрическая (adjv) - hypsometric, hypsometrical, contour- related
гипсометрическая карта (noun) - hypsometric chart, contour-map
гипсометрический (adjv) - hypsometric, hypsometrical, contour- related
гипсометрический формула (noun) - hypsometric formula
гироскопический (adjv) - gyroscopic, gyroscopical, gyroscope- related
гироскопклинометр (comp) - gyroscope-clinometer
Гирса (noun) - Hirsa, Girsa (name)
ГИС (abbv) - Geographical Information System
гистерезис (noun) - hysteresis, lagging magnetization, effect retardation, magnetic shortcoming
Гитлер (noun) - Hitler, Adolph Hitler (Nazi leader)
гл. (abbv) - chapter, division, branch, unit, meeting, head
глава (noun) - head, chief, leader, central-directorate, chapter, cupola
главами (noun) - head, chief, leader,central-directorate, chapter, cupola
главарей (noun) - leader, ringleader, gangleader, head, chief
главарю (noun) - leader, ringleader, gangleader, head, chief
главвоенврач (noun) - head team-doctor, chief team-doctor, head military-doctor
главе (noun) - head, chief, leader, paramount, cupola, chapter
Главком (comp) - Central Directorate
главная геофизтсеская обсерватория (noun) - main geophysical observatory
главного (adjv) - chief, main, principal, head, senior, major, key, authority-related
Главнокомандующий (comp) - Commander-in-chief, General-in-chief
главную (adjv) - chief, main, home, principal, head. senior, major, key, authority-related
главный (adjv) - chief, main, home, principal, head, senior, major, key, authority-related
главным-образом (advb) - mainly, chiefly, principally, mostly, largely

главными (adjv) - chief, main, home, principal, head, senior, major, key, authority-related
главных (adjv) - chief, main, home, principal, head, senior, major, key, authority-related
главных компонентов (noun) - main components
главой (adjv) - chief, head, officiating, principal, paramount, main, authority-related
главу (noun) - head, chief, leader, supervisor, superintendent, cupola
главы (noun) - head, chief, leader, supervisor, superintendent, cupola
глаголевой (adjv) - Glagolitic, Glagolitian, Glagolite-related
глалкий лёд (noun) - smooth ice, clear ice
гладкости (noun) - smoothness, eveness
гладкость (noun) - smoothness, eveness
глаз стена (noun) - eyewall, eye cloud
глаз у этот ураган (noun) - eye of the storm
глазами (noun) - eye's, optic-orbs, optical-organs
глазами (verb) - eyes, aspies, looks, watches, observes, targets
глазе (noun) - eye, optic-organ
глазурь буря вред (noun) - glaze-storm damage
глазурь лёд (noun) - Glaze ice, clear ice
Гленна Миллера (noun) - Glenn Miller (musician)
Глинки (noun) - Glinka (name)
глинозём (noun) - alumina, aluminum-oxide ore
глобальнах (adjv) - global, world-wide, extensive, in-depth, spherical, scope-related
глобального (adjv) - global, world-wide, extensive, in-depth, spherical, scope-related
глобального кризиса (noun) - global crisis, world-wide crisis
Глобальное потепление (noun) - Global Warming, atmosphere-wide heating, global pollution
глобальной (adjv) - global, world-wide, spherical, extensive, in-depth, scope-related
глобальной системы телесвязи (noun) - global telecommunications system
глобальном (adjv) - global, world-wide, spherical, extensive, in-depth, scope-related

глобальному (adjv) - global, world-wide, spherical, extensive, in depth, scope-related
глобальности (verb) - globalize, universalize, broaden, expand, extend, include, comprise, comprehend, spread
глобальную (adjv) - global, world-wide, spherical, extensive, in-depth, scope-related
глобальный атмосфера (noun) - global atmosphere
Глобальный атмосферный изучение программа (noun) - Global atmospheric research program
глобальный биохимия (noun) - global biochemistry
глобальный биохимическтй циклов (noun) - global biochemical cycles
глобальный ветры (noun) - global winds, global circulation
глобальный и планетарный изменение (noun) - global and planetary change
глобадьный изменение информационный-бюллетень (noun) - global change information-bulletin, global change news-letter
глобальный климат изменение (noun) - global climate change
Глобальный летун центр (noun) - Global Drifter Center, Global (marine) drifter center
Глобальный местоировка система (noun) - Global positioning system, GPS
глобадьный охват (noun) - global coverage, world-wide coverage
глобальный перспективы (noun) - global perspective, global view
глобальный погода (noun) - global weather
глобадьный погода эксперимент (noun) - global-weather experiment
Глобальный погода центральный (noun) - global-weather central
глобальный предостережение (noun) - global warning, global caution
глобадьный прохладительный (noun) - global cooling
Глобадьный прогноз развитие лаборатория (noun) - Global forecast development laboratory
глобальный радиационный нагрев (noun) - global radiative warming, global radiative heating
глобальный распределение (noun) - global distribution
глобальный середина-температура (noun) - global mean-temperature

Глобальный сеть измерению тропосферного озона (noun) - Global tropospheric ozone network
глобадьный теплеть (verb) - warming globally
глобадьный тропики (noun) - global tropics
глобальный циркуляция (noun) - global circulation
глобальным (adjv) - global, world-wide, extensive, in-depth, spherical, scope-related
глобальных (adjv) - global, world-wide, extensive, in-depth, spherical, scope-related
ГЛОНАСС (acnm) - Global Navigation and Satellite System (GLONASS/Russian GPS)
глубин (noun) - deep, abyss, depth, interior, penetration, intensity
глубинную (adjv) - deep, depth, deep-sea, remote, out-of-the-way' deepness-related
глубинных (adjv) - deep, depth, deep-sea, remote, out-of-the-way, deepness-related
глубиной (noun) - depth, heart, interior, deep place (in water), distance below the water's surface, low condition, profound state-of-being
глубиномер (noun) - depth-meter, depth-gauge
глубокий циклон (noun) - intense cyclone, deep low (pressure system)
глубоко море изучение (noun) - deep-sea research
глубоководной (adjv) - deep-water, deep-sea, water-depth related
глубоком (noun) - depth, heart, interior, deep-place (in water), distance below the water's surface, low condition, profound state-of-being
глубокую (adjv) - deep, deepest, great-depth, far-downward, depth-related
глубомер (noun) - depth-meter, depth-gauge
глупых (adjv) - foolish, silly, absurd, nonsensical, stupid, unwise, nonsense-related
Глюкоза (noun) - Glucose (medical)
Глюкоза-Э (noun) - Glucose-E. (medical)
GM (abbv) - General Motors (American automobile manufacturer)
ГМИИ (abbv) - State Museum (of) Fine Arts (Moscow), A.S. Pushkin Museum (of) Fine Arts
гниющие (adjv) - decaying, aging, weakening

гниющие торнадо (noun) - decaying tornado, weakening tornado
гномонический (adjv) - gnomonic, gnomonical
гномонический проекция (noun) - gnomonic projection
го (abbv) - th, teenth, year, age, era, time period
Гоа (noun) - Goa (Indian religious site)
ГОВД (abbv) - Main Department of Internal Affairs
годавщину (noun) - anniversary, commemoration, birthday, holiday
годам (noun) - years, annum's, twelve months, yearly intervals, yearly timespans
годичное кольцо (noun) - growth-ring, tree-ring
годичный слой (noun) - growth-layer, growth-stratum
годовая (adjv) - annual, yearly, year-related
годового (adjv) - annual, yearly, year-related
годовое (adjv) - annual, yearly, year-related
годовой выпуск (noun) - annual output, yearly output
годовой изменчивость (noun) - annual variability, annual inconstancy
годовой отчёт (noun) - annual report, yearly report
годовщине (noun) - anniversary, commemoration, birthday, holiday
годовщину (noun) - anniversary, commemoration, birthday, holiday
годовым (adjv) - annual, yearly, calendar-related
годовых (adjv) - annual, yearly, calendar-related
Годограм (noun) - Hodogram, vectors described plot
Годограф (noun) - Hodograph, vectors described figure
Годом (noun) - years, 365-days, annual-periods
Году учителя (noun) - "Year of the Teacher"
гозовая туча (noun) - cumulonimbus cloud, thunderstorm cloud
ГОЗС (abbv) - Geostationary Orbiting Earth Satellite, GOES
Голдман Сакс (noun) - Goldman Sachs (name)
голеностоп и стопа (noun) - ankle and foot (medical)
Голикова (noun) - Golikov (name)
Голицыных Зубриловка (noun) - Golitsyn Zubrilovka (name)
голландской (adjv) - Dutch, tiled, Holland-related
Голливуд (noun) - Hollywood (name)
Голливуда (noun) - Hollywood (name)

Голливуде (noun) - Hollywood (name)
Голливудские (adjv) - Hollywood-like, Hollywood-related
головки (noun) - head, brain, mind, wits, life, crown, stem, person
головку (noun) - head, brain, mind, wits, life, crown, stem, person
Головнин (noun) - Golovnin (name)
головой (adjv) - naked, bare, unclothed, undisguised, poor, disadvantage-related
головокружительное (adjv) - dizzy, giddy, breathtaking, spectacular, dizziness-related
голодающих (adjv) - starving, starved, hungered, thirsting, substance-related
Голос Россий (noun) - Voice (of) Russia
Голоса Америки (noun) - Voice (of) America
голосующих (adjv) - voted, voting, balloted, voiced, vote- related
Голубой Нил (noun) - Blue Nile (name)
голь (noun) - goal, score, hit, bull's-eye
гольф (noun) - gulf, inland sea/ocean-extension
Гольф Кола (noun) - Kola Gulf (name)
Гольф у Мехсика (noun) - Gulf of Mexico
Гольфстрим (comp) - Gulfstream (name)
гомогенный (adjv) - homogeneous, uniform, equable, even, regular, unvaried, unvarying, ordered, consistent, uniformity-related
гомосфера (noun) - homosphere, earth up to the mesopause, level where atmospheric-temperature stops decreasing (name)
гонимый (adjv) - driven, propulsive, thrusted, forced, forceful, rushed, persecuted, oppressed, oppressive, force-related
гонке (noun) - race, competition, haste, hurrying, speeding
Гонконг (noun) - Hongkong (name)
гонку (noun) - race, competition, haste, hurrying, speeding
Гоншу (noun) - Honshu (name)
Гоншу Остров (noun) - Honshu Island, Japanese main-island Google (noun) - Google (Internet Search-engine)
гор. (abbv) - town, city, metropolis
гора ветер (noun) - mountain wind
гора волны (noun) - mountain wave, mountain cloud
гора волны турбулентность (noun) - mountain-wave turbulence
гора зона лёдировка (noun) - mountain-zone icing

Гора Эльрус (noun) - Mount Elbrus, tallest Russian mountain
Горан (noun) - Goran, Horan, mountain, hill, mount, heap, pill, mass, mind
Горах (noun) - mountains, elevated terrains, peaks, hills, masses, heaps, piles
Горах стали (noun) - Steel Mountains (name)
Горбачеву (noun) - Gorbachev (name)
Горбольницы (noun) - City-hospital, city-infirmary
Гордон Браун (noun) - Gordon Brown (name)
горе (noun) - mountain, elevated terrain, peak, hill, mass, heap, pile
Горе Машук (noun) - Mount Mashuk, Mashuk mountain
Гори (noun) - Gori (name)
горизонт на море (noun) - marine-horizon, sea-line горизонталах (noun) - horizons, skylines, levels
горизонталь адвектионной (noun) - horizontal advection
горизонталь ветер резать (noun) - horizontal wind-shear
горизонталь вторичный (noun) - secondary-horizontal
горизонталь изменения (noun) - horizontal alteration, horizontal change
горизонталь колебания (noun) - horizontal variation, horizontal fluctuation
горизонталь конвергенция (noun) - horizontal convergence
горизонталь линии (noun) - horizontal line, contour line
горизонталь неоригинальный (noun) - horizontal derivative
горизонталь плоскость (noun) - horizontal plane
горизонталь поперечное сечение (noun) - horizontal cross-section
горизонталь розложение (noun) - horizontal resolution
горизонталь расхождение (noun) - horizontal divergence, lateral divergence
горизонталь скорость (noun) - horizontal velocity
горизонтадь транспорт линии (noun) - horizontal-transport lines
горизонталь ускорение (noun) - horizontal acceleration
горизонтальная (adjv) - horizontal, lateral, plane-related
горизонтального (adjv) - horizontal, lateral, plane-related
горизонтальное (adjv) - horizontal, lateral, plane-related
горизонтадьной (adjv) - horizontal, lateral, plane-related
горизонтальном (adjv) - horizontal, lateral, plane-related

горизонтальный расхождение (noun) - horizontal divergence, lateral divergence
горизонталях (noun) - horizontals, skylines, levels
горизонте (noun) - horizon, skyline, level
горизонты (noun) - horizon, skyline, level
горках (noun) - cabinets, stands, hills, hillocks, steep climbs, slides
Горки (noun) - Horki, Gorki (name)
горковском (adjv) - hapless, wretched, miserable, uncomfortable, drunk, misery-related
Горла (noun) - Gorlo (name)
гормон (noun) - Hormone (medical)
гормон тиреотропный (noun) - thyrotropic hormone (medical)
горничнам (noun) - maids, chambermaids, handmaids, maidservants, lady attendents
горничой (adjv) - domestic, serving, attending, housemaid-related
горнога (noun) - mining, forge, horn, bugle, clarion, reed
горной (adjv) - mountainous, altitudinal, down-hilling, mining, mineral, artificial, mountain-related
горнолыжников (noun) - ski-jumps, ski-jumping tracks, ski-jumping courses
горнолыжной (adjv) - alpine-skiiing, Alpine-ski related
горнолыжному (noun) - Alpine-skiing
горнолыжные (adjv) - alpine-skiing, Alpine-ski related
горнолыжный центр (noun) - Alpine-skiing Center
горный индустрия (noun) - mining industry
горный инженер (noun) - mining engineer
горный машиностроение (noun) - mining mechanical-engineering
горняков (noun) - miners, mine-workers, excavators, diggers, minig engineers, mining students
город водоснабжение (noun) - city water-supply
города-порта (noun) - Port city, harbor town
городам (noun) - cities, municipalities, towns, urban0areas, homes, bases
городах (noun) - cities, municipalities, towns, urban-areas, homes, bases
городе (noun) - city, municipality, town, urban-area, home, base

городищенский (adjv) - very-large urban, ancient-munincipal, municipality-related
городке (noun) - small town, village, post, campus, site
городов (noun) - cities, munincipalities, towsn, bases, urban-areas, homes, bases
городских (adjv) - urban, munincipal, city-like, town-like, munincipality-related
горожан (noun) - city-dweller, urbanite, town-dweller, urban-dweller
горох зелёный корм (noun) - green fodder-peas
горох зерно (noun) - seed-peas
горьковский (adjv) - bitter, rancid, hard, hapless, wretched, inveterate, bitterness-related
горьковской (adjv) - bitter, rancid, hard, hapless, wretcher, inveterate, bitterness-related
горького (adjv) - bitter, rancid, hard, hapless, wretched, inveterate, bitterness-related
Горячая линия (noun) - Hot Line, direct telephone-line, important phone-line
горюче-смазочных (noun) - fuel-lubricant
горячий воздух (noun) - hot air, heated air, high-temperature air
горячий глубинные районы циклон (noun) - hot-inland-region cyclone, hot interior cyclone, thermal low
горячой (adjv) - hot, heated, passionate, ardent, fervent, hot-empered, mettlesome, impassioned, busy, hectic, high-temperature related
горячую линию (noun) - hot-line, hectic-line, heated-line, direct telephone-line, direct-communication facility
горящего (adjv) - burning, on fire, inflamed, burned out, burnt out, gutted, fire-related
госассигнований (adjv) - state-appropriated, state-possessed, state-acquired, state-appropriation related
госбезопасности (noun) - security, safety, defense, protection, guarding, shielding, safekeeping, policing, law enforcement
госвизит (comp) - State-visit, public-visit
госвизита (comp) - State-visit, public-visit
госдеп (comp) - State Department (USA)
Госдепартмент (comp) - State Department (USA)

Госдепартменте (comp) - State Department (USA)
Госдепартменты (comp) - State Department (USA)
Госдолг (comp) - State duty, State indebtedness, National obligation
Госдолга (comp) - State duty, State indebtedness, National obligation
Госдолгу (comp) - State duty, State indebtedness, National obligation
Госдума (comp) - State Duma, Public Duma, Lower House (governmental body)
Госдуме (comp) - State Duma, Public Duma, Lower House (Russian governmental body)
Госдумой Договора (noun) - Sovereign Treaty, Duma Pact
Госдуму (comp) - State Duma, Public Duma, Lower House (governmental body)
Госдумы (comp) - State Duma, Public Duma, Lower House (governmental body)
госзакупок (comp) - State procurement, State purchasing
Госинформагентств (comp) - State Information Agency
Госкорпорацию (comp) - State Corporation, Government Corporation, government-affiliated company
госнаграды (comp) - State award, State medal, State decoration
Гособоро (comp) - State-Defense
Гособоронзаказа (comp) - State Defense Procurement, Government Defense-Purchases, State Defense-contracts
Госорганов (comp) - State Organization's, State organ's, State Agencies
Госорганы (comp) - State Organization, State organ., State Agency
госпитале (noun) - hospital, hospice, infirmary, clinic, wellness-center, treatment-center
госпитализировали (noun) - hospitalization, hospital incapacitation, hospital patient, hospitalized patient, debilitation, incapacitation
госпитализирована (noun) - hospitalization, hospital incapacitation, hospital patient, hospitalized patient, debilitation, incapacitation

госпитализированному (adjv) - hospitalized, laid-up, debilitated, invalided, incapacitated, indisposed, afflicted, institutionalized, hospital-related

госпитализированы (noun) - hospitalization, hospitalizing, debilitation, invaliding, incapacitation, indisposition, affliction

Господне (noun) - God, The Lord, Master, Almighty

господства (noun) - domination, predomination, prevalence, towering, commanding, ruling, occupation

господствует (verb) - dominate, predominate, prevail, tower, command, rule, occupy

госрасходов (comp) - Government spending, State spending, Public spending

Госсекретарь (comp) - Secretary of State, state secretary

госслужащих (comp) - State officer-workers, State white-collar workers

Госсовета (comp) - State-council, Council (of) State

госструктур (comp) - State structure, State compositon

госсчет (comp) - State-emergency

гостиницам (noun) - hotels, inn's, lodging houses, boardinghouses, roadhouses, tavern's

гостиницю (noun) - hotel, inn, lodging house, boardinghouse, roadhouse, tavern

гостях (noun) - guests, visitors, callers, invitees, places, locations

государства (noun) - civic, state, public, government, internal, final

государственного (adjv) - civil, state, national, official, public, internal, final, government-related

Государственного балета (noun) - State Ballet, Government sponsored ballet group

государственной (adjv) - civil, state, national, official, public, internal, final, government-related

Государственной службы наблюдения (noun) - Civil Observation Service

государственном (adjv) - civil, state, national, official, public, internal, final, government-related

государственные (adjv) - civil, state, national, official, public, internal, final, government-related

государственный (adjv) - civil, state, national, official, public, internal, final, government-related
Государственный гирологический институт (noun) - Civil Hydrologic Iinstitute
государственным (adjv) - civil, state, national, official, public, internal, final, government-related
Государственным океанографический институтом (noun) - Civil Oceanographic Institute
государственных (adjv) - civil, state, national, official,public, internal, final, government-related
государство (noun) - state, nation, country, power, republic, polity, realm, kingdom, empire
государством (noun) - states, nations, countries, powers, republics, polities, realms, kingdoms, empires
Госудуму (comp) - State Duma, Lower House of Parliament
Госуниверситета (comp) - State University
Госуслуг (comp) - State-Service, State-Office, State-Facility
Госуслугам (comp) - State-serices, State-offices, State-facilities
Госуслуги (comp) - State-service, State-office, State-facility
Госэкзаменов (comp) - State-examinations, State-tests
готов (noun) - readiness, preparedness, willingness, ready-made, ready-to-wear, finished-goods
готова (noun) - readiness, preparedness, willingness, ready-made, ready-to-wear, finished-goods
готовиться (verb) - ready, prepare, make ready, make preparations, make arrangements
готовы (noun) - ready, preparing, available, on hand, willing, finishing
готовят (verb) - ready, prepare, avail, will, finish
готовятся (verb) - ready, prepare, avail, will, finish
готовящиеся (verb) - ready, prepare, avail, will, finish
Гоххадо (noun) - Hokkaido (name)
гПа (abbv) - Hector-Pascal, one millibar, 100 Pascals, Pressure unit
ГПП (abbv) - Hydro-power Plant, Hydro-electric Power-plant
Грабаря (noun) - Grabarya (name)
грабёж (noun) - robbery, theft, holdup, mugging, hijacking, plunder, pillage, looting

гравитационная (adjv) - gravitational, gravitative, gravity-related
гравитационная влага (noun) - gravitational liquid, gravitational moisture, falling liquid, precipitation
гравюр (noun) - gravure, engraving, print, etching, photo-engravure
град. (abbv) - gradient, degrees, scale
град вред (noun) - hail damage
град. д. (abbv) - degrees longitude
град заливать (noun) - hail shower
град полоса (noun) - hail streak, hail shaft
град. с. ш. (abbv) - degrees North latitude
град стержень (noun) - hail shaft
градаций (noun) - gradation, scale
градация (noun) - gradation, scale
Градиент ветер (noun) - Gradient-wind
градиент давления (noun) - pressure gradient
градиент уровень (noun) - level gradient
градиентный (adjv) - gradiented, differential, vectorial, changeable, variable, difference-related
градиентов (noun) - gradients, differences, vector quantities, changes over a distance, variability over a distance, differences over a distance
градобитие (noun) - hail knock-down, hail destruction
градобития (noun) - hail knock-down, hail destruction
градом (noun) - hail, torrent, shower
градуированная (adjv) - graduated, calibrated, measurement-related
градуированная термопара (noun) - calibrated thermocouple
градуированный (adjv) - graduated, calibrated, measurement-related
градуировать (verb) - graduate, calibrate
градуировка (noun) - graduation, calibration
градус день (noun) - degrees day
градус долготы (noun) - degree (of) longitude
градус широты (noun) - degree (of) latitude
градусах (noun) - degrees, temperature gradiations, latitudinal gradiations, longitudinal gradiations, cardinal point gradiations

градусов (noun) - degrees, temperature gradiations, latitudinal gradiations, longitudinal gradiations, cardinal point gradiations
граждан (noun) - civilian, citizen, voter, private-person, civvy, private-individual
гражданам (noun) - civilians, citizens, voters, private-people, civvies, private-individuals
оражданами (noun) - civilians, citizens, voters, private-people, civvies, private-individuals
граждане (noun) - civilian, citizen, voter, private-person, civvy,private-individual
гражданином (noun) - civilian, citizen, voter, private-person, civvy, private-individual
гражданину (noun) - civilian, citizen, voter, private-person, civvy, private-individual
гражданке (noun) - civilian, citizen, voter, private-person, civvy, private-individual
гражданский авиации (noun) - civil aviation, private flying
гражданским (adjv) - civil, civic, citizen's, secular, private, citizenry- related
гражданских (adjv) - civil, civic, citizen's, secular, private, citizenry-related
Грамм калория (noun) - Gram-Calorie
грамм молекула (noun) - Gram-molecule
граммов (noun) - grams, metric weights
Гран при (noun) - Grand Prix (Major European motor-sporting event)
Гран-при Бельгии (noun) - Grand-prix Belgium, Grand- in Belgium, Gand Prix—the Belgium
Гран при Формулы-1 (noun) - Grand Prix Formula-1 (car-racing event)
гранатю (noun) - explosive, cartridge, shell, ammunition, grenade, rocket, torpedo, missile
Гранд-опера (noun) - Grand Opera, grand theater
границ (noun) - border, boundary, limit, marker
Граница слой метеорология (noun) - Meteorological boundary layer
границами (noun) - borders, frontiers, boundaries, limits, confines, scope, markers, marks, ambits

границе (noun) - border, frontier, boundary, limit, confines, scope, marker, mark, ambit
границей (adjv) - bordered, boundaried, frontiered, limited, confined, abroad, scoped, marked, ambited, border-related
границу (noun) - border, frontier, boundary, limit, confines, scope, marker, mark, ambit
граничит производный метод (noun) - bounded-derivation method
граничных (adjv) - bordered, boundaried, frontiered, limited, confined, abroad, scoped, marked, ambited, border- related
грант (noun) - grant, deed, permit
Грантом (noun) - Grant (name)
гранулированная (adjv) - granular, granulated, grainy, gritty, form- related
гранулированной (adjv) - granular, granulated, grainy, gritty, form- related
гранулированной твёрдой углекислота (noun) - granular solid carbon-dioxide, dry-ice pellets
гранулированный (adjv) - granular, granulated, grainy, gritty, form- related
гранулярные (adjv) - granular, granulated, grainy, gritty, form-related
гранулярные лёд (noun) - granular ice, ice grains
грата (noun) - burr, irritant, sticky/clingy/rough/prickly something
граупел (noun) - graupel, snow pellets
график рабочий (noun) - work chart, operating schedule
графике (noun) - graphic, graph, chart, diagram, script, schedule
графиков (noun) - graphics, charts, diagrams, scripts, schedules
графикс (noun) - graphics, charts, diagrams, scripts, schedules
графику (noun) - graphic, graph, chart, diagram, script, schedule
графикы (noun) - graph, chart, diagram, scripts, schedule
графическая (adjv) - graphic, graphical, presentation-related
графический алгебра (noun) - graphical algebra
графический анализ (noun) - graphical analysis
графический вычитание (noun) - graphical subtraction
графический дифференцирование (noun) - graphical differentiation
графический прибавление (noun) - graphical addition

графический разделение (noun) - graphical division
графический умножение (noun) - graphical multiplication
графическое (adjv) - graphic, graphical, representational, descriptive, expressive, pictorial, presentation-related
графическое определение (noun) - graphic calculation
графическое решение (noun) - graphic solution, graphic answer
граффити-художника (noun) - graffiti-artist, unauthorized-artist
греками (noun) - Greece's (name)
греко-римской (adjv) - Grecian-Roman, Greek-Roman related
Гремио (noun) - Gremio (Brazilian soccer-team)
Гренландский лёд вырезать проектировать (noun) - "Greenland Ice-Core Project"
гренландского (adjv) - Greenlandian, Greenland-related
гренландского моря (noun) - Greenland Sea
Гренландском (noun) - Greenland (name)
Грецию (noun) - Greece (name)
Гречсекие (adjv) - Greecian, Greece-related
Греческий форум (noun) - Greek Forum, Greek council
Греческий (adjv) - Greecian, Greece-related
Греческим (adjv) - Greecian, Greece-related
Григорий (noun) - Gregori, Gregory (name)
грина (noun) - grin, smile, smiling, beaming, smirk, simper
Грина-прелставил (noun) - Grin-presenting, Grin-introducing
Гринвич времени (noun) - Greenwich Time, Zula Time
Гринвич средне времени (noun) - Greenwich Mean Time, GMT
Гриндервальд (noun) - Grindervald (name)
гриппа (noun) - flu, influenza, grippe, viral infection
гриппом (noun) - flu's, influenza's, grippe, viral infections
Нрифин-В (noun) - "Griffin-V" (U.S. guided missile)
Гриша (noun) - Grisha (name)
Проживал (noun) - resident, inhabitant, tenant, occupant, dweller, denizen
гроза клетка жизненый цикл (noun) - thunderstorm-cell life-cycle
Гроза помех радиолокация (noun) - Thunderstorm interference-radio-location, Sferics, Lightning-strike detection
гроза развитие (noun) - thunderstorm development, thunderstorm evolution

гроза с градом (noun) - thunderstorm with hail, hail and thunder storm
гроза стадоянь (noun) - thunderstorm stages
грозе (noun) - thunderstorm, storm, thunder, electric storm, threat, danger, terror
грозненский (adjv) - Groznensky, Grozny-related
Грозного (noun) - Groznogo (name)
грозного (adjv) - menacing, threatening, dreadful, terrible, horrid, horrible, horrifying, atrocious, hideous, unspeakable, formidable, stern, severe, threat-related
Грозном (noun) - Grozny (name)
Грозный (noun) - Grozny (name)
Грозный-Сити (noun) - Grozny City (name)
грозный (adjv) - menacing, threatening, dreadful, terrible, horrid, horrible, horrifying, atrocious, hideous, unspeakable, formidable, stern, severe, threat-related
грозовая облачность (noun) - storm cloudiness, thunderstorm sky, threatening sky
грозовая туча (noun) - thunderhead, anvil-cloud
грозовое (adjv) - stormy, thunderstorming, thunderous, thunder-related
грозовое небо (noun) - stormy sky, thunderous sky
грозовое перенацряжение (noun) - lightning strike, lightning flash
грозовое облако (noun) - thunder-cloud, storm-cloud
грозовую (noun) - thunderstorm, thunder-cloud, storm-cloud
грозовых (noun) - thunderstorm, thunder-cloud, storm-cloud
грозоотметчик (comp) - thunderstorm-locater, thunderstorm-indicator, thunderstorm specialist
грозоотметчик Попва (noun) - Popoff's thunderstorm indicator,
Popoff's thunderstorm-locater
грозопеленгатора (comp) - thunderstorm direction-finder
грозопеленгатора дальномера (noun) - thunderstorm direction (and) range finding/Sferics locator
грозят (verb) - threaten, menance, menace, intimidate, harass, bully
грозящих (adjv) - threatening, menacing, looming, overhanging, forthcoming, impending, imminent, danger-related

громаднвй (adjv) - loud, boisterous, big, thunderous, famous, notorious, fine-sounding, noise-related
громкому (adjv) - high-profile, conspicuous, prominent, obvious, evident, visibility-related
громкую (adjv) - loud, boisterous, big, thunderous, famous, notorious, fine-sounding, noise-related
громоотвод (comp) - lightning-rod, grounding-rod
громоотводный стержень (noun) - lightning rod, grounding rod
Гросовое облака (noun) - Cumulonimbus cloud, Thunderstorm cloud
гростационарный (adjv) - synchronous, synchronized, synchronization-related
гростационарный спутник (noun) - synchronous satellite
грофизический (adjv) - geophysic, geophysical, geophysics-related ГРУ (abbv) - Main Intelligence Directorate (GRU)
грубейшим (adjv) - blatant, flagrant, offensive, objectionable, abhorant, contemptible, gross, objection-related
грубисперсными (verb) - disperse-roughly, allocate-harshly
грубое (adjv) - course, rough, unsmooth, uneven, broken, bumpy, choppy, shaggy, crude, gross, flagrant, refinement-related
грубой (adjv) - coarse, rough, unsmooth, uneven, broken, bumpy, choppy, shaggy, crude, gross, flagrant, refinement-related
грузами (noun) - weight, load, cargo, freight, burden
Грузией (noun) - Georgia (name)
Грузии (noun) - Georgia (name)
грузинская (adjv) - Georgian, Georgia-related
грузинских (adjv) - Georgian, Georgia-related
грузинского (adjv) - Georgian, Georgia-related
грузинской (adjv) - Georgian, Georgia-related
грузинском (adjv) - Georgian, Georgia-related
грузинскую (adjv) - Georgian, Georgia-related
Грузию (noun) - Georgia (name)
грузовиков (noun) - trucks, vans, pickups, vehicles, tractor-trailers, tankers
грузового (adjv) - goods-like, cargo-like, freight-like, load-related
грузоподъёмость (comp) - load-capacity

грузы (noun) - goods, cargo, load, burden, shipment, consignment, freight, lading, stowage, embarkation, traffic
грунтовая (adjv) - dirty, clayish, ground-like, bottomy, earthy, dirty, sub- soil like, ground-related
грунтовая вода (noun) - ground water, underground-water
грунтовая дорога (noun) - dirt road, soil road, unpaved road
грунтового (adjv) - dirty, clayish, ground-like, bottom, earthy, dirty, sub-soil like, ground-related
групп (noun) - group, team, party, force, formation, type
группам (noun) - groups, teams, parties, forces, formations, types
группами (noun) - groups, teams, parties, forces, formations, types
пруппе (noun) - group, team, party, force, formation, type
группового (adjv) - grouped, teamed, partied, formationed, sectional, factional, clustered, typical, group-related
группу (noun) - group, team, party, force, formation, gathering, type
группы (noun) - group, team, party, force, formation, gathering, type
Группы ГАЗ (noun) - Group GAZ (major automobile manufacturer)
Группы двадцати (noun) - Group (of) Twenty, G-20 (the top twenty economic nations)
Грызлов (noun) - Gryzlov (name)
Грэмми (noun) - Grammy, Grammy Award (Hollywood award)
грязевым (adjv) - mud-like, sod-like, adobe-like, dirt-related
грязи (noun) - dirt, mud, filth, slim
грязь (noun) - dirt, mud, filth, slim
грязь скользить (noun) - mud-slide, dirt-slide
грязь скользитьом (noun) - mud-slide, dirt-slide
грянула (noun) - broke, without funds, without money, bereft, insolvent
ГСМ (abbv) - Inflammable Lubricating Material
ГСН (abbv) - Civil Observation Service
Гуам (noun) - Guam (Pacific Island)
Гуантанамо (noun) - Guantanamo (Cuba)
губе (noun) - gulf, bay, inlet
губернаторов (noun) - governors, administrators, directors, viceroys

губернатором (noun) - governor, administrator, director, viceroy
губернатору (noun) - governor, administrator, director, viceroy
ГУВД (abbv) - Main Directorate/(Ministry) Internal Affairs, Department (of) Internal Affairs
Гуггенхайма (noun) - Guggenheim (name)
Гуггенхайме (noun) - Guggenheim (name)
Гугл (noun) - Google (Internet Search-engine)
Гугл Италия (noun) - Google Italy, Italian Google (Internet)
Гугл книги (noun) - Google Book
Гуго Чавес (noun) - Hugo Chavez
Гуго Чавесе (noun) - Hugo Chavez
Гуди (noun) - Goody (name)
Гудкова (noun) - Gudkov (name)
гудок (noun) - siren, horn, whistle
Гудсон (noun) - Hudson (name)
Гудсон Залив (noun) - Hudson Bay
Гудсон Залив Антициклон (noun) - Hudson Bay Anticyclone, Hudson Bay High (pressure system)
гуляет (verb) - walk, step, pace, stride, tread, ambulate, jog
гуманитарного (adjv) - humane, humanitarian, liberal, artistic, charitable, merciful, compassionate, sympathetic, kind, gracious, humanity-related
гуманитарной (adjv) - humane, humanitarian, liberal, artistic, charitable, merciful, compassionate, sympathetic, kind, gracious, humanity-related
гуманитарному (noun) - humanity, humanitarianism, philanthropy, humaneness, charity, mercy, compassion, sympathy, kindness, graciousness
гуманитарную (adjv) - humane, humanitarian, liberal, artistic, charitable, merciful, compassionate, sympathetic, kind, gracious, humanity-related
гуманитарным (adjv) - humane, humanitarian, liberal, artistic, charitable, merciful, compassionate, sympathetic, kind, gracious, humanity-related
гуманитарных (adjv) - humane, humanitarian, liberal, artistic, charitable, merciful, compassionate, sympathetic, kind, gracious, humanity-related

нуманносте (noun) - humanity, charity, mercy, compassion, sympathy, kindness, graciousness
гумилис (adjv) - humilis, small, flattened, Cumulus-cloud related
Гурбангулы (noun) - Gurbanguly (name)
Гурбангулы Бердымухамедовым (noun) - Gurbanguly Berdymukhamedov (President of Turkmenistan)
Гуркулес (noun) - Hercules (name)
Гурновым (noun) - Gurnov (name)
Гус (noun) - Gus (name)
Гусёк Залив (noun) - Goose Bay
густой туман (noun) - dense fog, thick fog
Гштаад (noun) - Gstaad (name)
ГЭС (abbv) - Hydro-electric Station

Д

д. (abbv) - diameter, village, house, home
Д величина (comp) - D-value, difference value
Д канал discovery (noun) - Discovery Channel (USA)
Д метод о давление высота оценка (noun) - D method of pressure- height evaluation
Д образный достоинство (noun) - D value, D imaged value
давал (verb) - gave, give, given, grant, bestow, accord, yield, accede, administer, transfer, execute, deliver, convey, offer, provide
Давид (noun) - David (name)
давке (noun) - throng, crush, unruly-gathering, mob, crowd, multitude, flock, swarm, score
давление ветра (noun) - wind pressure, wind tension
давление вертикаль координата система (noun) - pressure vertical- coordinate system
давление воздуха (noun) - air pressure, air tension
Давление высота (noun) - Pressure altitude, Pressure height
давление высота контур (noun) - pressure-height contour
давление градиент (noun) - pressure gradient
Давление градиент оила (noun) - Pressure Gradient Force, PGF
давление единицу поверхности (noun) - unit pressure-surface
давление единицы (noun) - pressure unit

давление избыточное (noun) - over-pressure, excess pressure
давление изменения (noun) - pressure variation
давление насыщения (noun) - saturation pressure
давление ниже атмосферного (noun) - negative atmospheric pressure
давление профиль (noun) - pressure profile, pressure cross-section
давление распределение (noun) - pressure distribution
давление система движение (noun) - pressure-system movement
давление структуры (noun) - pressure structure, pressure pattern
давление тенденция (noun) - pressure tendency, pressure (change) tendency
давление тенденция поле (noun) - pressure-tendency field
давление у адиабатический насыщение (noun) - pressure of adiabatic-saturation, adiabatic saturation-pressure
давление уменьшение у высота (noun) - pressure decrease with height
давление экстраполяция (noun) - pressure extrapolation
давление эффективный (noun) - effective pressure, working pressure
давлением насыщенного пара (noun) - saturation vapor-pressure
давлений (adjv) - pressured, forceful, tense, pressure-related
давлению (noun) - pressure, stress, tension
давления насыщенного пара (noun) - saturation vapor-pressure
Давос (noun) - Davos (Switzerland city)
Давосе (noun) - Davos (Switzerland city)
давосского (adjv) - Davosian, Davos-related
Дагестана (noun) - Dagestan (name)
Дагестане (noun) - Dagestan (name)
дагестанских (adjv) - Dagestanian, Dagestan-related
дагестанском (adjv) - Dagestanian, Dagestan-related
дадение (verb) - let fall, drop, decrease
дадение давления (noun) - pressure drop, pressure decrease
дадут (verb) - give, given, present, donate, confer, grant, bestow, suggest
даёт (verb) - give, provide, supply, furnish,present, contribute, suggest

даётся (verb) - give, given, present, donate, confer, grant, bestow, accord, yield, offer, allot, afford, produce, are,
даётся вывод (part) - are given, are bestowed, are granted
дайвера (noun) - diver, underwater-specialist
дайте (verb) - let, permit, allow, admit, grant
Дакар (noun) - Dakar (name)
Дакаре (noun) - Dakar (name)
Дакаре-2012 (noun) - 2012 Dakar (International vehicle-race)
Дакке (noun) - Dhaka (name)
дал (verb) - give, gave, provide, present, contribute, donate, yield
дала (noun) - distance, distant prospect, distant spot, far from, long way from
Далай-Ламой (noun) - Dalai-Lama (name)
далекая (adjv) - distant, long, wide, far, bright, clever, intelligent, distance-related
Дали (noun) - Salvador Dali (name)
Даллас (noun) - Dallas (name)
дальне (adjv) - far, distant, remote, planetary, distance-related
Дальне Восточный (noun) - Far East, Eastern Siberia
Дальнего Востока (noun) - Far East, distant East
Дальнегорск (noun) - Dalnegorsk (name)
дальнейшего (adjv) - further, furthest, additional, henceforth, future, here-in-after, distant, below, in-addition related
дальнейшей (adjv) - further, furthest, additional, henceforth, future, here-in-after, distant, below, in-addition related
дальнейшему (adjv) - further, furthest, additional, henceforth, future, here-in-after, distant, below, in-addition related
дальнейшие (adjv) - further, furthest, additional, henceforth, here-in- after, distant, below, in-addition related
дальнейший (adjv) further, furthest, additional, henceforth, here-in- after, distant, below,in-addition related
Дальнем Востока (noun) - Far East, Far Eastern Russia, Russian Siberia, East of the Urals
Дальнем Востоке (noun) - Far East, Far Eastern Russia, Russian Siberia, East of the Urals
дальние (adjv) - far, distant, long-range, remote, planetary, distance- related
дальние связи (noun) - long-range connection (teleconnection)

Дальний Восток (noun) - Far East, Russian Siberia, East of the Urals, distant East, remote East
Дальний Востокь северо восток (noun) - Far East-Northeast region
дальних (adjv) - far, distant, long-range, remote, planetary, distance- related
дальность видимости (noun) - visibility distance, visibility range
дальность оказался разница (noun) - range resolved difference
дальностьинг (verb) - rangeing, measuring, surveying, aligning
Далянь (noun) - Dalian (China seaport)
дам. (abbv) - deca-meter
дамаб (noun) - dam, dike, water-barrier
дамаб разливаться норма (noun) - dam spill-rate
Дамаск (noun) - Damascus (city), Damask (material)
Дамаска (noun) - Damascus (city), Damask (material)
Дамаске (noun) - Damascus (city), Damask (material)
Дамаском (noun) - Damascus (city), Damask (material)
Дамаску (noun) - Damascus (city), Damask (material)
дамба (noun) - dam, dike, water-barrier
дамба запрудная (noun) - retaining dam
Дана (noun) - Dana, Dan (name)
Данией (noun) - Denmark (name)
Даниил (noun) - Daniel (name)
Даниил Гранин (noun) - Daniel Granin (Russian writer)
Даниила (noun) - Daniel (name)
Даниилом (noun) - Daniel's (name)
Даниловский (noun) - Danilovski (name)
Даниэль (noun) - Daniel (name)
Данию (noun) - Denmark (name)
данник (noun) - tributary, riverlet, stream
данного (adjv) - given, present, at-this-time, in-question, acceptance- related
данной (noun) - set, data, fact, information, quality, determination, grounds, gift
данночка (noun) - Dannochka (name)
данные и окружающтй примочки (noun) - data and environmental applications
данные полеы (noun) - data fields, information fields

данные пустотах (noun) - data voids, data omissions
данным (adjv) - given, present, in question, this time, moment-related
данными (adjv) - given, present, in question, this time, moment-related
дану (noun) - Dan, Daniel (name)
даны (verb) - present, introduce, perform, recognize, honor
Дарвиновского (adjv) - Darwinian, Darwin-related
Даррена (noun) - Darren (name)
Дарфура (noun) - Darfur (African Sudan)
Дарья (noun) - Darya, Daria (name)
Даст (noun) - Dast (name)
датирование (noun) - date, calendar date, monthly date, time, moment, duration
датировано (verb) - date, originate, record, mark, show
Даткии фрегат «Абсалон» (noun) - Danish frigate «Absalon»
датми (noun) - date, calendar date, monthly date, time, moment, duration
датчик (noun) - sensor, data unit, data probe, sensing element, pickup
датчика (noun) - sensor, data unit, data probe, sensing element, pickup
датчика жидких осадков (noun) - liquid-precipitation sensing element
датчики (noun) - sensor, data unit, data probe, sensing element, pickup
датчики напряжений (noun) - tension sensing-element
датчиков (noun) - sensor, data unit, data probe, sensing element, pickup
датчикы (noun) - sensor, data unit, data probe, sensing element, pickup
дать (verb) - give, provide, donate, present, transfer, cede, yield
Даунинг (noun) - Downing (name)
даче (verb) - give, provide, donate, present, transfer, cede, yield
даю (verb) - give, provide, donate, present, transfer, cede, yield
дают (verb) - made by, manufactured by
ДВ (abbv) - Far East, Far Eastern Russia, Russian Siberia, Long Wave, meaning, significance, im portance

Два интенсивность прогноз модель (noun) - Two-intensity forecast model
два канал сканинг радиометр (noun) - two-channel scanning radiometer
два размерый (noun) - two dimensional
Двадцатка (noun) - "Twenty", G20, Economic-Summit Countries
двадцатки (adjv) - twentieth, one twentieth part-related
двадцать четыре час прогноз ошибка (noun) - twenty-four hour forecast error, twenty-four hour forecast mis-verification
две (adjv) - two, two-fold, dual, double, binary
двигателе (noun) - engine, motor, mover, motive-force
двигателей (noun) - engine, motor, mover, motive force
двигателем (noun) - engine, motor, mover, motive-force
двигатель (noun) - engine, motor, mover, motive-force
двигатель воздух потребление глазировка (noun) - Engine air-intake icing
двигатель приём (noun) - engine ingestion, engine intake
двигательная система (noun) - motive system
двигателями (noun) - motors, engines, motive forces, motive powers, movers, propulsions
двигаясь (verb) - move, propel, displace, force
движемся (verb) - drift, accumulate, pile, displace, drive, move, carry
Движемся снег (noun) - Drifting snow, Piled snow, Driven snow
движение вперёд (noun) - forward motion
движение вращательное (noun) - rotary motion, rotating motion
движение звмедленное (noun) - retarded motion, delayed motion
движение несвободное (noun) - restricted motion
движении (noun) - motion, movement, exercise, momentum, transport, dynamics, impulse, traffic
движений (noun) - motion, movement, exercise, momentum, transport, dynamics, impulse, traffic
движению (noun) - motion, movement, exercise, momentum, transport, dynamics, impulse, traffic
движенне (noun) - motion, movement, exercise, momentum, transport, dynamics, impulse, traffic
движется (verb) - move, start, begin, advance, get going
движутся (verb) - move, start, begin, advance, get going

движущая (adjv) - dynamic, forceful, active, moveable
движущая сила (noun) - dynamic force
Двина (noun) - Dvina (name)
двоедушие (noun) - duplicity, repetition
двоедушия (noun) - duplicity, repetition
двоечников (noun) - low-achievers, poor-performers
двоих (nmbr) - two, one less than three, second in a series, double unit, double member
двойка (adjv) - two, two-fold, second, dual, double, binary, two-related
двойного (adjv) - twice, two-fold, dual, double, binary, two-related
двойное (adjv) - twice, two-fold, dual, double, binary, two-related
двойных (adjv) - twice, two-fold, dual, double, binary, two-related
Двойственный сканинг радиометр (noun) - Dual-scanning Radiometer
дворец (noun) - palace, mansion, chateau, estate, castle
Дворжака (noun) - Dvorak (name)
дворце (noun) - palace, mansion, estate, villa, chateau, castle, stadium
дворце спорта (noun) - sports palace, sports stadium
дворцовой (adjv) - palatial, residential, manorial, majestic, luxurious, grandiose, glorious, magnificent, grand-related
Дворцовой площади (noun) - Palace Square, Palace open-place
двуединую (comp) - two-united, bi-united, double-united
двузначный (adjv) - two-digital, bi-digital, digit-related
двум (noun) - two, double, dual, bi- (prefix), di- (prefix)
двумя (noun) - two, double, dual, bi- (prefix), di- (prefix)
двуокись взота (noun) - nitrogen dioxide
двуокись серы (noun) - sulfur dioxide
двустенный (adjv) - double-walled, double-partitioned, two-way, two-partion related
двусторонней (adjv) - two-way, bilateral, double-sided, bifacial, two-way, two-sides related
двусторонние (adjv) - two-way, bilateral, double-sided, bifacial, two-way, two-sides related
двусторонним (adjv) - two-way, bilateral, double-sided, bifacial, two-way, two-sides related

двусторонних (adjv) - two-way, bilateral, double-sided, bifacial, two-way, two-sides related
двухградусных (adjv) - two-degreed, two-grided, two-calibration related
двухколейный (adjv) - two-lane, two-path, double-lane, lane-related
двухлеиний (adjv) - biennial, two-year, two-summer, two-years related
двухлетней (adjv) - biennial, two-year, two-summer, two-years related
двухлетные (adjv) - biennial, two-year, two-summer, two-years related
двухмерная (adjv) - two-dimensional, two-dimensioned, two-planed, dimension-related
двухмерной (adjv) - two-dimensional, two-dimensioned, two-planed, dimension-related
двухмиллионного (adjv) - two-million, two-thousand-thousand, bi- million, two-million related
двухмоторного (adjv) - twin-engined, twin-motored, dual-engined, engine-related
двухомпонентной (adjv) - two-componented, dual-componented, two-related
двухпараметрического (adjv) - two-parametered, parameter-related
двухскоростной (adjv) - two-speeded, two-high-speeded, speed- related
двухслойная (adjv) - two-layered, two-stratumed, two-leveled, layer- related
двухслойной (adjv) - two-layered, two-stratumed, two-leveled, layer- related
двухсуточные (adjv) - forty-eight houred, two-dayed, time-related
двухточеный (adjv) - two-pointed, two-focused, bi-pointed, two-related
двухшагового (adjv) - two-step, two-stride, two-gait, walk-related
DCNS (noun) - DCNS (French ship-building firm)
ДГМУ (abbv) - Don State Medical University, Dagastan State Medical University

ДДТ (abbv) - Dichloro-diphenyl-trichloroethane, chlorophenothane
деактивация (noun) - deactivation, inactive state, ineffective state
деаэратор (noun) - deaerator, air/gas adding equipment
деаэрация (noun) - de-aeration, air/gas adding
дебатах (noun) - debates, arguments, argumentations, polemics, contentions, disputes
дебютов (noun) - debuts, coming outs, presentations, performances
девизом (noun) - motto, theme, slogan, epithet, maxim, epigram, dictum, adage
девочек (noun) - girl, miss, maiden, maid, virgin
девушкам (noun) - girls, misses, women, lasses, ladies, matrons
девятая (adjv) - ninth, nine-related
девятиклассников (noun) - Ninth-graders, Ninth-termers
девятилетняя (adjv) - nine-yeared, nine-year aged, nine-year durationed, nine-year-related
девятого (adjv) - ninth, nine-related
девятое (adjv) - ninth, nine-related
дегидратация (noun) - dehydration, fluid-depletion
дегидратированние (adjv) - dehydrative, fluid-depletive
Дед Мороз сезон (noun) - Father Christmas Season, Santa Claus Season, Christmas Time
Деда Мороза (noun) - Father Christmas, Santa Claus
Деженсон (noun) - Dezhenson (name)
дежурной (adjv) - useful, serviceable, functional, utilitarian, duty-related
деионизация (noun) - deionization, ion-removal
дейк (noun) - dike, levee, earthen-barrier, water-ditch
Дейли телеграф (noun) - Daily Telegraph (English newspaper)
Дейр-ээ-Зор (noun) - Deir-ez-Zor (Syrian city)
действий (noun) - action, dynamism, animation, activity
действий (adjv) - active, dynamic, lively, animated, tactical, action-related
действительная скорость (noun) - true speed, actual speed
действительный время (noun) - true time, valid time, actual time
действительных (adjv) - true, valid, real, actual, authentic, active

действию (noun) - action, operation, tactic, activity, force, functioning, doing, effect, influence, act
действия ядер (noun) - nucleus activity, nuclear activity
действиям (noun) - action, operation, tactic, activity, force, functioning, doing, effect, influence, act
действние на расстоянии (noun) - activity at (a) distance, remote activity
действующей (adjv) - active, functional, effective, operating, workable, functioning, activity-related
действующем (adjv) - active, functional, effective, operating, workable, functioning, activity-related
действующим (adjv) - active, functional, effective, operating, workable, functioning, activity-related
действуюших (adjv) - active, functional, effective, operating, workable, functioning, activity-related
действиях (verb) - actions, operations, activities, forces, functionings, effects, influences, acts,
декалитр (noun) - deka-liter, ten-liter units
декадных (adjv) - decadal, ten-unit related
декаду (noun) - decade, ten, decagon, decahedron, decigram, decaliter, ten day period, ten year period
декаметр (noun) - decameter, ten meters
декаметров (noun) - decametrs, ten meters
декаэдр (noun) - decahedron, ten-faced figure
декларацию (noun) - declaration, proclamation, pronouncement, affirmation, assertion, avouchment, statement, avowal, position, stand, word
деклaритивность (adjv) - declarative, declaratory, affirmative, assertive, positive, emphatic, declaration-related
декоуплед (verb) - decoupled, decouple, decoupling
Дексаметазон (noun) - Dexsamethasone (medical)
дел (noun) - business, affairs, matters, point, fact, deed, act, thing, file, dossier, battle
делает (verb) - make, do, give, become, get, grow, happen, appear
делами (noun) - business, occupation, affairs, things, moments, times, cause, matter, point, fact, deed, act, file, dossier, battle, fighting, continuum

делатьация (noun) - visualization, image-formation
делатьация технический приёмы (noun) - visualization-techniques reception
делах (noun) - business, matters, affairs, cases, points, facts, deeds, acts, things, files, dossier's, battles
делают (verb) - make, do, give, become, get, grow, happen, appear
делающее (verb) - make, do, give, become, get, grow, happen, appear
делающее возножным (noun) - make possible, let occur, allows
делая (verb) - do, make, become, grow, make happen
Делвина (noun) - Delvina (name)
деле (noun) Deli - (name)
делегатов (noun) - delegates, representatives, agents
делегацию (noun) - delegation, deputation, commission, appointees, representation, mission, committee, group
делегациям (noun) - delegations, deputations, commissions, appointees, representations, missions, committees, groups
делов (noun) - cases, business's, affairs, deals, work's, causes, things, affairs, moments, times, talks, instances, occupations, concerns, matters, points, facts, deeds, act's, files, dossier's, battles, fights, occurances
деловым (adjv) - business-associated, business-like, worked, business-related
делу (noun) - business, affairs, cause, occupation, concern, matter, point, fact, deed, thing, act, case, proceedings, dossier, file, battle, fighting, time
дельте (noun) - delta, Greek letter, river mouth, symbol
деляного (adjv) - woodland-like, landploting, land alloted, land- related
Деми Мур (noun) - Demi Moore (American actress)
Демиловской (noun) - Demidovskian, Demidovsk-related
Демино (noun) - Demino (Skiing Sport Center)
демографического (adjv) - demographic, statistical, populated, demography-related
демократических (adjv) - democratic, civil, citizen-appointed, equality-oriented, politically-equal, socially-equal, citizen-advocating/upholding, democracy-related

демократической (adjv) - democratic, civil, citizen-appointed, equality-oriented, politally-equal, socially- equal, citizen-advocating/upholding, democracy-related
демократическому (adjv) - democratic,civil, citizen-appointed, equality-oriented, politically-equal, socially-equal, citizen-advocating/upholding, democracy-related
демонстрантам (noun) - demonstrators, protestors, opposers, objectors, dissidents, resistors, pickets
демонстрантов (noun) - demonstrators, protestors, opposers, objectors, dissidents, resistors, pickets
демонстраций (noun) - demonstration, show, display, exhibition, spectacle, pageantry
демонстрационный (adjv) - demonstrative, showed, displayed, exhibited, demonstration-related
демонстрацию (noun) - demonstration, show, display, exhibition, spectacle, pageantry
демонстрирует (verb) - demonstrate, show, display, exhiibit, illustrate
демонстрируют (verb) - demonstrate, show, display, exhibit, illustrate
демонстрирующие (adjv) - demonstrative, showed, exhibitive, illustrative, demonstration-related
демонтировано (noun) - dismantling, disassembling, demolishing
демпферованный (adjv) - dull, choked, absorbable, limitation-related
Ден капусты (noun) - Cabbage Day
Ден Мороз (noun) - Father Christmas, Santa Claus
Денвер (noun) - Denver (name)
Денвера (noun) - Denver (name)
дендро- (pref) - dendro-, tree-
дендрохронолог (noun) - dendrochronologist, tree-historian
денег (noun) - money, currency, legal tender, cash, dollar’s and cents
Денис (noun) - Denis, Dennis (name)
Денов Морозов (noun) - Father Christmas's, Santa Claus's
денуклеаризации (noun) - denuclearization, nuclear disarmament, dis-equipping nuclear-arms

денуклеаризация (noun) - denuclearization, nuclear disarmament, dis-equipping nuclear-arms
День благодарению (noun) - Thanksgiving Day (American holiday)
день и ночь радиометрический данные (noun) - day and night radiometric data, visual and infrared radiometric data
День Конституции (noun) - Constitution Day
день рождения (noun) - day (of) birth, birth-day
Гень Российского кино (noun) - Russian Cinema Day, Russian Movie Day
день у месяц (noun) - day of (the) month
деньгах-премьер (noun) - finance-premier, finance prime-minister
департмент (noun) - department, office, section, bureau, ministry, board
деполяризация (noun) - depolarization
депонировании (noun) - deposition, sworn-statement
депортацию (noun) - deportation, expelling, extradition, removal
депрессию (noun) - depression, economic-collapse, financial-slump
депутата-коммуниста (noun) - deputy-communist
депутатов (noun) - deputies, dignitaries, associates, delegates
депутатские (adjv) - substituting, assisting, legislating, deputy- related
депутатский (adjv) - substituting, assisting, legislating, deputy-related
депутатского (adjv) - substituting, assisting, legislating, deputy- related
депутату (noun) - deputy, assistant, officer, dignitary, associate, delegate
депутать (noun) - deputy, assistant, officer, dignitary, associate, delegate
дер. (abbv) - village, settlement, small-municipality
Дера'а (noun) - Dera'a (Syrian city)
дерби (noun) - Derby, horse-race, race, contest, felt hat, location name
дерево кольцо рост (noun) - tree-ring growth
дерево физиология (noun) - tree physiology

держит (verb) - keep, hold, maintain, adhere, stay, last, behave, support, carry out
держит курс (noun) - hold course, maintain heading
держится (verb) - keep, hold, maintain, adhere, stay, last, behave, support, carry out
дернина (noun) - turf, sod, grass, green-mat
десвиданйе (noun) - good-bye, "All the best"
десоводство (noun) - forestry, forestland, forest-management, timber-growth manangement
дестрилтовмая (adjv) - destructive, ruinous, hurtful, destruction- related
деструкции (noun) - destruction, ruin, act of destroying
деструкцию (noun) - destruction, ruin, act of destroying
десятилетию (noun) - decade, group of ten, tenth anniversary. 10 to 1 ratio
десятичной (adjv) - decimal, numerical, mathematics-related
десятки (noun) - ten, tens, ten years, Number ten, decade, scores, dozens
десятков (nmbr) - decades, tens, ten years, tens ratio
десять ьаллов (noun) - ten balls, ten tenths (cloud coverage), overcast sky
детализованных (adjv) - detailed, circumstantial, detail-related
детальная (adjv) - detailed, minute, specific, abundant. exactness- related
детально (noun) - detail, extended-attention, subordinate-part, small-element, work-group
детальные (adjv) - detailed, minute, specific, abundant, exactness- related
детальным (adjv) - detailed, minute, specific, abundant, exactness- related
детей-сирот (noun) - orphan-children, child-orphan
детектировать (verb) - detect, sleuth, unearth, discover
детекция (noun) - detection, determination, discovery, demodulate
детергентами (noun) - detergents, cleaning-agents
детерминант (noun) - determinant, identifier, gene, epitope, number- array
Детройт (noun) - Detroit (name)
Детройтом (noun) - Detroit (name)

детсадах (noun) - kindergarten s, playschools, day-care centers, preschools,
детская (adjv) - child-like, childish, children's, infantile, babyish, nursery-like, children-related
детский дерматолог (noun) - child's dermatologist
детский кардиолог (noun) - child's cardiologist
детский ЛОР (noun) - child's Eye/Nose/Throat (specialist)
детский невролог (noun) - child's neurologist
детский ортопед (noun) - child orthopedics
детский офтальмолог (noun) - child's ophthalmologist
летский психиатр (noun) - child psychology
детский психолог (noun) - child's psychologist
детский хирург (noun) - child's surgeon
детский эндокринолог (noun) - child's endocrinologist
детских (adjv) - child-like, childish, children's, infantile, babyish, nursery-like, children-related
детских библиотек (noun) - child's library, children's library
Детских садов (noun) - Kindergartens, pre-schools
детского (adjv) - child's, childish, children's, infantile, babyish, nursery-like, children-related
детской (adjv) - child-like, childish, children,s infantile, babyish, nursery-like, children-related
детской порнографии (noun) - child pornography, childrens pornography
детсуом (noun) - children, kids, tots, youngsters, youths, juveniles, minors, striplings, adolescents, teenagers
детям-инвалидам (noun) - invalided-children, disabled-children, handicapped-children
дефектолог (noun) - handicapped-child specialist (medical)
дефиците (noun) - deficit, shortage, deficiency, lacking
лефолта (noun) - default, failure, nonfeasance, delinquency, neglect, negligence, dereliction
деформация в ветер поле (noun) - deformation in (the) wind field
деформания о манера (noun) - deformation of manner
деформация о образ (noun) - deformation of form, deformation of shape
деформация сдвига (noun) - displacement deformation, (shearing-strain), displacement

деформациям (noun) - deformation, distortion, alteration, detrimental-change
деформироватся (verb) - deform, distort, alter, harm
деформируюсь (verb) - deform, distort, alter, harm
Дефэкспо (comp) - Defense Exposition, Military-hardware exposition
дециметровый (adjv) - decimetric, micronic, metrical, meter-related
дециметровый волны (noun) - decimeter waves, microwaves
дешевый (adjv) - cheap, inexpensive, low cost, low priced, frugal, affordable, reasonable, economical, deflationary, expense-related
деятельной (adjv) - active, energetic, lively, busy, on-the-go, activity-related
деятельном (noun) - agent, representative, proxy
деятельность (noun) - activity, work, operation, business, life
деятельностью (noun) - activity, work, operation, business, life
деятельных (adjv) - active, energetic, lively, busy, activity-related
деятелям (noun) - agents, broker, jobber, intermediary, liaison
Дж (abbv) - John (name)
Дж Верди (noun) - John Verdi (name)
Джаз (noun) - Jazz, Style of American-music
Джаз-лихорадка (noun) - Jazz-fever (name)
Джаза (noun) - Jazz, Style of American-music
Джалал-Абаде (noun) - Dzhalal-Abad (name)
Джалал-Абадской (noun) - Dzhalal-Abad (name)
Джамалдинова (noun) - Dzhamaldinova (name)
Джамахирии (noun) - Jamahiriya (name)
Джанкой стал кефир (noun) - Jankoi Stahl Kefir (name)
Джанни (noun) - Johnnie, Johnny (name
Джейкоб Зума (noun) - Jacob Zuma (President of Union of South Africa)
Джеймс Кэмерон (noun) - James Cameron (name)
Джеймса (noun) - James (name)
Джейн Фонда (noun) - Jane Fonda (name)
Джекпот (noun) - Jackpot, Big prize
Дженерал моторс (noun) - General Motors
Дженкинса (noun) - Jenkins (name)

Дженнифер (noun) - Jennifer (name)
Дженнифер Энистон (noun) - Jennifer Aniston (American actress)
Джессика (noun) - Jessica (name)
Джет Блу (noun) - Jet Blue, Jet Blue Airways (American airline)
Джи-Эм (abbv) - GM, General Motors
Джибути (noun) - Djibouti (name)
джина (noun) - design, styling, pattern, shape, plan
Джиоева (noun) - Dzhioev (name)
Джиоевой (adjv) - Dzhioevian, Dzhioev-related
Джиро д'Италия (noun) - «Giro d'Italia», Cycle-racing of Italy, Cyclist Grand Race of Italy
Джо Фрэйзер (noun) - Joe Frazer (American boxer)
Джоан (noun) - Joan (name)
Джоан Роулинг (noun) - Joan Rowling (English fiction-writer)
Джоан Сазерленд (noun) -Joan Sutherland (name)
Джокович (noun) - Djokovic (Highest award of the Serbian Orthodox Church/ Given name)
Джон (noun) - John (name)
Джон Байерли (noun) - John Bayerly (name)
Джон Терри (noun) - John Terry (name)
Джона (noun) - John (name)
Джонсом (noun) - John (name)
Джордж (noun) - George
Джордж Бенсон (noun) - George Benson
Джордж В. Буш (noun) - George W. Bush (US President)
Джордж Клуни (noun) - George Clooney (American actor)
Джордж Майкл (noun) - George Michael (name)
Джорджия (noun) - Georgia (name)
Джорджо (noun) - Jorge (name)
Джорджо Армани (noun) - Jorge Armani (designer)
джорнэл (noun) - Journal, periodical, chronicle, newspaper, magazine, paper, gazette, tabloid
Джоунс (noun) - Jouns (name)
Джулиана Ассанджа (noun) - Julian Assange (Wikileaks founder)
Дзвида (noun) - David (name)
Дзердзеевского (adjv) - Dzerdzeevian, Dzerdzeev-related
дзюдоистку (noun) - Judo, martial art

диабатик (noun) - diabatic, thermodynamic
диабатик процесс (noun) - Diabatic Process, thermodynamic process
диабет (noun) - diabetes (medical)
Диабет сахарный (noun) - Sugar diabetes (medical)
диабетом (noun) - diabetes, Insulin-disorder
диагональный (adjv) - diagonal, obliquely-inclined, orientation-related
диагнозом (noun) - diagnoses, examinations, studies
диагностических (adjv) - diagnostic, diagnoctical, diagnosis-related
диагональный (adjv) - diagonal, obliquely-inclined, orientation- related
диаграмма обьём давление (noun) - pressure-volume diagram
диаграммь скоростей (noun) - velocity diagram
диазайнерского (adjv) - designing, styling, drawing, planning, designer-related
диалоге (noun) - dialog, dialogue, conversation, communication, talk, speech, words, interview, interlocution, duologue
диалогу (noun) - dialog, dialogue, conversation, communication, talk, speech, words, interview, interlocution, duologue
диаметр внутренний (noun) - internal diameter, inside diameter
диаметр наружный (noun) - outer diameter, outside diameter
Диане-35 (noun) - Diana-35 (medical)
диапазон температуры (noun) - temperature range, temperature diapason, temperature scope
диапазон частота (noun) - frequency range, frequency diapason, frequency scope
диапазонах (noun) - diapasons, ranges, scopes, compass's (ranges)
диапазонах спектра (noun) - spectra-ranges, spectrum's
диапазоне (noun) - diapason, range, scope, compass (range)
диапазоне изменения (noun) - diapason variation, range variation
диатант (noun) - diatant, diatation
дивергенций (noun) - divergence, drawing-apart
дивергенция (noun) - divergence, drawing-apart
дивергенция вектора (noun) - vector divergence
диверсию (noun) - diversion, distraction, attack, sabotage, damage, impairment, harm

дигидро- (pref) - dihydro-, hydrogen-combined -
дигидрофосфат (noun) - dihydrophosphate
дигитизяии (noun) - digitization, digitizing
Диего (noun) - Diego (name)
дизайнеров (noun) - designers, stylist, stylers, clothers
дизельного (adjv) - diesel-like, diesel-powered, diesel-fueled, diesel- related
дизельное (adjv) - diesel-like, diesel-powered, diesel-fueled, diesel- related
Диком (noun) - Dick, Wild (name)
Диком Адвокатом (noun) - Dick Advocaat. Dick's lawyer
Диксон (noun) - Dikson (name)
Дима (noun) - Dima, Dmitry (name)
дин. дм. (abbv) - dynamics (of) topography, topographical dynamics
дина (noun) - dyne, unit of force (metric)
динамика метры (noun) dynamic meters
динамико (noun) - dynamics, movement, action, order
динамикс (noun) - dynamics, movements, actions, order
динамику (noun) - dynamics, movements, actions, order
динамическая (adjv) - dynamic, dynamical, energetic, forcefulful, energy-related
динамическая топография (noun) - topographical dynamics
динамическая давление (noun) - pressure dynamics
динамическая скорость (noun) - velocity dynamics
динамическая стабильность (noun) - stability dynamics
динамические (adjv) - dynamic, dynamical, energetic, forceful, energy-related
динамическими (adjv) - dynamic, dynamical, energetic, forceful, energy-related
динамических (adjv) - dynamic, dynamical, energetic, forceful, energy-related
динамических выражении (noun) - dynamical terms
Динамических длительный диапазон еиноцтика (noun) - Dynamic extended-range forecasting
динамических уравнение (noun) - equation dynamics, dynamical equation

динамического (adjv) - dynamic, dynamical, energetic, forceful, energy-related
динамической (adjv) - dynamic, dynamical, energetic, forceful, energy-related
динамическую (adjv) - dynamic, dynamical, energy-related
динамичеый (adjv) - dynamic, dynamical, energetic, forceful, energy-related
Динамо (noun) - "Dynamo" (Moscow hockey club, Kiev soccer team, Riga soccer team, Minsk soccer team)
Динамо и Рубин (noun) - Dynamo and Rubin (Russian soccer teams)
Динара (noun) - Dinara (name)
диоксид (noun) - dioxide
диоксид азота (noun) - nitrogen dioxide
диоксид серый (noun) - grey dioxide
диоксида (noun) - dioxide
диоксинов (noun) - dioxanes
Диомеде большой остров (noun) - Big Diomede Island
Диомеде мало остров (noun) - Little Diomede Island
диоптрика (noun) - dioptric, refraction
дипломатическим (adjv) - diplomatic, ambassadorial, skillful, political, relational, adroit, masterly, well-done, diplomacy-related
дипломатов (noun) - diplomats, ambassadors, attaches, diplomatic- officers
дипотношений (adjv) - diplomatic, ambassadorial, skillful, political, relational, adroit, deft, masterly, well-done, diplomacy-related
диплотношений (noun) - diplomatic relations, ambassadorial relations
дипотношениям (noun) - diplomatic-relations, inter-governmental- relations, cordial-relations
диппаспортов (comp) - diplomatic-passports
директорам (noun) - directors, governors, managers, supervisors
директоров (noun) - directors, governors, managers, asupervisors
директором (noun) - director, governor, manager, supervisor
Диск действинг система (noun) - Disk Operating System, DOS
Дискавери (noun) - Discovery, NASA Shuttle (name)

дисках (noun) - disks, discs, diskettes
дисквалифицировал (noun) - disqualification, unqualifiedness, unpreparedness, unreadiness
дисквалифицирован (noun) - disqualification, unqualifiedness, unpreparedness, unreadiness
диске (noun) - disk, disc, diskette
дискет (noun) - diskette, disk, disc
дисков (noun) - disks, discs, diskettes
дисковод (noun) - disc-drive, computer-drive
дисковых (adjv) - circular, disc-shaped, round, shape-related
дискотеке (noun) - discotheque, record-music night-club
дискредитацию (noun) - discreditation, reputation-loss, credit-loss дискредитирует (verb) - discredit, dishonor, disparage, depreciate, slight, belittle, defame, debase
дискретной (adjv) - discrete, discretionary, discretion-related
дискретности (noun) - discretion, discrimination, prudence, judiciousness
дискретность (noun) - discretion, discrimination, discretion, judiciousness
дискретные (adjv) - discrete, discretionary, discretion-related
дискреционный (adjv) - discretionary, discrete, discretion-related
дискриминантный (adjv) - discriminative, discriminating, discriminatory, discrimination-related
диску (noun) - disk, diskette, record, CD, DVD, form, discus, drum Диску Солнца (noun) - Solar Disc, Sun's disc, Sun's apparent shape
дискуссии (noun) - discussion, debate, deliberation, consideration, conversation, forum, study
дискуссий (noun) - discussion, debate, deliberation, consideration, conversation, forum, study
дискуссионньь (adjv) - discussed, discussable, debated, deliberated, considered, conversed, discussion-related
дискуссионньь водросы (noun) - discussion question
Диснейленд (noun) - Disneyland (Califormia fun-park)
диспансеризацию (noun) - dispensation, distribution,
дисперсий (noun) - dispersion, scattering, separation
дисперсию (noun) - dispersion, scattering, separation
дисперсия (noun) - dispersion, scattering, separation

диспетчеров (noun) - dispatchers, controllers, managers, schedulers
диссидентами (noun) - dissidents, dissenters, oppositionist's, nonconformist's, separatist's, objectors, protesters
диссипативных (adjv) - dissipative, dissipated, wasteful, intemperate, dissipation-related
диссипации (noun) - dissipation, dispersion, dispersion, diffusion, dissolution, disintegration
дистанций (adjv) - distant, far-off, away, remote, distance-related
дистанционного (adjv) - distant, far-off, away, remote, distance-related
дистанционный (adjv) - distant, far-off, away, remote, distance-related
дифляние (noun) - diffluence, divergence, dissolving
дифференциал математика (noun) - differential mathematics
Дифференциальное всасывание Лидар (noun) - Differential-absorption Lidar
Дифференциальное исчисление (noun) - Differential Calculus
дифференциальный уравнения (noun) - differential equation
дифференцированная (adjv) - differential, differentiable, distinguishable, difference-related
дифференцированная анализ (noun) - differential analysis
Дифференцированние по частям исчисление (noun) - Partial-differentiation in Calculus
дифференцированной (adjv) - differential, differentiable, distinguishable, difference-related
диффлуение (noun) - diffluence, divergence, dissolving
дифракция (noun) - diffraction, wave-bending, wave-modulation
диффузии (noun) - diffusion, spreading, transmission, migration
диффузии коэффициент (noun) - diffusion coefficient, diffusivity factor
диффузионная (adjv) - diffusional, diffusive, unstructured, effusive, diffuse-related
диффузионно (noun) - diffusion, spreading, transmission, migration
диффузионно фотохимической (noun) - diffusion-photochemicals
диффузионного (adjv) - diffusional, diffusive, unstructured, effusive, diffuse-related

Диффузионного спектрометра аэпрзоля (noun) - Diffusive-aerosol spectrometer
диффузионной (adjv) - diffusional, diffusive, unstructured, effusive, diffuse-related
диффузионной теории (noun) - diffusional theory
диффузия (noun) - diffusion, spreading, transmission, migration
диффузия поставили при водовороты (noun) - diffusion produced by eddies, eddy diffusion
диэлектрический (adjv) - dielectrical, non-conductive, non-conduction related
Диэлектрический константа (noun) - dielectrical constant
дкм. (abbv) - deca-meter
длина волна (noun) - wave length
Длина-масса-время (noun) - Length-Mass-Time
длина полная (noun) - overall length
длине (noun) - length, dimension, distance, degree, stretch, expanse
длинее (adjv) - longer, long, lengthy, extensive, stretched, expansive, tall, interminable, length-related
длинноволновой (adjv) - long-wave, lengthy-wave, protracted-wave, extensive-wave, over 60 meters long, wave-length related
длинноволновые (adjv) - long-wave, lengthy-wave, protracted-wave, extensive-wave, over 60 meters long, wave-length related
длинноволновый манера (noun) - long-wave manner
длинноволновый образ (noun) - long-wave form, long-wave pattern
длиннопериодных (adjv) - long-period, long-term, protracted, extensive,time-related
длинные (adjv) - long, lengthy,protracted, extensive, quick, easy, time-related
Длинные волны (noun) - Long-wave,
Длинные волны образ (noun) - Long-wave pattern
длинные волные частота (noun) - long-wave frequency
длинных (adjv) - long, lengthy, extended, protractive, extensive, quick, easy, time-related

длиной (adjv) - long, lengthy, extended, protractive, extensive, quick, easy, time-related
длителен (advb) - long, far, distantly, widely, extensively, quickly, easily
длительная (adjv) - long, lengthy, extended, protractive, extensive, sustained, extended, prolonged, protracted, length-related
длительного (adjv) - long, lengthy, protractive, extensive, sustained, extended, prolonged, protracted, length-related
длительное (adjv) - long, drawn-out, protractive, extensive, sustained, extended, prolonged, protracted, length-related
длительной (adjv) - long, drawn-out, protractive, extensive, sustained, extended, prolonged, protracted, length-related
длительные (adjv) - long, drawn-out, protractive, extensive, sustained, extended, prolonged, protracted, length-related
дм. (abbv) - decameter, ten-meters, metric-length
Дметрием (noun) - Dmetriem (name)
дмитрий (noun) - Dmitri (name)
Дмитрий Медведев (noun) - Dmitry Medvedev (Russian President)
Дмитрию Шостаковичу (noun) - Dmitri Shostakovich (name)
Дмитрия (noun) - Dmitri (name)
дмитров (noun) - Dmitrov (name)
дна (noun) - bottom, underside, surface, bottomland, basis, source, DNA (Deoxyribonucleic acid)
дне (noun) - day, daytime, daylight,afternoon, diurnal-period, 24 hours
дневного (adjv) - daily, daytime, daylight, diurnal, day-related
дневные (adjv) - daily, daytime, daylight, diurnal, day-related
дневных (adjv) - daily, daytime, daylight, diurnal, day-related
дней (adjv) - denied, denying, disclaimed, disclaiming, contradicted, contradicting, opposed, opposing, denial-related
дней (noun) - day, daytime, daylight, afternoon, diurnal-period, 24 hours
Днепр (noun) - Dnieper (name)
Днепр река (noun) - Dnieper River
Днепра река (noun) - Dnieper River
Днепропетровске (noun) - Dnepropetrovsk (Ukraine city)
дни (noun) - day, daytime, daylight

Днепер река (noun) - Dnieper River
ДНК (abbv) - Deoxyribonucleic acid (DNA)
дно батиметрия (noun) - bathymetry bottom
дно трение (noun) - friction bottom
дню (noun) - day, daytime, daylight
дню рождения (noun) - birthday, day (of) birthday, anniversary, commemoration
дня (noun) - day, daytime, daylight
Дня города (noun) - "Day (of the) City", City day, Days
дня рождения (noun) - birthday, day (of) birth
дням (noun) - day, daytime, daylight
ДНЯО (abbv) - Treaty of Non-proliferation f Nuclear Weapons
днях (noun) - bottom, bed, lowest level
до (prep) - at, to, up to, as far as, do, until, till, pending, before, about, approximately, with regard to, concerning
до лобовой шквал линия (noun) - pre-frontal squall-line
до свидания (noun) - good-bye, "All the best"
доантропогенный (adjv) - pre-anthropogenical, pre-anthropogenic, anthropology-related
добивается (verb) - strive, struggle, endeavor, strain, labor, exert oneself, attempt, try
добились (verb) - have, had, having, has, obtain, accept, exhibit, show, use, exercise, allow, fool, bear, bribe добираясь (verb) - get, acquire, obtain, reap, move, go
Добровольный наблюдать судно (noun) - Voluntary observing ships, voluntary (weather) observing ships
Доброй Надежды (noun) - Good Hope (name)
добычу (noun) - extraction, distillate, refining, mining, quarrying, output, mineral-products, production, spoils, loot
доверитель осьом (noun) - principal axes
доверитель шторм тропа (noun) - principal storm paths
доверительных (adjv) - confidential, reliable, credible, trustworthy, dependable, trust-related
доверчивость (noun) - trust, trustworthiness, reliability, credibility, confidence
довести (verb) - bring, induce, effect, elicit, evoke, provoke, motivate
Довиле (noun) - Deauville (French Normany-coast resort town)

договор (noun) - contract, deed, agreement, understanding, pact, treaty
договоренностей (noun) - agreement, understanding, amiability, indulgence, compliance, tolerance
договорились (verb) - agree, reach agreement, contract, obtain treaty, obtain pact, obtain settlement, obtain accord, obtain covenant, finish discussions, finish talking
договору (noun) - agreement, assent, acquiescence, concurrence, acceptance, ratification, certification, treaty
дограния (noun) - after-burning, after-burner action
дождевальных (adjv) - artificial-rain, weather-modification rain
дождевая вода (noun) - rain-water, precipitation-water
дождевая пыль (noun) - mist, very-small-rain-particles
дождевое облака (noun) - nimbus-cloud, rain-cloud
дождевое шкаф (noun) - rain box, rain-collector
дождевые осадки (noun) - precipitative rain
дождевых (noun) - rainfall, rain, precipitation (liquid)
дождей (noun) - rain, hail, down-pour, cascade, torrent
дождём (noun) - rain, precipitation (liquid)
дождемер (noun) - rain-meter, rain-gauge
дожди (noun) - rain, hail, torrent, cascade, drizzle
дождиная (adjv) - rainy, squally, windy, unsettled, unstable, changeable, poor, weather-related
дождливая ветреная погода (noun) - rainy-windy weather, squally weather
дождь капля прирост (noun) - rain-drop growth
дождь кратковременный (noun) - rain shower
дождь полоса (noun) - rain band, rain area
дождь и снег измеритель (noun) - rain and snow gauge
дождь искусственный (noun) - artificial rain, weather-modification rain
дожигатель (noun) - afterburner, jet-aircraft propulsion-system
дожигателя (noun) - afterburner, jet-aircraft propulsion-system
дождей (noun) - rain, hail, down-pour, cascade, torrent
дозаправки (noun) - refueling, replenishment
дозволение (noun) - permission, authorization, license
дозиметр (noun) - dosimeter, radio-activity recorder
дозиметра (noun) - dosimeter, radio-activity recorder

дойдет (verb) - is, as is, be
док сухой (noun) - drydock, marine repair-facility
доказали (verb) - prove, proven, test, establish, show, shown
доказаны (verb) - demonstrate, show clearly, illustrate
доклад (noun) - report, lecture, paper, account, talk, address, announcement
Доклад Германия Погода-служба (noun) - Report by German weather-service, Bericht Deutscher wetterdienst (German)
докладам (noun) - documents, reports, lectures, papers, talks, addresses, announcements
докоады (noun) - document, report, paper, lecture, talk, address, announcement
Доктор Хаус (noun) - Doctor Cause
докторская (adjv) - doctororial, medicinal, scholarly, educated, professional, doctor-related
Докторская степень (noun) - Doctorate Degree
доку (noun) - dock, wharf, pier, berth, quay, moorage, haven
документалисте (noun) - documentalist, documentary-films maker
документаль-кино кино (noun) - documental-reporting (film), documentary (film), investigative-reports (video)
документальное (adjv) - documental, documentational, document- related
документацию (noun) - documentation, documents, records, data, papers, instruments, files, dossiers
документов (noun) - documents, records, data, papers, instruments, files, dossiers
долгов (noun) - duties, obligations, burdens, debts, obligationa, liabilities
долговременная (adjv) - sustained, prolonged, long-duration, protracted, extended, sustaining-related
долгоживущей (adjv) - long-lived, enduring, lasting, durable, durability-related
долгоживущими (adjv) - long-lived, enduring, lasting, durable, durability-related
долгоживущих (adjv) - long-lived, enduring, lasting, durable, durability-related

долгопериодные (adjv) - long-intervaled, long-termed, long-periodic, long-durationed, long-ranged, long-period related

долгопериодными (adjv) - long-intervaled, long-termed, long-periodic, long-durationed, long-ranged, long-period related

Долгопрудном (noun) - Dolgoprudny (Moscow Providence)

Долгопрудный (adjv) - Dolgoprudnian, Dolgoprudny-related

долгосрочный ветер вреда (noun) - long-duration wind damage

долгосрочный прогноз (noun) - long-range forecast, long-range (weather) forecast

долгосрочных (adjv) - long-intervaled, long-termed, long-periodic, long-durationed, long-ranged, long-period related

долгота географическая (noun) - geographical longitude, Longitude

долгую (adjv) - long, extended, protracted, lengthy, length-related

должен (verb) - be, must, has to, shall, should, have to, had to, ought, owe

должно (verb) - be, must, has to, shall, should, have to, had to, ought, owe

должносте (noun) - post, office, position, place, job, appointment

должностных (adjv) - official, functionary, public, governmental, civil, federal, authoritarian, constitutional, regulation-related

должны (pred) - one should, must, have to, had to, ought to, owe

доли (noun) - gram, weight-unit

долина ветер (noun) - valley wind, Foehn wind, down-slope wind

долина туман (noun) - valley fog, radiation fog

долинах (noun) - valleys, hollows, saddlebacks, ravines, depressions,

долины (noun) - valley, hollow, saddleback, ravines, depression

долл (abbv) - Dollar, U.S. monetary unit, 100 Cents

долларов (noun) - Dollars, One-hundred U.S. cents or more

доллару (noun) - Dollar, U.S. monetary unit, 100 Cents

долущение (noun) - assumption, premise, postulation

долю (noun) - share, quota, portion, part, dolia (44 milligrams), thyroid

дольщиков (noun) - share-holders, stock-holders, shareowners, paticipators, investors
дом (noun) - domicle, home, residence, dwelling-place, house, building, apartment, flat, household, palace, center
дома вода запас (noun) - home water-supply
Дома кино (noun) - Home Movies, Home films, Home video's
домашнего (adjv) - housing, residential, domestic, householding, domesticated, tame, domicile-related
домашнего животного (noun) - pet, domestic-animal
доме (noun) - domicile, home, residence, dwelling-place, house, building, apartment, flat, household, palace, center
Доме кино (noun) - Movie house, Cinema building, film theater
Доме русского (noun) - Home Russia, Mother Russia
Доменов (noun) - domiciles, homes, residences, dwellings, Houses, buildings, apartments, flats, households
домике (noun) - domicile, home, residence, dwelling-place, house, building, apartment, flat, household, palace, center
Доминик (noun) - Dominic, Dominique (name)
Доминиканской Республике (noun) - Dominican Republic
доминирование (noun) - dominance, domination, supremacy
доминирующая (adjv) - dominant, prevailing, predominant, dominance-related
доминтрующее (adjv) - dominant, prevailing, predominant, dominance-related
домо (pref) - home-, household-, housing-, abode-
домов (noun) - homes, houses, dwellings, domiciles, buildings, apartments. flats, households, palaces, centers
домовое (adjv) - housing, residential, domestic, householding, domesticated, tame, domicile-related
домовое водоснабжение (noun) - housing water-supply
домовый (adjv) - housing, residential, domestic, householding, domesticated, tame, domicile-related
домодедово (noun) - Domodedovo (name)
Домодедово Аэропорт (noun) - Domodedovo Airport (Moscow)
домской (adjv) - Don-like, river-like, riverine, transportational, commercial, Don-river related
Дон (noun) - Don (name)
Дон река (noun) - Don River

Дона (noun) - Don (name)
Дональд (noun) - Donald (name)
Донез река (noun) - Donez River
Донецк (noun) - Donetsk, Don Cossack (name)
Донецка (noun) - Donetsk, Don Cossack (name)
донных (adjv) - ground, bottom, bottommost, undermost, lowest, lowermost, base, height-related Донском (noun) - Donsk (name)
донце (noun) - bottom, base, ground, foundation, under-pinning
доньев (noun) - bottom, base, ground, foundation, under-pinning
донья (noun) - bottom, base, ground, foundation, under-pinning
допинге (noun) - doping, drugging, stimulant, booster, drug, enhancement medication, illegal drug, steroid, shot, dope-related
допингом (noun) - doping, drugging, stimulant, booster, drug, enhancement medication, illegal drug, steroid, shot
дополнена (noun) - supplement, addition, adjunct, supplementation, complement, addendum, increment
дополнению (noun) - supplement, addition, adjunct, supplementation, complement, addendum, increment
дополненное (adjv) - supplemental, additional, incremental, addition-related
дополнительная (adjv) - supplementary, complementary, additional, another, further, addition-related
дополнительно (advb) - in addition, as well, besides, also, moreover, further-more
дополнительного (adjv) - supplementary, additional, complementary, extra, another, further, addition-related
дополнительной (adjv) - supplementary, additional, complementary, extra, another, further, addition-related
дополнотельные (adjv) - supplementary, additional, complementary, extra, another, further, addition-related
дополнительных (adjv) - supplementary, additional, complementary, extra, another, further, addition-related
дополнить (verb) - supplement, add to, attach, join, affix
допплер лидар измерение (noun) - Doppler-Lidar measurement
Допплер поляриметрический назадразбросать модель (noun) - Doppler polarimetric backscatter model, radar features

допплер радиолокация (noun) - Doppler (radar) radio-location, Doppler radar
допплеровским (adjv) - Doppler-like, frequency-shifted, detectional, locative, directive, measured, Doppler-Radar related
допплеровский (adjv) - Doppler-like, frequency-shifted, detectional, locative, directive, measured, Doppler-Radar related
допрошен (verb) - question, interrogate, query, inquire, ask, demand
допус (verb) - admit, allow, permit, pass, grant
допуске (noun) - right of entry, admittance, entering, tolerance, latitude, margin, leeway, carte blanche
допустили (noun) - supposition, assumption, implication
допустимая погрешность (noun) - permissible error, permissible mistake
допустимое (adjv) - permissible, allowable, admissible, permission-related
допустимое отклонение (noun) - permissible variation, permissible deviation, permissible divergence
допустимых (adjv) - permissible, allowable, admissible, permission- related
допущен (verb) - allow, admit, assume, make
допэмиссии (noun) - additional issue, additional-emission, additional-venting, added issue
доработка (noun) - development, refinement, modification, completion
доработки (verb) - revise, amend, revamp, rewrite, refine, improve, develop, advance, progress, modify, gain, rectify, edit, complete
дорогах (noun) - roads, ways, routes, throughfares, journeys, travels
дороге (noun) - road, way, route, throughfare, journey, travel
дорогое (adjv) - expensive, costly, pricey, dear, high-priced, luxurious, cost-related
дорогостоящих (adjv) - expensive, costly, dear, precious, cost-related
Дорожная Карта (noun) - Road Map, Road Atlas, Travel guide

дорожной (adjv) - road-like, path-like, way-like, arterial, itenial, travelled, travelling, road-related
дорожной карты (noun) - highway sign, roadway sign, traffic sign
дорожную (noun) - road, highway, travel, traveling, traveler
Дорожную карту (noun) - "Road Map", detailed guidance, detailed plan, detailed explanation
Дортмундская (adjv) - Dortmundian, Dortmund-related
Дортмундской (adjv) - Dortmundian, Dortmund-related
досрочно (advb) - early, earlier, earliest, soon, ahead of schedule
досрочно-условном (noun) - conditionally-early, theoretically-early
досрочном (advb) - early, earlier, earliest, soon, ahead of schedule
досрочных (adjv) - early, beforehand, ahead of schedule, time-related
доставил (verb) - deliver, transport, convey, give, provide, cause
доставили (verb) - deliver, transport, convey, give, provide, cause
доставит (verb) - deliver, transport, convey, give, provide, cause
доставку (noun) - delivery, transportation, conveyance, giving, providing, causing
доставлен (verb) - deliver, transport, convey, give
доставленный (adjv) - delivered, transported, conveyed, gave, provided, caused, delivery-related
доставлены (noun) - delivery, transportation, conveyance, giving, provision, cause
достаточна (noun) - sufficiency, adequacy, enough, considerableness
достиг (verb) - attain, reach, grasp, achieve, total
достигли (verb) - attain, reach, grasp, achieve, total
достигло (verb) - attain, reach, grasp, achieve, total
достигнет (verb) - attain, reach, grasp, achieve, total
достигнут (verb) - attain, reach, grasp, achieve, total
достигнуто (verb) - attain, reach, grasp, achieve, total
Достинекс (noun) - Dostinex (medical)
Достойевского (adjv) - Dostoyevskian, Dostoyevsky-related
Достойевскы (noun) - Dostoyevsky (novelist)
доступах (noun) - accesses, admittances, admissions, entrée's, entrances, approach's, passageways, accessibilities, ingressions

доступном (noun) - access, admittance, admission, entrée, entrance, approach, passageway, accessability, ingress
доступность (noun) - accessibility, availability, understanding, approachability
Доу Джонс (noun) - Dow Jones
Дохе (noun) - Doha (Qatar Arab Emerate city)
доходит (verb) - penetrate, reach, come, make, touch, be done
доходы (noun) - revenue, income, earning, profit, return, proceeds, yield, dividend, receipt
дочери (noun) - daughter, sibling, descendant, child, infant, baby, child, juvenile
дочь (noun) - daughter, sibling, descendant, child, infant, baby, child, juvenile
дощаник (noun) - flat-bottomed boat, punt, skiff
дошло (verb) - reach, arrive, come, travel, move
ДПС (abbv) - Road Patrol Service, Road check system, Police road enforcement
Драгоценные металлы (noun) - Precious Metal, valuable metal
драке (noun) - fight, brawl, blows, slugfest, bout, physical- violence
драки (noun) - fight, brawl, blows, slugfest, bout, physical-violence
Драконе (noun) - Dragon, mythical-monster, fire-breather, very-large lizard
драматичная (adjv) - dramatic, theatrical, histrionic, emotionalistic, hysteric, sensational, emotion-related
Драмтеатра (comp) - Dramatic-Theater
драфт (noun) - marine-draft, hull-depth in displaced-water
древесная (adjv) - wooden, timbered, tree-related
древесная клетка (noun) - wood cell, tree cell
древнейшая (adjv) - ancient, classical, historic, aged, weathered, old, antique, age-related
древнейшего (adjv) - ancient, classical. historic, aged, weathered, old, antique, age-related
Древняя Помпея (noun) - Ancient Pompeii, Ancient Pompey
Древо жизни (noun) - "Tree of Life", The Tree of Life
Дрезден (noun) - Dresden (name)
дрейф льда (noun) - drift ice, drifting ice

дрейфует (verb) - drift, move, float, heave, lie
дрейфующая льдина (noun) - drift ice, drifting ice, moving ice
дрейфующего (adjv) - drifting, drifted, drift-related
дрейфующий (adjv) - drifting, drifted, drift-related
дрейфующих (adjv) - drifting, drifted, drift- related
дремлющий (adjv) - quiescent, inactive, motionless, still, quiet, inactivity-related
дренажная канава (noun) - drainage ditch, drainage channel
дренажной (adjv) - drainage, draining, drained, drain-piped, drain-related
дренажный система (noun) - drainage system
дренажный трубопровод (noun) - drainage pipeline, drainage plumbing
дренирование (noun) - drainage, depletion, waste-removal
дривен (verb) - driven, forced, propelled
DRIFTER (noun) - Marine-buoy data report
Дримлайнер (noun) - Dreamliner (Boeing 787)
Дримлайнером (noun) - Dreamliner (Boeing 787)
дрифтерная (adjv) - drift, drifting, uncontrolled-motion related
дробная (adjv) - separate, subdivided, fractional, detached, minute, fine, abrupt, detachment-related
дробная конденсация (noun) - fractional condensation, minute condensation
дробная кристаллизация (noun) - fractional crystallization, minute crystallization
дробное (adjv) - separate, subdivided, fractional, minute, fine, abrupt
дробное осаждение (noun) - fractional precipitation, minute precipitation
дробное число (noun) - fractional number, mathematical fraction
дробный дождь (noun) - fine rain, mist, light rain
дробь десятичная (noun) - decimal fraction
дродолжить (verb) - continue, maintain, persist, endure, last
дромежуток (noun) - lapse-rate, thermal change-rate, change-interval
Дропзонд (noun) - Dropsonde, Aircraft-launched radiosonde
Дропзонде (noun) - Dropsonde, Aircraft-launched radiosonde
Друга Кобы (noun) - “My friend Koba”

других (noun) - other, another, one another, friend, pal, buddy, sidekick, mate, second one, different one, lover
другим (noun) - other, another, one another, friend, pal, buddy, sidekick, mate, second one, different one, lover
другом (noun) - other, another, one another, friend, pal, buddy sidekick, mate, second one, different one, lover
другу (noun) - other, another, one another, friend, pal, buddy, sidekick, mate, second one, different one, lover,
другую (noun) - other, another, one another, friend, pal, buddy, sidekick, mate, second one, different one, lover
дружеским (adjv) - friendly, affable, congenial, companionable, social, congeniality-related
друзей (noun) - friend, good-acquaintance, buddy, pal, comrade
друзей-битлов (noun) - "Friends (of the) Beatles" (Russian music club)
Друзья Депп (noun) - Johnny Depp (Actor)
друскининкай (noun) - Druskininkai (name)
дрямой (adjv) - direct, undeviating, unswerving, uninterrupted, unbroken, straight, lineal, path-related
дрямой циркуляция (noun) - direct circulation, lineal circulation
ДСНВ (abbv) - Agreement (for) Strategic Offensive Arms
ДТП (abbv) - Road/Traffic Accident, Road transport law
Лу Юе (noun) - Du Yui (name)
дуал (noun) - dual, double, two like-parts
Дуал линейный радар поляризация (noun) - Dual linear-polization Radar
Дуб Край (noun) - Oak Ridge (name)
Дубае (noun) - Dubai, Dubayy (name)
Дубаю (noun) - Dubai, Dubayy (name)
Дубая (noun) - Dubai, Dubayy (name)
Дублин (noun) - Dublin (name)
Дубне (non) - Dubne (name)
Дубовский (noun) - Dubovski (name)
Дубровке (noun) - Dubrovk (name)
Дуброво (noun) - Dubrovo (name)
Дубурский пролив (noun) - Straits of Dover
Дубы (noun) - Juba (name)
дуга (noun) - arc, arch, bow

дуга облако (noun) - arc (shaped) cloud, Lenticulus cloud
дуги (noun) - arc, arch, bow
Дуглаова (noun) - Douglas (name)
Дуглаова пихта (noun) - Douglas Fir, Fir tree
дугы (noun) - arcs, arch's, bow's
дузтов (noun) - duos, duets, twosomes, twins
дуктильность (noun) - ductility, malleability, placticity, pliability
Дума (noun) - Duma (Russian legislative assembly)
думал (adjv) - expected, anticipated, expectation-related
думал вред (noun) - expected damage, anticipated damage
думе (noun) - Duma (Russian legislative assembly)
думских (adjv) - Dumian, Duma-related
Думу (noun) - Duma (Russian legislative assembly)
Думцы (noun) - Duma (Russian legislative assembly)
дуновение брызг (noun) - blowing spray
дуновение песок (noun) - blowing sand, blowing dust
дуновение порыв (noun) - breaking wind, passing gas
дуновение пыль (noun) - blowing dust
дуновение снег (noun) - blowing snow
дуплеке (noun) - duplex, transmission and reception
дуплексное (adjv) - duplex, two-fold, double, two-related
дуплексное телеграфирование (noun) - duplex telegraphy
Дупликатус (noun) - Duplicatus, superimposed-layered cloud
Дурбес (noun) - Durbes (name)
Дурбесе (noun) - Durbes (name)
дуст (noun) - dust, dirt, powder, contamination, cocaine, drugs
дутьё (noun) - air blast, air jet, strongly-directed air
дутьё холодное (noun) - cold-air blast, chilly-air blast
Дух огня (noun) - “Spirit of Fire” (movie title)
духовного (adjv) - spiritual, inner, ecclesiastical, religious, church-like, sacred, holy, final, last, mind-like, religion-related
духовые (adjv) - windy, blustery, airy, steamy, wind-related
духовые инструменты (noun) - wind (reporting) instruments
Душети (noun) - Dusheti (name)
дуэт (noun) - duet, couple, pair, two-some, two, couple, name (Duet)
дым ж туман (noun) - smoke with haze, Smog
дымовая (adjv) - smoked, smoking, fumes, smoke-related

дымовая завеса (noun) - smoke-screen, smoke-curtain
дымовая труба (noun) - smoke-stack, chimney flue
дымовое (adjv) - smoked, smoking, fumes, smoke-related дымом (noun) - smoke, fumes, vapors, combustion-product, pollutant, gasous burning-product, obscuring-product, deadly-pollutant
дыхало (noun) - blow-hole, forced-air vent, forced-air opening
дыховые (adjv) - windy, blustery, airy, steamy, wind-related
Дышанбе (noun) - Dushanbe (name)
Дэвид (noun) - David (name)
Дэвид Бекхэм (noun) - David Beckham (soccer player)
Дэвид Кэмерон (noun) - David Cameron (British Prime-minister)
Дэвидом (noun) - David (name)
Дэвис (noun) - Davis (name)
Дэнни Де Вито (noun) - Danny De Vito (American actor)
Дювалье (noun) - Duvalier, Duval (name)
дюжинный (adjv) - ordinary, commonplace, common, typical, prevalent, normal, usual, frequent, generality-related
дюймы у ртутный (noun) - Inches of Mercury
Дюнкерка (noun) - Dunkirk (French coastal- city)
Дюфастон (noun) - Duphaston (medical)

Е/Ё

е. (abbv) - water-vapor expansibility, water-vapor expansion, approximately, nearly, almost, estimated
Е. (abbv) - Saturation vapor pressure
ЕААБ (abbv) - European Agency (for) Aviation Safety
Е. Коли (noun) - E. Coli, Escherichia coli. (bacterial infection of the large-intestine/humans)
Е.И. Блиновой (noun) - E.I. Blinova (name)
Echo-Star (noun) - EchoStar (Russian space-vehicle)
Евгений (noun) - Evgeni, Eugene (name)
евкалипт (noun) - eucalyptus, tree
Евкуров (noun) - Evkurov (name)
Евпатория (noun) - Evpatoriya (name)
Евразией (adjv) - Eurasian, Euro-Asian related
Евразиец (adjv) - Eurasian, Euro-Asian related
Евразийское (adjv) - Eurasian, Euro-Asian related

Евразийца (comp) - Eurasian, Euro-Asian person
ЕврАзЭс (acnm) - European-Asian-Economic-Community/ Summit
ЕВРАЗЭС (acnm) - European-Asian Economic-Community/ Summit
еврейская (adjv) - Jewish, Hebrew, Judaic, Israelite, Orthodox, Hasidic, religion-related
еврейским (adjv) - Jewish, Hebrew, Judaic, Israelite, Orthodox, Hasidic, religion-related
еврейского (adjv) - Jewish, Hebrew, Judaic, Israelite, Orthodox Hasidic, religion-related
евро (noun) - Euro, European monetary-unit, European dollar (approximation)
Евро-2 (abbv) - Euro-2, European-2 (petroleum-products package)
евро/доллар (noun) - Euro/Dollar (European/USA currency-standards)
Евровидении (comp) - European-Vision, European-Outlook, European-Apparition
Евровидений (comp) - European-Vision, European-Outlook, European-Apparition
Евровидения (comp) - Europe-Vision, Europe-Outlook, European- Apparition
Еврогруппа (comp) - European-Group, European-body, European- Assembly
Еврогруппы (comp) - European-Group, European-body, European- Assembly
Еврозона (comp) - Europe Zone, European (economic) Zone
Еврозоне (comp) - Europe Zone, European (economic) Zone
Еврозоны (comp) - Europe Zone, European (economic) Zone
Еврoистребитель (comp) - “Euro-fighter” (Four European-country manufactured Jet Fighter aircraft)
Еврoклубе (comp) - European-club, Euro-club
Еврокомиссия (comp) - Europe-Commission, Euro-commission, Euro-committee
Евроконтроль (comp) - European-control, Euro-control, European Air-traffic control Agency, European Flight-control
Евроконтроля (comp) - European-control, Euro-control, European Air-traffic control Agency, European Flight-control

Еврокоптер (comp) - European-Copter, European helicopter manufacturer
Евролиге (comp) - European-League, Europe-League, Euro-league (basketball)
Евролиги (comp) - European-League, Europe-League, Euro-league (basketball)
Евромонсоюз (comp) - European Monetary Union
Европарламента (comp) - European Parliament (EU)
Европе (noun) - Europe, European-continent, European-landmass
Европеец Россия (noun) - European Russia, Far Western Russia
Европейская (adjv) - European, Europe-related
Европейская территория (noun) - European territory
Европейские (adjv) - European, Europe-related
Европейские Монетный Союз (noun) - European Monetary Union
Европейский Россия (noun) - European Russia, Russia west of the Ural mountains
европейским спутником (noun) - European satellite
Европейских (adjv) - European, Europe-related
Европейского (adjv) - European, Europe-related
Европейского агентства по авиационной безопасности (noun) -European Agency for Aviation Safety
Европейского Центра среднесрочных прогнозов погоды (noun) - European center for middle-range weather forecasting
Европейское (noun) - European, Europe-related
Европейское космическое агеиетство (noun) - European Space Agency
Европейской (adjv) - European, Europe-related
Европейской комиссии (noun) - European Commission
Европейской территории России (noun) - European-Russia territory
Европейской Центральная Банк (noun) - European Central Bank
Европейцев (noun) - European, Citizen of Europe
Европой (adjv) - European, Europe-related
Европу (noun) - Europe, European continent, European landmass
Евросоюз (comp) - European Union (EU), European alliance, European agreement

Евросоюза (comp) - European Union (EU), European alliance, European agreement
Евросоюзе (comp) - European Union (EU), European alliance, European agreement
Евросоюзом (comp) - European Union (EU), European alliance, European agreement
Евротуру (comp) - Europen Tour
Еврохоккейтура (comp) - European-Hockey-Tour, Europe-hockey- tour
Евроцентбанк (comp) - European Central Bank (ECB)
Евсюкова (noun) - Evsyukova (name)
Егиазаряна (noun) - Egiazaryana (name)
Египте (noun) - Egypt (name)
египетского (adjv) - Egyptian, Egypt-related
египетском (adjv) - Egyptian, Egypt-related
Египте (noun) - Egypt (name)
Египтом (noun) - Egypt (name)
Египту (noun) - Egypt (name)
его (pron) - his, her's, he, him, she, its
Егор (noun) -Yegor, Egor, Igor (name)
Егора (noun) - Yegor, Egor, Igor (name)
ЕГЭ (abbv) - Unified State Examination, Nation-wide college-entry examination
Единая Россия (noun) - United Russia (Party), Single Russia, One Russia, Common Russia
единица абсолют (noun) - absolute units
единица абсолютная (noun) - absolute units
единица веса (noun) - weight units
единица времени (noun) - time units
единица длины (noun) - length units
единица ёмкости (noun) - capacity units
единица работы (noun) - work units
единица силы (noun) - force units
единица тепловая Британская (noun) - British Thermal Units
единица теплоёмкость (noun) - thermal-capacity units
единица теплоты (noun) - thermal units, heat units
единица термал (noun) - thermal units
единицах (noun) - units, ones, individuals

единицы физические (noun) - physical units
единиць (noun) - unit, one, individual
единиць системы КГС (noun) - CGS units system, Centimeter-Gram-Second units system
единичной (adjv) - single, individual, solitary, unitary, isolated, unit-related
единичность (noun) - single occurrence
единичных (adjv) - single, individual, solitary, unitary, isolated, unit- related
единое (adjv) - one, single, sole, solitary, united, unifies, common, unit-related
единой (adjv) - one, single, sole, solitary, united, unified, common, unit-related
Единой России (noun) - One Russia, United Russia, Common Russia
единороссов (comp) - one-russia's, common-russia's
Единороссы-думцы (noun) - One Russia Duma, United Russia Duma
единственного (adjv) - only, sole, one and only, singular, single, individual, unique, alone, oneness-related
единственную пункт (noun) - singular point
единственные (adjv) - single, singular, only, lone, sole, solitary, alone, one and only, unique, individual-thing related
Единую Россию (noun) - “United Russia”, One Russia
единый (adjv) - one, single, singular, sole, individual, solitary, unitary, united, unified, uniform, indivisible, common, isolated, individual-thing related
единый сканинг радиометр (noun) - single-scanning radiometer
единый станция анализ (noun) - single-station (weather) analysis
единый сторона полоса голос радиопередача (noun) - single side-band voice-broadcast
единых (adjv) - one, single, singular, sole, individual, solitary, unitary, united, unified, uniform, indivisible, common, isolated, individual-thing related
еды (noun) - food, foodstuff, sustenance, edibles, comestibles, eatables ее (pron) - his, him, her, her’s, she
ежегодно (advb) - annually, yearly, every year, every annum, each year

ежегодное (adjv) - anuual, every-year, once-each-year, year-related
ежедневая (adjv) - daily, diurnal, everyday, day-related
ежедневно (advb) - daily, diurnally,
ежедневно обмен земляы энергия (noun) - daily interchange of the earth's energy
ежедневные (adjv) - daily, diurnal, everyday, day-related
ежедневные вариация (noun) - diurnal variation, daily variation
ежедневныи изменение (noun) - diurnal change, daily change
ежедневным (adjv) - daily, diurnal, everyday, day-related
ежедневных (adjv) - daily, diurnal, everyday, day-related
ежемесячно (advb) - monthly, every-month
еженедельно (advb) - weekly, every-week
ежик (verb) - shiver, shake, shrink, cringe, huddle
ейм (pron) - it's, his, her's, theirs, them, those
ЕК (abbv) - European Commission, electronic book
Екатерина (noun) - Ekaterina, Catherine (name)
Екатеринбург (noun) - Ekaterinburg, Yekaterinburg (name)
Екатеринбурга (noun) - Ekaterinburg, Yekateringburg (name)
Екатеринбурге (noun) - Ekaterinburg, Yekateringburg (name)
Екатерининского (adjv) - Ekaterininian, Ekaterinin-related
Екатерины (noun) - Ekaterina (name)
Ел Нина (noun) - El Nina
Ел Нино (noun) - El Nino
Ел Нино Южный Колебание (noun) - El Nino Southern Oscillation
Ел Чичон вулкан (noun) - El Chichon volcano
Елабуге (noun) - Elabug (name)
Еланский (adjv) - Elanskian, Elansky-related
Елатьмы (noun) - Elatmy (name)
Елена (noun) - Elena, Helena (name)
Елене (noun) - Elena, Helena (name)
Елены (noun) - Elena, Helena (name)
Елижавета (noun) - Elizabeth (name)
Елизваета II (noun) - Elizabeth II (Queen of Great Britain)
Елизавете (noun) - Elizabeth (name)
Елизаветы II (noun) - Elizabeth II (Queen of Great Britain)
ёлка (noun) - spruce tree, fir tree

елку (noun) - fir, pine, spruce, tree
еловая (adjv) - fir-like, pine-like, spruce-like, tree-related
еловое (adjv) - fir-like, pine-like, spruce-like, tree-related
еловое дерево (noun) - spruce tree, pine tree, fir tree, Xmas tree
еловы дерево (noun) - spruce tree, pine tree, fir tree, Xmas tree
Емеля (noun) - Emelya (name)
Емца (noun) - Emtsa (name)
Енисей (noun) - Yenisei (name)
Енисей река (noun) - Yenisei River
Енисейск (adjv) - Yeniseian, Yenisei related
Енисея (noun) - Yenisei (name)
Ёнпхёндо (noun) - Yeonpyeong (South Korean Island/located North of the 38th Parallel of latitude)
Епифании (noun) - Epiphany (holiday)
епс. (abbv) - Salinity unit
ЕР (abbv) - One Russia, Unified Russia, Common Russia
Ереван (noun) - Erevan, (Yerevan, historical name, Armenian)
Ерёма (noun) - Erema (name)
Ерёму (noun) - Erema (name)
ERR (acnm) - Error Summary, Weather correction-report
ЕРФ (abbv) - European Rotorcraft Forum
ЕС (abbv) - European Union, European Community, European-Nations conglomerate-organization
ЕС - посол (abbv) - European Union - Ambassador
если (conj) - if, in the event that, allowing that, whether
естествю методы (noun) - natural methods
естественная (adjv) - natural, typical, normal, general, nature-related
естественно (advb) - naturally, typically, normally, generally,
естественное (adjv) - natural, typical, normal, general, nature-related
естественное руслореки (noun) - natural riverbed, typical river- bottom
естественную (adjv) - natural, typical, normal, general, nature-related
естественные (adjv) - natural, typical, normal, general, nature-related
естественные вариабилиты (noun) - natural variability

естественные дренаж (noun) - natural drainage
естественные колебание (noun) - normal fluctuation, natural fluctuation
естественные отбор (noun) - natural selection, evolution
естественные условия (noun) - natural conditions, normal conditions
естественным (adjv) - natural, typical normal, general, nature-related
естественными (adjv) - natural, typical, normal, general, nature-related
естественных (adjv) - natural, typical, normal, general, nature-related
естество (noun) - nature, essence, attribute, proper
естествовед (noun) - naturalist, nature scientist
етапе (noun) - lap, stage, phase, leg, milestone
EUR (abbv) - Euro, European Currency-standard
Ефрема (noun) - Ephraim (noun)
Еханурова (noun) - Ekhanurova (name)
ЕЦБ (abbv) - European Central Bank
ЕЦСПП (abbv) - European Center for medium-range Weather Forecasting
ещё (advb) - still, yet, even, more, some more, any more, already, else, seen, rather, you bet, of course, would be, suppose
ЕЭП (abbv) - Single Economic Area, Single economic region
ЕЭС (abbv) - European Economic Community
ею (pron) - he, his, her, hers, it, they, them, those, another

Ж

ж/д (abbv) - railway, railroad, train, rail-transportation
ж/д катастрофе (noun) - railroad-catastrophe, train-catastrophe, railroad-wreck, railroad-accident, train-wreck
Жак Рогге (noun) - Jacques Rogge (IOC)
Жака (noun) - Jack (noun)
жалозит (verb) - put behind, lay a foundation, mislay, pile up, heap up, block up, mark, harness, lay in, store, put by, pawn, mortgage

Жан-Клод Трише (noun) - Jean-Claude Trichet (name)
Жандармерию (noun) - Gendarmerie, French-police, French Law- enforcement
Жанин (noun) - Genin (medical)
Жанны (noun) - Gann (name)
жапорожье (noun) - Zhaporozhe (name)
Жар-Пушку (noun) - "Heat Gun" (non-lethal electromagnetic-radiation weapon)
жара равновесие (noun) - heat balance, thermal balance
жаркая (adjv) - hot, torrid, tropical, ardent, passionate, temperature- related
жаркий воздук (noun) - hot air, torrid air, tropical air
жарко (advb) - hotly, torridly, tropically, heatedly, ardently, passionately, heat-related
жары (noun) - heat, hot place, embers, fire, fever, high-temperature, ardor, energy
ждал (verb) - wait, await, bide, abide, expect, plan on
ждет (verb) - wait, await, bide, abide, expect, plan on, sweat, perspire, stay up for
ждут (verb) - wait, await, expect, bide, abide, sweat, perspire, stay up for
Жебриянская (adjv) - Zhebriyanian, Zhebriyan (name)
Жебриянская бухта (noun) - Zhebriyan Gulf, Gulf of Zhebriyan
желающиу (conj) - those wishing, those desiring, persons interested, those who so desire
желающих (conj) - those wishing, rhose desiring, persons interested, those who so desire
железа щитовидная (noun) - thyroid-gland (medical)
железная (adjv) - metallic, strong, mighty, stout, firm, sound, durable, iron-related
Железная хватка (noun) - Iron Grip, Iron Grasp
железнодорожники (comp) - railway, railway men, railway women, railroader, railmen, railwomen, trainmem, trainwomen, train personnel
железнодорожников (comp) - railway's, railway men, railway women, railroaders, railmen, railwomen, trainmen, trainwomen, train personnel

железнодорожное (adjv) - railed, permanent, tied, fixed, iron-tracked. junctioned, locomotive-powered, hitched, railway-related
железной дороги (noun) - Iron way, railway, iron-road
железные (adjv) - metallic, strong, mighty, stout, sturdy, firm, sound, durable, iron-related
Железный купол (noun) - "Iron Dome" (Israeli anti-missile defense system)
жёлоба у низкопо давление (noun) - Trough of low pressure
Желтизна море (noun) - Yellow Sea
Желто-черных (adjv) - yellow-black, colored, distinctive, coloring-related
желть (noun) - yellow, color
желтый цвет (noun) - color Yellow
Женева (noun) - Geneva (name)
Женеве (noun) - Geneva (name)
Женевских (adjv) - Genevian, Geneva-related
Женевское (adjv) - Genevian, Geneva-related
Женевское озеро (noun) - Lake Geneva
Женитьбой фигаро (noun) - Marriage (of) Figaro
жениться (verb) - marry, espouse, betroth, pledge, promise
женого (adjv) - womanish, feminine, female, woman-like, ladylike, matronish, girlish, woman-related
женская (adjv) - womanish, feminine, female, woman-like, ladylike, matronish, girlish, woman-related
женщина (noun) - woman, female, lady, matron, dame, wife
женщиной (adjv) - womanish, feminine, female, woman-like, ladylike, matronish, girlish, woman-related
женщины (noun) - woman, female, lady, matron, dame, wife
Женя (noun) - Zhenya, Eugene (name)
Жерар де Рой (noun) - Gerard de Rooy (Dutch vehicle-racer)
Жерар Депардье (noun) - Gerald Depardieu (French Actor)
Жерара Депард (noun) - Gerald Depardieu (French actor)
жертвам (noun) - victims, sufferers, prey, wretch's, martyr's, sacrafices
жертвами (noun) - victims, sufferers, prey, wretch's, martyr's, sacrifices

жертвах (noun) - victims, sufferers, prey, wretchs, martyrs, sacrifices, casualties
жертвы (noun) - victim, sufferer, prey, wretch, martyr, sacrifice, casualty
жестких (adjv) - hard, harsh, brutal, tough, rigid, stiff, strong, resistant, tenacious, strict, wiry, difficult, durable, hardness-related
жесткой (adjv) - hard, harsh, brutal, tough, rigid, stiff, strong, esistant, tenacious, strict, wiry, difficult, durable, hardness-related
жёстком (adjv) - hard, harsh, brutal, tough, rigid, stiff, strong, resistant, tenacious, strict, wiry, difficult, durable, hardness-related
жестком диске (noun) - hard disk, hard disc, memory device
жесткую (adjv) - hard, harsh, brutal, tough, rigid, stiff, strong, resistant, tenacious, strict, wiry, difficult, durable, hardness-related
жестоко (advb) - severely, brutally, cruelly, bloodily, violently, ferociously, atrociously, brutishly, sorely, bitterly, relentlessly
живая (adjv) - energetic, animated, quick, keen, live, alive, living, energy-related
животного (adjv) - animalistic, bestial, brutish, brutal, beastly, wild, animal-related
животное отходы (noun) - animal waste, animal defication
животных (adjv) - animalistic, bestial, brutish, brutal, beastly, wild, animal-related
живыми (adjv) - live, alive, quick, living, vital, animate
Жиганск (noun) - Zhigansk (name)
Жиганске (noun) - Zhigansk (name)
Жигулей (noun) - Ziguli (mountains, automobile name)
Жигулями (noun) - Ziguli's (mountains, automobile name)
жидкий отравах (noun) - liquid poisons
жидко кристаллический индикатор (noun) - Liquid-crystal display, LCD
жидкого аммиака (noun) - liquid ammonia, fluid ammonia
жидкостей (noun) - liquid, fluid, thinness, weakness
жидкостёй (noun) - liquid, fluid, thinness, weakness
Жидкостный термометр (noun) - Liquid thermometer

жидкостных (adjv) - liquid, fluid, versatile, thinness, weakness, fluidity-related
жизнь цикл (noun) - life cycle, existence cycle
жилая (adjv) - habitable, residential, inhabited, dwelling, habitation- related
жилищно-коммунальные (adjv) - building-communal, housing-communal, habitation-related
жилищных (adjv) - conditioned, conditioning, lived, living, existed, existing, accommodated. accommodating, surrounding-related[
жило (noun) - habitation, residence, habitat, dwelling, lodging, housing, accommodation, home
жилого (adjv) - residential, residentiary, domestic, domiciliary, domal, home, household, manorial, habitation-related
жилом (noun) - habitation, residence, habitat, dwelling,lodging, housing, accommodation, home
жилых (adjv) - residential, residentiary, domestic, domiciliary, domal, home, household, manorial, habitation-related
жильем (noun) - habitation, residence, habitat, dwelling, lodging, housing, accommodation, home
жилью (noun) - habitation, residence, habitat, dwelling, lodging, housing, accomodations, home
жимнего (adjv) - wintry, winterlike, snowy, icy, frigid, cold, freezing, raw, bleak, inclement, winter-related
жирафь (noun) - giraffe, African ruminant-mammal, Camelopardalis, tallest living-quadruped
Жириновский (adjv) - Zirinovian, Zirinov-related
жириновскому (adjv) - Zirinovian, Zirinov-related
жирналистов (noun) - journalist, correspondents, writers, reporters
жироклинометр (noun) - gyro-clinometer, gyroscopic-clinometer
жироскоп (noun) - gyroscope, gyroscopic-stabilizer
жителей (noun) - inhabitant, dweller, tenant, resident, denizen, civilian
жители (noun) - inhabitant, dweller, occupant, tenant, resident, denizen, citizen, civilian
Жители Речника (noun) - Rechnika inhabitant, Rechnika dweller
Жителй (noun) - inhabitant, dweller, occupant, tenant, resident, denizen, citizen, civilian

житель (noun) - inhabitant, dweller, occupant, tenant, resident, denizen, citizen, civilian
жителю (noun) - inhabitant, dweller, occupant, tenant, resident, denizen, civilian, civilian
житный (adjv) - cerealized, grained, natural, edible, cereal-related
ЖК (abbv) - Liquid Crystal (Liquid Crystal display/LCD)
ЖКХ (abbv) - City Housing, Utilities and Procurement Services
жнея (noun) - reaper, farm-machine
жнитво (noun) - harvest, harvest-time, reaping
Жоао (noun) - Joao (name)
Жуковским (adjv) - Zukovian, Zukov-related
Жуковском (noun) - Zhukovsky (name)
Журнал атмосферный наука (noun) - Journal (of) Atmospheric Science
Журнал геофизический изучение (noun) - Journal (of) Geophysical Research
Журнал метеорологический общество, Япония (noun - Journal (of the) Meteorological Society, Japan
Журнад морское изучение (noun) - Journal (of) Marine Research
Журнал у климат (noun) - Journal of Climate
Журнал у метеорология (noun) - Journal of Meteorology
Журнад у планктон изучение (noun) - Journal of Plankton Research
Журнал у прикладые метеорология (noun) - Journal of Applied Meteorology
журнала (noun) - journal, periodical, account, record, log, book
журналистам (noun) - journalist's, correspondents, newspeople, writers, editors, reporters
журнадистах (noun) - journalist's, correspondents, newspeople, writers, editors, reporters
журналистике (noun) - journalist, correspondent, newsperson, writer, editor, reporter
журналистке (noun) - journalist, newspaper-person, newsperson, correspondent, reporter, editor, copyreader, columnist, author, writer, photographer, printer, periodical-pressperson, daily-pressperson, news-mediaperson
журналистку (noun) - journalism, the press, news-reporting, news-people, correspondence, reporting, editing,

copyreading, column-writing, news-authoring, news-writing, news-photographing, news-printing, periodical-pressperson, daily-pressperson, news-mediaperson
журналистов (noun) - journalists, newspaper-persons, newspersons, correspondents, reporters, editors, copyreaders, columnists, authors, writers, news-authoring, news-writing, news-photographing, news- printing, periodical-press, daily-press, news-media
журналистом (noun) - journalist, newspaperperson, newsperson, correspondent, reporter, editor, copyreader, columnist, author, writer, photographer, printer, periodical-pressperson, daily-pressperson
журнадисту (noun) - journalist, newspaperperson, newsperson, correspondent, reporter, editor, copyreader, columnist, author, writer, photographer, printer, periodical-pressperson, news-mediaperson
журналисты (noun) - journalist, newspaperperson, newsperson, correspondent, reporter, editor, copyreader, columnist, author, writer, photographer, printer, periodical-pressperson, daily-pressperson
журналу (noun) - journal, periodical, account, record, log, book
Жюли (noun) - Juli, Julie (name)

З

з. (abbv) - West, West-longitude, westward
Z. (abbv) - height, elevation, altitude
z. km. (abbv) - kilometer height, kilometer elevation, kilometer altitude
За верность Подмосковью (noun) - For Loyalty to my Home-Moscow
За заслуги перед Отечеством (noun) - For Service beyond the Father's
за патриарха, за Цековь, за Родину (noun) - “For Patriarch, For Church, For Motherland”
за рубежом (advb) - abroad, about, widely, astray
за честные выборы (noun) - “For Fair Elections”, For honest elections

Забайкалье (comp) - West Baikal (name)
забастовке (noun) - strike, work-stoppage, walkout, boycott
забастовкой (adjv) - striking, work-stopping, walking-out, boy-cotting, strike-related
забастовку (noun) - strike, work-stoppage, walkout, boycott
забил (verb) - score, gain, succeed, best, vanquish, conquer, overthrow, defeat, hammer, humble
забили (verb) - score, gain, succeed, best, vanquish, conquer, overthrow, defeat, hammer, humble
заблаговременность (adjv) - timely, timelier, timeliest, done in good time, timeliness-related
заблаговременностью (adjv) - timely, timelier, timeliest, done in good time, timeliness-related
заболеваемостью (noun) - sickness-rate, number of cases
заболеваний (noun) - sickness, illness, disease, malady, indisposition, affliction, infirmity, depression
заболеванию (noun) - sickness, illness, disease, malady, indisposition, affliction, infirmity, depression
заболеваниями (noun) - sickness's, illness's, diseases, maladies, indispositions, afflictions, infirmities, depressions
заболоченной (adjv) - marshy, swampy, wetland, spongy, boggy, marsh-related
забросали (verb) - throw, propel, pitch, unseat, overcome, impel, dash, exert
забывать (verb) - forget, lose, drowse, sink
забытый (adjv) - forgotten, unremembered, unrecalled, unrecollected, rememberance-related
завалами (noun) - obstructions, barriers, blockages, stoppages, debris, rubbles, covers
заваленных (adjv) - trapped, entrapped, caught, ensnared, snared, hooked, ensnarled, decoyed, allured, entrapment-related
завалило (verb) - fill, cover, blanket, clothe, cloak, veil, mask
завалов (noun) - obstructions, barriers, blockages, stoppages, debris, rubbles, covers
заведено (verb) - institute, inaugurate, establish, introduce, launch, install, found
заверил (verb) - assure, certify, endorse, witness

завершает (verb) - complete, conclude, terminate, end, endorse, crown
завершается (verb) - complete, finish, conclude, terminate, end, endorse, crown
завершают (verb) - complete, finish, conclude, terminate, end, endorse, crown
завершена (noun) - completion, conclusion, termination, endorsement, crowning
завершено (advb) - completely, totally, conclusively, terminally, endorsingly, crowningly, finally, ultimately, exceedingly, end
завершив (verb) - complete, finish, conclude, terminate, end, endorse, crown
завершил (verb) - complete, finish, conclude, terminate, end, endorse, crown
завершила (verb) - complete, finish, conclude, terminate, end, endorse, crown
завершилась (verb) - complete, finish, conclude, terminate, end, endorse, crown
завершили (verb) - complete, finish, conclude, terminate, end, endorse, crown
авершились (verb) - complete, finish, conclude, terminate, end, endorse, crown
завершило (advb) - completely, totally, conclusively, terminally, endorsingly, finally, ultimately, exceedingly, endingly
завершился (verb) - complete, finish, conclude, terminate, end, endore, crown
завершится (verb) - complete, finish, conclude, terminate, end, endorse, crown
завершить (verb) - complete, finish, conclude, terminate, end, endorse, crown
зависеть (verb) - depend, rely, trust, have faith, turn on
зависимостей (noun) - dependence, dependability, reliance, trust, faith
зависимости (noun) - dependence, dependability, reliance, trust, faith
зависимую (noun) - dependence, dependability, reliance, trust, faith

зависит (noun) - jealousy, jealousness, envy, jaundice, resentment, meanspiritness
зависят (noun) - jealousy, jealousness, envy, jaundice, resentment, meanspiritness
завихрение (noun) - turbulence, violent disorder, commotion, instability, turmoil, haphazard motion, irregular motion
завихренности (noun) - cyclogenesis, cyclone development, cyclone intensification
заводам (noun) - factory's, plants, work's, mill,s, windings
заводах (noun) - factory's, plant's, work's mill's, windings
заводе (noun) - factory, plant, mill, work's, winding
завоевал (verb) - win, won, conquer, achieve, gain, attain
завоевала (noun) - winning, conquering, achievement, gaining, attaining
завоевали (noun) - winning, conquering, achievement, gaining, attaining
завоевывает (verb) - win, conquer, achieve, gain, attain
заволакивать (verb) - obscure, hide, conceal, cloud, darken, dim
заволочься (verb) - obscure, hide, conceal, cloud, darken, dim
завтрашнего (noun) - tomorrow, the morrow, the morning after, the future, ventuality, time to come
завышена (verb) - over-estimate, over-elevate, inflate
загарать (verb) - tan, suntan, sunburn, overexpose
загвоздка (noun) - obstacle, barrier, impediment
заглавная буква (noun) - capital letter, upper-case letter
заглохшими (noun) - neglect, inattention, poor stewardship, negligence, poor service
заглушки (noun) - drowning, deadening, muffling, jamming, choking, suppressing, stifling
загораций (noun) - occlusion, obstruction, obstacle, obscuration, cloudiness, darkness, dimness, concealment
Загораций зачительный облако высота (noun) - Obscured ceiling, Obscured reading (of) cloud height
загорелся (verb) - fire, burn, blaze, ignite, start
Загорск (noun) - Zagorsk (name)
заграздение (noun) - occlusion, obstruction, obstacle, obscuration, cloudiness, darkness, dimness, concealment

заграница поможет (noun) - foreign slop, foreign slander, foreign falsehoods, foreign lies, foreign defamation
загранраспорта (comp) - Foreign Passport, Passport
загрязнение (noun) - pollution, contamination, soiling, stain, corruption
загрязнение атмосферы (noun) - atmospheric pollution, air pollution, atmospheric contamination
загрязнение воздушной среды (noun) - environmental air pollution
загрязнение источники (noun) - source (of) pollution, pollution sources
загрязнение окружающуй среды (noun) - pollution (of) surrounding environment, environmental pollution
загрязнение сток (noun) - pollution runoff, contamination runoff
загрязнением (noun) - pollution, contamination, soiling, stain, corruption
загрязнении (noun) - pollution, contamination, soiling, stain, corruption
загрязнении природной среды (noun) - natural-environment contamination, environmental pollution
загрязнений (noun) - pollution, contamination, soiling, stain, corruption
загрязнению (noun) - pollution, contamination, soiling, stain, corruption
загрязнения воды (noun) - water contamination, water pollution
загрязненных (adjv) - polluted, contaminated, soiled, stained, corrupted, pollution-related
загрязнены (noun) - pollution, contamination, soiling, stain, corruption
загрязняющего (adjv) - polluted, contaminated, soiled, stained, corrupted, pollution-related
загрязняющих (adjv) - polluted, contaminated, soiled, stained, corrupted, pollution-related
загрязняющих веществ (noun) - pollutant material, pollutants
задавалась (noun) - egotist, snob, person
задавались (noun) - egotist, snob, person
заданием (noun) - task, job, occupation, vocation, mission, setting, definition,

задании (noun) - task, job, occupation, vocation, mission, setting, definition
заданного (adjv) - specific, specified, particular, given, intended, projected, tasked, granted, specificity-related
заданной (adjv) - specific, specified, particular, given, intended, projected, tasked, granted, specificity-related
заданную (adjv) - specific, specified, particular, given, intended, projected, tasked, granted, specificity-related
заданные (adjv) - specific, specified, particular, given, intended, projected, tasked, granted, specificity-related
заданным (adjv) - specific, specified, particular, given, intended, projected, tasked, granted, specificity-related
задач (noun) - task, job, occupation, vocation, mission, setting. definition, problem
задачах (noun) - tasks, jobs, occupations, vocations, missions, settings, definitions, problems
задаче (noun) - task, job, occupation, vocation, mission, setting, definition, problem
задачу (noun) - task, job, occupation, vocation, mission, setting, definition, problem
задекларированы (noun) - declaration, announcement, decree, acknowledgement, affirmation
задержал (verb) - detain, arrest, stop, hold back, delay, withhold, keep back, slow, delay
задержала (noun) - detaining, arresting, stopping, holding back, withholding, keeping back, slowing, delaying
задержали (verb) - detain, arrest, stop, hold back, delay, withhold, keep back, slow, delay
задержан (verb) - detain, arrest, stop, hold back, delay, withhold, keep back, slow, delay
задержана (noun) - detaining, arresting, stopping, holding back, witholding, keeping back, slowing, delaying
задержании (noun) - detainment, arrest, stopping, holding back, detention, delaying, arresting, retention, bounding over
задержанные (adjv) - detained, arrested, stopped, delayed, retained, detented, holding, retented, bounding, arresting, detainee-related

задержанный непогодой (noun) - bad-weather bound, bad-weather incapacitated
задержанный туманом (noun) - fog bound, fogged-in, fog delayed
задержанным (adjv) - stopped, halted, delayed, detained, detented, holding, retented, bounding, arresting, detainee-related
задержанными (adjv) - stopped, halted, delayed, detained, detented, holding, retented, bounding, arresting, detainee-related
задержанных (adjv) - stopped, halted, delayed, detained, retained, detented, holding, retented, bounding, arresting, detainee-related
задержаны (noun) - stopping, halting, delaying, detaining, detention, holding back, retention, bounding, arresting, arrest
задержке (noun) - delay, hold-up, retardation, slowage, hinerance, postponement
задний ход ветер (noun) - backward moving wind, backing wind
заднийпосьшают (noun) - backscattering, rearward radiation
заездами (noun) - races, heats, contacting, calling in (enroute)
зажглась (verb) - lit, turn on, light, strike, inflame, kindle, burn
зажег (verb) - lit, turn on, light, strike a match, inflame, kindle, burn
зажжен (verb) - lit, turn on, light, strike a match, inflame, kindle, burn
зажигает (verb) - lit, turn on, light, strike a match, inflame, kindle, burn
Зажигает звезды (noun) - Star Light
Зазеркалье (comp) - Looking Glass
зазубренный облаках (noun) - castellated-cloud, castelled-cloud forms
заинтересован (noun) - interesting, attention, curiosity, inquisiteness
заинтересована (noun) - interesting, attention, curiosity, inquisitiveness
займет (verb) - take, acquire, get, gain, obtain, procure, reap, win
зак. (abbv) - bought, purchased, acquired, obtained, stole
Закавказье (noun) - Caucasus, Transcaucasus, South Cacasus
Закавказью (noun) - Caucasus, Transcaucasus, South Cacasus

заказа (noun) - order, purchase, procurement, commission, reservation
заказов (noun) - orders, purchases, procurements, commissions, reservations
заказчики (noun) - customer, client, patron, buyer, prospect
заканчивается (verb) - end, finish, conclude, complete, terminate
захваченные (adjv) - captured, apprehended, seized, taken, arrested, capture-related
заключались (verb) - conclude, decide, infer, sign, detain, confine, imprison
заключению (noun) - conclusion, end, ending, inference, signing, confinement, detention, internment, jailing, imprisonment
заключенная (noun) - prisoner, convict, captive, jailbird, detainee, internee, prisoner of war
заключению (noun) - conclusion, termination, inference, decision, judgement, condemnation, convicted, sentence, detention, confinement, doom, value
заключенные (adjv) - concluded, ended, finished, terminated, inferred, entered, decided, judged, condemned, convicted, sentenced, detained, contained, enclosed, confined, custodial, imprisoned, jailed, doomed, sentencing-related
заключенный (adjv) - concluded, ended, finished, terminated, inferred, entered, decided, judged, condemned, convicted,sentenced, detained, contained, enclosed, confined, custodial, imprisoned, jailed, doomed, sentencing-related
заключенными (adjv) - concluded, ended, finished, terminated, inferred, entered, judged, condemned, convicted, sentenced, detained, contained, enclosed, confined, custodial, imprisoned, jailed, doomed, sentencing-related
заключенных (adjv) - concluded, ended, finished, terminated, inferred, entered, judged, condemned, convicted, sentenced, detained, contained, enclosed, confined, custodial, imprisioned, jailed, doomed, sentencing-related
заключено (adjv) - concluded, ended, finished, terminated,inferred, entered, contacted, striking, contained, enclosed, compromised, confined, custodial, imprisoned, jailed, containment-related

заключёного (noun) - prisoner, convict, captive, jailbird, detainee, internee, prisoner of war
заключил (verb) - conclude, resolve, complete, found, resolve, complete, arrange, perfect, end, lock, terminate, finish,
заключили (verb) - conclude, resolve, complete, found, resolve, complete, arrange, perfect, end, lock, terminate, finish
заключительном (noun) - final, conclusion, decision, end, finish
закдючительные (adjv) - final, concluding, decisive, ending-related
закоде (verb) - set, stop, arrive, call, put, go
Закон о болельщиках (noun) - Law of Fans, Law of Supporters
закон сохранения вещества (noun) - law of the conservation of matter
закона сохранения энергии (noun) - Law of the Conservation of Energy
законодатели (noun) - legislator, law-giver, congressperson, senator, representative, public official
законным (adjv) - lawful, legal, rightful, legitimate, understandable, natural, legality-related
законодательством (noun) - bill, legislation, law, statute
законопроектах (noun) - bills, legislations, laws, statutes, enactments, measures, ordinances, rulings, edicts, decrees
законопроектов (noun) - bills, legislations, laws, statutes, enactments, measures, ordinances, rulings, edicts, decrees
законотворчеству (comp) - law-making, legislation-making, bill- enacting
закончилась (verb) - end, complete, finish, terminate, fulfill, deliver, consummate, accomplish, achieve
закончили (noun) - ending, completing, finishing, terminating, fulfilling, delivering, consummating, accomplishing, achieving
законы (noun) - laws, statutes, rules, practice
Закотел Поласть (noun) - Zakotel Polact (name)
Закрутить гайки (noun) - “Put the screws on”, apply pressure, apply persuasion
закрыли (verb) - close, shut, occlude, clot, cover
закрылись (verb) - close, shut, occlude, clot, cover
закрытие (noun) - thrombosis, occlusion, closing, shutting embolism, clotting

закрытии (noun) - closing, shutting, covering, protection
закрытый изобары (noun) - closed isobars, shut isobars
закрытый контуры (noun) - closed contours, shut contours
закупке (noun) - purchase, buying, procurement, shopping, marketing, commercialism
закупку (noun) - purchase, buying, procurement, shopping, marketing, commercialism
закупок (noun) - purchase, buying, procurement, shopping, marketing, commercialism
закупорка (noun) - thrombosis, occlusion, closing, shutting, embolism, clotting
закупочные цены (noun) - purchase price
зал заседаний (noun) - meeting hall, gathering hall
зале (noun) - hall, lounge, arcade, room
Залив святого Лаврентия (noun) - Gulf (of) Saint Lawrence
Залив у Бенгалия (noun) - Bay of Bengal
Залив у Калифорния (noun) - Gulf of California, Sea of Cortez
заливе (noun) - gulf, bay, cove, inlet
заливной луг (noun) - flood-plain, wet-meadow
залов (noun) - halls, rooms, lounges, arcades
залог (noun) - deposit, pledge, security, bail, pledge, guarantee, token, collateral, bond, lien, guaranty
заложеики (noun) - hostage, captive, prisoner, people, property
заложившихся (verb) - form, pile up, heap up, develop-vertically
заложит (verb) - put behind, lay a foundation, mislay, pile up, heap up, block up, mark, put a marker, harness, lay in, store, put by, pawn, mortgage
заложников (noun) - hostages, conflict held-people, demand taken- people, involuntarily controlled-people
Замбиец (noun) - Zambia (name)
Замбийка (noun) - Zambia (name)
Замгенсека (comp) - Deputy-General Secretary, Deputy-general director
замглавкома (noun) - deputy-director, deputy-commander
Замглавы (comp) - Deputy Head, Deputy Chief, Head Deputy
Замгоссекретаря (comp) - Deputy Secretary of State
замедлению (noun) - slowdown, slowing, retardation, slackening, letup, delay, deceleration, holdup, setback

замене (noun) - substitution, replacement, commutation, change, exchange, ersatz, alternate, successor, proxy, anology, metaphor
заменит (verb) - replace, substitute, take the place of, subrogate, double for, supplant, supersede
замерзанием (noun) - freezing, glaciation, glaciated-snow
замёршии (adjv) - frozen, frozen-up, killed by frost, freeze-related
замёршии брызг (noun) - frozen spray, frozen droplets
заместителей (adjv) deputy, vice, assistant, deputative, acting, representativeby proxy, alternate-related
заметном (noun) - notification, prominence, exceptionality
заметный (adjv) - noticeable, prominent, notable, outstanding, appreciable, celebrated, prominence-related
заметным (adjv) - noticeable, prominent, notable, outstanding, appreciable, celebrated, prominence-related
замначальника (comp) - Deputy Chief, Deputy Director, Deputy Head, Vice Director
замкнутое (adjv) - closed, shut, locked, reserved, exclusive, unaccessible, unavailable, openness-related
замминистра (comp) - deputy-minister, vice-minister, under-secretary
замороженного (adjv) - frozen, iced, icy, chilled, frosted. refrigerated, coldness-related
заморозил (verb) - freeze, ice, chill, frost, refrigerate
заморозков (noun) - light-frosts, light-freezes
зампредседателя (comp) - Deputy-chairman, Vice-chairman
замышлял (verb) - plot, scheme, intrigue, plan, contemplate, anticipate, connive
занеуплату (noun) - non-payment, default, delinquency, failure to pay, miss a payment
занижена (verb) - underestimate, under-rate, under-value, under- appraise
занимает (verb) - occupy, interest, take, take up, reserve, deal
занимается (verb) - be occupied, be engaged, work, study, engage, practice, devote, assist, deal
занимают (verb) - take, possess, engage, occupy, work, claim, work, study, devote, assist
занимаются (verb) - take, possess, engage, occupy, claim, work, study, devote, assist

занимающихся (verb) - involve, engage, occupy, work, study, interest, reserve, take
заняла (noun) - stage, phase, facet, side, place, lap, event
заняли (verb) - pant, be breathless, gasp, lack air, took
занятая облаках (noun) - Comma Clouds, Mares Tails, Snowing Cirrus clouds
занятия (noun) - tutoring, study, studying, endeavoring, learning, memorizing, examination
занятиям (noun) - tutorings, studies, endeavors, apptitudes, memorizations, examinations
занять (verb) - take, appropriate, usurp, assume, adopt, possess
ЗАО (abbv) - Closed Joint-stock Company
Запад поедет (noun) - West Poedet (name)
Западе (noun) - West, western, westward, toward the West
Западная долгота (noun) - West longitude, Western Longitudes
Западная Сибирь (noun) - West Siberia, Western Siberia
Западная Украина и Молдавия (noun) - Western Ukraine and Moldavia
западно (advb) - westerly, west, westward, western
Западно Атлантическому (noun) - Western Atlantic, West Atlantic
Западно Сибирский (noun) - Western Siberia, West Siberia
западного (adjv) - westerly, westward, west-like, West-related
Западного полушария (noun) - Western hemisphere
западноевропейского (adjv) - West-european, West-Europe citizen related
западноевропейское (adjv) - West-european, West-Europe citizen related
западной (adjv) - westward, western, westerly, West-related
Западной Сибири (noun) - West Siberia, Western Siberia
западном (noun) - west, western, westward
западному (noun) - west, western, westward
западныеах (adjv) - westwards, westerns, westerlies, West-related
Западный волны (noun) - Westerly Waves, westerly troughs
западный фаза (noun) - westerly phase
западных (adjv) - westward, western, westerly, West-related
Западом (noun) - West, westward, western
западу (noun) - west, westward, western

запасов (noun) - supplies, stocks, reserves, spares, stockpiles, hems
запетьного (adjv) -forbidden, restricted, taboo, not permitted-related, restriction-related
записаны (noun) - coupling, unification, joint, unit, mateing
записаны океан-атмосфера модель (noun) - ocean-atmosphere coupled model
записей (noun) - written record, recording, registration, entry, note, deed, record
запись дождь и снег измеритель (noun) - rain-and-snow recording gauge
записями (noun) - writings down, recordings, registrations, entries, notes, deeds, records
запишем (verb) - note, write, enter, register, enroll
запланирован (verb) - plan, schedule, project, lay-out, design, envision
запланированного (adjv) - planned, scheduled, projected, laid-out, designed, envisioned, plan-related
запланированной (adjv) - planned, scheduled, projected, laid-out, designed, envisioned, plan-related
заплатил (verb) - paid, spent, remit, expend, receipt
заплатит (verb) - pay, render, commit, perpetrate, inflict, wreak, do, effect
заплыву (noun) - round, heat, event
заповедные (adjv) - closed, shut, unopen, unvented, excluded, barred, exclusive, closure-related
заполняющий (verb) - fill-up, fill-fully, fill to capacity
запрещающий (adjv) - prohibitive, prohibited, forbititive, banned, forbidden-related
запрете (noun) - banning, prohibition, interdiction, interference, embargoing
запретил (verb) - ban, prohibit, forbid, interdict, interfere, embargo
запретят (verb) - ban, prohibit, forbid, interdict, interfere, embargo
запрещал (verb) - ban, prohibit, forbid, interdict, interfere, embargo
запрещено (verb) - ban, prohibit, forebid, interdict, interfere, embargo

запуск (noun) - starting, lauching, running, operating, functioning, producing
запускает (verb) - launching, firing, activation, starting, running, operating, producing
запускается (verb) - launching, starting, running, operating, functioning, producing
запускать место погода состояниеы (noun) - launch-site weather- conditions
запускаться (verb) - launch, start, run, operate, function, produce
запуске (noun) - launching, starting, running, operating, functioning, producing
запуску (noun) - launching, starting, running, operating, functioning, producing
запустил (verb) - launch, fling, throw, thrust, start, put into, let loose, run
запустить (verb) - launch, fling, throw, thrust, start, operate, run, dig, put, let loose, neglect, ignore
запущен (verb) - launch, fling, throw, thrust, start, operate, run, dig, put, let loose, neglect, ignore
зарабатыавющим (noun) - earning, income, salary, wage, work, workings, starting-work, beginning-work
заработанные (adjv) - earned, worked, beginning, started, overworked, worked late, tired, toil-related
заражено (verb) - infect, pollute, corrupt, contaminate, taint
заразить (verb) - contaminate, pollute, taint, soil, defile
зпразишься (verb) - infect, pollute, corrupt, contaminate, taint
Зарайского (adjv) - Zarayskian, Zaraysk-related
зарегистрировал (verb) - register, record, document, chronicle, preserve, protect
зарегистрирована (noun) - registration, register, registry, recording, enrollment, logging, booking, documentation, chronicleing, preservation, protection
зарегистрированных (adjv) - registrative, recording, recorded, enrolled, enrolling, logging, logged, booking, booked, documentive, chronicled, chronicling, preservative, protective, registry-related

зарегистрировано (noun) - registration, register, registry, recording, enrollment, logging, booking, documentation, chronicling, preservation, protection
зарегистрирует (verb) - register, record, enroll, post, book, log, file, tabulate, chronicle
зарезервирован (noun) - reservation, appointment, booking
зарница (noun) - sheet-lightning, lightning-strokes
зарождающийся (adjv) - incipient, inceptive, inchoative, commenced, becoming apparent related
зарождение циклона (noun) - cyclone origin, cyclogenesis
зарплату (noun) - wages, salary, pay, earnings, income
зарплатю (noun) - wages, salary, pay, earnings, income
зарубежная (adjv) - foreign, alien, outside, external, extrinsic
зарубежных (adjv) - foreign, alien, outside, external, extrinsic
заручившись (verb) - secure, enlist, support, acquire, obtain
заседании (noun) - meeting, conference, session, sitting
заседанию (noun) - meeting, conference, session, sitting
заслонаций (noun) - obscuration, shroud, shield, screen, barrier
заслонять небо (noun) - obscured sky, shrouded sky, hidden sky
заслуживает (verb) - deserve, merit, win, earn
заслушал (verb) - hear, listen, listen spellbound, wear-out
заснеженности (adjv) - snow-covered, snow blanketed, snow-topped, snow-related
застенчивым (adjv) - shy, bashful, timid, demure, coy, wary
застрелен (verb) - shoot, fire on, discharge (a firearm), injure, wound, kill
застрелены (noun) - shooting, firing, discharging (a firearm)
застрелил (verb) - shoot, fire, discharge, kill, execute
застрявших (adjv) - stuck, fastened, fixed, jammed, wedged, bound, frozen, held-up, bogged-down, attachment-related заступилась (verb) - intercede, intervene, interpose, go between, stand-up for, arbitrate, referee
засухаз (noun) - droughts, extremely-arid periods, lack-of-rains
засухе (noun) - drought, extremely-aridr period, lack-of-rain
засушливости (noun) - aridity, dryness
затвор (noun) - flood-gate, water-gate, spillway
затвор плотины (noun) - dam spillway, dam flood-gate

затем макеты считывались в оперативиую память (noun) - consider next models for memory efficiency
Затем этапразвития Радар (noun) - Next-generation Radar
затемнение солнца (noun) - darkened sun, obscured sun, solar eclipse
затемненые (adjv) - dark, darkened, obscured, blacked-out, vision- related
затемно (advb) - before dawn, before day-break, before sunrise
затенении (noun) - dark, shade, shadow
затишье (noun) - calm, lull, tranquility, slack, truce, standstill, impasse
затишьеы (noun) - calm, lull, tranquility, slack, truce, standstill, impasse
затонал (adjv) - tonal, sounding, sonorous, soniferous, sounded, monotone, monotonic, tone-related
затонет (verb) - sink, submerge, go down, immerse, inundate, dip, dunk, duck, drown
затонувшего (adjv) - sunken, gone down, submerged, drowned, splashed-down, hidden, penetrated, lost below, sinking-related
затонувшей (adjv) - sunken, gone down, submerged, drowned, splashed-down, hidden, penetrated, lost below, sinking-related
затонувшем (noun) - sinking, going down, submerging, drowning, splashing down, hiding, penetrating, sank and lost
затонувший (adjv) - sunken, gone down, submerged, drowned, splashed-down, hidden, penetrated, lost below. sinking- related
затонул (noun)- sinking, going down, submerging, drowning, splashing down, hiding, penetrating, sank and lost
затонула (noun) - sinking, going down, submerging, drowning, splashing down, hiding, penetrating, sank and lost
затонули (noun) - sinking, going down, submerging, drowning, splashing-down, hiding, penetrating, lost below
затопило (verb) - flood, overflow, inundate, submerge, scuttle, sink
затоплен (verb) - flood, overflow, inundate, submerge, scuttle, sink
затопление (noun) - flooding, overflowing, inundating, submerging, scuttling, sinking
затопление река (noun) - flooding river, overflowing river

затопленный (adjv) - flooded, overflowed, inundated, submerged, scuttled, sank, under-water related
затопленных (adjv) - flooded, overflowed, inundated, submerged, scuttled, sank, under-water related
затратю (noun) - cost, expense, outlay, expenditure, spending
затраченная (adjv) - spent, expended, used, consumed, consuming-related
затраченная работа (noun) - spent work, expended work
затронули (verb) - sink, go down, descend, lower, submerge, drown
затруднен (adjv) - difficult, ackward, troublesome, adverse, detrimental, unfavorable, hard, difficulty-related
затруднение (noun) - difficulty, adversity, impediment, detriment, disability, hardship
затрунено (advb) - difficultly, adversely, perversely, detrimentally
Затуливетер (noun) - Zatyliveter (name)
затыхающуе (adjv) - damped, suppressed, contained, suppression- related
затыхающуе колебания (noun) - damped wave, suppressed wave
затяжных (adjv) - protracted, extended, drawn-out, lingered, long, protraction-related
зафиксировали (verb) - charter, license, sanction, authorize, warrant, legalize
зафиксировано (advb) - fixedly, recordingly, directionally, authorizationally, warrantedly
зафиксированы (noun) - fixing, recording, directing, authorizing, warranting
зафиксировать (verb) - fix, record, direct, authorize, warrant
Захарин (noun) - Zacharin (name)
захватами (noun) - grips, grippers, hooks, seizures, captures
захвати (verb) - seize, take, capture, carry away, claw, thrill
захвативший (adjv) - seized, captured, clawed, pirated, taking, thievish, seizure-related
захвативших (adjv) - seized, captured, clawed, pirated, taking, thievish, seizure-related
захватили (verb) - seize, capture, pirate, take, thieve
захватчикам (noun) - aggressors, invaders, intruders, assailants, interlopers, tresspassers, infiltrators, encroachers

захваченного (adjv) - taken, seized, captured, carried-away, thrilled, excited, caught, stopped (in time), seizure-related
захваченному (adjv) - taken, seized, captured, carried-away, thrilled, excited, caught, stopped (in time), seizure-related
захлестнула (verb) - fasten, secure, overwhelm, flow over, swamp
заходсолнца (noun) - Sunset, sundown, day's-end
захоронениям (noun) - burials, internments, entombments, funerals
зацвели (verb) - break into blossom, break into bloom, bloom
зачёте (noun) - standing, reckoning, amount, fee, account, statement, payment, estimate, sum, summation, calculation, test, pass
зачислению (noun) - enrollment, enlistment, conscription, induction
зачительный (adjv) - indicated, reading, informed, educated, instructed, indication-related
зачительный облако высота (noun) - indicated cloudiness-height, cloud-ceiling reading, instrument-data (for) cloud-ceiling
зашифрованный (adjv) - coded, enciphered, ciphered, encryption- related
заштрикована (noun) - shaded, hatched, checkered
заштрикованы (noun) - shaded, hatched, checkered
защита (noun) - protection, conservation, shelter, refuge, defense
защита окружающей среды (noun) - environmentalism, protectionism, conservation,
защита природы (noun) - environmentalism, protectionism, conservation, nature protection
защите (noun) - protection, defense, backing, support
защитеики (noun) - defender, protector, council, defense, back
защитить (verb) - defend, protect, council, back
защитная (adjv) - protective, defensive, shielded, protection-related
защитная атмосфера (noun) - atmosphere- defense, atmosphere-protection
защитников (noun) - defenders, protectors, champions, patrons, guardians
защитный цвет (noun) - protective coloring, camouflage, khaki color

защитой (noun) - protection, defense, shielding, guardianship
защиту (noun) - protection, defense, shielding, guardenship
защиты (noun) - protection, defense, shielding, quardianship
защищ (noun) - protection, defense, proof, shade, shelter
защищ от атмосфергых влияний (noun) - protected (from) atmospheric-influence, weather-proof, weather-protection
защищающий (adjv) - protective, defensive, sheltered, proofed, shaded, protection-related
защищающий от непогоды (noun) - protection from bad-weather
защищённая (adjv) - protective, defensive, sheltered, proofed, shaded, protection-related
заявил (verb) - declare, announce, state, claim, avow, say, said
заявила (noun) - declaration, announcement, statement, claim
заявили (verb) - declare, announce, state, claim, avow, say, said
заявило (verb) - declare, announce, state, claim, avow, say, said
заявку (noun) - application, claim, order, demand, requirement
заявление (noun) - declaration, statement, report, application
заявлению (noun) - statement, declaration, application, report
заявлениями (noun) - statements, declarations, applications, reports
заявляет (verb) - declare, state, report, announce, avow, claim, apply
заявляют (verb) - declare, state, report, announce, avow, claim, apply
звакуированы (noun) - evacuee, evacuated-person/animal
звездоплавание (comp) - astronavigation, star-sight navigation
звёздочкой (adjv) - astral, asterisk-marked, star-marked, star-related
Звезды балета (noun) - Star Ballet
Звезды россий (noun) - Star Russian, Russian Star (name)
Звонарева (noun) - Zvonareva (name)
звонить (verb) - ring, phone, call, telephone (someone)
звонки (verb) - ring, phone, call, telephone (someone)
звонков (noun) - rings, bells, calls (telephone),
звуковой слой глубина (noun) - sonic-layer depth
здание Конгресса США (noun) - American Congressional building, Building (of the) U.S. Congress
здании (noun) - building, structure, edifice, premise

зданий (noun) - building, structure, edifice, premise
зданию (noun) - building, structure, edifice, premise
здания (noun) - building, structure, edifice, premise
здания школы (noun) - School house, School structure
зданиях (noun) - buildings, structures, edifices, premise's
здоровому (noun) - health, strength, well-being, soundness
здоровы разросся наковальня облако (noun) - well-developed anvil cloud, mature cumulonimbus cloud
здоровье (noun) - health, well-being, fitness, bloom, glow, hygiene, Hygeia (goddess of health)
здоровью (noun) - health, well-being, fitness, bloom. glow, hygiene, Hygeia (goddess of health)
здравому (noun) - sensibility, reason, logic, intelligence, knowledge
здравоохранении (noun) - health care, public health, health services Зейнаб Суюнов (noun) - Zeinab Suyunova (terrorist)
Зек (noun) - Zeke (name)
зеленого (adjv) - greened, verdant, lush, colored, colorful, green-related
Зеленого мыса (noun) - Cape Verde, Green Cape (name)
зеленое (adjv) - greened, verdant, lush, colored, colorful, green- related
зеленое вспышка (noun) - Green Flash, Sunset flash phenomena
Зеленой неделе (noun) - Green Week, ecology week
зелёный (adjv) - greened, verdant, lush, colored, colorful, green- related
Зелёный Мыс (noun) - Cape Verde, Green Cape (name)
зелёный цвет (noun) - color green, colored green
Зелин (noun) - Zelin (name)
земельная (adjv) - ground, earth, soil, land, Earth-related
земельная площадь (noun) - ground site, land area
земле (noun) - earth, globe, ground, terra firma, planet
земледелец (noun) - agriculturalist, field-scientist, field-manager
земледелие (noun) - agronomy, field-crop production, field-science
земледелии (noun) - agriculture, farm-science, farming
землей (noun) - Earth, land, ground, soil, estate, state, province
землепроxедец (noun) - explorer, discoverer, traveler

землетрясений (adjv) - earth-shaking, earthquaked, earthquaking, shaking, earthquake-related
землетрясению (noun) - earthquake, seismic-activity, plate-teutonic motion
землетрясения (noun) - earthquake, seismic-activity, plate-teutonic motion
землетрясенов (noun) - earthquakes, seismic-activities, plate-teutonic motions
Землю (noun) - Earth, globe, ground, terra firma, planet
земля атмосфера (noun) - earth's atmosphere
земля буран (noun) - ground-blizzard, severe-snowstorm
земля вихря напряжённость (noun) - earth's (cyclonic) rotational force, earth's vorticity, Vorticity, Vector quantity in a fluid (the earth's atmosphere)
земля воды (noun) - ground water, land water
земля вращение (noun) - earth's rotation, revolving earth
земля гравитационный поле (noun) - earth's gravitational field
земля дистанция и направление (noun) - earth's distances and directions
земля климата система (noun) - earth-climate system
земля кора (noun) - earth's crust
земля лёд плавление (noun) - land-ice melt, ground-ice melting
земля наблюдать (noun) - earth observation, ground observation
земля основанные (adjv) - ground-based, earth-founded
земля основе (noun) - ground-based, ground foundation
земля основе Лидар система (noun) - ground-based Lidar system
земля основе радиолокатор (noun) - ground-based radar, ground-based radio-locator
земля ось-наклон (noun) - earth's axis tilt
Земля планетарный науки письнов (noun) - Earth and planetary-science letters
земля солнечный орбита (noun) - earth's solar orbit
земля станция (noun) - earth station, land station
земля температура (noun) - earth temperature, ground temperature
земля температура колебания (noun) - ground temperature variation, land temperature variation
земля туман (noun) - ground fog, land fog

Земля угловая скорость (noun) - Earth's angular-velocity
Земля Франца-Иосифа (noun) - Franz-Joseph Land
земля эффект (noun) - ground effect, land effect
земляной дамаб (noun) - earthen dam, dirt dam
земляы (noun) - earth, ground, soil, dirt, lands, estates
земний (adjv) - earth-like, earthy, terrestrial, mundane, earth-related
земного (adjv) - earth-like, earthy, terrestrial, mundane, earth-related
Земной патруль (noun) - Earthwatch, environmental-protection program
земной радиация (noun) - terrestrial radiation, earth radiation
Зенит (noun) - "Zenith" (St. Petersburg soccer-team), meridian, noon, summit, vertex
Зенита (noun) - "Zenith" (St. Petersburg soccer-team), meridian, noon, summit, vertex
зениталь (noun) - zenith, zenith-locative, center-oriented, anti-aircraft
зените (noun) - zenith, apogee, pole, apex, acme, vertex, peak, tip
зенитная (adjv) - zenithal, zenith-locative, center-oriented, anti-aircraft, zenith-related
зенитных (adjv) - zenithal, zenith-locative, center-oriented, anti-aircraft, zenith-related
Зенитом (noun) - "Zenith" (Saint Petersburg Soccer team)
Зеравшан (noun) - Zeravshan (name)
зеравшанской (adjv) - Zeravshian, Zeravshan-related
Зеравшанской долины (noun) - Zeravshan Valley
зерен (noun) - grain, cereal-grass, seed, kernel, fruit
зерновом (noun) - grains, cereals, seeds, kernels, fruits
зерновыми (noun) - grain, cereal-grass, seed, kernel, fruit
зерновыми культурами (noun) - grain-culture, grain crops, grain cultivation
зерновых (adjv) - grained, grainy, grainier, grainiest, cereal-like, grain-related
зернообразования (comp) - grain-production, grain-cultivation
зигзагообразная молния (noun) - forked lightning, multi-streaked lightning
ЗИЛы (abbv) - ZILy (motor-vehicle works named Likhacheva)

зим. (abbv) - winter, coldest months
Зима (noun) - Zima (name), Winter
зима сезон (noun) - winter season, coldest months
зимне (noun) - winter, coldest months
Зимне весенний (noun) - Winter-Spring
Зимне весенних (noun) - Winter-Spring
зимнего (adjv) - wintry, wintery, hibernal, boreal, icy, snowy, seasonal, wintertime-like, winter-related
зиемнее (adjv) - wintry, wintery, hibernal, boreal, icy, snowy, seasonal, wintertime-like, winter-related
зимнее месяцы (noun) - winter months, winter season
зимней (adjv) - wintry, wintery, hibernal, boreal, icy, snowy, seasonal, wintertime-like, winter-related
зимние (adjv) - wintry, wintery, hibernal, boreal, icy, snowy, seasonal, wintertime-like, winter-related
зимний период (noun) - winter period, winter season, wintertime
зимних (adjv) - wintry, wintery, hibernal, boreal, icy, snowy, seasonal, winter-like, winter-related
зимной (adjv) - wintry, wintery, hibernal, boreal, icy, snoy, seasonal, wintertime-like, winter-related
зимняя (noun) - winter, wintertime, Christmastime, Yultide
Зинджибар (noun) - Zanzibar (Island)
Зинедина Зидана (noun) - Zinedin Zidin (star Russian soccer-player)
ЗИС (abbv) - ZIS (motor vehicle works named after Stalin)
зители (noun) - inhabitant, dweller, civilian, people, population,
злаковых (adjv) - cereal-like, grainy, oaty, barley-like, cereal-related
змейковый (adjv) - kited, kiting, kite-like, kite-related
Змейконый метеорограф (noun) - Kite-meteograph, Kite weather- system
Змейковый аэростат (noun) - Kite-aerostat, Kite lighter-than-air weather balloon
знак переноса (noun) - hyphen, punctuation-mark
знак равенства (noun) - equal-sign, mathematical-sign
знакомую (adjv) - familiar, common, everyday, ordinary, prevailing, known-elated

знамеиитым (adjv) - celebrated, famous, renown, popular, personality-related
знаменитого (adjv) - celebrated, famous, renown, popular, personality-related
знаменитой (adjv) - celebrated, famous, renown, popular, personality-related
знаменитую (adjv) - celebrated, famous, renown, popular, personality-related
знаменитые (adjv) - celebrated, famous, renown, popular, personality-related
знаменосцем (noun) - standard-bearer, leader, pacesetter, bellwether, torchbearer
знаменский (adjv) - signing, signed, indicated, indicating, signature- related
знаний (adjv) - knowledgeable, capable, competent, learned, accomplished, competence-related
знанию (noun) - knowledge, learning, mastery, erudition, self-education, accomplishments,
значением (noun) - importance, significance, meaning, value
значении (noun) - importance, significance, meaning, value
значений (adjv) - important, significant, valuable, meaningful, value- related
значениям (noun) - importance, significance, meaning, value
значениями (noun) - importance, sigificance, meaning, value
значениях (noun) - importance, significance, meaning, value
значим (noun) - importance, significance, meaning, value
значима (noun) - importance, significance, meaning, value
значимой (adjv) - important, significant, valuable, meaningful, keen, importance-related
значимы (noun) - importance, significance, meaning, value
значимые (adjv) - important, significant, valuable, meaningful, keen, importance-related
значимый (adjv) - important, significant, valuable, meaningful, keen, importance-related
значимым (adjv) - important, significant, valuable, meaningful, keen, importance-related
значительная (adjv) - significant, important, meaningful, keen, considerable, sizeable, great, strong, significance-related

значительно (advb) - significantly, importantly, considerably, sizeably, greatly, strongly
значительное (adjv) - significant, important, meaningful, keen, considerable, sizeable, great, strong, significance-related
значительной (adjv) - significant, important, meaningful, keen, considerable, sizeable, great, strong, significance-related
значительном (adjv) - significant, important, meaningful, keen, considerable, sizeable, great, strong, significance-related
значительные (adjv) - significant, important, meaningful, keen, considerable, sizeable, great, strong, significance-related
значительные волны высота (noun) - significant wave height
значительный вред (noun) - significant damage, great damage
значительный облако анализ (noun) - significant-cloud analysis
значительным (adjv) - significant, important, meaningful, keen, considerable, sizeable, great, strong, significance-related
значительных (adjv) - significant, important, meaningful, keen, considerable, sizeable, great, strong, significance-related
значки (noun) - mark, marking, line
зной (noun) - heat, warth, thermal-energy
знойный (adjv) - hot, torrid, burning, heat-related
зовет (verb) - call, ask, invite, summon, call in, bid come
зовут (verb) - call, ask, invite, summon, call in, bid come
зоды частицы (noun) - ash cinders, ash particles
зокзале (noun) - station, depot, building, facility
зола водорослей (noun) - kelp, seaweed, marine plant
Золостбанка (comp) - Zolost Bank (commercial bank)
золото и серебро (noun) - gold and silver
золотое (noun) - gold, precious metal, monetary standard, bullion, ingot, bar, coin
золотое (adjv) - golden, gold-like, gold-gilded, invaluable, precious, monetary-standard, gold-related
Золотое перо Россий (noun) - Russian Golden Quill
Золотой Глобус (noun) - Golden Globe
Золотой Мяч (noun) - Golden Ball (Soccer Award)
Золотой софит (noun) - Gold Soffit (highest theatrical-award)
Золотые (adjv) - golden, gold-like, gold-gilded, invaluable, precious, Monetary-standard, gold-related
Золотые самородки (noun) - Golden Nugget, gold nugget

зон (noun) - zone, stratum-layer, area, prison
зон водохранилиша (noun) - water-storage area, reservoir, water-storage zone
зона нагрева (noun) - heating, area, warming zone
Зонал индекс (noun) - Zonal Index
зонального (adjv) - zonal, regional, areal, belted, layered, zone-related
зональное (adjv) - zonal, regional, areal, belted, layered. zone-related
зональность (noun) - zone, region, area, belt, stratum, layer
зональные (adjv) - zonal, regional, areal, belted, layered, zone- related
зонадьные ветер (noun) - zonal wind, wind-belt flow
зональный (adjv) - zonal, regional, areal, belted, layered, zone- related
зональных (adjv) - zonal, regional, areal, belted, layered, zone- related
зонам (noun) - zones, regions, areas, belts, stratums, layers
зонами (noun) - zone, region, area, belt, stratum, layer
зонах (noun) - zones, regions, areas, belts, stratums, layers
Зонгулдак (noun) - Zonguldak (name)
зонд (noun) - sonde, sounder, sounding, probe, bore, weather-balloon
зонде (noun) - sonde, sounder, sounding, probe, bore, weather-balloon
зондер (noun) - sounder, prober, borer, senser, explorer
зондинг (noun) - sounding, probing, boring, sensing, exploring
зондирование (noun) - sounding, probing, boring, sensing, exploring
зондировании (noun) - sounding, probing, boring, sensing, exploring
зондирований (adjv) - soundable, sounding, resonant, sonorous, sound-related
зондирований точки (noun) - sounding point, probing point
зондирования (noun) - sounding, probing, boring, sensing, exploring
зондировать (verb) - sound, probe, bore, sense, explore

зондом (noun) - sondes, probes, bores, senses, explorers, weather-balloons
зондуривание (noun) - sounding, probing, boring, sensing, exploring
зондуривание машина (noun) - sounding machine, exploring vehicle, boring machine
зоне (noun) - zone, region, area, belt, stratum, layer
зонный (adjv) - zonal, regional, areal, belted, layered, zone-related
зоной (adjv) - zonal, regional, areal, belted, layered, zone-related
зонты (noun) - umbrellas, awnings, sunshades, parasols
зону (noun) - zone, region, area, belt, stratum, layer
зоны (noun) - zone, region, area, belt, stratum, layer
зоопарке (comp) - zoo park, zoo, menagerie, zoological park, zoological garden
зрелый (adjv) - mature, developed, full-grown, adult, full-fledged, development-related
зрелый наковальня облако (noun) - mature anvil-cloud, mature cumulonimbus-cloud, mature thunderstorm-cloud
зрелый торнадо (noun) - mature tornado, mature tornadic-storm
зрителй (adjv) - visual, viewed, observed, optical, spectacular, vision-related
зрителный радиация (noun) - visual radiation, light-energy
зритель (noun) - observer, viewer, reporter
Зубков (noun) - Zubkov (name)
Зубковым (adjv) - Zubkovian, Zubkov-related
зубчатый облаках (noun) - castellated clouds, turreted clouds
Зувара (noun) - Zuwarah (name)
ЗУЛУ Времяш (noun) - ZULU Time, Greenwich Time
ЗУПВ (abbv) - Random Access Memory, RAM, Computer memory logic
зыбвом (noun) - swells, ripples, wavelets
зыбун (noun) - bog, fen, marsh, swamp
зыбучии пески (noun) - quick-sand, unstable soil
зюйд зюйд вест (noun) - south south west, compass direction
зюйд зюйд ост (noun) - south south east, compass direction
зябкий (adjv) - cold-sensitive, hypothermic, chilled, chilly
зябь (noun) - autumn plowed-land, pre-planting plowing

И

и их (conj) - and their, and its
и тому подобное (noun) - et cetera, etc.
И-программа (noun) - International Program (IAEA)
ИААФ (abbv) - International Association(of) Athletic Federations
IAEA (acnm) - International Atomic Energy Agency
Иберия (noun) - Iberia (one of Spain's National Airlines)
ИБМ совеpместимый компьютер (noun) - IBM-compatible Computer
Иван (noun) - Ivan, John (name)
Ивана (noun) - Ivana (noun)
Иваново (noun) - Ivanovo (name)
Ивановской (adjv) - Ivanovian, Ivanov-related
Иванькова (noun) - Ivankova (name)
ИВГП (abbv) - Index of Global-Warming Contribution, Global-Warming Commitment
Иво (noun) - Ivo (name)
ИВТ (abbv) - Informative Wave-therapy
ИГАО (abbv) - International Civil Aviation Organization
ИГАО атмосферный (noun) - ICAO atmosphere, International Airline Standard Atmosphere (properties)
ИГГ (abbv) - International Geophysical Year
Игнатенко (noun) - Ignatenko (name)
игнорировали (verb) - ignore, disregard, dismiss, waive, brush aside, not consider, repulse
Игольчатый лёд (noun) - Needle-ice, needle-shaped ice
Игорем (noun) - playing, gaming, gambling, racketeering, illict business, organized crime
игорном (noun) - playing, gaming, gambling, racketeering, illict business, organized crime
Игорь (noun) - Igor (name)
Игр-2010 (noun) - Play-2010 (Olympiad/Vancouver)
играет (verb) - deal, perform, play, frolic
Играм-2012 (noun) - Russian Games of 2012
играх (noun) - games, contests, competitions, match's, encounters, engagements, entertainment activities

игре (noun) - game, contest, competition, match, encounter, engagement, entertainment activity

Игро Мире (noun) - Play World, Computer game

игрока (noun) - player, musician, contestant, gambler, wager, speculator, shuffler, competitor, sportsmen

игроков (noun) - players, musicians, contestants, gamblers, wagers, speculators, shufflers, competitors, sportsmen

идеальный газ (noun) - Ideal gas, Ideal gasous-element

идей (adjv) - idealistic, ideological, progressive, principled, idea- related

идентифицировала (verb) - identify, recognize, distinguish, place, know, make out

идентифицировались (verb) - identify, recognize, distinguish, place, know, make out

идентифицировать (verb) - identify, recognize, distinguish, place, know, make out

идентифицировны (adjv) - identified, recognized, dinstinguished, placed, known, made out, identification-related

идет (adjv) - is, okay, OK, right, it's the right thing

идею (noun) - idea, notion, thought, concept, point, purport, principle

Идлиб (noun) - Idlib (Syrian city)

идут (verb) - go, come, take, enter, become, be used, go to make, come from, proceed from, go round, sell, be sold, run, work, fall, pass, go on, be in, progress, suit, play, lead, move, be about

идущий (adjv) - extensive, expansive, extended, protracted, vast, spacious, large, general, vastness-related

Иемене (noun) - Yemen (name)

Иерихоне (noun) - Jericho (name)

Иерусалиме (noun) - Jerusalem (name)

Иерусалимский (adjv) - Jewish, Jerusalem-related

ИжАвто (acnm) - Izh Automobile manufacturer

Ижевске (noun) - Izhevsk (name)

Ижевскому (adjv) - Izhevskian, Izhevsk-related

Ижевскому автозаводу (noun) - Izhevsk Automobile plant, Izhevsk car factory

Ижмаш (noun) - "Izhmash" (Russian weapon manufacturing corporation)
из чего делают искусство, что делает искусство (noun) - From as far as making Art, how much makes Art?
из-под (conj) - out from under, from-under, from-beneath, from-below
Изаллобар (noun) - Isallobar, Line of equal pressure-change
Изаллобара (noun) - Isallobar, Line of equal pressure-change
изаномал (noun) - Isanomal, Line of equal anomaly
изаномалы (noun) - Isanomals, Lines of equal anomaly
избившие (noun) - beating, striking, pounding, jabbing, attacking, besting, vanquishing, defeating
избиением (noun) - slaughter, massacre, assault, battery, bashing, persecuting
избили (verb) - beat, strike, pound, jab, best, vanquish, defeat
избирателей (noun) - voters, electorate, constituency, elective body, poltically-oriented peeople
избиратели (noun) - voters, electorate, constituency, elective body, politically-oriented, people
избирательного (adjv) - electoral, selective, sampled, polled, polling, election-related
избирательной (adjv) - electoral, selective, sampled, polled, polling, election-related
избирательную (adjv) - electoral, selective, sampled, polled, polling, election-related
избирательных (adjv) - electoral, selective, sampled, polled, polling, election-related
избирателями (noun) - electors, voters, selectors, samplers
избирком (noun) - elections, primaries, runoffs, caucuses, toss-ups
избитого (adjv) - trite, hackneyed, corny, trivial, trifling, slight, superficial, shallow, frivolous, light, foolish, sily, inane, foolishness- related
избран (verb) - elect, select, choose, opt, elite, select-ones
избыточного (adjv) - excess, surplus, abundant, plentiful, amount-related
извержений (adjv) - explosive, eruptive, expulsive, ejective, excretive, explosion-related
Известиям (noun) - Izvestia's (news)

известковый туф башня (noun) - limestone formation, tufa tower
известная (adjv) - known, well-known, celebrated, infamous, notorious, famous, prominent, noted, certain, fame-related
известного (adjv) - known, well-known, celebrated, infamous, notorious, famous, prominent, noted, certain, fame-related
известны (adjv) - known, well-known, celebrated, infamous, notorious, famous, prominent, noted, certain, fame-related
известные (adjv) - known, well-known, celebrated, infamous, notorious, famous, prominent, noted, certain, fame-related
известными (adjv) - known, well-known, celebrated, infamous, otorious, famous, prominent, noted, certain, fame-rlated
известняк башня (noun) - limestone formation, tufa tower
известняк акуифер (noun) - limestone acquifer, limestone water-bearing stratum, lime-water spring
извиваться морфология (noun) - meander morphology
извиении (noun) - threatening, menacing, bothering, terrorizing, troubling
извинению (noun) - excuse, sorrow, regretting, apology
извинению (verb) - expresss sorrow, regret, deplore, repine, bewail
извлечены (noun) - extraction, removal, egress, exit, exodus
извод (verb) - spend, use-up, waste, destroy, exterminate, vex, exasperate, torment
изгиб (noun) - bending, twisting, winding, flexing, inflection
изгиба (noun) - bending, twisting, winding, flexing, inflection
изгибе (noun) - bending, twisting, winding, flexing, inflection
изголовили (verb) - manufacture, make, produce, fabricate
изготовленного (adjv) - manufactured, made, produced, fabricated
изготовят (verb) - ready, prepare, mobilize, deploy, arrange, fix
изд во (noun) - publisher, publishing house, printing facility
издаваемая (adjv) - published, printed, pressed, released, distributed, publishing-related
издается (verb) - publish, print, produce, make-known
издательский центр (noun) - publishing center, publishing house
издевательствам (noun) - insults, taunts, mockeries, indignities, affronts, offenses, injuries, aspersions
изделие (noun) - manufactured-item, article, product, ware, make,model

изделия (noun) - manufactured-item, article, product, ware, make, model
изделиями (noun) - manufacturing, making, producing, fabricating
Изентропический карты (noun) - Isentropic chart, Isentropic map
Изентропический конденсация (noun) - Isentropic condensation
Изентропический процесса (noun) - Isentropic process
излагается (verb) - state, expound, describe, set-forth, write
излагаются (verb) - state, expound, describe, set-forth, write
изложен (noun) - account, information, description, report, suggestion, proposal, forwarding, exposition, expose
изложена (noun) - account, information, description, report, suggestion, proposal, forwarding, exposition, expose
изложенный (adjv) - descriptive, reportable, suggestable, proposed,forwarded, account-related
изложены (noun) - account, information, description, report, suggestion, proposal, forwarding, exposition, expose
изложень (noun) - account, information, description, report,suggestion, proposal, forwarding, exposition, expose
изложит (verb) - present, set out, acquaint, introduce, define, detail, characterize
излучатель (verb) - emit, radiate, emanate
излучателя (verb) - emit, radiate, emanate
излучение бюджет (noun) - radiation budget, available radiation
излучение тепла (noun) - heat radiation, thermal radiation
излучение энергии (noun) - radiation energy
излучением (noun) - radiation, radiant-energy emission, radiation heat-transfer, emanation, transmission, absorption
излучения поверхность (noun) - surface radiation, radiating surface
излучии (noun) - scrolling, bending, winding
излучистый (adjv) - windable, flexible, pliable, turned, bent, meandered, dexterity-related
излучитель (noun) - radiating-body, energy-emitting body
изменена (noun) - change, alteration, inflection, stressing
Изменение магнитного склонения (noun) - Variation (of) magnetic-declination, Magnetic-variation
изменение порядка (noun) - inverted fashion, Inversion

изменение последовательности (noun) - inverted sequence, order-inversion
изменение у положение (noun) - change of condition, change of state (physics)
изменением (noun) - variation, alteration, inconsistency, change,sequence, flexing, inflection
изменениеы (noun) - variation, alteration, inconsistency, change,sequence, flexing, inflection
изменениеы у состояние (noun) - change of condition, change of position
изменении (noun) - variation, alteration, inconsistency, change,sequence, flexing, inflection
изменений (adjv) - variable, alterable, alternative, sequential, changeable, inconsistent, flexible
изменению (noun) - variation, alteration, inconsistency, change, sequence, flexing, inflection
изменению климата (noun) - climate change
изменениы (noun) - variation, alteration, inconsistency, change, sequence, flexing, inflection
изменениям (noun) - variation, alteration, inconsistency, change, sequence, flexing, inflection
изменениями (noun) - variation, alteration, inconsistency, change, sequence, flexing, inflection
изменениях (noun) - variation, alteration, inconsistency, change, sequence, flexing, inflection
изменчивая погоде (noun) - changeable weather, unsettled weather
изменчивость физический свойства (noun) - variability (of) physical properties
изменчивчйом (noun) - variations, changes, alternates, sequences
изменяется (verb) - vary, change, alter, flex
изменяющийся (adjv) - variable, changeable, alternable, sequential, inconsistent, flexible,
измерение температуры (noun) - temperature measurement, temperature determination
измерений (noun) - measurement, gauging, sounding, fathoming, dimension

измерениям (noun) - measurement, gauging, sounding, fathoming, dimension
измерениями (noun) - measurement, gauging, sounding, fathoming, dimension
измеренной (adjv) - measureable, gauged, soundable, dimensional, fathomable, measurement-related
измеренные (adjv) - measured, marked, gauged, sounded, dimensioned, fathomed, calculated, metrical, measurement-related
измеренным (adjv) - measured, marked, gauged, sounded, dimensioned, fathomed, calculated, metrical, measurement-related
измеренных (adjv) - measured, marked, gauged, sounded, dimensioned, fathomed, calculated, metrical, measurement-related
измеритель объёма (noun) - volume-measuring apparatus
измеритель сноса (noun) - Drift-meter, Aerial-navigation instrument
измерительного (adjv) - measurable, gauged, soundable, dimensional, fathomable, measurement-related
измерялась (verb) - measure, mark, gauge, sound, dimension, fathom
изнасиловании (noun) - rape, sexual assault, sexual possession, taking sexually, sexual molestation, sexual harassment, abuse, ravishment, violence
изнасилованию (noun) - rape, sexual assault, sexual possession, taking sexually, sexual molestation, sexual harassment, abuse, ravishment, violence
Изо быстрота (noun) - Iso-velocity, Uniform-velocity
Изо эхо (noun) - Iso-echo, Radar-echo uniform-sensitivity
изобара распределение (noun) - isobar-spacing, constant-pressure gradient
изобара расстояние между (noun) - spacing between isobars, isobar separation, isobar spacing,
изобарик (adjv) - isobaric, barometrical, pressure-related
изобарик анализ (noun) - isobaric analysis, isobar analysis, pressure analysis
изобарик карта (noun) - isobaric chart, isobaric map

изобарик наклон (noun) - isobaric slope, isobaric inclination
изобарик покатость (noun) - isobaric declivity, isobaric slope
изобарик склон (noun) - isobaric slant, isobaric slope
изобарик топография (noun) - isobaric topography
изобарическая (adjv) - isobaric, barometrical, pressure-related
изобарических (adjv) - isobaric, barometrical, pressure-related
изобарической (adjv) - isobaric, barometrical, pressure-related
изобарны процесс (noun) - isobaric process, barometrical process
Изобары (noun) - Isobars, Lines of equal pressure, pressure contours
Изобата (noun) - Isobath, Line of equal depth, depth contour
Изобаты (noun) - Isobaths, Lines of equal depth, depth contours
изображение (noun) - representation, portrayal, image, effigy, imprint
изображений (adjv) - representated, portrayed, imaged, pictured, imprinted, portrayal-related
изображениям (noun) - representation, portrayal, image, effigy, imprint
изобретателю (noun) - inventor, inventor, originator, creater, deviser, fabricator
изобретений (noun) - invention, inventiveness, originality, creativity, ingenuity, fabrication
Изогипс (noun) - Isohypse, Line of equal-height
Изогипсы (noun) - Isohypses, Lines of equal-height
Изогипсь (noun) - Isohypse, Line of equal-height
Изогон (noun) - Isogon, Equal-angled polygon
Изогон кривая (noun) - Isogon curve, isogonal-curve
Изогыет (noun) - Isohyet, Line of equal-rainfall
Изоклине (noun) - Isocline, Stratum-fold
Изолине (noun) - Isoline, Line of equal parametric-value
Изолинии (noun) - Isoline, Line of equal parametric-value
изолиний (adjv) - isolineal, parametrically-equal, equality-related
Изолиния (noun) - Isoline, Line of equal parametric-value
изолятор (noun) - solitary-confinement, isolation-ward, insulator
изоляторе (noun) - solitary-confinement, isolation-ward, insulator
изометрический (adjv) - isometric, isometrical, equality-related
изопикническими (adjv) - isopycnic, isopycnical, equality-related

изопикнических поверкностях (noun) - isopycnic surface, surface of equal density
изопикнической (adjv) - isopycnic, isopycnical, equality-related
Изоплет (noun) - Isopleth, Line of constant occurrence-frequency
изостатического (adjv) - isostatic, isostatical, equality-related
Изотач (noun) - Isotach, Line of equal-speeds
Изотермал (noun) - Isothermal, equal temperature
Изотермал течение норма (noun) - Isothermal lapse-rate, Isothermal temperature-environment
изотермический (adjv) - isothermal, isothermic, equality-related
Изотермический процесс (noun) - Isothermic process, Isothermal process
изотермическое (adjv) - isothermic, isothermal, equality-related
Изотермическое расширение (noun) - Isothermic expansion, Isothermal expansion
Изотермическое сжатие (noun) - Isothermic compression, Isothermal compression
Изотоп Гидрология (noun) - Isotope Hydrology изотопов (noun) - isotopes, chemical atoms
изотопоми (noun) - isotope, chemical-element atom
изотопы (noun) - isotope, chemical-element atom
Изотопы йода-131 (noun) - Isotope Iodine-131
Изохрон (noun) - Isochrone, Line of constant event-occurrence
изохронный (adjv) - isochronous, isochronic, equality-related
Изоцентр (noun) - Isocenter, Center of parametric-status
Изочроне (noun) - Isochrone, Line of constant event-occurrence
Израиле (noun) - Israel, Israeli (name)
Израилу (noun) - Israel, Israeli (name)
Израилю (noun) - Israel, Israeli (name)
Израиль (noun) - Israel, Israli (name)
израильские (adjv) - Israeli, Isralite, Israel-related
израильским (adjv) - Israeli, Isralite, Israel-related
израильского (adjv) - Israeli, Isralite, Israel-related
израильскому (adjv) - Israeli, Isralite, Israel-related
израильскую (adjv) - Israeli, Israel-related
Израельскую систему ПРО (noun) - Israeli Missile-defense System
израильтянами (noun) - Israeli, Isralite (name)

Израиля (noun) - Israel, Israeli (name)
израсходованная (adjv) - total, entire, absolute, utter, complete, entirety-related
израсходованная общая работа (noun) - total associated work, total energy consumed
изучение (noun) - research, investigation, study, studying, analyzing
Изучение Код (noun) - Research identification-number, Emission Code
Изучении антиматерии (noun) - Studying Anti-matter
изучению (noun) - research, investigation, study, studying, analyzing
изучены (noun) - research, investigation, study
изъятых (verb) - withdraw, remove, confisticate, seize, except изымает (verb) - seize, grab, grasp, snatch, abduct, kidnap, extract, withdraw
изысканный (adjv) - located, found, researched, refined, position- related
ИИХФ (abbv) - International Ice Hockey Federation (IIHF)
ИК (abbv) - Infrared Imagery, Pictures by Infrared-photography
икону (noun) - Icon, idol, image, effigy, portrait, picture, likeness
Иксанов (noun) - Iksanov (name)
Ил (abbv) - Ilyushin (Orginal Design Bureau)
Иллинойс (noun) - Illinois (U.S. state)
иллюзион (noun) - illusion, deception, bewitchment, delusion, imagination
иллюстратору (noun) - illustrator, limner, delineator, depicter, picture, portrayer, imager, illuminator, calligrapher, artist
иллюстраций (noun) - illustration, representation, delineation, portrayal, depiction, symbol, example
Иловлинский (adjv) - Ilovlinian, Ilovlin-related
Иль Питторе (noun) - “Il Pittore” (Moscow, Italian restaurant, criminal-fire 2011)
Ильюша (noun) - Ilyusha (name)
Илья (noun) - Ilya (name)
имагинарь (adjv) - imaginary, fanciful, fantastic, quixotic, fantasy- related

имеет (verb) - has, have, be, be present, be available, matter, bear, mean
имеется (verb) - has, have, be, be present, be available, matter, bear, имели (verb) - identify, name, title
имена (noun) - name, moniker, fame, reputation, noun, nomen
имени (noun) - name, moniker, fame, reputation, noun, nomen
имерили (verb) - to have, acquire, obtain, equip
иметь анализ (noun) - trend analysis, change analysis
имеют (prep) - to be, to have, to hold
имеющей (adjv) - existing, available, accessible, obtainable, valid, qualified, availability-related
имеющихся (adjv) - existing, available, accessible, obtainable, valid, qualified, availability-related
имитировался (verb) - imitate, mimic, ape, copy, duplicate
иммиграционные (adjv) - immigrated, immigrating, entering, ingressive, incoming, ingoing, invasive, inbound, immigration-related
иммунологическая (adjv) - immunological, immunology-related
ИМО (abbv) - International Meteorological Organization, WMO
импиричекский (adjv) - empirical, experience-guided, experience-related
импирический связь (noun) - empirical relationship
инагурацию (noun) - inauguration, instatement, installation, induction, investiture, accession, placement
инвалиды (noun) - invalidity, invalid-care (medical)
инвариантного (adjv) - invariant, constant, unchanging, consistency- related
инвариантные (adjv) - invariant, constant, unchanging, consistency- related
инвариантных (adjv) - invariant, constant, unchanging, consistency- related
инверсий (adjv) - inversive, inverted, inversion-related
инверсионное (adjv) - inversive, inverted, inversion-related
инверсионные (adjv) - inversive, inverted, inversion-related
инверсионных (adjv) - inversive, inverted, inversion-related
инверсня (noun) - inversion, inverse, reversed-state
инвестировал (verb) - invest, venture, sponsor, risk, finance, fund

инвестировала (noun) - investing, investment, venturing, backing, sponsoring, risking, financing, funding
инвестирует (verb) - invest, venture, sponsor, risk, finance, fund
инвестиционная (adjv) - invested, investing, ventured, venturing, backed, sponsored, financed, financing, financial, finance-related
инвестиционном (adjv) - invested, investing, ventured, venturing, financed, financing, financial, finance-related
инвестицию (noun) - investment, funding, capital investment, venturing, backing, sponsoring, risk, financing, speculation
инвестициях (noun) - investments, fundings, capital investments, venturings, backings, sponsorings, risks, financings, speculations
инвесторами (noun) - investors, financiers, venturers, stock-market players
инвесторов (noun) - investors, financiers, venturers, stock-market players
инвестору (noun) - investor, financier, venturer, stock-market player
инвесторы (noun) - investor, financier, venturer, stock-market player
инвестпрограма (comp) - investment-program
инвестпрограмму (comp) - investment-program
инвестфонду (comp) - investment-fund, venture-fund
ингибировали (noun) - inhibition, prohibition
Ингосстрах (noun) - Ingosstrakh's (name)
ингредиенты (noun) - ingredient, constituent, contents
Ингушетие (noun) - Ingush Republic, Ingushetia
Индевор (noun) - Endeavour (US Space Shuttle)
Индек у кооперация (noun) - Index of Cooperation
индекса вклада в глобальное потепление (noun) - Index of Global-warming contribution
индексами (noun) - index, indice, reference
индексов (noun) - indexs, indices, references
индексу (noun) - index, indice, reference
индексы (noun) - index, indice, reference
Индексы циркуляций (noun) - Circulation Index, Index (of) Circulation

Индиан поинт (noun) - Indian Point (name)
Индианаполисе (noun) - Indianapolis (name)
индивидуалистических (adjv) - individualistic, independent, characteristic, independence-related
индивидуального (adjv) - individual, single, separate, unique, special, personal, alone, private, loner, idiosyncratic, singleness-related
индивидуальной (adjv) individual, single, separate, unique, special, personal, alone, private, loner, idiosyncratic, singleness-related
индивидуальную (adjv) - individual, single, separate, unique, special, personal, alone, private, loner, idiosyncratic, singleness-related
Индигирка (noun) - Indigirka, Indian soldier
индией (adjv) - Indian, India-related
Индиец летние (noun) - Indian summer
Индии (noun) - India (name)
индийские (adjv) - Indian, India-related
Индийские ВС (noun) - "Indian Sun" (Russian-built armored vehicle)
индийских (adjv) - Indian, India-related
индийских рыбаков (noun) - Indian fishermen
Индийской арми (noun) - Indian Army
индийском (adjv) - indian, India-related
индикатор влахности (noun) - moisture indicator, Hygrometer
индикатор температуры (noun) - temperature indicator, Thermometer
индикаторная (adjv) - indicated, displayed, indicative, indication-related
индикаторный (adjv) - indicative, displayed, indication-related
Индикаторныя высота (noun) - altitude indicator, Altimeter
индикаторы (noun) - indicator, display, reagent
индикации (noun) - indication, reading, display
Индиский океан циклон (noun) - Indian Ocean cyclone
Индиских Океан (noun) - Indian Ocean
Индию (noun) - India (name)
индоевродейские (comp) - Indo-European, Indian-European
Индонезийская (adjv) - Indonesian, Indonesia-related

Индонезийские (adjv) - Indonesian, Indonesia-related
Индонезию (noun) - Indonesia (name)
Индокитаиский (adjv) - Indo-Chinese, Indo-China related
индорхоккею (comp) - Indoor-Soccer (Soccer played on a converted Hockey Rink)
индуктированный (adjv) - inductive, inducted, inducing, introductory, induction-related
индуктированный климат изменение (noun) - induced climate change, industrial climate-impact
индукция лёдировка (noun) - induction icing, aircraft-engine icing
индустриальный воспламенение (noun) - industrial combustion, industrial-combustion pollution
индуцированного (adjv) - inducible, enticed, persuaded, influenced, stimulated, influence-related
Индущий-в-наклон ветер (noun) - Upslope wind, lower to higer terrain forced wind
Индущий-в-наклон погода (noun) - Upslope weather, lower to higher terrain forced weather
Иней лёд (noun) - Rime ice, Rime icing, rough-formed icing
инертная (adjv) - inert, inactive, sluggish, controlled, action-related
инертная атмосфера (noun) - inert atmosphere, controlled atmosphere
инертность (noun) - inactivity, inertness, inaction, sluggishness
инертный газ (noun) - inert gas, stable gas, inactive gas
Инерции момент (noun) -Moment (of) Inertia
инерционные (adjv) - inertial, non-changing, analogous, motion-related
инерционные силы (noun) - inertial forces, forces (of) inertia
инерциалнный (adjv) - inertial, non-changing, analogous, motion-related
Инерционный навигация система (noun) - Inertial Nvigation System
инерция стабильность (noun) - inertial stability, inertia stability
Инеы (noun) - Frost, Rime (ice), hoar-frost
инженерам (noun) - engineers, engineering-professionals, technical- managers

инициализации (noun) - initialization, defaulting, initializing, initial-state, original-state
инициализация (noun) -initialization, defaulting, initializing, initial-state, original-state
инициализация проекты (noun) - schemes (for) initialization, initialization plan
инициализация процесс (noun) - initialization process, initialization procedures
тнтциативе (noun) - initiative, initiating, iniatory, introductive, introductory, baptism
инициативу (noun) - initiative, initiating, initiatory, introductive, introductory, baptism
инициирования (noun) - initialness, initial-state, introduction, baptisim
инкассаторов (noun) - security guards, security personnel
инкассаторы (noun) - security guard, security person
Инклинометр (noun) - Inclinometer, Cloud-height instrument
инкорпорации (noun) - incorporation, incorporated-company
инкорпорация (noun) - incorporation, incorporated-company
инкриминировать (verb) - incriminate, charge, inculpate, criminate
Инкуе (noun) - Incus, anvil, animal-bone
ИНМАРСАТ (acnm) - International Marine-communication Satellite
инновационной (adjv) - innovational, innovative, original, novel, unprecedented, unique, imaginative, creative, avant-garde, innovation-related
инновационье (adjv) - innovational, innovative, original, novel, unprecedented, unique, imaginative, creative, avant-garde, innovation-related
инноцентра (comp) - innovation-center, foreign-but-central
ИНО (acnm) - International Hygrographic Organization
иновационного (adjv) - innovational, innovative, original, novel, unprecedented, unique, imaginative, creative, avant-garde, innovation-related
иновационный (adjv) - innovational, innovative, original, novel, unprecedented, unique, imaginative, creative, avant-garde, innovation-related

инновационных (adjv) - innovational, innovative, original, novel, unprecedented, unique, imaginative, creative, avant-garde, innovation-related
иноземец (noun) - foreigner, stranger, outsider, alien
иносиранную (adjv) - foreign, overseas, strange, peculiar, unusual, unfamiliar, outside, alien, familiarity-related
иностранной (adjv) - foreign, oversea, strange, peculiar, unusual, unfamiliar, outside, alien, familiarity-related
иностпанные (adjv) - foreign, overseas, strange, peculiar, unusual, unfamiliar, outside, alien, familiarity-related
иностранным (adjv) - foreign, overseas, strange, peculiar, unusual, unfamiliar, outside, alien, familiarity-related
иностранных (adjv) - foreign, overseas, strange, peculiar, unusual, unfamiliar, outside, alien, familiarity-related
иностранных дел (noun) - unusual business, unusual affairs, foreign battle, strange deed
иностранцев (noun) - foreigner, stranger, outsider, alien
ИНС (abbv) - Inertial Navigation System
инсайдеров (noun) - insiders, illegal traders, illegal stock-market transacters
Инсбруке (noun) - Innsbruck (name)
Инсбруке- бронзовую (noun) - Innsbruck Bronze (medal)
Инсбрукепоможет (comp) - Innsbruck-assistance, Innsbruck-aid
инсоляция (noun) - insolation, solar-exposure
инспекторов (noun) - inspectors, examiners, testers, monitors proof-readers
инсталляция (noun) - installation, display, setting-up, inception
Институт глобалного климата и экологии (noun) - Institute (for) Global Climate and Ecology
Институт оптики атмосферы (noun) - Institute (of) Atmospheric Optics
Института Всеовщей истории (noun) - Institute (of) Universal History, Institute (of) General history
Института экспериментальной метеорологии (noun) - Instute (for) Experimental Meteorology
институте (noun) - institute, association, organization
институту (noun) - institute, association, organization

инструмент приют погода (noun) - weather instrument-shelter
инструментальные (adjv) - instrumental, crucial, operant, effective, key, importance-related
инструменты (noun) - instrument, implement, equipment, tool, device
Инсулин С (noun) - Insulin S. (medical)
интегральная (adjv) - integral, constituent, integrated, entire, integration-related
интегральная занад разбрасывать (noun) - integrated-backscatter, Radar-signal processing
интегральная радиация (noun) - integrated-radiation
интегрального (adjv) - integral, constituent, integrated, entire, integration-related
Интегральное исчисление (noun) - Integral Calculus
интегральной (adjv) - integral, constituent, integrated, entire, integration-related
интегральной функции тока (noun) - stream integral-functions
интегральный (adjv) - integral, constituent, integrated, entire,\ integration-related
интегральный излучатель (noun) - entirely radiating-body, black body
интегральных (adjv) - integral, constituent, integrated, entire, integration-related
интегральных потоков (noun) - integrated flows, integral streams
интегрировалась (verb) - integrate, unite, desegrate
интегрирование (noun) - integration, incorporation, inclusion, mathematical-operation
Интегрирование по частям (noun) - Integration in part, Partial integration
интегрирования (noun) - integration, incorporation, inclusion, mathematical-operation
интегрируются (verb) - integrate, incorporate, include, unite, desegregate
Интеко (acnm) - Russian Real-estate Company
ИНТЕЛ (acnm) - Intelligence, information, news, knowledge, understanding, surveillance
Интел (noun) - “Intel” (American Software giant)

интеллектуального (adjv) - intellectual, intelligent, knowing, discerning, reasoning, clever, shrewd, wise, cunning, smart, judicious, academic, intellect-related
интенсивно (advb) - intensively, forcefully, compactly, increasingly, productively
интенсивной (adjv) - intensive, strenuous, strong, forceful, onerous, compact, productive, intensity-related
интенсивностей (noun) - intensity, strength, forcefulness, compactness, productivenessw
интенсивности (noun) - intensity, strength, forcefulness, compactness, productiveness
интенсивность (noun) - intensity, strength, forcefulness, compactness, productiveness
интенсивностью (noun) - intensity, strength, forcefulness, compactness, productiveness
интенсивную (adjv) - intensive, stenuous, strong, forceful, onerous, compact, productive, intensity-related
интенсивный (adjv) - intensive, strenuous, strong, forceful, onerous, compact, productive, intensity-related
Интенсивный ураган активность (noun) - Intense tropical-storm activity
интенсификация (noun) - intensification, strengthening, increasing
интенсифичивать система (noun) - system intensification, intensifying system
Интер (noun) - Inter (Milan soccer-club name)
интер годовой изменчивость (noun) - inter-annual variability
Интер гора Антициклон (noun) - Inter-mountains Anticyclone, Valley high-pressure system
Интер правительственный комиссия п климат изменение (noun) - Inter-governmental panel on climate change
Интер РАО ЕЭС (abbv) - Inter-Russian Academy of Education - European Economic Community
интервал температур (noun) - temperature interval
интервалах (noun) - intervals, time-period sequences, time-spaces
интервале (noun) - interval, time-period sequence, time-spaces
интервалов (noun) - intervals, time-period sequences, time-spaces
интервалом (noun) - interval, time-period sequence, time-spaces

интервалу (noun) - interval, time-period sequence, time-spaces
интервенционного (adjv) - interventional, interpositional, intrusional, interjectional, intervention-related
интервью (verb) - interview, examine, tryout, audition, listen
итересах (noun) - interests, dividends, returns, yields, attractions
интересе (noun) - interest, dividend, return, yield, attraction
интересно (advb) - interestingly, interestedly, attentively
интересом (noun) - interest, special attention, arousal, concern, loan-charge
интерестах (noun) - interests, dividends, returns, yields, attractions
интересуют (verb) - interest, concern, lure, entice, seduce, decoy, ensnare, have zest, savor, support (on behalf of)
интересы (noun) - interest, special attention, arousal, concern, loan- charge
интерконтиненталь (noun) - intercontinental, extending between con tinents, conducted between continents
интеркостельный (adjv) - intercoastal, intercoastwise, inter-coast-to-coast, coast-related
Интернационал Гражданский Авиация Организация (noun) - International Civil Aviation Organization
Интернационал грофизический год (noun) - International Geophysical Year
Интернационал Метеорологический Организация (noun) - International Meteorological Organization, WMO
Интернационале (noun) - International, World-wide, inclusive-scope of many nations
интернациональным (adjv) - international, world-wide, trans-national, global, nation-related
интернет-зависимости (noun) - internet-dependence, internet-addiction
интернет-компании (noun) - Internet-company, Internet-business
интернет-портал (noun) - internet-portal, internet-access medium,internet web-site
интернет-провайдеры (noun) - Internet-provider, Internet-service Provider
Интернет-хитом (noun) - Internet Hits, Internet site-contacts, Internet site-inquiries

Интернете (noun) - Internet, World Wide Web, computer-based communications system
Интернету (noun) - Internet, World Wide Web, computer-based communications system
интернэшнл (noun) - international, world-wide in scope
Интерпол (comp) - Interpol, International-police
Интерпола (comp) - Interpol, International-police
Интерполитех (comp) - Internalional Exhibition (of) State Security (military equipment/helicopters and aircraft)
интерполяцию (noun) - interpolation, inter-estimation, insertion, translation
интерпретинг (noun) - interpreting, estimating, inserting, translating
интерсравнение (noun) - intercomparison, inter-representation, inter- examination, inter-identification, inter-modification
интертропический (adjv) - inter-tropical, equatorial, tropic-related
интертропический сходимость (noun) - intertropical-convergence
интерфейс (noun) - interface, computer keyboard
Интерферометр (noun) - Interferometer, Light-measuring instrument
интогового (adjv) - intra-, mutual, like-minded, compatible, congenial, accord-related
Интортус (noun) - Intortus, Cirrus cloud
интригу (noun) - intrigue, plotting, scheming, conspiracy, complicity, collusion, contivance, manuvering
интрузий (noun) - intrusion, interference, interruption
интрузионное (adjv) - intrusive, interruptive, unwelcome, uninvited, plutonic, intrusion-related
интрузионного (adjv) - intrusive, interruptive, unwelcome, uninvited, plutonic, intrusion-related
Интурист (noun) - Intourist, Russian trave-agency
инфартом (noun) - infarction, heart-attack
инфекционист (noun) - Infectionist (medical)
инфекционной (adjv) - infectious, contagious, transferable, infection-related
Инфекционной больнице (noun) - Isolation Hospital, Hospital for Infection's

инфекцию (noun) - infection, contagion, contamination, taint, virus, contagiousness, infectiousness, communicability, epidemicity, epidermitology

инфилтрационной (adjv) - infiltrative, permeated, unobtrusive, insinuating, infiltration-related

Инфильтрометр (noun) - Infiltrometer, Soil infiltration-capacity device

инфлюэнца (noun) - influenza, flu-virus

инфлюэнцы (noun) - influenza, flu-virus

инфляцию (noun) - inflation, distension, flatulence, turgidity, bloating

инфографика (noun) - Infographics, informative-graphics, information presented graphically

инфоматов (noun) - Infomat's, Infomatics, Information Science

информагентствам (comp) - information-agencies, press-agencies, news-agencies

информативными (noun) - informativeness, instructing, imparting- knowledge

информацией (noun) - information, news item, data, knowledge

информационная (adjv) - informational, informative, intelligent, news-worthy, communicative, factual, educational, information- related

Информационно аналитическими центрами (noun) - Information Analytical Center

информационного (adjv) - informational, informative, intelligent, news-worthy, communicative, factual, educational, information- related

информационное (adjv) - informational, informative, intelligent, news-worthy, communicative, factual, educational, information- related

информационном (noun) - information, intelligence, news, data, facts, educating

информационном обеспечении (noun) - security information, securing information

информационную (adjv) - informational, informative, intelligent, news-worthy, communicative, factual, educational, information-related

информационные (adjv) -informational, informative, intelligent, news-worthy, communicative, factual, educational, information- related

информационньй (adjv) - informational, informative, intelligent, news-worthy, communicative, factual, educational, information- related

информационных (adjv) - informational, informative, intelligent, news-worthy, communicative, factual, educational, information- related

информацию (noun) - information, intelligence, news, news items, data, facts, informing, educating

информация процессинг алгоритм (noun) - information-processing algorithm

информобщества (comp) - information-society

информпродуктов (comp) - information-products

информсистема (comp) - information-system

Информсовета (comp) - Information-council

Инфракрасного (adjv) - Infrared-like, invisible, radiative, Infrared- related

инфракрасном (noun) - Infrared, Invisible light-radiation, body-heat detection-medium

инфракрасный волны (noun) - infrared waves, infrared emissions

инфракрасный датчик (noun) - infrared sensor, infrared detector

инфракрасный радиация (noun) - infrared radiation, infrared emission

инфраструктурю (noun) - infrastructure, understrcture, substructure, underbuilding, crypt

инциденте (noun) - incident, event, occurrence, episode, experience, adventure, happening

инциденту (noun) - incident, event, occurrence, episode, experience, adventure, happening

Иоанна (noun) - Johnna, John (name)

Ионизировать (noun) - Ionization, Ionizing, Ion conversion

Ионийской (adjv) - Ionian, early-Grecian, Ionia-related

Ионискои море (noun) - Ionian Sea

ионический (adjv) - Ionian, early-Grecian, Ionia-related

ионно (verb) - ionize, convert, change-charge, charge

Ионно солевого (noun) - Ionized salt, Ion-salt

ионного (adjv) - ionic, ionized, charged, ion-related
ионны (adjv) - ionic, ionized, charged, ion-related
ионных (adjv) - ionic, ionized, charged, ion-related
ионов (noun) - ions, charged atomic-particles
Ионосфера (noun) - Ionosphere, Atmospheric ionization-stratum
Иосифа Бродского (noun) - Josif Aleksandrovich Brod (Poet/ name)
иносферный (adjv) - ionospheric, ionosphere-related
Иосипович (noun) - Josipovich (name)
Иосиф (noun) - Josif, Joseph (name)
ипотеку (noun) - mortgage, lien, deed, loan, agreement
ипотечных (adjv) - secured, guaranteed, warranted, insured, mortgage-related
Ир (noun) - Il (North Korean name)
Ира (noun) - Ira, Irene (name), Il (North Korean name)
Ираке (noun) - Iraq (name)
Ираке блока (noun) - Iraq Bloc, Iraqian Bloc (name)
Иракский (adjv) - Iraqian, Iraq-related
иракских (adjv) - Iraqian, Iraq-related
иракском (adjv) - Iraqian, Iraq-related
Иракцы (noun) - Iraq (name)
Иране (noun) - Iran (name)
Ираном (noun) - Iran (name)
иранский (adjv) - Iranian, Iran-related
иранскими (adjv) - Iranian, Iran-related
иранских (adjv) - Iranian, Iran-related
иранского (adjv) - Iranian, Iran-related
иранской (adjv) - Iranian, Iran-related
иранском (adjv) - Iranian, Iran-related
Ирану (noun) - Iran (name)
ИРИ (abbv) - Islamic Republic (of) Iran
ИРИ Южный Парс (noun) - Iran's portion of the South Pars gas field
иридесценция (noun) - iridescence, light-wave differential-refraction
Иридиума (noun) - Iridium, Very heavy metallic element
Ирина (noun) - Irina, Irene (name)
Ириней (noun) - Irina, Irene (name)

Ирину (noun) - Irina, Irene (name)
Ириша (noun) - Irisha (name)
Иркут (noun) - “Irkut” (future Indian Air Force aircraft)
Иркутск (noun) - Irkutsk (name)
Иркутская (adjv) - Irkutskian, Irkutsk-related
Иркутске (noun) - Irkutsk, (name)
Иркутской (adjv) - Irkutskian, Irkutsk-related
Иркутской промышленной зоны (noun) - Irkutsk industrial zone
Ирландией (noun) - Irish, Irishmen, Irish-ladies
Ирландская (adjv) - Irish, Irish-like, Ireland-related
Ирланлской (adjv) - Irish, Irish-like, Ireland-related
Ирландцы (noun) - Irish, Irishmen, Irish-ladies
Иром (noun) - Il (North Korean name)
ирригационная (adjv) - irrigational, artificially-watered, reclamational, reformative, rehabilitative, irrigation-related
ирригационная плотина (noun) - irrigation dike, reclamation dam
ирригация (noun) - irrigation, artificial land-watering, man-made land-watering
Иртыш (noun) - Irtysh (namje)
исаллобарический (adjv) - isallobar, isallobaric, pressure-related
исаллобарический ветер (noun) - issalobaric wind, equal pressure-change wind
исаллобарический поле (noun) - isallobaric field
исаллобарический центр (noun) - isallobaric center, isallobaric-field center
Исаллогыпский (adjv) - Isallohypse, isallohypsic, constant-height related
ИСАФ (abbv) - International Security Assistance Force, NATO/US Forces (Afghanistan)
ИСЗ (abbv) - Infrared-sounding weather satellite system
иск (noun) - suit, legal-action, lawsuit, complaint, claim, demand, prosecution
искажений (noun) - distortion, contortion, asymmetry, deviation,perversion, corruption, falsification
иски (noun) - suit, legal-action, lawsuit, complaint, claim, demand, prosecution
исключает (verb) - except, exclude, eliminate, expel, dismiss, rule out, lose

исключена (noun) - exception, exclusion, elimination, expulsion
исклучением (noun) - exception, exclusion, elimination, expulsion
исключает (verb) - exclude, omit, eliminate, except, expel, dismiss
исключил (verb) - exclude, omit, eliminate, except, expel, dismiss
Искусств и литературы (noun) - Arts and Literature, Arts and Letters
искусств методы (noun) - Artistic methods, artificial methods
искусственно (advb) - artistically, artificially, synthetically, skillfully, artfully
искусственного (adjv) - artistic, artful, skillful, artificial, synthetic, art-related
Искусственного Спутника Земли (noun) - Artificial Earth Satellite
искусственных (adjv) - artistic, artful, skillful, artificial, synthetic, art-related
искусственных органов (noun) - artificial organs, synthetic organs
искусство счёты (noun) - skill score, ability count
искусствоведов (noun) - Art Groups, Art historians, Art admirer's
Исламабаде (noun) - Islamabad (name)
Исламистами (noun) - Islamist's, Islam followers, Islamism-practioners
исламистской (adjv) - Islamist, Islam-related
Исламисты (noun) - Islamist, Islam follower, Islamism-practioner
Исламом (noun) - Islam, Islamic-docturn
исламская (adjv) - Islamic, Islam-related
Исламская парти Туркестана (noun) - Islam-party Turkestan
исламские (adjv) - Islamic, Islam-related
исламских (adjv) - Islamic, Islam-related
исламского (adjv) - Islamc, Islam-related
исламской (adjv) - Islamic, Islam-related
Исланде (noun) - Iceland (name)
исландиский (adjv) - Icelandic, Iceland related
Исландиский циклон (noun) - Icelandic cyclone, Icelandic Low-pressure system
Исландию (noun) - Iceland (name)
исландского (adjv) - Icelandian, Iceland-related
иследованы (noun) - feature, characteristic, part

Испании Эрматаж (noun) - "Spanish Museum"
Испания (noun) - Spain, Espana (name)
испарская (adjv) - Spanish, Espanian, Spain-related
испанскими (adjv) - Spanish, Espanian, Spain-related
испанского (adjv) - Spanish, Espanian, Spain-related
испанское (adjv) - Spanish, Espanian, Spain-related
испанском (adjv) - Spanish, Espanian. Spain-related
Испанском Хересе (noun) - Spanish Sherry, Spanish alcoholic-drink
испанскы (adjv) - Spanish, Espanian, Spain-related
испарением (noun) - vapor, fumes, vaporizing, exhalation
испаренизация (noun) - vaporization, vaporizing
испарений (adjv) - vaporizable, vaporous, vaporish, vapor-related
испарительная (adjv) - evaporative, vaporous, evaporation-related
испарительная способность (noun) - evaporation capacity
испарительной (adjv) - evaporative, evaporation-related
инспекторов (noun) - inspectors, examiners, testers, monitors, investigators
исподний (prep) - under, beneath, lower, below, farther-down
исполнила (noun) - performing, playing, acting, singing,
исполнилось (verb) - carry out, perform, fulfill, fill with, realize, occur, appear, pass (time)
исполнителей (noun) - executor, court officer, player, performer, entertainer, musician
исполнительный (adjv) - executive, managerial, directive, management-related
исполнительный директор (noun) - executive director, managerial director
исполняется (verb) - carry out, conduct, perform, fill with
исполняющим (noun) - executing, conducting, performing, carrying out, filling
использовалися (verb) - use, utilize, operate, facilitate, derive
использовало (verb) - use, utilize, operate, facilitate, derive
использован (noun) - utilization, utility, usefulness, using, operating, deriving, facilitating, application
использована (noun) - utilization, usefulness, using, utility, facilitating, deriving, operating, application

использование (noun) - utilization, usefulness, using, utility, facilitating, deriving, operating, application
использованием (noun) - utilization, usefulness, using, utility, facilitating, deriving, operating, application
использовании (noun) - utilization, usefulness, using, utility, facilitating, deriving, operating, application
использованию (noun) - utilization, usefulness, using, utility, facilitating, deriving, operating, application
использованного (adjv) - utilizable, useful, productive, facilitated, derived, operative, use-related
использованные (adjv) - utilizable, useful, productive, facilitated, derived, operative, use-related
использованных (adjv) - utilizable, useful, productive, facilitated, derived, operative, use-related
использованы (noun) - utilization, usefulness, using, utility, facilitating, deriving, operating, application
использоватся (verb) -utilize, use, employ, exercise, produce, facilitate, derive, operate, manage, ply, work использоваться (verb) - utilize, use, employ, exercise, produce, facilitate, derive, operate, manage, ply, work,
используемые (adjv) - utilizable, useful, productive, facilitated, derived, operative, use-related
используемый (adjv) - utilizable, useful, productive, facilitated, derived, operative, use-related
использует (verb) - use, utilize, produce, facilitate, derive, operate, adaptиспользуется (verb) - use, utilize, produce, facilitate, derive, operate, adapt
используются (verb) - use, utilize, produce, facilitate, derive, operate, adapt
использующая (adjv) - utilizable, useful, use, productive, facilitated, derived, operative, utilization-related
использующих (adjv) - utilizable, useful, use, productive, facilitated, derived, operative, utilization-related
используя (verb) - use, utilize, produce, facilitate, derive, operate, adapt
испортит (verb) - spoil, damage, corrupt, debase, taint, ruin, deny
испохабить (verb) - corrupt, degrade, debase, taint, ruin

ИСПРА (acnm) - Institute (of) United Environmental Research, Italian CEC Center
исправен (adjv) - defective, crippled, imperfect, blemished, insufficient, incomplete, deficient, inadequate, undeveloped, defect-related
исправительных (adjv) - correctional, corrective, remedial, restorative, imprisonment-related
Израиле (noun) - Israel (Jewish nation)
испускание (noun) - emission, issuance, propagation, radiation
испытал (noun) - test, evaluation, trial, examination
испытание испарительной способности (noun) - evaporation capacity test
испытание на морозостойкость (noun) - trial by freezing, frost-resistant testing
испытание экспозицией (noun) - exposure trial, exposure test
испытаний (adjv) - tested, testable, trial, evaluative, observational, test-related
Испытания головной подлодки (noun) - Submarine head test
испытаниях (noun) - test, evaluation, trial, ordeal, examination, observation, probation
испытательная (adjv) - tested, testing, evaluating, trial, examining, observing, probationary, test-related
испытательная лаборатория (noun) - testing laboratory, evaluating laboratory
испытательного (adjv) - tested, testing, evaluating, trial, examining, observing, probationary, test-related
испытывали (noun) - experience, practice, background, knowledge
исследован (noun) - study, analysis, research, investigation, examination
исследована (noun) - study, analysis, research, investigation, examination
исследований (adjv) - studious, analytical, researchable, investigative, examinable, study-related
исследованию (noun) - study, analysis, research, investigation, examination
исследованиях (noun) - researchers, explorations, investigators, examinations, analyses

исследовано (advb) - studiously, specifically, purposely, attentively, carefully, intently, literarily, musically
исследованы (noun) - study, analysis, research, investigation, examination
исследователей (noun) - researcher, analyst, investigator, examiner, explorer, adventurer, questor
исследователи (noun) - researcher, analyst, investigator, examiner, explorer, adventurer, questor
исследовательским (adjv) - studied, studious, analytical, investigative, researched, study-related
исследовательского (adjv) - studied, studious, analytical, investigative, researched, study-related
исследовательскому (adjv) - studied, studious, analystical, investigative, researched, study-related
исследуемого (adjv) - investigative, researched, explorative, analytical, examined, investigation-related
исследуемой (adjv) - investigative, researched, explorative, analystical, examined, investigation-related
исследуемыми (noun) - investigation, research, exploration, analysis, examination
исследуемых (noun) - investigation, research, exploration, analysis, examination
исследуется (verb) - investigate, research, explore, analyze, examine
исследуются (verb) - investigate, research, explore, analyze, examine
Иссык (noun) - Issyk (name)
истекает (verb) - expire, elapse, die, bleed profusely
истечение слой (noun) - outflow layer, hemorrhage stratum
истечение центр (noun) - outflow center, divergence point
истинная (adjv) - true, accurate, correct, veritable, reliable, correctness-related
истинная скорость (noun) - true velocity, accurate (air) velocity
истинное (adjv) - true, accurate, correct, veritable, reliable, correctness-related
истинное время (noun) - true time, correct time
истинное направление (noun) - true direction, correct compass reading

исток воздух масса (noun) - air-mass source, air-mass origin
исток район (noun) - source region, origin region
Истоки учения Дарвина (noun) - Darwin Learning Source
историко (advb) - historically, in-the-past, diachronically
историко культурное (adjv) - historically cultured, culture-related
историческая (adjv) - historical, historic, chronicled, traditional, legendary, history-related
исторический данные (noun) - historic data, historical data
историческим (adjv) - historical, historic, chronicled, traditional, legendary, history-related
исторических (adjv) - historical, historic, chronicled, tradtional, legendary, history-related
исторического (adjv) - historical, historic,chronicled, traditional, legendary, history-related
исторической (adjv) - historical, historic, chronicled, traditional, legendary, history-related
историческом (adjv) - historic, hisctorical, chronicled, traditional, legendary, history-related
источниками (noun) - springs, seasons, warming-months, sources
источники (noun) - spring, season, warming-months, source
источников (noun) - springs, seasons, warming-months, sources
истребителей (noun) - fighter, combatant, battler, destroyer, fighter- pilot, ace, scrapper, belligerent, contestant
истребители (noun) - fighter, combatant, battler, destroyer, fighter- pilot, scrapper, belligerent, contestant
истребителю (noun) - fighter, combatant, battler, destroyer, fighter- pilot, scrapper, belligerent, contestant
ИСУ (abbv) - Russian Anti-tank battle-tank
исходная информация (noun) - initial information, first word, input information
исходного (adjv) - initial, first, original, normal, started, departured, point-related
исходное (adjv) - initial, first, original, normal, started, departed, point-related
исходной (adjv) - initial, first, original, normal, started, departed, point-related
исходные (adjv) - initial, first, original, normal, started, departed, point-related

исходные положение (noun) - initial position, original position
исходом (noun) - end, closure, finale, outcome, Exodus
исходя (noun) - end, closure,finale, outcome, Exodus
исчезнет (verb) - disappear, vanish, fade, cease, flee, depart
исчерпан (noun) - exhaustion, depletion, loss. draining, impoverishment, settlement, conclusion
исчерпывание (noun) - exhaustion, depletion, loss, draining, impoverishment, settlement, conclusion
IT (abbv) - Information Technology
IT - локомотив (noun) - Information Technology - Locomotive (IT application software-program system)
IT - технологй (noun) - Information Technology
Италией (adjv) - Italian, Italy-related
Италию (noun) - Italy (name)
Итальянец человека (noun) - Italian person, Italian-descent person Итальянка (noun) - Italian, Italian-descent person
итальянская (adjv) - Italian, Italy-related
итальянские (adjv) - Italian, Italy-related
итальянский (adjv) - Italian, Italy-related
итальянскими (adjv) - Italian, Italy-related
Итальянскими охранниками (noun) - Italian Guards (Vatican), Italian sentries
итальянских (adjv) - Italian, Italy-related
итальянского (adjv) - Italian, Italy-related
итальянской (adjv) - Italian, Italy-related
итальянском (adjv) - Italian, Italy-related
итальянскую (adjv) - Italian, Italy-related
итальянцами (noun) - Italy’s (name)
итальянцы (noun) - Italian, Ialian person, Italian-descent person
ИТАР-ТАСС (acnm) - Telegraph Agency of Russia/Telegraph Agency of the Soviet Union (contemporary/historical)
ITC (abbv) - International Trade Commission
итогам (noun) - sums, totals, values, quantums, balances, accumulations, ends, results
итогами (noun) - sums, totals, values, quantums, balances, accumulations, ends, results
итоги (noun) - sum, total, value, quantum, balance, accumulation, end, result

итогов (noun) - sums, totals, values, quantums, balances, accumulations, ends, results
итоговая (adjv) - final, conclusive, accumulative, total, concluding, closing, grand, aggregate, summation-related
итогового (adjv) - final, conclusive, accumulative, total, concluding, closing, grand, aggregate, summation-related
итоговой (adjv) - final, conclusive, accumulative, total, concluding, closing, grand, aggregate, summation-related
ИУК (abbv) - Index of Cooperation
Ицхак Перлман (noun) - Itzhak Perlman (musician)
ищет (verb) - look, seek, search
ищите (verb) - looking for, seeking for, searching for
ищут жёлоб (noun) - digging-trough, trenching-trough
Пьетро Мастурцо (noun) - Pietro Masturtso (name)
Июле (noun) - July, summer-month, month
Июльской (adjv) - July-like, July-related
Июне (noun) - June, Sixth month, Spring-month, calendar month
ИЯИ (abbv) - Institute (for) Nuclear Research

Й

й (abbv) - st, th, rd, eth (suffix)
JAL (abbv) - Japan Airlines Corporation
Йемене (noun) - Yemen (name)
Йеменскими (adjv) - Yemenian, Yemen-rlated
йети (noun) - Yeti, Abominable Snowman, Bigfoot
Йоггер (noun) - “Yogger” (athletes’ electronic information-system)
Йод (noun) - Iodine (medical)
Йод-131 (noun) - Iodine-131, radioactive-element
йода (noun) - Iodine, Tincture-of-Iodine, topical antiseptic
Йодистого (adjv) - Iodide, iodized, Iodine-related
Йодистого серебра (noun) - Silver-Iodide, Rain-making compound Йодистым (noun) - Iodide, Hydridic-salt
йога (noun) - yoga, yogi
Йонбене (noun) - Yongbyon (No. Korean Nuclear-research Center)
йотация (noun) - vowel-softening instruction
йотировать (noun) - soft-vowel pronunciation instruction

К

К. (abbv) - building, structure, room
к. норме (advb) - to norm, towards normal
К. Признак (noun) - Q-sign, communications-signal
к. сроку (prep) - on-time, on-schedule
К.Ч. (abbv) - Kilometers per Hour
Ка (abbv) - Kamov (Orginal Design Bureau)
КА-ПИ-ТУ-ДЯ-ЦИЯ (noun) - "Capitulation" (Sport writers description of a badly-losing Soccer Team's performance)
Кабалье (noun) - Kabal (name)
Кабардино-Балкарии (noun) - Karbardino-Balkaria (name)
Кабардино-Балкарская Республика (noun) - Kabardino-Balkarskaya Republic
Кабардино-Балкарской Республики (noun) - Kabardino-Balkarian Republic
кабельной (adjv) - cable-like, cabled, cableing, concentric, coaxial, supportive, cable-related
Кабеус (noun) - "Kabeus" (Lunar crater)
кабине (noun) - cabin, cockpit, cubicle, booth, hut, cage
кабрирование (noun) - pitching motion, up-and-down action
Кабул (noun) - Kabul (name)
Кабула (noun) - Kabul (name)
Кабуле (noun) - Kabul (name)
Кабулом (noun) - Kabul (name)
кавалерийского (adjv) - cavalerian, cavalier-related
Кавалер розы (noun) - "Rose Cavalier", opera title
кавалером (noun) - cavalier, knight, knight-errant, companion, bachelor, baronet
Кавказ (noun) - Caucasus (name)
Кавказ горы (noun) - Caucasus Mountains
Кавказе (noun) - Caucasus (name)
Кавказец (noun) - Caucasian, Caucasus-native
Кавказская (adjv) - Caucasian, Caucasus-related
Кавказские (adjv) - Caucasian, Caucasus-related
Кавказских (adjv) - Caucasian, Caucasus-related
Кавказского (adjv) - Caucasian, Caucasus-related
Кавказском (adjv) - Caucasian, Caucasus-related

кавлифицрует (noun) - qualification, eligibility, fitness, ability, profession, skills, expertise
кавун (noun) - water-melon, melon, fruit
Кагосима (noun) - Kagoshima (name/Japan)
кадастр (noun) - land-syrvey, land-measurement
Кадашах (noun) - Kadashakh (name)
Каддафи (noun) - Qaddafi, Muammar al-Qaddafi (name)
Кадашевской (adjv) - Kadashevian, Kadashev-related
Кадетское (adjv) - cadet-like, Constitutional-Democratic, cadet-related
Кадис (noun) - Cadiz (name)
Кадыров (noun) - Kadyrov (name)
каждой (adjv) - every, each, only, like, distinct, all, whole, any, individual-related
каждую (adjv) - every, each, only, like, distinct, all, whole, any, individual-related
каждый десять (noun) - every ten-days, each ten-days
кажущаяся (adjv) - apparent, manifest, ostensible, evident, visible, vision-related
кажущаяся производительность (noun) - apparent productivity, ostensible efficiency
кажущийся ветер (noun) - apparent wind, evident wind
казаки (noun) - cossack, Volga Tatar, free-person, mounted soldier
Казани (noun) - Kazan (name)
Казанский (adjv) - Kazanian, Kazan-related
Казанский государственный университет (noun) - Kazan State University
Казанского (adjv) - Kazanian, Kazan-related
Казанской (adjv) - Kazanian, Kazan-related
Казань (noun) - Kazan (name)
Казань Ак Барс (noun) - Kazan Snow Leopards, Aq Bars Kazan (professional hockey-team)
Казахстане (noun) - Kazakhstan (name)
Казахстанский (adjv) -Kazakhstanian, Kazakhstan-related
казахстанской (adjv) - Kazakhstanian, Kazakhstan-related
казахстанской степи (noun) - Kazakhstan Steppes
Казбегском (noun) - Kazbegi (name)

каздом (adjv) - every, each, all, any, whichever, everyone, one and all, generality-related
казначейские (adjv) - fiscal, monetary, pecuniary, financial, capital, treasury-related
казнён (verb) - execute (a criminal), terminate a life (government), take (a criminal's) life, dispatch, lethally inject, shoot, gas, hang, electrocute, behead, kill, pay debt (to society), penalize
казнены (verb) - execute (a criminal), terminate a life (government), take (a criminals) life, dispatch, lethally inject, shoot, gas, hang, electrocute, behaead, kill pay debt (to society), penalize
казни (noun) - execution, killing, capital punishment, hanging, electrocution, decapitation, shooting, poisoning, guillotining, penalty
KAZENERGY (comp) - Kazakstan Energy Company
Каире (noun) - Cairo (name)
кайтинга (noun) - kiteing, kite-flying
как это делают (advb) - as is done, how to do this
какаду (noun) - cockatoo, bird
каким образом (advb) - how, how-about, how-come, why
какое (pron) - a, you, I, the, what, such as, whatever, whichever, which, any, anything, kind, to
какую (pron) - a, you, I. the, what, such as,whatever, whichever, which, any, anything, kind, to
Калвус (noun) - Calvus, Cumulonimbus cloud form
калельах (noun) - drops, droplets, orbs, grains, thaws
календарём (noun) - calendar, date-chart, list
календарного (adjv) - dating, dated, calendar-related
календарного года (noun) - Calendar Year, calendar date
Калинграда (noun) - Kalingrad (name)
Калинграде (noun) - Kalingrad (name)
Калининград (noun) - Kaliningrad (name)
Калининграде (noun) - Kaliningrad (name)
калининградская (adjv) - Kaliningradian, Kaliningrad-related
калининградского (adjv) - Kaliningradian, Kaliningrad-related
калининградской (adjv) - Kaliningradian, Kaliningrad-related
калининградскую (adjv) - Kaliningradian, Kaliningrad-related
калининской (adjv) - Kalininian, Kalinin-related

Калифорнии (noun) - California (name)
Калифорнии Залив (noun) - Gulf (of) California, Sea of Cortez (Mexico)
калифорний (adjv) - Californian, California-related
Калифорнийского технологического института, Пасадене, К.А. (noun) - California Institute (of) Techology, Pasadena, California, Cal. Tech,
калифорнийское (adjv) - Californian, California-related
Калифорния (noun) - California (name)
Калишникову (noun) - Kalishnikov (name)
Калмыкии (noun) - Kalmyk, Kalmykian Republic
Калмыкия (noun) - Kalmyk, Kalmykian Republic
Калория Малая (noun) - Calorie-Gram
Калтлуфтинсел (noun) - Kaltluftensel, Cold-air Parcel (German)
калужская (adjv) - Kaluzh, Kaluzhian, Kaluzh-related
калужской (adjv) - Kaluzh, Kaluzhian, Kaluzh-related
калькуляция о глубина (noun) - calculation of depth
кальциевая (adjv) - calcium, calcic, calcium-related
кальцинации (noun) - calcination, conversion into calx
кальцинация (noun) - calcination, conversion into calx
Кама Вятка (noun) - Kama Vyatka (name)
КАМАЗ (acnm) - Kamski Automotive Works
камаз-мастер (noun) - Truck-master, truck operator, truck driver
КАМАЗ-Мастер (noun) - Kamski car/vehicle expert, Kamski car/vehicle master, Kamski car/vehicle supervisor
КАМАЗе (abbv) - Kamski Automotive Works
КАМАЗов (abbv) - KamAZ's, Kamski Truck's (Russian make)
КАМАЗом (abbv) - KamAZ, Kamski Truck (Russian make)
Камбодже (noun) - Cambodia
Каменноостровский (comp) - Stoney-Island (Saint Petersburg Avenue)
Каменск Уральский (noun) - Kamensk Uralski, Stone Urals (mountains)
камерах (noun) - camera's, "magic boxes", Kodak's, chamber's, spaces, compartments, cavities, hollows
камере (noun) - camera, chamber, inner-tube, bladder
камерой (adjv) - photographic, chambered, inner-tube-like, bladdered, camera-related

камеру (noun) - camera, picture-recording devise, traffic-recorder, television devise, photographic-studio devise
камнем (noun) - the stumbling, the tumbling, the falling
камнепад (noun) - rockfall, rockslide, avalanche
кампанию (noun) - campaign, drive, expedition, crusade, cause, movement, principle
Камской (adjv) - Kamian, Kam-related
Камчатка Северо-восток (noun) - North-West Kamchatka
Камчатке (noun) - Kamchatka (Kamchatka peninsula)
Камчатки (noun) - Kamchatka (Kamchatka peninsula)
Камы (noun) - Kam (name)
Канаверал (noun) - Canaveral, Cape Canaveral
Канаде (noun) - Canada (name)
Канадская котловина (noun) - Canadian Basin, Hudson Bay region
Канадская пихта (noun) - Canadian Fir - Canadian tree
Канадский бальзам (noun) - Canadian Balsam, Canadian tree
Канадский Годрографический Служба (noun) - Canadian Hydrographic Service
канадским (adjv) - Canadian, Canada-related
канадских (adjv) - Canadian, Canada-related
канадского (adjv) - Canadian, Canada-related
канадской (adjv) - Canadian, Canada-related
канадскому (adjv) - Canadia, Canada-related
канадскую (adjv) - Canadian, Canada-related
Канаду (noun) - Canada (name)
Канады (noun) - Canada (name)
Канаева (noun) - Kanaeva (name)
каналам (noun) - canals, channels, waterways, bores, raceways, passages, gullies
Кандагар (noun) - Kandahar (name)
Кандагаре (noun) - Kandahar (name)
Кандалакша (noun) - Candalaksha (name)
кандидатам (noun) - candidates, aspirants, hopefuls, runners, seekers, wannabees, office seekers, also-rans
кандидатов (noun) - candidates, aspirants, hopefuls, runners, seekers, wannabees, office seekers, also-rans

кандидатом (noun) - candidate, aspirant, hopeful, runner, seeker, wannabee, office-seeker, also-ran
кандидатуре (noun) - candidature, election nomination, candidate
кандидатуру (noun) - candidature, election nomination, candidate
канель (noun) - drop, droplet, grain, thaw
канельно (noun) - droplet, small-drop, water-drop
канельного (adjv) - drop-like, liquid, fluid, wet, globular, global, spherical, bulbous, orbicular, grainular, droplet-related
Канзас (noun) - Kansas (name)
каникулам (noun) - holiday's, celebrations,festivities, observances, tributes, salutes
каннабис (noun) - cannabis, marijuana, hemp, narcotics source, marez
каннибалы (noun) - cannibal, man-eater, human-flesh eater, self-species eater, savage, barbarian
Каннский фестиваль (noun) - Cannes Festival, Cannes film-festival
Каннском фестивале (noun) - Cannes Festival, Cannes film-festival каньон ветер (noun) - canyon wind, ravine wind, katabatic-wind
капельной (adjv) - drop-like, liquid, fluid, wet, globular, global, spherical, bulbous, orbicular, grainular, droplet-related
капелями (noun) - drops, droples, grains, thaws
капиталов (noun) - capital's, governmental seat's, power sites, capital cities
капитан (noun) - captain, master, skipper, maritime leader, padrone
Капитан Кузнецов (noun) - Capitain Kuznetsov, White Sea cargo-ship
Капитан Хлебников (noun) - "Captain Klebnikov" (Arctic Ice-breaker)
капитаном (noun) - capitain, skipper, master, commander, Old Man
капитану (noun) - captain, skipper, master, commander, Old Man
капканов (noun) - traps, snares, lures, devices
каприфоль (noun) - Caprifoliaceae, honeysuckle-family plant
капская (adjv) - cape-like, pointed, headlandish, peninsular, protusive, prominent, jutting, salient, cape-related

Капская Провинция (noun) - Cape Province
капуслу (noun) - capsule, pill, spacecraft, seed vessel, hull, shell, pod
Кара Море (noun) - Kara Sea
Караджича (noun) - Karadzic (name)
Караджичу (noun) - Karadzic (name)
Карабаха (noun) - Karabakh (name)
Карабулакского (adjv) - Karabulakian, Karabulak-related
Карабудахкентском (noun) - Karabudakhkentck's (name)
караулов (noun) - guards, sentries, defenders, protectors, shielders
Карасук (noun) - Karasuk (name)
Карачаево-Черкесии (noun) - Karachayevo-Cherkesskaya (name)
Карачаево-Черкесского (noun) - Karachaeyevo-Cherkesskaya (name)
Карашников (noun) - Karashnikov (weapons manufacturer)
Карбардино-Балкарии (noun) - Kalbardino-Balkaria (name)
карбонатно (noun) - carbonate, carbonic-acid salt
карбонатного (adjv) - carbonated, carbonate-like, Carbonic-acid related
карбюратор глазировка (noun) - carburetor glazing, carburetor icing
карбюратор облёденение (noun) - carburetor icing
Каргополь (noun) - Kargopol (name)
кардиологу (noun) - cardiologist, heart specialist
Карелии (noun) - Karelia (name)
Карелия северо запад (noun) - North-west Karelia
Карзая (noun) - Karzai (name)
Карибах (noun) - Caribs (Eastern/Southern East Indies, Caribbean Sea)
Карибском (adjv) - Caribbean, Caribs-related
Карибском Море (noun) - Caribbean Sea
Каримову (noun) - Karimov (name)
Каримовым (adjv) - Karimovian, Karimov-related
Карл (noun) - Karl, Charles (name)
Карл Бедекер (noun) - Karl Bedeker (“first” guide-book publisher)
Карл Теодор цу Гуттенберг (noun) - Carl Theodor zu Guttenberg (German)
Кармен (noun) - Carmen (name)

Карпатские Горы (noun) - Carpathian Moutains
Карпаты (noun) - Carpathians (Russian Soccer-team)
Карпов (noun) - Karpov (Hero - Soviet Union)
Карповым (adjv) - Karpovian, Karpov-related
Карского (adjv) - punished, chastising, penal, punitive, retributed, punishment-related
Карского моря (noun) - Kara Sea
Карское (adjv) - punished, chastising, penal, punitive, retributed, punishment-related
Карское Море (noun) - Kara Sea
Карском Море (noun) - Kara Sea
Карскому (adjv) - punished, chastising, penal, punitive, retributed, punishment-related
Карст (noun) - Karst (name)
карта бланк (noun) - blank chart, blank map
карта в горизонталях (noun) - chart for contour-lines, contour map
карта вреака (noun) - inserted map, small map
карта давления (noun) - pressure chart, stress chart
карта и схема (noun) - charts and diagrams
карта барическая (noun) - isobaric chart, isobaric map
карта площадь (noun) - area map, space map
карта проекция (noun) - chart projection, projected map
карта проекцияы (noun) - chart projections, ap projections
карта шкалах (noun) - map scales, chart scales
Картина Пикассо (noun) - Picasso Painting, Picasso picture
картини Дега (noun) - Dega painting, Dega picture, Dega art-work
картинг (noun) - mapping, go-carting, playing (cards)
картине (noun) - picture, image, portrayal, scene
картирование (noun) - mapping, surveying, picturing
картирование алгоритм (noun) - surveying algorithm, mapping algorithm
картографическая (adjv) - cartographic, cartographical, cartography- related
картографино (advb) - cartographically
картон (noun) - carton, parcel, package, pack, wrap, box, case, enclosure

картонную (adjv) - cardboard, paperboard, board, pasteboard, cartoned, cartooned, carded, paper-related
картосхем (comp) - cartographic-scheme, mapping-plan
картосхема (comp) - cartographic-scheme, mapping-plan
картосхемы (comp) - cartographic-scheme, mapping-plan
карту (noun) - card, form, map, chart, go-cart
карты и диаграмма (noun) - charts and diagrams
карьере (noun) - career, vocation, occupation, profession, practice, business, work, quarry, mine, pit, sand-pit
карьеру (noun) - career, vocation, occupation, profession, practice, business, work, quarry, mine, pit, sand-pit
касательная дуги (noun) - tangential-arcs, tangent arc
касается (verb) - related (to), connected (to), interacted
Касио (noun) - Casio (name)
Каспием (noun) - Caspian (name)
Каспии (noun) - Caspian (name)
Каспий (adjv) - Caspian, Caspian-related
Каспий оставался (noun) - Caspian Sea
Каспийске (noun) - Kaspiysk (name)
Каспийское моря (noun) - Caspian Sea
Каспийского (adjv) - Caspian, Caspian-related
Каспийского море (noun) - Caspian Sea
Каспийской (adjv) - Caspian, Caspian-related
Каспийскому (adjv) - Caspian, Caspian-related
Каспия (noun) - Caspian (name)
Кассини (noun) - Cassini, space probe, astral body
Кастеллац (noun) - Castellatus, Castled cloud-forms
Кастелянус (noun) - Castellanus (now Castellatus)
Катабатик (noun) - Katabatic, down-slope motion
Катабатик ветра (noun) - Katabatic wind
каталоге (noun) - catalog, directory, listing
каталоги (noun) - catalog, directory, listing
каталогов (noun) - catalogs, directories, listings
Катангли (noun) - Katangli (name)
катанию (noun) - skating, maneuvering, gliding, turning, rolling,
Катаре (noun) - Katar (name)
катастрофе (noun) - catastrophe, calamity, disaster, accident, wreck

катастрофические (adjv) - catastrophic, disasterous, accident- related
катастрофой (adjv) - catastrophic, disasterious, accident-related
катастрофу (noun) - catastrophe, calamity, disaster, accident, wreck
категорически (adjv) - categorical, classificational, taxonomic, taxonomical, typical, special, characteristic, category-related
Катенька (noun) - Katenka (name)
катер (noun) - cutter, boat, launch, tender, marine-vessel
Катерина (noun) - Katerina (name)
Катовице (noun) - Katowice (name)
католический епископ (noun) - Catholic Bishop
католических (adjv) - catholic-like, religious, theistic, Roman Catholic, papistical, ultramontane, Catholic-related
католической (adjv) - catholic-like, religious, theistic, Roman-Catholic, papistical, ultramontane, Catholic-related
каторжник (noun) - convict, felon, criminal, prisoner
Катрин Денев (noun) - Catherine Deneuve (French actress)
катчуп (noun) - catchup, ketchup, condiment, flavoring
катынская (adjv) - Katunian, Katun-related
Катынь (noun) - Katun (name)
Катя (noun) - Katia, Katya (name)
КАФ (abbv) - Climatic Atmospheric Forcing, Confederation of African Football (soccer)
Качановской (noun) - Kachanovsky (colony in Kharkiv region)
качесве (noun) - quality, attribute, capacity, as, skill
качестае (noun) - quality, attributs, capacity, as, skill
качества (noun) - quality, attributes, capacity, as, skill
качестве (noun) - quality, attributes, capacity, as, skill
качественно (advb) - qualitatively, excellently, superlatively
качественного (adjv) - qualitative, excellent, high-grade, first-rate, superior, quality-related
качественные (adjv) - qualitative, excellent, high-grade, first-rate, superior, quality-related
качественным (adjv) - qualitative, excellent, high-grade, first-rate, superior, quality-related
Качиньского (adjv) - Kachinian, Kachin-related
Каширском (adjv) - Kashir, Kashir-related

Кашкадарьинская (noun) - Kashkadarinsk (name)
кБ. м.2 (abbv) - kilo-Bequerel per square meter, kBq. per square meter, radiation-decay activity rate
кБк. м. 2 (abbv) - kilo-Bequerel per square meter, kBq. per square meter, radiation-decay activity rate
КБП (abbv) - Combat Small Arms
КБР (noun) - Kabardino-Balkariya Republic, Kabardino-Balkariya Russia (Russian TV Channel)
кв. (abbv) - square (mathematics), flat, apartment, dwelling
кв.м (abbv) - square meters
квадратическая (adjv) - quadratic, squared, polygonal, geometric, square-shaped, quadrilateral, square-related
квадратические (adjv) - quadratic, squared, polygonal, geometric, square-shaped, quadrilateral, square-related
квадратическое (adjv) - quadratic, squared, polygonal, geometric, square-shaped, quadrilateral, square-related
квадратического (adjv) - quadratic, squared, polygonal, geometric, square-shaped, quadrilateral, square-related
Квадратное уравнение (noun) - Quadratic equation
квадратный дюйм (noun) - square inch
квадратный корень (noun) - square root
квадратный метря (noun) - square meter
квадратов (noun) - squares, quadrilateral-spaces
квадратом (noun) - square, quadrilateral-space
квадратурный прилив (noun) - neap tide, moon-quarters tide
квадраты (noun) - square, quadrilateral-space
Квазидвухлетнего (adjv) - quasi-biennial, biennial-related
Квазидвухлетнего цикла (noun) - Quasi-biennial Cycle
квазидвухлетней (adjv) - quasi-biennial, biennial-related
Квазидвухлетней цикличности (noun) - Quasi-biennial Cycle
квазидвухлетний (adjv) - quasi-biennial, biennial-related
Квазидвухлетний осцилляция (noun) - Quasi-biennial Oscillation
квазидвухлетних (adjv) - quasi-biennial, biennial-related
квазидинамического (adjv) - quasi-dynamic, dynamism-related
квазидисковых (adjv) - quasi-circular, quasi-disc-shaped, form- related
Квазизвезда (noun) - Quasar, celestial-object
Квазизвезды (noun) - Quasar, celestial-object

квазилинейную (adjv) - quasi-linear, nearly-straight, linearity-related
квазимеридиональных (adjv) - quasi-meridonal, meridian-related
Квазинеподвижный фронт (noun) - Quasi-stationary Front
квазиоднородном (adjv) - quasi-homogenious, homogeneity-related
квазипериодический (adjv) - quasi-periodic, period-related
квазипериодической (adjv) - quasi-periodic, period-related
квазипостоянных (adjv) - quasi-standing, nearly-standing, standing-related
квазисинхронной (adjv) - quasi-synchronous, synchronous-related
квазистационарные (adjv) - quasi-stationary, stationary-related
квазистационарных (adjv) - quasi-stationary, stationary-related
квазициклонический (adjv) - quasi-cyclonic, cyclonic-related
квалификацию (noun) - qualification, eligibility, fitness, ability, profession, skills, expertise
Квантовая механика (noun) - Quantum mechanics
Квантовые теория (noun) - Quantum theory
кванты (noun) - quantum, parcels, increments, energy
кварталы (noun) - quarter, one fourth, twenty-percent, quarter, quart, quarto
Квартальный жирнал изучение метеорологический общество (noun) - Quarterly Journal (of) Research, Meteorological Society
Квартальный журнал королевская метеорологический общество (noun) - Quarterly Journal, Royal Meteorological Society
квартиру (noun) - apartment, flat, private-quarters, residence
квас (noun) - kvass, alcoholic-drink
Квачкова (noun) - Kvachkov (name)
Квебекокий (adjv) - Quebecian, Quebec-related
КВН (noun) - Club Merry (and) Humorous, International Union Website (humorous-commentary site)
квотами (noun) - quota’s, proportions, commissions, shares, allowances, percentages, budgets
кВт (abbv) - Kilo-watt, Thousand watts
кг (abbv) - kilogram, one-thousand grams
кг м.2 (abbv) - kilograms per square-meter

кг м.3 (abbv) - kilograms per cubic-meter
КГБ (abbv) - State Security Service (replaced by FSB)
КГУ (abbv) - Kazan State University
КД Авиа (noun) - KD aviation, Russian airline
КДЦ (abbv) - Quasi-biennial Cycle, Quasi-biennial Oscillation
кейрине (noun) - “Keyrine” (Australian cycling-event)
Кейт Миддлтон (noun) - Kate Middleton (name)
келающих (noun) - persons interested, those who desire
Келвин Гельмголтз волны (noun) - Kelvin-Helmholtz wave
Келвин температура шкала (noun) - Kelvin temperature-scale
Кембриджский (adjv) - Cambridgian, Cambridge-related
Кембриджский Университет Издательство (noun) - Cambridge University Press
Кембриджского (adjv) - Cambridgian, Cambridge-related
Кембриджского университета (noun) - Cambridge University
Кемерове (noun) - Kemerov (name)
Кемерово (noun) - Kemerov (name)
Кемеровская (adjv) - Kemerovian, Kemerov-related
Кемеровской (adjv) - Kemeovian, Kemerov-related
Кенигзее (noun) - Kinigze (name) (Bobsled training site)
Кенийские (adjv) - Kenyan, Kenya-related
Кергелен (noun) - Kergelen (name)
Керченскому (noun) - Kerchensk (name)
КЕС (abbv) - European Conference Committee, (International Conference on Radiological consequences of Chernobyl accident, Minsk, Byelorussia)
Кесий (noun) - Cesium, soft ductile element
Кесий атомные часы (noun) - Cesium Atomic clock
Кетсана (noun) - Ketsana (name)
ки. км. 2 (abbv) - Radiation intensity per square kilometer
Ки. л. (abbv) - Radionuclide-mass per liter
кибератаке (comp) - cyber-attack, internet- attack
кмбербезопасности (comp) - cyber-security, cyber-security, internet- security
киберкюре (comp) - cyber-cure, cyber-correction, cyber-fix, internet cure
кидзуна (noun) - friendship (Japanese)

кидзуна симболом (noun) - Friendship Symbol, Kanji Characters (Japanese)
Киев (noun) - Kiev (name)
Киева (noun) - Kiev (name)
Киеве (noun) - Kiev (name)
Киевлян (noun) - Kiev (name)
киевский (adjv) - Kievian, Kiev-related
киевском (adjv) - Kievian, Kiev-related
Кизлре (noun) - Kizlyar (name)
Кило Паскал (noun) - Kilo Pascal, one-thousand pascals
Киловольт (comp) - Kilo-volt, one-thousand volts
Килогерц (comp) - Kilo-hertz, one-thousand cycles per second
Килограм (comp) - Kilo-gram, one-thousand grams
Килограммометр (comp) - Kilogram-meter
Килоджоуль (noun) - Kilo-joule, one-thousand joules
Килолитр (comp) - Kilo-liter, one-thousand liters
Килолюмен (comp) - Kilo-lumen, one-thousand lumens
Километр в час (noun) - Kilometer per hour, one-thousand meters per hour
Километраж (noun) - Kilometer, distance, length
километров (noun) - Kilometers, distance, length
Километров в секунду (noun) - Kilometers per second
Километров в час (noun) - Kilometers per hour
километровой (adjv) - kilometric, kilometrical, kilometer-related
километровый (adjv) - kilometric, kilometrical, kilometer-related
Килотонна (comp) - Kilo-ton, one-thousand tons
Килоцикл (comp) - Kilo-cycle. one-thousand cycles
Ким Чен Ира (noun) - Kim Chen Il (North Korean leader)
Ким Чен Иром (noun) - Kim Chen Il (North Korean leader)
Ким Чен ын (noun) - Kim Jung Eun (North Korean leader)
Ким Чон Гаком (noun) - Kim Jong Gak (North Korean General)
Ким Чон Ир (noun) - Kim Jong Il (North Korean ex-leader)
Ким Чон Ира (noun) - Kim Jong Il (North Korean ex-leader)
Ким Чон Иром (noun) - Kim Jong Il (North Korean ex-leader)
киндаль (noun) - macadamia, nut
кине (noun) - cine, motion-picture, moving-picture, movie
кинематика (noun) - Cinematics, Cinephotography

кинематическая (adjv) - cinematic, cinematical, filming, Cinephotography-related
кинематический анализ (noun) - cinematic analysis, Cinephotography analysis
кинематический направленности (noun) - cinematic direction, film direction
кинематической (adjv) - cinematic, cinematical, filming, Cinephotography-related
кинематографистов (noun) - cinemaphotographers, film-makers
кинематографических (adjv) - kinematographic, cinematographic, cinematography-related
кинетическая (adjv) - kinetic, dynamic, active, motion-related
Кинетическая теория материи (noun) - Kinetic theory of matter
кинетические (adjv) - kinetic, dynamic, active, motion-related
кинетический (adjv) - kinetic, dynamic, active, motion-related
кинетических (adjv) - kinetic, dynamic, active, motion-related
Кинетических энергия (noun) - Kinetic energy
кинетической (adjv) - kinetic, dynamic, active, motion-related
киния (noun) - cine, film, movie, cinema
кино (noun) - film, movie, video (television)
киноакадемия (comp) -Movie-academy, film-academy, cinema- academy
киноактеров (comp) - movie-actors, film-actors, cinema-actors
кинобизнеса (comp) - movie business, business-films, business- videos
кинодебютантки (comp) - movie-debutante, film-debutante, film-starlet, film-actress newcomer
кинодебюты (comp) -movie-debut, film-debut, film first-showing
кинопремии (comp) - film-premiere, movie-premiere, films first-showing
кинорежиссером (comp) - film-directors, movie-directors, cinema-directors
кинотавр (noun) - Kinotavr, «Film-brand» (movie production-company)
кинотавра (noun) - Kinotavr, «Film-brand» (movie production-company)
кинотеатре (comp) - film-theater, movie-house, cimema-theater

кинофестивале (comp) - film-festival, movie-festival, cinema-festival
кинофестиваль (comp) - film-festival, movie-festival, cinema-festival
кинофестиваля (comp) - film-festival, movie-festival, cinema-festival
кинофильме (noun) - movie, motion-picture, cinema, film
кинофлагман (comp) - cinema-flagman, movie-flagman, movie-flag officer, movie-flagship
кинохроника (noun) - documentary, cine-chronical, newsreel
киношка (noun) - cinema, film, movie, cine
кинтурная карта (noun) - contour, height-line, height-isopleth
кинтучесть (noun) - turbulence, turbulency, instability
киосках (noun) - kiosks, tea-houses, stalls, stands
Киплингом (noun) - Kipling (English writer)
Кипром (noun) - Cyprus's (name)
Кипрскому (adjv) - Cyprusian, Cyprus-related
Киргизии (noun) - Kyrgystan (name)
Киргизию (noun) - Kyrgystan (name)
Киргизским (adjv) - Kurgysanian, Kurgystan-related
Киргизском (adjv) - Kyrgystanian, Kyrgystan-related
Киренск (noun) - Kirensk (name)
Киржач (noun) - Kirzhach (name)
Кирилл (noun) - Kirill (name)
Кирилл Лавров (noun) - Kirill Lavrov (maritime tanker)
кириллической (adjv) - Cyrillic, language-related
кириллица (noun) - Cyrillic-alphabet
Киришах (noun) -Kirishi (Leningrad region)
Киркенес (noun) - Kirkenes (name)
Киркук (noun) - Kirkuk (name)
Киров (noun) - Kirov (name)
Кирова (noun) - Kirov (name)
Кировоград (noun) - Kirovograd (name)
Кировск (noun) - Kirov (name) Кировская (adjv) - Kirovian, Kirov-related
Кировской (adjv) - Kirovian, Kirov-related
Кироская (adjv) - Kirovian, Kirov-related
кисел (noun) - kissel, acid, salt-forming sour-compound

кисла (noun) - acid, salt-forming sour-compound
Кисловодск (noun) - Kislovodsk (name)
кислое (adjv) - acidic, acid, acid-forming, acid-related
кислое свойство (noun) - acidity, acidic-attribute
кислородно ацетиленовые (noun) - oxy-acetylene, welding-gas
кислота дождь (noun) - acid rain, acid hail, acid cascade
кислота осадка (noun) - acid precipitation, acid deposition
кислотик (adjv) - acidic, acidotic, acidophilic, acid-related
Киссинджера noun) - Kissinger (Henry, American statesman)
Китае (noun) - China (name)
Китаем (noun) - China, China's, East Asia Republic's
Китайские (adjv) - Chinese, China-related
Китайский (adjv) - Chinese, China-related
Китайский спутник (noun) - Chinese Satellite, China-manufactured earth-satellite
Китайским (adjv) - Chinese, China-related
Китайских (adjv) - Chinese, China-related
Китайского (adjv) - Chinese, China-related
Китайской (adjv) - Chinese, China-related
Китайском (adjv) - Chinese, China-related
Китайскому Макао (noun) - China-Makao
Китая (noun) - China, East Asia Republic
Кито (noun) - Quito (Ecuador, South America)
китобойные (adjv) - whaling, whale-harvesting, whale-fishing, whale-related
итообразный (adjv) - cetean, cetaceous, whale-like, dolphin-like, porpoise-like, marine-mammal related
Михалов (noun) - Mikhal's, Michael's (name)
кишечной (adjv) - intestinal, bodily, internal, alimentary, gastro-intestinal, digestive, organic, intestine-related
кишечной-инфекйии (noun) Intestinal-infection, E. Coli
кишечной-палочки (noun) - intestinal-bacillus, E. coli infection
кишечными (adjv) - intestinal, bodily, internal, alimentary, gastro-intestinal, digestive, organic, intestine-related
Кишиневе (noun) - Kishinev (name)
Кишинёй (noun) - Kishinev (name)
КК (abbv) - Space Craft, Kosmos Craft
кл. (abbv) - class, classroom, study room

клавесинистов (noun) - harpsichords, musical-instruments
кладбище (noun) - cemetery, graveyard, burial-ground, churchyard, memorial park, poter's field
кладбищю (noun) - cemetery, graveyard, burial-ground, churchyard, memorial park, potter's field
клапанов (noun) - values, gates, taps, spigots, cocks, flaps
класс (noun) - class, grade, category, classification, type, classroom
классах (noun) - classes, grades, categories, classifications, types, classrooms
классе (noun) - class, grade, category, classification, type, classroom
классификатор (noun) - classifier, sizer, glossary
классификациях (noun) - classification, categorization, typing
классическим (adjv) - classic, classical, traditional, tradition-related
классов (noun) - classes, grades, categories, classifications, types, classrooms
классовых (adjv) - class, graded, categorized, typical, classical, traditional, type-related
кластера (noun) - cluster, grouping, throng, multitude, horde, crowd, mob, flock, pack, herd
кластеризации (noun) - clusterization, grouping, gathering
кластерного (adjv) - clustering, clustered, grouped, gathered, clustery, cluster-related
кластерный (adjv) - clustering, clustered, grouped, gathered, clustery, cluster-related
Кластерный анализ (noun) - Cluster analysis
клаузула (noun) - clause, provision, stipulation, condition
клевер 2 года (noun) - two-year clover, two-year (old) leguminous herb
клевещина (noun) - clover, leguminous herb
клейкость (noun) - viscosity, fluidic-resistance
клетках (noun) - cells, cages, coops, hutchs, squares, checks
Клетский (noun) - Kletski (name)
клиентам (noun) - clients, patrons, customers, buyers, prospects
клиентов (noun) - clients, patrons, customers, buyers, prospects

Клийстерс (noun) - Clijsters, Kim Clijsters (2011 Australian Open Champion)
климат действующие расслабляюще (noun) - relaxing climatic-activity, improving climatic-conditions
Климат динамика (noun) - Climate dynamics, climatic-mechanisms
климат из космоса (noun) - climate out of space, space climate
климат перемена (noun) - climate change, changes (of) climate
климатическая (adjv) - climatic, climatical, climatal, elemental, climate-related
климатическая карта (noun) - climatic map, climatic chart
климатические (adjv) - climatic, climatical, climatal, elemental, climate-related
климатические условия (noun) - climatic conditions, climatic situations
климатический атмосферный форсинг (noun) - Climatic atmosphere-forcing
климатический изменение (noun) - climatic alteration
климатический индекс (noun) - climatic index
климатический тенденцияах (noun) - climatic tendencies, climatic trends
климатическим (adjv) - climatic, climatical, climatal, elemental, climate-re;ated
Климатическим данным Левитуса (noun) - Levitus climatic data
климатическими (adjv) - climatic, climatical, climatal, elemental, climate-related
климатических (adjv) - climatic, climatical, climatal, elemental, climate-related
климатического (adjv) - climatic, climatical, climatal, elemental, climate-related
климатической (adjv) - climatic, climatical, climatal, elemental, climate-related
климатической изменчивости (noun) - climatic variability, variable climate
климатическом (adjv) - climatic, climatical, climatal, elemental, climate-related
климатологии (noun) - climatology, climate-science

климатологикальный (adjv) - climatological, climotologic, climate- related
климатологикальный запись (noun) - climatological record
климатологист (noun) - climatologist, climate scientist
климатологическая (adjv) - climatologic, climatological, climate- related
климатологическая знание (noun) - climatologic knowledge, climatologic learning
климатологическая таблица (noun) - climatologic tables
климатологические (adjv) - climatologic, climatological, climate- related
климатологические данные (noun) - climatologic data, climatologic information
климатологических (adjv) - climatologic, climatological, climate- related
климатологической (adjv) - climatologic, climatological, climate- related
климатология (noun) - climatology, climate-science
клинике (noun) - clinic, facility, infirmary, hospice, hospital, medical center
клинику (noun) clinic, facility, infirmary, hospice, hospital, medical center
клиническые (adjv) - clinical, analytical, dispassionate, clinic-related
Клинн торнадо (noun) - Wedge tornado, Tornado with wedge-shaped funnel-cloud (wider than tall)
клинной (adjv) - clinical, analytical, dispassionate, clinic-related
клинности (noun) - clinic, medical-facility
клинность (noun) - clinic, medical-facility
клинностью (noun) - clinic, medical-facility
Клинометр (noun) - Clinometer, cloud-base height instrument
Клинтон (noun) - Clinton (name)
Клинт Иствуд (noun) - Clint Eastwood (Hollywood personality)
кличко (noun) - Klitschko (name)
Клод Леви-Стросс (noun) - Claude Levi-Strauss (name)
Клода Моне (noun) - Claude Monet (name)
Клодетт (noun) - Claudette (name)
Клойн (noun) - Cloyne (name)

клопомор (noun) - insecticide, insect-pesticide
клубе (noun) - club, team, cabaret, night spot, theater, cudgel, weapon
клубится диффцзия (noun) - eddy diffusion
Клубничный карнавал (noun) - Strawberry carnival, Strawberry festival
клубного (adjv) - enjoyed, relaxed, applauded, entertained, performed, danced, cudgeled, struck, enjoyment-related
клубов (noun) - clubs, associations, teams, clubhouses, recreation-centers, wafts
Клувер Академийеский Издателье (noun) - Kluwer Academic Publisher
клучевым (adjv) - key, vital, important, strategic, fundamental, importance-related
клученых (adjv) - key, vital, important, strategic, fundamental, importance-related
ключе (noun) - key, importance, source, main factor, principal factor, chief point, primary element, preeminent player, cardinal feature, foremost factor
Ключи (noun) - Klyuchi (name)
км. (abbv) - kilometer, one-thousand meters
КМ (abbv) - World Cup, World goblet
км2 (abbv) - kilometers squared
км3 (abbv) - kilometers cubed
КНДР (abbv) - Democratic Peoples Republic of Korea, North Korea
книгу (noun) - book, tome, volumne, publication, edition, diary, record-book, chronicle, history-record,fictional-treatise, card
книжке (noun) - book, tome, volumne, publication, edition, diary, record-book, chronicle, history-record, fictional-treatise, card
книжной (adjv) - printed, published, circulated, disseminated, distributed, accessible, bookish, book-related
книжной ярмарке (noun) - Book fair, book bazaar, book market
кнопку (noun) - button, stud, knob, pin, thumbtack
КНР (abbv) - Chinese National Republic, People's Republic of China, Communist China
КНШ (abbv) - Joint Chiefs (of) Staff (JCS), “Farm and Agriculture Equipment” manufacturer

князей (noun) - prince, duke, nobleman, royalty, nobility
князь (noun) - prince, duke, nobleman, royalty, nobility
князю (noun) - prince, duke, nobleman, royalty, nobility
ко (prep) - to, till, as long as, until, before,
коаксиально (advb) - coaxially, concentrically
коалиционное (adjv) - collaborative, cooperative, consensus, common, communal, mutual, joint, collusive, coaltion-related
коалицию (noun) - coalition, affiliation, alliance, union, association, league, federation, fellowship
Кобе (noun) - Kobe (name)
Кобзону (noun) - Kobzon (name)
КОБОЛ (acnm) - COBOL, COmmon Business Oriented Language, Computer-languge for commercial-data processing
Кобылы хвосты (noun) - Mares'-tails, Cirrus cloud-form
ковариационного (adjv) - covariational, covariance, covariant-related
ковариационной (adjv) - covariational, covariance, covariant- related
ковариационной матрице (noun) - covariational matrix, covariance matrix
ковариациоггых (adjv) - covariational, covariance, covariant- related
Код Морзе (noun) - Morse Code, Radio-communication Code
кодексе (noun) - code, cipher, guideline, standard, rule, law, canon
Козельск (noun) - Kozelsk (name) Козлодуй (noun) - Kozloduy (Bulgarian town)
койке (noun) - bed, furniture, hospital bed, bedroom bed, recovery-room bed, resting bed, gurney
Кокойты (noun) - Kokoity (name)
Кокоро (noun) - Kokoro (Japanese)
коку (noun) - coca, cocaine, drugs, narcotics, Japanese unit of measure
Кокчетав (noun) - Kokchetay (name)
Кокшенга (noun) - Kokshenga (name)
Колачевский (adjv) - Kolachevskian, Kolachevski-related
колебаний (adjv) - oscillational, vibrational, variational, fluctuational, paused, hesitated, variation-related

колебания температуры (noun) - temperature variation, varying temperature
колебаниями (noun) - oscillation, vibration, variation, fluctuation, vascillation, wavering, hesitation
колебаниях (noun) - oscillation, vibration, variation, fluctuation, vacillation, wavering, hesitation
Коленгагене (noun) - Kolengagen (name)
колеров (verb) - colors, shades, slants, biase's
колесами (noun) - rings, hoops, collars, loops, rings, bracelets, disks, wheels
колесную (adjv) - wheeled, on wheels, wheel-related
количестве (noun) - amount, quantity, number, application
количественной (adjv) - quantitative, quantitive, quantified, quantized, measured, quantity-related
количественный анализ (noun) - quantitative analysis, quantitive analysis
количественный данные (noun) - qualitative data, quantified information
количественными (adjv) - quantitative, quantitive, quantified, quantized, measured, quantity-related
количество облаков (noun) - clouds amount, cloud coverage
количество облаков нижнего яруса (noun) - clouds lowest-layer amount
количеством (noun) - quantity, amount, number, application
коллайдер (noun) - collider, particle accelerator
коллайдера (noun) - collider, particle accelerator
коллайдере (noun) - collider, particle accelerator
коллайдером (adjv) - collider-like, particle accelerator-related
коллайдеру (noun) - collider, particle accelerator
коллегиальный (adjv) - collegial, collective, corporate, joint, union- related
коллегой (noun) - colleague, brother, associate, ally
колледже (noun) - college, school, university
коллекйию (noun) - collection, compilation, assemblage, assortment
коллодные (adjv) - collidal, gelatinous, mucinous, dispersed, colloid-related

коллодный растворение (noun) - colloidal solution, colloid mixture
коловращение (noun) - rotation, rotating, turning, returning, succession, series
Кологрив (noun) - Kologriv (name)
колоколов (noun) - bells, gongs, chimes, carillons
колокольного (adjv) - pealed, pealing, chimed, chiming, rang, ringed, sound-related
колокольцев (noun) - peal, pealing, chime, chiming, ranging
Коломбианы (noun) - Columbiana (name)
коллона машин (noun) - column machine, convoy vehicles
Колорадо (noun) - Colorado (name)
Колорадский (adjv) - Coloradian, Colorado-related
Колорадский жук (noun) - Colorado Beetle, Colorado insect
Колумб (noun) - Columbus (name)
Колумбией (noun) - Columbia (name)
Колумбийская (adjv) - Columbian, Columbia-related
Колумбийские (adjv) - Columbian, Columbia-related
Колыма (noun) - Kolyma (name)
Кольская в Охотском море (noun) - Kola and Okhotsk Sea
Кольский полуостров (noun) - Kola Peninsula (Atomic Energy Station/Nuclear Power Plant site
Кольской (adjv) - Kolian, Kola-related
Кольской полуострове (noun) - Kola Peninsula (Atomic Energy Station/Nuclear Power Plant site)
Кольцевой линии (noun) - "Circle Line" (Moscow metro), Belt line, Ring line,
кольцо (noun) - ring, hoop, collar, loop, ring, bracelet, disk, wheel
кольцу (noun) ring, hoop, collar, loop, ring, bracelet, disk, wheel
Коля (noun) - Kolya (name)
Комак и Бойнг (noun) - Comaco and Boeing (Aircraft manufacturers)
командами (noun) - commands, orders, directions, parties, detachments, crews, teams, brigades, crews, squads, equipage
команде (noun) - command, order, party, detachment, crew, team, brigade, crew, squad, equipage
Командирские остров (noun) - Commander Islands

командной (adjv) - commanded, commanding, ordered, directed, command-related
командные (adjv) - commanded, commanding, ordered, directed, command-related
командный центр (noun) - command center, commanding headquarters
Командо (noun) - commando, elite troops, shock troops, rangers
командом (noun) - command, order, direction, party, detachment, crew, team
командующий (adjv) - commanding, commanded, ordering, directing, commander-related
команды (noun) - command, order, direction, party, detachment, crew, team
комбинированного (adjv) - combined, merged, united, mixed, combination-related
комбинированной (adjv) - combined, merged, united, mixed, combination-related
Коми (noun) - Komi (name)
комиссий (noun) - commission, committee, delegation, assembly
комиссию (noun) - commission, committee, delegation, assembly
Комитет Думы (noun) - Duma Committee, parliamentary Committee
Комитет по гидрометеорологии и мониторингу окружающей среды (noun) - Committee for Hydrometeorology and Environmental-monitoring
комковатый (adjv) - lumpy, lumpier, lumpiest, lumpish, form-related
комментариев (noun) - commentary, comment, review, treatise
коммерсант (noun) - commerce-man, business-man, merchant, mercantiler
Коммерсанть FM (noun) - Business FM (Moscow Frequency-Modulated radio news/traffic/weather)
коммерческих (adjv) - commercial, business, trade, mercantile, trade-related
коммнрческой (adjv) - commercial, business, trade, mercantile, trade-related
коммиссаром (noun) - commissars, governmental-heads, officials

коммуникационный (adjv) - communicative, communicating, communicatory, transmittable, transferable, coveyable, communicable, informative, instructive, communication-related
коммунистов (noun) - communist's, Marxist's, Bolshevist's, reds, revolutionist's
коммунисты (noun) - communist, Marxist, Bolshevist, red, revolutionist
Коморовскому (adjv) - Komorovian, Komorov-related
компакт (noun) - compact, covenant, agreement
компакт диск (noun) - compact-disk, compact-disc
компакт дисках (noun) - compact-disks, compact-discs
компакта (noun) - compact, covenant, agreement
компактные (adjv) - compact, solid, firm, condensed, density-related
компаний (noun) - company, business, firm, group, partnership, team, unit, party, guest
компанию (noun) - company, business, firm, group, partnership, team, unit, party, guest
компания (noun) - company, business, firm, group, partnership, team, unit, party, guest
Компания-производитель (noun) - Production-company, Manufacturing-company
компаниям (noun) - company, business, firm, group, partnership, team, unit, party, guest
компенсацию (noun) - compensation, recompense, reparation, redress, counterbalancing, retaliation
компенсировал (noun) - compensation, recompense, reparation, redress, counterbalancing, retaliation
компиляния (noun) - compiler, translating computer program, writer
компилятор (noun) - compiler, translating computer program, writer
компиляции (noun) - compilation, composing, collecting, editing, computer compiler-operation
комплекс радиация передача (noun) - complex radiation-transfer
комплекс система (noun) - complex system, intricate system
комплекс циклон (noun) - complex cyclone, complex low

комплекс частичный дифференциальный уравнение (noun) - complex partial differential equations

комплекса (noun) - complex, group, set, system, package, body

комплексная (adjv) - complex, intricate, involved, complicated, composite, complication-related

комплексного (adjv) - complex, intricate, involved, complicated, composite, complication-related

комплексной (adjv) - complex, intricate, involved, complicated, composite, complication-related

Комплексной автоматизации мелиративный систем (noun) - Complex automatic melioration system, Complex automatic improvement system

комплексные (adjv) - complex, intricate, involved, complicated, composite, complication-related

комплексных (adjv) - complex, intricate, involved, complicated, composite, complication-related

комплексов (noun) - complex's, groups, sets, systems, packages, bodies

комплексу (noun) - complex, group, set, system, package, combined-parts, grouping, exaggerated-reaction, factor-sum, chemical-association, group of related buildings, package

комплексы (noun) - complex, group, combined-parts, grouping, exaggerated-reaction, factor-sum, chemical-association, group of related buildings, package

комплектов (noun) - sets, kits, fonts, complements, specified-numbers, Medal-sets (Gold/Silver/Bronze)

комплектов медалей (noun) - Medal-sets (Gold/Silver/Bronze)

композаторах (noun) - composers, scorers, arrangers, orchestrators

композиционные (adjv) - compositional, compositely-functional, artistical, productive, generalized, qualitative, mutual, intellectual composition-related

компонентами (noun) - components, elements, ingredients, constituent-parts, vector-terms

компонентах (noun) - components, elements, ingredients, constituent-parts, vector-terms

компонентной (adjv) - componential, constituted, component-related

компонентов (noun) - components, elements, ingredients, constituent-parts, vector-terms
компоненты (noun) - component, element, ingredient, constituent-part, vector-term
компрессия кривая (noun) - compression curve, compression path
компромис (noun) - compromise, trade-off, accommodation, arbitration
компромиссом (noun) - compromises, reconciliations, concessions
Компьенском (noun) - Compiegne (name)
Компьенском замке (noun) - Compiegne Castle
компьютерной (adjv) - computered, computerized, computer-like, computer-related
компьютеров (noun) - computers, data processors, electronic data devises, electronic processors, electronic hardware, Personal Computers, laptops, home computers, office computers, research computers
компьютеры (noun) - computer, data processor, electronic data devise, electronic processor, electronic hardware, Personal Computer, laptop, home computer, office computer, research computer
Комсомольск на Амуре (noun) - Komsomolsk on Amur (name)
Комсомольской (adjv) - Komcomolskian, Komcomolsk-related
Комсомолской площади - Komcomolsk Square (Moscow feature)
Комстар-ОТС (noun) - Communication-Star - United Television System (Internet provider)
комфортные (adjv) - comfortable, at ease, contented, satisfied, comfort-related
Комышенский (adjv) - Komyshenskian, Komyshensk-related
конвейер (noun) - conveyor, carrier, transporter, hauler
конвективного (adjv) - convective, convectional, circulative, conveyed, transferred, convection-related
конвективное (adjv) - convective, convectional, circulative, conveyed, transferred, convection-related
конвектор (noun) - convector, heating-unit
конвекть (verb) - convect, circulate, convey, transfer
конвективией (adjv) - convective, convectional, circulative, conveyed, transferred, convection-related

конвекцивной (adjv) - convective, convectional, circulative, conveyed, transferred, convection-related
конвекцивной ветер (noun) - convective wind, convectional wind
Конвекцивной конденсация уровень (noun) - Convective condensation level
конвекцивной потокы (noun) - convective currents, convective circulation
конвекцивной сталбильность (noun) - convective stability
конвекциивной турбулентгость (noun) - convective turbulence
конвекцивных (adjv) - convective, convectional, circulative, conveyed, transferred, convection-related
конвекцию (noun) - convection, conveying, circulatory-motion, heat- transfer, conduction, radiation
конвергентным (adjv) - convergent, converging, meeting, uniting, merging, confluent, focal, convergence-related
конвергенция зона (noun) - convergence zone, zone (of) convergence
конвергенция линия (noun) - convergence line, line (of) convergence
конвергенция о этот пассаты (noun) - convergence of the trade-winds
Конвертоплан (comp) - Conversional-Aircraft (VTOL and conventional flight)
конверты (noun) - envelope, wrapper, sleeve, jacket, bandage, sleeping bag, baby crib
конгрессе (noun) - Congress, Senate, House of Representatives, assembly, legislature, tribunal, conclave, body, chamber, house, association, congressional-body
конгрессменам (noun) - congressmen, senators, representatives
конгрессмены (noun) - congre
ssman, senator, representative
конгрессмены-республиканцы (noun) - Republican Congressmen, Republican members of the Senate, Republican members of the House of Representatives
Конгестус (noun) - Congestus (cloud characteristic)
конденсат (noun) - condensate, condensation-product, condensational-liquid

конденсация повадах (noun) - condensation reasons, condensation factors
конденсация потеря (noun) - condensation loss
конденсация причинах (noun) - condensation causes, condensation determinants
Конденсация следы (noun) - Contrails, condensation trails, condensation tracks
конденсация ядро (noun) - condensation nuclei
конденсировать (verb) - condense, make dense, compact, subject to condensation
кондитерскими (noun) - confectionary, cake, pastery, sweets, candy
кондиционировать (verb) - condition, mold, modify, adapt, stipulate
кондукции (noun) - conduction, conductivity, conveying, transmission
кондукция (noun) - conduction, conductivity, conveying, transmission
конечная температура (noun) - final temperature, last temperature (reading)
конечно (advb) - certainly, assuredly, definitively, of course, finite
конечно эдементых (noun) - finite elements, definitive elements
конечном (adjv) - final, last, conclusive, ultimate, terminal, endmost, finite, occurance-related
конечноразностная (adjv) - finitely-variable, definitively-variable, variability-related
конечный озеро (noun) - terminal-lake, final-lake, non-outflow lake
конечных (adjv) - final, last, conclusive, ultimate, terminal, endmost, finite, occurance-related
конические (adjv) - conic, conical, cone-like, form-related
конические сечения (noun) - conic section, conical section
Конический сообразонный прекция (noun) - Conic-conformal projection, map grid
коническое (adjv) - conic, conical, cone-like, form-related
конкретного (adjv) - concrete, specific, particular, definitive, specificity-related

конкретном (adjv) - concrete, specific, particular, definitive, specificity-related

конкретные (adjv) - concrete, specific, particular, definitive, specificity-related

конкретным (adjv) - concrete, specific, particular, definitive, specificity-related

конкретных (adjv) - concrete, specific, particular, definitive, specificity-related

конкурентьной (adjv) - concurrent, simultaneous, contemporaneous, tied, competitive, interaction-related

конкурс (noun) - concourse, competition, contest, race, horse race, tender

конкурсе (noun) - concourse, competition, contest, race, horse race, tender

конкурсной (adjv) - competitive, concours-like, contested, contest- related

конкурсных (adjv) - competitive, concours-like, contested, contest- related

конкурсы (noun) - concourse, contest, competition, race, horse race, tender

конных (adjv) - horseback, equestrian, mounted, horse-related

Конных караулов (noun) - Mounted guards, Horse guards

консалтинг (noun) - consulting, conferring, discussing, comparing

консервативной (adjv) - conservative, cautious, reserved, traditional, reservation-related

консерваторы (noun) - conservator, protector

Консервация о угловая инерция (noun) - Conservation of angular- momentum

консервация попечение (noun) - conservation protection, ecology

консолидировать (verb) - consolidate, unite, merge, solidify

консорциуме (noun) - consortium, understanding, entente, compact, covenant, concern

конспект (noun) - conspectus, synopsis, outline, survey, summary

констант (noun) - constant, invariable-element, unchanging-element, fixed-value number, fixed designated-term

Константа абсолют вихря напряжённость (noun) - Constant Absolute-vorticity

константа равновесия (noun) - equilibrium constant, constant equilibrium
Константин (noun) - Constantin, Constantine
констанцкое (adjv) - Constantician, Constance-related
Констанцкое озеро (noun) - Lake Constance
констатировали (verb) - state, ascertain, establish, ascertain, verify, determine, confirm, attest, substantiate, authenticate, validate, endorse, certify
констатирует (verb) - state, ascertain, establish, ascertain, verify, determine, confirm, attest, substantiate, authenticate, validate, endorse, certify
констаца (noun) - Konstatsa (name)
конституционного (adjv) - constitutional, governmental, official, authoritarian, civil, political, government-related
конституцию (noun) - Constitution, Bill of Rights, democratic document
конституцию по референдуму (noun) - Constitution by Referendum
конструирования (noun) - construing, forming, developing, analyzing, understanding, explaining
конструктивном (adjv) - constructive, positive, beneficial, helpful, useful, worthwhile, profitable, worthy-related
конструктор (noun) - constructor, developer, designer, builder, contractor, manufacturer
консултинг (noun) - consulting, conferring, meeting, discussing
консультациям (noun) - consultations, advice, clinics, tutorials
консульствам (noun) - consulates, embassy, legation, chancery, chancellery
контактных (adjv) - contacted, contacting, contact-related
контактов (noun) - contacts, encounters, meetings, connecting's, impinging's, confrontations
контексте (noun) - context, revealed-meaning, setting, environment
консултаций (noun) - consultation, consulting, advice, clinic, tutoring
консултацию (noun) - consultation, consulting, advice, clinic, tutoring

контакты (noun) - contact, communication, connection, exchange, interplay, correspondence, intercourse, dealings
контаминации (noun) - contamination, tainting, defiling, polluting
контаминация (noun) - contamination, tainting, defiling, polluting
контеррористической (adjv) - counter-terroristic, anti-terroristic, terrorism-related
контитгента (noun) - contingent, contingency, delegation, detachment, group, squad, force, quota, supply, batch
контингенте (noun) - contingent, contingency, delegation, detachment, group, squad, force, quota, supply, batch
континент (noun) - Continent (Russian Airline/Aviation-company)
континентал (noun) - Continental (U.S. Airlines)
континентального (adjv) - continental, continent-related
континентальную (adjv) - continental, continent-related
Континентальны тропический (noun) - Continental-Tropical, dry warm air-mass
континентальные (adjv) - continental, continent-related
континентальный воздух масса (noun) - continental air mass
континентальный полка (noun) - continental shelf
континентальный полке вода (noun) - continental-shelf water
Континентальный полярный (noun) - Continental-Polar, Air-mass
Континентальный тропический погода (noun) - Continental-Tropical weather
континентальных (adjv) - continental, continent-related
конторская машина (noun) - business machine, office machine
конторские (adjv) - office-like, business-like, bureaucratic, accounable, business-related
конторский (adjv) - office-like, business-like, bureaucratic, accountable, business-related
контр вращаться водоворот (noun) - counter-rotating vortice
контрабанде (noun) - contraband, illegal-goods, smuggled-goods
контрабандистов (noun) - smugglers, contrabandists, runners
контрабандное (noun) - contraband, illegal-goods, smuggled-goods
контрабанду (noun) - contraband, illegal-goods, smuggled-goods
контрактах (noun) - contracts, agreements, obligations, commitments, engagements, understandings

контрактов (noun) - contracts, agreements, obligations, commitments, engagements, understandings
контрактом (noun) - contract, agreement, obligation, commitment, engagement, understanding
контракту (noun) - contract, agreement, obligation, commitment, engagement, understanding
контракты (noun) - contract, agreement, obligation, commitment, engagement, understanding
контрафактных (adjv) - contrafactual, contradictory, opposition- related
контрацепция (noun) - contraception, birth-control (medical)
контроле (noun) - control, constraint, restraint, authority, controlling, regulation, check, inspection, power, reserve, smuggling, countraband
контролем (noun) - control, monitoring, verification, constraint, restraint, authority, regulation, regulator, checking, inspection, power, reserves, smuggling, contraband
контролируемый (adjv) - controlled, controllable, monitored, supervised, control-related
контрольно диспетчерский пункт (noun) - contol-dispatcher point, control-tower, controller-point
контрольного (adjv) - controlled, authoritative, powerful, regulative, reserved, restrained, conning, authority-related
контрольными (adjv) - controlled, authoritative, powerful, regulative, reserved, restrained, conning, authority-related
контртеррористические (adjv) - counter-terroristic, anti-terroristic, counter-terrorism related
контртеррористической (adjv) - counter-terroristic, anti-terroristic, counter-terrorism related
контрток (comp) - counter-current, opposing-flow
контуры (noun) - contour, isopleth, circuit
конусность (noun) - conicity, conic-property
конусообразный (adjv) - cone-shaped, conical, conic, geometric-related
конфисковала (noun) - confistication, seizure, appropriation, taking
конфликте (noun) - conflict, hostility, disaccord, contention, enmity, disagreement, clashing, counteraction

конфликтным (adjv) - conflicted, conflicting, disagreed, conflict-related
конфликтов (noun) - conflicts, disagreements,
конформал (noun) - conformal, transformation, cartographic- representation
конформальность (noun) - conformality, conformal-state
конфузный (adjv) - confused, awkward, embarrassed, confusion-related
конца (noun) - end, finale, ending, completion, termination
конце (noun) - end, finale, ending, completion, termination
концентрацией (noun) - concentration, focused-attention, academic- focus, concentrated-mass, component-quantity
концентрация энергии (noun) - energy concentration, concentrated energy
концентрациями (noun) - concentrations, focused-attentions, academic-focus's, concentrated-masses, component-quantities
концентрацияы (noun) - concentration, focused-attention, academic- focus, concentrated-mass, component-quality
концентриованные (adjv) - concentrated, focused, quantified, concentration-related
концентрические (adjv) - concentric, concentrical, coaxial, structure-related
концентричности (noun) - concentricity, concentric-state
концентричность (noun) - concentricity, concentric-state
концентров (noun) - concentrics, concentric-entities, concentric- circles
концентры (noun) - concentrics, concentric-entity, concentric- circle
концерт зале (noun) - Concert hall, Concert room
концертам (noun) - concerts, recitals, performances, concerto's
концертном (adjv) - instrumental, harmonious, recited, performed, performing, artistic, concert-related
концертную (adjv) - instrumental, harmonious, recited, performed, performing, artistic, concert-related
концертом (noun) - concert, recital, performance, concerto
концещий (adjv) - conceptual, conceived, concept-related, thought- derived, conception-related
концу (noun) - final, end, ending, completion, termination

конъектура (noun) - conjecture, supposition, inference, surmised-conclusion, unproven-proposition
конькобежецов (noun) - skaters, ice-skaters
кооперабельности (comp) - cooperative-fairness, cooperative-spirit
координатам (noun) - coordinates, position-references, contact- details
координатами (noun) - coordinates, position-references, contact- details
координатах (noun) - coordinates, position-references, contact- details
координатная подсетка (noun) - sub-grid coordinate, latitude and longitude coordinates
координаты (noun) - coordinate, position-reference, contact-detail
координатные оси (noun) - coordinate axis, coordinate intersection
координатные плоскости (noun) - coordinate plane, coordinate surface
координация в анатиз (noun) - coordination in analysis, coordinated analytical-process
координировать (verb) - coordinate, harmonize, reconcile, interface, accomodate
коп. (abbv) - kopeck, Russian penny, one hundredth of a Ruble
копейке (noun) - Kopeck (1970 VAZ automobile-model)
Копенгаген (noun) - Copenhagen (name)
Копенгагене (noun) - Copenhagen (name)
Копенгагенского (adjv) - Copenhagenian, Copenhagen-related
копии (noun) - copy, duplicate, replica, imitation
копирование (noun) - copying, duplication, replication
копия (noun) - copy, duplicate, replica, imitation
корабле (noun) - ship, vessel, craft, space-vehicle, space-craft, boat, nave
кораблей (adjv) - shipborne, naval, maritime, nautical, ship-related
корабли (noun) - ship, vessel, craft, space-vehicle, space-craft, boat, nave
корабль (noun) - ship, vessel, craft, space-vehicle, space-craft, boat, nave
Корабль радиозонде данных (noun) - Ship Radiosonde data

корабль набюдать (noun) - ship observations (weather/scientific)
корабль погода доклад (noun) - weather-reporting ship
корабль погода станция (noun) - weather-station ship
корабльной пусковой установки RAM (noun) - Ship-borne Launched RAM missile Installation
корабля курс и быстрота (noun) - ships course and speed
корвету (noun) - corvette, warship, armed escort-ship, ship, naval vessel
Кореей (noun) - Korea (name)
Кореи (noun) - Korea (name)
Корейского (adjv) - Korean, Korea-related
Корейском (adjv) - Korean, Korea-related
Корейском полуострове (noun) - Korean Peninsula, North plus South Korea
коридорный (adjv) - corridor, passage-waying, opened, corridor-related
Кориолиса (noun) - Coriolis, earth's apparent rotational-force
кориоли оператор (noun) - Coriolis operator, Coriolis mathematical- function
Кориолц сила (noun) - Corliolis force, earth's apparent rotational- force
Кориолц ускорение (noun) - Coriolis acceleration
корифею (noun) - leading-male, leading light
коричнево (noun) - brown, brownness, brownishness
коричневое (adjv) - brownish, brunet, cinnamon, hazel, fuscous, tannish, brown-related
коричневый облако (noun) - brown cloud, dust-laden cloud
коричневый цвет (noun) - brown color, brown, colored brown
кормление грудью (noun) - breast-feeding (medical)
Корнелиа (noun) - Cornelia (name)
Корнет-ЭМ (noun) - “Cornet-EM” (Anti-tank missile system)
Корнешты (noun) - Korneshty (name)
Королева (noun) - Queen, soverign, empress, czarina, rani, maharani, princess
Королева Нидерландов (noun) - Netherlands Queen, Queen of the Netherlands
Королевский Водух Силы (noun) - Royal Air Force

Королевский морской флот (noun) - Royal Ocean Fleet, Royal Navy
Королевского банка Шотландии (noun) - Royal Bank of Scotland
Королевской Военно воздушные (noun) - Royal Military Air, Royal Air Force
кормовые бобы (noun) - fodder beans, animal-fodder beans
королевые (noun) - Queen, sovereign, monarch, royalty, empress, czarina
Королла (noun) - Corolla (name)
Кородь Марокко (noun) - King (of) Morocco
королю (noun) - king, soverign, monarch, royalty, baron, emperior, czar
Короля рок-н-ролла (noun) - King (of) Rock and Roll (Elvis Presley)
корона разряжаются (noun) - corona discharge, ligntning induced faint-glow
короткие (adjv) - short, brief, limited,close, friendly, intimate, briefness-related
Короткие волны (noun) - Shot Waves, high-frequency energy
коротким (adjv) - short, brief, limited, close, friendly, intimate, briefness-related
короткиу (adjv) - short, brief, limited, close, friendly, intimate, briefness-related
коротких (adjv) - short, brief, limited, close, friendly, intimate, briefness-related
коротковолновой (adjv) - short-wave, high-frequency, radiation- related
коротковолновом (adjv) - short-wave, high-frequency, radiation- related
коротковолновую (adjv) - short-wave, high-frequency, radiation- related
коротковолновый (adjv) - short-wave, high-frequency, radiation- related
короткое (adjv) - short, little-length, brief, close, friendly, intimate, briefness-related
короткой (adjv) - short, little-length, brief, close, friendly, intimate, briefness-related
короткопериодных (adjv) - short-period, brief-period, time-related

корп. (abbv) - building, structure, block, case, frame, body, hull, corps
корпорации (noun) - corporation, incorporated-business, business- establishment
корпорацин (noun) - corporation, incorporated-business, business-establishmen
корпорация Иркут (noun) - "Irkutsk Corporation"
корпорейшю (noun) - corporation, incorporated-business, business- establishment
корректно (advb) - correctly, properly, accurately, exactly, precisely, rightly
корректность (noun) - correctness, propriety, accurateness, exactness, precision
корректор целика (noun) - goal-corrector, target-reader
корректоры (noun) - corrector, checker, editor, proof-reader
коррелированная (adjv) - correlative, correlated, correlatable, relative, correlation-related
коррелированного (adjv) - correlative, correlated, correlatable, relative, correlation-related
коррелированной (adjv) - correlative, correlated, correlatable, relative, correlation-related
коррелированные (adjv) - correlative, correlated, correlatable, relative, correlation-related
коррелированных (adjv) - correlative, correlated, correlatable, relative, correlation-related
корреляционного (adjv) - correlational, correlation-related
корреляционной (adjv) - correlational, correlation-related
корреляционные (adjv) - correlational, correlation-related
корреляционных (adjv) - correlational, correlation-related
корреспонденту (noun) - correspondent, journalist, newspaperperson, reporter, editor, columnist, questioner
коррупцией (noun) - corruption, decadence, turpitude, degradation, degeneracy, depravity, dissoluteness
коррупционеров (noun) - corruptionist, corruptive thing
коррупционные (adjv) - corruptive, corruption-related
корте (noun) - court, enclosure, yard, field, arena, grounds
кортеза (noun) cortege, procession, motorcade, train (material), file, set, tuple

кортизол (noun) - Cortisol (medical)
коры (noun) - crust, bark, rind, cortex
косвеннелы (advb) - obliquely, indirectly, deviously
косинусоида (comp) - cosine-curve, trigonometric-curve
космические (adjv) - cosmic, cosmos-like, space-like, space-based, space-borne, spatial, extraterrestrial, space-related
космические лучи (noun) - cosmic rays, cosmos rays
космический корабль (noun) - space-ship, space-vehicle
космический лцч интенсивность (noun) - cosmic-ray intensity
космическими (noun) - cosmos, space, universe, all-creation
космических (adjv) - cosmic, cosmos-like, space-like, space-based, space-borne, spatial, extraterrestrial, space-related
космического (adjv) - cosmic, cosmos-like, space-like, space-based, space-borne, spatial, extraterrestrial, space-related
космического мусора (noun) - cosmic-debris, space junk (space rubbish with lengths greater than 10 centimeters)
космическое (adjv) - comic, cosmos-like, space-like, space-based, space-borne, spatial, extraterrestrial, space-related
космическое излучение (noun) - cosmic radiation, space radiation
космической (adjv) - cosmic, cosmos-like, space-like. space-based, space-borne, spatial, extraterrestrial, space-related
космическом (adjv) - cosmic, cosmos-like, space-like, space-based, space-borne, spatial, extraterrestrial, space-related
космическому кораблю (noun) - cosmic vessel, cosmic ship, spaceship
космографии (noun) - cosmography, descriptive world/space science
космография (noun) - cosmography, descriptive world/space science
космодрома Восточный (noun) - Eastern Cosmodrome, Eastern Space launching-facility
космодроме (noun) - Cosmodrome, Spaceport, Space Center
космонавтами (noun) - astronauts, cosmonauts, spacemen, space- women
космонавтом (noun) - astronaut, cosmonaut, spaceman, space- woman
космос базисед (noun) - cosmos based, space based
космос борне (noun) - cosmos borne, space borne

космос платформа (noun) - cosmos platform, space platform
космогенного (adjv) - cosmographical, cosmographic, cosmos-related
космонавты (noun) - cosmonaut, astronaut, spacemen, spacewomen
Космочим (comp) - Cosmic power, Cosmic might
Косово (noun) - Kosovo (name)
косовские (adjv) - Kosovian, Kosovo-related
косовских (adjv) - Kosovian, Kosovo-related
Коста де ла Луз (noun) - Costa de la Luz (name)
Коста дель Соль (noun) - Costa del Sol (name)
Костенька (noun) - Kostenka (name)
Костромская (adjv) - Kostromian, Kostrom-related
Костя (noun) - Kostya (name)
Кот-д Ивуара (noun) - Cote-d' Ivore (French), Ivory Coast republic
Кот-д Ивуаре (noun) - Cote-d' Ivore (French), Ivory Coast republic
Котельниковский (adjv) - Kotelnikovian, Kotelnikov-related
Котельный (adjv) - Kotel (name), cauldron-like, boiler-like, torrid, cauldron-related
котировок (noun) - quotation, price, par, value
Котловина Амундсена (noun) - Amundsen Basin
Котловина Нансена (noun) - Nansen Basin
котливине (noun) - hollow, basin, valley, depression
котливиной (adjv) - hollow-like, basin-like, valley-like, depressed, depression-related
Котовский (adjv) - Kotovian, Kotov-related
которая (adjv) - which, that, who, whom, whose, as, what kind, what one, whichever, these, some, them, engaged, reference-related
которого (adjv) - which, that, who, whom, whose, as, what kind, what one, whichever, these, some, them, engaged, reference-related
которое (adjv) - which, that, who, whom, whose, as, what kind, what one, whichever, these, some, them, engaged, reference-related

которой (adjv) - which, that, who, whom, whose, as, what kind, what one, whichever, these, some, them, engaged, reference-related

котором (noun) - where, place, location, source, cause, topic, field of interest, true nature of things, true position, true state

которому (noun) - where, place, location, source, cause, topic, field of interest, true nature of things, true position, true state

которую (pron) - which, it, he, some, quite a few, I, who

которые (adjv) - which, that, who, whom, whose, as, what kind, what one, whichever, these, some, them, engaged, reference-related

который (adjv) - which, that, who, whom, whose, as, what kind, what one, whichever, these, some, them, engaged, reference-related

которыми (adjv) - which, that, who, whom, whose, as, what kind,what one, whichever, these, some, them, engaged, reference-related

которых (adjv) - which, that, who, whom, whose, as, what kind, what one, whichever, these, some, them, engaged, reference-related

Кофи Аннана (noun) - Kofi Annan (name)

Кофи Аннаном (noun) - Kofi Annan (name)

кохезии (noun) - cohesion, cohesiveness, unity

кохезия (noun) - cohesion, cohesiveness, unity

коэффициент диффузии (noun) - diffusion coefficient, diffusion quotient

коэффициент теплопередачи (noun) - heat-tranfer coefficient

коэффициент теплопроводности (noun) - heat-conduction coefficient

коэффициента асимметри (noun) - asymmetry coefficient, skewness coefficient

коэффициента вариации (noun) - variation coefficient

коэффициентам (noun) - coefficients, production-factors, number- measures

коэффициентами (noun) - coefficients, production-factors, number- measures

коэффиуиентов (noun) - coefficients, production-factors, number- measures

коэффициентом (noun) - coefficient, production-factor, number- measure
коэффициенты (noun) - coefficient, production-factor, number- measure
КПД Термический (noun) - Thermal Efficiency
КПЗ (abbv) - Jail cell prisoner
КПП (abbv) - Shared Border Checkpoint
КПРФ (abbv) - Communist Party of the Russian Federation
КПСС (abbv) - Communist Part of the Soviet Union
Кр. Поселение (noun) - Territory Settlement
краёвые условия (noun) - boundary condition
кражу (noun) - theft, thievery, stealing, purloining, pilfering, filcing, poaching, shoplifting
краи (noun) - edge, brink, brim, end, part, side, rib, chine, upper cut, area, region, land, country, krai (territory)
крайностей (noun) - extreme, extremity, boundary, limit, ultimacy, definitiveness
Крайстчерч (noun) - Christchurch (name)
Кракатоа вулкан (noun) - Krakatoa volcano
Краков (noun) - Krakow (name)
Кран Монтана (noun) - Montana Crane
красивая (adjv) - beautiful, gorgeous, beauteous, lovely, elegant, pretty, attractive, handsome, attractiveness-related
красивые (adjv) - beautiful, gorgeous, beauteous, lovely, elegant, pretty, attractive, handsome, attractiveness-related
красках (noun) - paints, dyes, stains, extremes
Красная Море (noun) - Red Sea
Красная поляна (noun) - Red clearing, Red glade, Fine clearing
Кравногорского (adjv) - Krasnogorian, Krasnogorsk-related
Краснодар (noun) - Krasnodar (name)
Краснодаре (noun) - Krasnodar (name)
Краснодарская (adjv) - Krasnodarian, Krsnodar-related
Краснодарский (adjv) - Krasnodarian, Krasnodar-related
Краснодарского (adjv) - Krasnodarian, Krasnodar-related
Краснодарского края (noun) - Krasnodar Region, Krasnodar area
Краснодарском (adjv) - Krasnodarian, Krasnodar-related

Краснодарском крае (noun) - Krasnodar territory, Krasnodar land красной (adjv) - reddish, rosy, ruddy, scarlet, vermilion, vermeil, crimson, ruby, red-related

Красной планете (noun) - “Red Planet”, Mars, planet, solar-orbiting

Красной площади (noun) - “Red Square”, Moscow site

Краснокутская (adjv) - Krasnokutskian, Krasnokutsk-related

Красноярск (noun) - Krasnoyarsk (name)

Красноярска (noun) - Krasnoyarsk (name)

Красноярске (noun) - Krasnoyarsk (name)

Красноярский (adjv) - Krasnoyarskian, Krasnoyarsk-related

Красноярский (adjv) - Krasnoyarskian, Krasnoyarsk-related

Красноярский край (noun) - Krasnoyarsk territory, Krasnoyarsk region/area

красноярского (adjv) - reddish, ruddy, scarlet, vermillion, crimson, ruby, red-related

Краснояского (adjv) - Krasnoyarskian, Krasnoyarsk-related

Красноярском (adjv) - Krasnoyarskian, Krasnoyarsk-related

Красным (adjv) - reddish, ruddy, scarlet, vernillion, crimson, ruby, red-related

красочные (adjv) - colorful, colored, gaudy, expressive, graphic, graphical, vividness-related

кратен (adjv) - evenly divisible, divisible without-remainder, division-related

кратерах (noun) - craters, volcanic depressions, impact depressions, crevasses, abyss's, chasm's

кратере (noun) - crater, volcanic depression, impact depression, crevasse, abyss, chasm

кратеров (noun) - craters, volcanic depressions, impact depressions, crevasses, abysses, chasms

краткие (adjv) - brief, short-period, short-term, concise, time-related

краткие сообщения (noun) - brief report, brief communication

кратковременно (adjv) - short-time, short-duration, brief-period, short-term, time-related

кратковременные дождь (noun) - brief rain, brief shower, brief hail

кратковременные снег (noun) - snow flurry, brief snow

краткосрочных (adjv) - brief, short-period, short-term, concise, time- related
краткые (adjv) - short, concise, brief, succinct, terse, curt, capsule, thumbnail, laconic, brevity-related
кратна (adjv) - evenly divisible, divisible without-remainder, division-related
кратности (noun) - multiple, multi-units, mathematical-product
кратные (adjv) - evenly divisible, divisible without-remainder, division-related
кратным (adjv) - evenly divisible, divisible without-remainer, division-related
кратчайшему (adjv) - brief, short-period, short-term, concise, time- related
Крафтс (noun) - Crafts (name)
краху (noun) - crash, collapse, failure, failing
краш-тесты (noun) - Crash Test, Vehicle Crash-test
Краы очётчик (noun) - Kray Computer, Scientifc-computer system
края (noun) - edge, brink, brim, end, part, side, rib, chine, upper cut, area, region, land, country, krai (territory)
креативность (noun) - creativity, creativeness, inventiveness, originality, uniqueness
кредит (noun) - credit, loan, lending, finance, trust, credibility, facility
кредитам (noun) - credits, loans, trusts, finances, credibilities, charges
кредитной (adjv) - creditable, loanable, financeable, chargeable, credible, credit-related
кредитную (adjv) - creditable, loanable, financeable, chargeable, credible, credit-related
кредитную линию (noun) - Credit Line, Line of Credit
кредитные (adjv) - creditable, loanable, financeable, chargeable, credible, credit-related
кредитные карты (noun) - Credit Card, Banking credit card
кредитный (adjv) - credited, loaned, trusted, financed, credible, charged, creditable, credit-related
кредитов (noun) - credits, loans, trusts, finances, credibilities, charges

кредиторы (noun) - creditor, lender, mortgage-holder, note-holder, collection agency
кредиты (noun) - credit, loan, trust, finance, credibility, charge
Кремле (noun) - Kremlin, citadel, fortress, stronghold
Кремлевский (adjv) - Kremlinian, citadel-like, fortress-like, stronghold-related
Кремлевских (adjv) Kremlinian, citadel-like, fortress-like, stronghold-related
Кремлевском (adjv) - Kremlinian, citadel-like, fortress-like, stronghold-related
Креномер (noun) - Inclinometer, Cloud-height instrument
крепкий струя поток (noun) - strong Jet Stream
крепость (noun) fortress, citadel, tower, bastille, presidio, tower, stronghold, bastion, strengthness, hardiness
крест ветер (noun) - cross-wind, across (runway) wind
Крестик (noun) - crucifix, cross, Krestik (name)
Крестовая (adjv) - Krestovaya (name), crusaded, crusade-related
крестообразный ветер (noun) - cross-wise wind, cross-wind
Кресчент Петролеум (noun) - Crescent Petroleum (name)
Крещению (noun) - baptism, christening, confirmation, font, immersion
кривая время температура (noun) - time-temperature curve, time-temperature variation
кривая нагрева (noun) - heating curve, thermal variation
кривая нагревания (noun) - heating curve, thermal variation
кривая насыщения (noun) - saturation curve. saturation variation
кривая охлаждения (noun) - cooling curve, cooling variation
кривая сжатия (noun) - compression curve, compression ratio
кривая скорости (noun) - velocity curve, velocity variation
кривая температура (noun) - temperature curve, temperature lapse- rate
кривая точки росы (noun) - dew-point curve, dew-point variation
кривая температуры колебания (noun) - temperature-curve variation, temperature lapse-rate variation
криво температура (noun) - skewed temperature, distorted temperature

Криво Температура Логарифмический Лавтение Диаграмма (noun) - Skewed Temperature/Logarithmic Pressure Diagram, Skewed T/Log P Diagram
кривых (adjv) - distorted, skewed, crooked, curved, distortion-related
Кригинг интерполяции (noun) - Kryging interpolation
кризисом (noun) - crisis, urgency, crucialness, emergency, peril, danger, hazard, risk, jeopardy, threat, mennce, slump, depression
кризису (noun) - crisis, urgency, crucialness, emergency, peril, danger, hazard, risk, jeopardy, threat, menace, slump, depression
кризисы (noun) - crisis, urgency, crucialness, emergency, peril, danger, hazard, risk, jeopardy, threat, menace, slump, depression
Крилла (noun) - Krill, Patriarch Krill
криминале (noun) - criminal, crime, offense, violation, foul play, illegality
криминогенная (adjv) - criminogenic, criminalistics, criminology- related
криминогенных (adjv) - criminogenic, criminalistics, criminology- related
Кристаин (noun) - Christain, Christ-follower
кристаллами (noun) - crystal, (silicon) chip, (silicon) wafer
кристаллизацие (noun) - crystallization, crystal-formation
кристаллическое состояние (noun) - crystalline-state, crystallized state
кристаллическое строение (noun) - crystalline structure
кристаллическом (adjv) - crystalline, crystal-like, crystal-related
кристаллоид (noun) - crystalloid, crystallizable-substance, crystal-like material
Кристин (noun) - Cristine, Christain, Christ-follower
Кристис (noun) - Cristis (bronze statue), Christies (London auction- house)
Кристофер (noun) - Christopher (name)
Крит (noun) - Crete (name)
критериа (noun) - criteria, criterion, standard, characteristic
критериях (noun) - criteria's, criterions, standards, characteristics

критикой (noun) - criticism, critique, censure, critical commentary
Критику (noun) - criticism, critique, censure, critical commentary
критическая (adjv) - critical, crucial, vital, paramount, priority-related
критическая скорость полёта (noun) - critical flying-speed, flight stalling-speed
критическая температура (noun) - critical temperature, vital temperature
критическая точка (noun) - critical point, vital point
критического (adjv) - critical, crucial, vital, paramount, priority-related
критическое (adjv) - critical, crusial, vital, paramount, priority-related
критической (adjv) - critical, crucial, vital, paramount, priority-related
Криштиану (noun) - Christian (name)
крови (noun) - blood, blooming, health, shelter, home, roof
крокодилы (noun) - crocodile, croc, alligator, gator, reptile, man-eater
кромке (noun) - edge, rim, border, shoulder, selvage, fabric-edge
кромку (noun) - edge, rim, border, shoulder, selvage, fabric-edge
кромок (noun) - edge, rim, border, shoulder, fabric-edge, selvage
кромочной (adjv) - edged, rimmed, bordered, selvaged, edge-related
Кронштадтского (adjv) - Kronstadtian, Kronstadt-related
Кронштадтского футштока (noun) - Kronstadt depth-gauge, Kronstadt depth-sounder
кросс-кантри (noun) - Cross-country, long-distance (sport)
кругам (noun) - circles, rings, belts, laps (track), spheres, compasses, ranges
круговая диаграмма (noun) - circular diagram, pie-chart
крутовая функция (noun) - circular function, circular operation
кругового (adjv) - circular, round, round-about, ringed, spherical, roundness-related
круговое (adjv) - circular, round, round-about, ringed, spherical, roundness-related
круговое движение (noun) - circular motion, circular movement

круговорот у этот земля (noun) - cycle of this earth, earths' rotation
кругороте (noun) - rotation, circulation, cycle, flow
кругосветное (adjv) - around-the-world, circumnavigating, world- circling
кружение оттуда (noun) - spinning from-there, spin-off
Кружение скан радиометр (noun) - Spinning-scanning radiometer, Spin-scan radiometer
кружению (noun) - crash, wreck, crack-up, collision, collapse, breakdown
Крузенштерн (noun) - Cruising-stern, Kruzenshtern (name)
Крузенштерна (noun) - Cruising-stern, Kruzenshtern (name)
круизного (adjv) - cruising, cruised, cruise-related
крупа (noun) - sleet, croup, crupper, groats
крупинкы (noun) - caryopsis, grain, cereal-grain
крупнейшая (adjv) - biggest, big, bigger, largest, large, larger, major, great, prominent, outstanding, conspicuous, notable, coarse, serious, impotance-related
крупнейшего (adjv) - biggest, big, bigger, largest, large, larger, major, great, prominent, outstanding, conspicuous, notable, coarse, serious, importance-related
крупнейший (adjv) - biggest, big, bigger, largest, large, larger, major, great, prominent, outstanding, conspicuous, notable, coarse, serious, importance-related
крупнейшим (noun) - continuing, continuation, persisting, persistence, lasting, enduring, endurance
крупнейших (adjv) - biggest, big, bigger, largest, large, larger, major, great, prominent, outstanding, conspicuous, notable, coarse, serious, importance-related
крупного (adjv) - large, big, major, prominent, great, important, large-scale, enormous, massive, heavy, round, outstanding, serious, course, gross, size-related
крупное (adjv) - large, big, major, prominent, great, important, large-scale, enormous, massive, heavy, round, outstanding, serious, course, gross, size-related
крупной (adjv) - large, big, major, prominent, great, important, large-scale, enormous,massive, heavy, round, outstanding, serious, course, gross, size-related

крупномасштабного (adjv) - large-scaled, large-dimensioned, large- measurement related
крупномасштабной (adjv) - large-scaled, large-dimensioned, large- measurement related
крупномасштабные (adjv) - large-scaled, large-dimensioned, large- measurement related
крупномасштабный (adjv) - large-scaled, large-dimensioned, large- measurement related
крупномасштабных (adjv) - large-scaled, large-dimensioned, large- measurement related
крупномасштабных системах погоды (noun) - large-scale weather system, large weather-system, Grosswetterlagen (German)
крупность (noun) - particle, piece, minute-quantity, basic-unit
крупных (adjv) - large, big, prominent, huge-scaled, enormous, outstanding, important, serious, course, size-related
крутая кривая (noun) - abrupt curve, marked curve, unexpected curve, sudden curve
крутой кривая (noun) - abrupt curve, marked curve, unexpected curve, sudden curve
крушение (noun) - crash, wreck, accident, catastrophe, collapse
крушением (noun) - crash, wreck, accident, catastrophe, collapse
крушении (noun) - crash, wreck, accident, catastrophe, collapse
крушению (noun) - crash, wreck, accident, catastrophe, collapse
Крылатском (noun) - Krylatsk (name)
крыло (noun) - blade, wing, airfoil, plane, flap, pinion, nose-gear, flank, sail, mud-guard, fender, vane
крылом (noun) - blade, wing, airfoil, plane, flap, pinion, nose-gear, flank, sail, mud-guard, fender, vane
Крылья Россси (noun) - “Russian Wings” (trophy/award)
Крылья Советов (noun) - “Wings of the Soviets” (Samara soccer-club)
Крымска (noun) - Krymsk (name)
Крымске (noun) - Krymsk (name)
Крымский полуостров (noun) - Crimean Peninsula
Крымского (adjv) - Crimean, Crimea-related
Крысиный террор (noun) - Rat Terror, Rodent plague

кряж у высоке давление (noun) - ridge of high pressure, high-pressure block
крящк (noun) - ridge, block, impediment, log
КС (abbv) - Constitutional Court
КСК (abbv) - Complex Spectral Correction
КСК-Барс (noun) - Complex spectral correction Medical diagnostic apparatus
Кубан (noun) - "Kuban" (Krasnodar soccer club)
Кубани (noun) - Kuban (Ethnicity/Cossack/name)
Кубань (noun) - "Kuban" (Krasnodar soccer club)
Кубанью (noun) - "Kuban" (Krasnodar soccer club)
кубический корены (noun) - cube root, cubed-number root
кубическтй фут (noun) - cubic feet, volume-measure
кубическое содержание (noun) - cubic capacity, cubic volume
Кубка (noun) - Cup, Blue Ribbon, First Prize, Trophy, Chalis, Goblet Кубка Гагарин (noun) - "Gagarin Cup" (hockey)
Кубка Дэвиса (noun) - "Davis Cup", Tennis Trophy
Кубка Карьялы (noun) - "Karyaly Cup" (Finnish-Russian sailing Competition)
Кубка Кремля (noun) - "Citadel Cup", Kremlin Cup
Кубка Мира (noun) - "World Cup", World Championship winner
Кубке (noun) - Cup, Blue Ribbon, First Prize, Trophy, Chalis, Goblet Кубой (noun) - Cuba (name)
Кубок Англии (noun) - English Cup (Soccer trophy)
Кубок Гагарина (noun) - Gagarin Cup (Russian Hockey)
Кубок Дэвиса (noun) - Davis Cup, Tennis Trophy
Кубок Италии (noun) - Italian Cup, Soccer Trophy
Кубок Кремля (noun) - Citadel Cup, Kremlin Cup
Кубок Мира (noun) - World Cup
Кубок Республики Башкортостан (noun) - "Cup (of the) Republic (of) Bashkhortostan"
Кубоке Африки (noun) - Africa Cup (African Trophy)
кубофут (comp) - cubic feet, cubed feet, volume-measure
кубоярд (comp) - cubic yards, cubed yards, volume-measure
Кубы (noun) - Cuba (Caribbean Communist-state)
Кувейте (noun) - Kuwait (name)
Куданкулам (noun) - Kudankulam (name)
Кудояровым (noun) - Hudoyarova (name)

Кузбассе (noun) - Kuzbassy (name)
Кузка (noun) - Kuzka (name)
Кузьминском (adjv) - Kuzminian, Kuzmincky-related
Кузьминском лесу (noun) - Kuzminsky Woods, Kuzminsky forest
Кузьмы (noun) - Kuzm (name)
Куйбышевском (adjv) - Kuibyshevian, Kuibyshev-related
кукол (noun) - doll, toy, plaything, puppet
кукол Барби (noun) - "Barby Doll", doll, toy
кукуруза зерно (noun) - maize grain, corn grain
кукуруза силас (noun) - maize silage, corn fodder
Кукушка (noun) - Kukushka (name)
кулинары (noun) - culinary work, food preparation, cooking, kitchen work
Кулинары Касабланки (noun) - Culinary Casablanca, Moroccan Cuisine
куличей (noun) - Easter cake, cake, pastry, delicacy, dessert
культурами (noun) - cultures, enlightenments, fine-tastes, civilities, politeness's, cultivations, growings, crops's, educations
культурное (adjv) - cultural, civil, polite, tasteful, educated, cultivated, sophisticated, farmed, civilty-related
культурной (adjv) - cultural, civil, polite, tasteful, educated, cultivated, sophisticated, farmed, civility-related
культурных (adjv) - cultural, civil, polite, tasteful, educated, cultivated, sophisticated, farmed, civility-related
Кунашир (noun) - Kunashir (name)
кунаширский (adjv) - Kunashirian, Kunashir-related
Кунг Фу (noun) - Kung Fu, martial-art
Куницын (noun) - Kunitsyn (name)
Кунцевском (noun) - Kuntsevsk (name)
Купании (noun) - swim, bath, marine-migration
Купелей (noun) - Font, Baptism-water receptacle, Holy-water receptacle
купил (verb) - buy, bought, purchase, procure, trade
куполообразные (adjv) - dome-shaped, bell-shaped, dome-related
Курагино (noun) - Kuragino (name)
Курбан Байрам (noun) - Kurban Bairam (name)
Курдские (adjv) - Kurdish, Kurds-related

курением (noun) - smoking, inhaling, puffing, nicotineing, tobacco-user, incense
Куриле Острова (noun) - Kurile Islands, Japanese/Russian islands
Курильской гряды (noun) - Kurile Chain, Kurile islands
курорте (noun) - resort, health-resort, health-spa, sanitorium, spa курортного (adjv) - relaxed, playing, rejuvenated, rested, healthful, resort-related
курортов (noun) - resorts, health-resorts, health-spas, sanitoriums, spas
Курорты (noun) - resort, health-resort, health-spa, sanitorium, spa
Куросио (noun) - Kuroshio (name)
Курошио струя (noun) - Kuroshio Current
курс (noun) - course, track, policy, exchange rate, project, rate, coors
курсировать (verb) - operate, function, ply, run (between)
Курск (noun) - Kursk (name)
Курска (noun) - Kursk (name)
Курске (noun) - Kursk (name)
курской (adjv) - yearly, every year, once a year, differential, year-related
Курсов выстрел (noun) - Kursavka Shoot, Kursavka shooting-range
курсоуказатель (comp) - cursor-indicator, direction-finding pointer
курсоуназателя (comp) - cursor-indicator, direction-finding pointer
курсы (noun) - rate, exchange rate
Курсы валют (noun) - Currency Exchange-Rate, Foreign-currency Exchange-rate
Куру (noun) - Kuru (French Guiana Spaceport)
Курчатовский институт (noun) - Kurchatov Institute
Куршском (noun) - pear, pear-tree, fruit, fruit-tree
Куршском заливе (noun) - Pear Bay, Pear gulf
кустарник огонь (noun) - brush fire, shrubbery fire
Кутаиси (noun) - Kutaisi (name)
Кутузову (noun) - Kutuzovu (name)
кутюрие (noun) - couture, fasionable-design, fashion-business, styles, clothes

Кучево дождевые мамматац облака (noun) - Cumulo-nimbus Mammatus Cloud
Кучево дождевые облака (noun) - Cumulo-nimbus Cloud
Кучево дождевых (noun) - Cumulo-nimbus, thunderstorm cloud
кучевого (adjv) - cumulus, cumuli-formed, cotton-balled, heaped, congested, cumulus-related
кучевого облака (noun) - cumulus cloud, cumuliformed cloud
кучевое (adjv) - cumulus, cumuli-formed, cotton-balled, heaped, congested, cumulus-related
кучевые облака (noun) - cumulus cloud, cumuliformed cloud
кучевом облаке (noun) - cumulus cloud, cumuliformed cloud
Кученые перенаселённый облако (noun) - Cumulus-congestus Cloud, Overcrowded Cumulus cloud
Кученыь перегруженный облако (noun) - Cumulus-congestus Cloud, Congested Cumulus cloud
Кущевского (adjv) - Kushchevskian, Kushchevskaya-related
Кущевской (adjv) - Kushchevskian, Kushchevskaya-related
Кущевской банды (noun) - Kushchevskaya Band (name)
КХЛ (abbv) - Continental Hockey League
КЧР (abbv) - Karachay-Cherkessia Republic
Кызыл (noun) - Kyzyl (name)
Кызыла (noun) - Kyzyl (name)
Кьюриосити (noun) - Curiosity (Mars Rover name)
КЭ (abbv) - Kinetic Energy, Particle-motion energy
Кэмерон (noun) - Cameron (name)
Кэмерон Диас (noun) - Cameron Diaz (American actress)
Кэмерона (noun) - Cameron (name)
Кярруби (noun) - Karroubi (name)

GRAMMATICAL ABBREVIATIONS:

(abbv) - abbreviation, (acnm) - acronym, (adjv) - adjective, (advb) - adverb, (comp) - compound-word, (conj) - conjunction/conjugation, (noun) - noun, (numb) - number, (pref) - prefix, (prep) - preposition, (pron) - pronoun, (punc) - punctuation, (sufx) - suffix, (verb)-verb

AMERICAN/CYRILLIC KEYBOARD:

`	1	2	3	4	5	6	7	8	9	0	-	=
ё	1	2	3	4	5	6	7	8	9	0	-	=

q	w	e	r	t	y	u	i	o	p	[	]	\	*
й	ц	у	к	е	н	г	ш	щ	з	х	ъ	\	

a	s	d	f	g	h	j	k	l	;	'
ф	ы	в	а	п	р	о	л	д	ж	э

z	x	c	v	b	n	m	,	.	/
я	ч	с	м	и	т	ь	б	ю	.

CYRILLIC/AMERICAN EQUIVALENTS:

А	Б	В	Г	Д	Е/Ё	Ж	З	И	Й	К	Л	М	Н	О	П
F	,	D	U	L	T/~	;	P	B	Q	R	K	V	Y	J	G

Р	С	Т	У	Ф	Х	Ц	Ч	Ш	Щ	Ъ	Ы	Ь	Э	Ю	Я
H	C	N	E	A	[	W	X	I	O	]	S	M	'	.	Z

RUSSIAN/AMERICAN TRANSLITERATIONS:

Russian:	А	Б	В	Г	Д	Е/Ё	Ж	З	Т	Й	К	Л	М	Н	О	П
American:	A	B	V	G	D	E/E	ZH	Z	T	J	K	L	M	N	O	P

Russian:	Р	С	Т	У	Ф	Х	Ц	Ч	Ш	Щ	Ъ	Ы	Ь	Э	Ю	Я
American:	R	S	T	U	F	KH	TS	CH	SH	SHCH		Y		E	YU	YA

(transliterating Cyrillic spellings frequently reveals the English influence on the Russian language. ie.: “Баскетбол” transliterates to; BASKETBOL/ American “BASKETBALL”).

PART - D

Л - О

(Proper Russian translation is dependent upon correct word/term "context-identification". Comprehensive Russian/English dictionaries categorize "Context" for specific translation words.

For Context determination assistance, refer to this guides "Context Translation Assistance" section, at the introduction of "PART A").

CYRILLIC ALPHABET

АБВГДЕ/ЁЖЗИЙКЛМНОПРСТУФХЦЧШЩЪЬЭЮЯ

Russian Cyrillic to American translations:

Л

Л (abbv) - Visibility-distance, atmospheric clarity (low level)
Л.А. (abbv) - Los Angeles (name)
Л-Тироксин (noun) - L. Thyroxin (medical)
Ла (abbv) - Lavochkin (Original Design Bureau)
Ла Нина (noun) - La Nina, climate regime
лаборатоpие (noun) - laboratory, lab, testing-facility, experimentation-facility
лаборатории физики облаков (noun) - cloud-physics laboratory
лабораторий (noun) - laboratory, lab, scientific-facility, testing-facility, experimentation-facility
лабораторно (noun) - laboratory, lab, scientific-facility, testing-facility, experimentation-facility
Лабрадор сапер (noun) - Labrador retriever, dog breed
лабраторных (adjv) - experimental, scientific, testing, research- related
Лавелия (noun) - Laveliya, Lavelle (name)
лавиной (noun) - avalanche, large snow/ice-slip, large snow/ice-downhill fall, snow/ice slide
лавров (noun) - laurels, laudations, tributes, kudos, honors, monasteries
Лавров (noun) - Lavrov, laurels (name)
ЛАГ (abbv) - League (of) Arab States
лагере (noun) - camp, encampment, bivouac, barracks, casern, campsite, cantonment
Лагерь Барнео (noun) - Camp Borneo (Russian No. Pole - drifting Ice Camp)
Лагранжево дрифтер (noun) - Lagrangian drifter
Лагранжево масштаба (noun) - Lagrangian scale
Лагранжево метод (noun) - Lagrangian method

Лагранжево модети (noun) - Lagrangian model
Лагранжево точка (noun) - Lagrangian point
Лагранжево функция (noun) - Lagrangian function
Лагранжево Эйлерова (adjv) - Lagrangian-Eulerian
Лагранжево Эйлерова модели (noun) - Langrangian-Eulerian model
Лагранжевого (adjv) - Lagrangian, Lagrange-related
Лагранжевом представлениях (noun) - Lagrangian representations
Лагранжевым (adjv) - Lagrangian, Langrange-related
Лагранжевых теорнма (noun) - Langrangian theorm
Лада Гранта (noun) - Lada Grant (Russian-make automobile)
Лада Калина Спорт (noun) - Lada Kalina Sport (Russian-make automobile)
Лада Ларгус (noun) - Lada Largus (Russian-make automobile)
Ладога озеро (noun) - Lake Ladoga
Ладожском (adjv) - Ladozhian, Ladozh-related
Ладошокойе озеро (noun) - Lake Ladoshokoie Ладу Гранту (noun) - Grant Lada (budget-sized Russian car)
Лазер атмосферное ветер зондер (noun) - Laser atmospheric wind- sounder
Лазер в космос (noun) - Laser in Space, Laser in Cosmos
Лазер в космос технология (noun) - Laser-in-space technology, Laser-in-cosmos technology
Лазер дальностьинг способность (noun) - Laser-ranging capability
Лазер датчик (noun) - Laser sensor, laser detector
лазер инструменты (noun) - laser instrument
Лазер лучи (noun) - Laser beam, Light-amplification by stimulated- emission of radiation-beams
Лазер наделён сателлиты (noun) - Laser-equipped satellite
Лазер радуикийацуя система (noun) - Laser-radar system
Лазер технология (noun) - Laser technology
Лазер указок (noun) - Laser Pointer, Laser finder
Лазерного (adjv) - Laser-like, Laser-related
Лазерные (adjv) - Laser-like, Laser-related
Лазерный (adjv) - Laser-like, Laser-related
Лазерных (adjv) - Laser-like, Laser-related

Лазором (noun) - Laser, Light Amplification by Stimulated Emission of a Radiation - device
Лайка (noun) - Siberia-husky, Eskimo-dog, Husky-dog
Лайнер (noun) - Liner, Cruise ship, airliner, passenger-aircraft
Лайнера (noun) - Liner,C ruise ship, airline, passenger-aircraft
лайнеров (noun) - Liners, Airliners, Cruise liners
Лайнеров A320 (noun) - Airbus A320 Airliners
Ламберт конформал проекйия (noun) - Lambert-Conformal projection, map projection
Ламинарное иечение (noun) - Laminar flow, eddy-less current
ландшафтах (noun) - landscapes, vistas, scenery
Ланта Тур Вояж (noun) - Lanta Tour Voyage (Russian travel agency/bankrupt)
Ланты (noun) - Lanta (name)
Лаперуза (noun) - Laperuza, La Peruse
Лаптевых (adjv) - Laptevian, Laptev-related
Лаптевых море (noun) - Laptev Sea
Лара (noun) - Lara (name)
Ларго Винч 2: Заговор в Бирме (noun) - Largo Winch (Tome) 2: Conspiracy in Burma
Лариса (noun) - Larisa (name)
Ларисса (noun) - Larissa (name)
Ларочка (noun) - Larochka (name)
Ларри Кинг (noun) - Larry King (name)
Лас Вегас (noun) - Las Vegas (name)
Латвийский (adjv) - Latvian, Latvia-related
Латвию (noun) - Latvia (name)
латентный (adjv) - latent, potential, dormant, quiescent, hidden, power-related
латентный тепло (noun) - latent heat, quiescent heat
латентный тепло у испаренизация (noun) - Latent heat of evaporation
латиноамериканские (adjv) - Latino-American, Latin-American, Central-American descent, Latin/American-related
Латиноамериканского (adjv) - Latino-American, Latin-American, Central-American descent, Latin/America-related
Латышские (adjv) - Latvian, Latvia-related
Лаура (noun) - Laura (name)

лауреатам (nouns) - laureates, prize-winners, poets, bards, minstrels, jongleurs, troubadours
лауреатами (noun) - laureates, prize-winners, poets, bards, minstrels, jongleurs, troubadours
лауреатом (noun) -laureate, prize-winner, poet, bard, minstrel, jongleur, troubador
лауреаты (noun) - laureate, prize-winner, poet, bard, minstrel, jongleur, troubadour
Лахдар (noun) - Lakhdar (name)
Лахоре (noun) - Lahore (name)
Лахта центр (noun) - Lahta Center
Лахте (noun) - Lahti (Finnish city)
Лацио (noun) - Lazio (name)
ЛДПР (abbv) -Liberal-Democratic Party (of) Russia
Лебедеву (noun) - Lebedev (name)
Лев (noun) - “Lev” (Poprad hockey club)
Лёва (noun) - Lyova (name)
левада (noun) - meadow, meadowland, grassland
Левитуса (noun) - Levitus (name)
левобережная (adjv) - left-bank, bohemian, colonial,artsy, unconventional, colony-living related
легендарная (adjv) - legendary, key, fabled, historic, notable, renown, distinguished, celebrated, well-known, notorious. fame-related
легендарного (adjv) - legendary, fabled.notable, renown, distinguished, celebrated, well-known, notorious, fame-related
легендарной (adjv) - legendary, fabled, historic, notable, renown, distinguished, celebrated, well-known, notorious, fame-related
легендарном (adjv) - legendary, fabled, historic, notable, renown, distinguished, celebrated, well-known, notorious, fame-related
легионеров (noun) - legionnaires, legion members, legion’s, foreigners
легионеры (noun) - legend, tradition, custom, myth
легитимного (adjv) - legitimate, legal, permissible, allowable, admissile, lawful, legality-related
легитимными (adjv) - legitimate, legal, permissible, allowable, admissible, lawful, legality-related

легитимость (noun) - legitimacy, legality, pemission, allowing, admission, law-abiding
легкие (adjv) - light, lightweight, slight, gentle, delicate, soft, easy, simple, loose, lung-like, pulmonary, respiratory, softness-related
легкий вред (noun) - light damage, monor damage, little harm
легких (adjv) - light, leightweight, slight, gentle, delicate, soft, easy, simple, loose, lung-like, pulmonary, respiratory, softness-related
легких торпед (noun) - light torpedo, light underwater-weapon
легкоатлетического (adjv) - athletic, physical, competitive, field and track/light-athletics related
легковой машины (noun) - passenger vehicle, passenger car
легкой (adjv) - light, slight, gentle, delicate, soft, easy, simple, loose, lightness-related
легкой атлетике (noun) - light athletics, light work-out
легкомоторный (adjv) - light, slight, gentle, delicate, soft, easy, simple, loose, lightness-related
Легкомоторный самолет (noun) - Light aircraft, small aircraft
лего (adjv) - lefty, left-handed, port-side, left-related
лёд воздух пузырь (noun) - ice air-bubble, ice-trapped air
лёд вскрытиы (noun) - ice openings, ice-free spaces, open-water areas
лёд густота (noun) - ice thickness, ice-layer thickness, ice depth
лёд движение (noun) - ice movement, ice flow, ice motion
лёд игольчатый (noun) - ice needles, icicles
лёд кристалл (noun) - ice crystal, snowflake sub-structure
лёд накопление (noun) -ice accumulation, ice cover, icing amount
лёд остров (noun) - ice island, iceburg, drifting sea-ice
лёд открытиы (noun) - ice-openings, ice-free spaces, open-water areas
лёд охват (noun) - ice coverage, ice extent, ice amount
лёд период (noun) - ice age, ice era, ice period, hemispheric-cooling
лёд портится (noun) - ice breaking, ice-lane opening
лёд приращение (noun) -ice accretion, ice accumulation
лёд прирость (noun) - ice increase, ice growth, ice accretion
лёд развал данные (noun) - ice break-up data, ice-thaw records

лёд раскрытиы (noun) - ice openings, ice-free spaces, open-water areas
лёд распад (noun) - ice break-up, ice disintegration, ice-thaw
лёд структур (noun) - ice structure, ice type, ice composition, ice pattern
лёд толщина (noun) - ice thickness, ice-layer thickness, ice depth
лёд формация (noun) - ice formation, ice accretion, ice accumulation
лёд хрысталь (noun) - ice crystal, snow-flake substructure
лёд шарик кратковременные (noun) - ice-pellet showers
лёд гарикы (noun) - ice pellets, graupel, very-small soft-hail
Леди Гага (noun) - Lady Gaga (entertainer)
лёдировка (noun) - icing, ice-formation, ice-accretion
лёдник (noun) - ice-covering, icing ground-cover, glacial ice/snow
лёдник ветры (noun) - glacial-winds, off-glacier winds
лёдники (noun) - glacier, ice-mass, ice-house
лёдниковый (adjv) - icy, iced, frozen, glacial, ice-related
лёдниковый период (noun) - ice-age, glacial epoch, global cooling
лёдниковых (adjv) - icy, iced, frozen, glacial, ice-related
лёдниковыч (adjv) - icy, iced, frozen, glacial, ice-related
лёдниковыч покров (noun) - ice cap, perennial ice-cover, compacted glacial snow-fall
ледовитого (adjv) - Arctic, frigid, Artic-related
Дёдовитого океана (noun) - Arctic Ocean, Artic waters
Лёдовитом (noun) - Arctic, North Polar-region
Лёдовитостей (noun) - Eastern Arctic ice, Arctic ice
лёдового (adjv) - iced, icy, frozen, glacial, ice-related
лёдовое (noun) - ice, frozen-water, compressed-snow
ледовом плену (noun) - Ice captivity, bound by ice
Лёдовые плавания (noun) - Arctic sailing, Arctic navigation, Arctic voyaging
лёдовый плавление (noun) - glacial melting, glacial thawing
лёдовый прилив (noun) - glacial flow, glacial motion, glacial mechanics
лёдовый растапливать (noun) - glacial thinning, diminished glacial snow-fall, glacial thawing

лёдовый щель (noun) - glacial crevice, glacial crevasse, glacial fissure
лёдовых (adjv) - ice, icy, ice-related
Ледокол (noun) - Icebreaker, Ice-breaking vessel
Ледоколы (noun) - Ice-breaker, Ice-breaking vessel
Ледоколы Красин и Адмирал Макаров (noun) - Icebreakers Krasin and Admiral Makarov
ледокольную (adjv) - ice-breaking, ice-clearing, ice-removal, ice-breaker related
лёдокольные (adjv) - ice-breaking, ice-clearing, ice-removal, ice-breaker related
ледоколы (noun) - Ice-breaker, Ice-breaking ship, Ice-clearing vessel, Ice-removal ship
ледообразования (comp) - ice-formation, water-freezing
ледообразовательных (adjv) - ice-training, ice-education, ice-skills related
Ледорез (noun) - Icebreaker, Ice-breaking vessel
ледохимические (adjv) - ice-chemistry, ice-chemistry-related
ледяная корка (noun) - ice crust, icy crusted-surface
ледяного (adjv) - icy, frozen, frosted, ice-related
ледяное (adjv) - icy, frozen, frosted, ice-related
ледяное поле (noun) - ice field, congealed ice-floes
ледяное стекло (noun) - iced-over glass, frosted glass
ледяной дождь (noun) - freezing rain, freezing precipitation
ледяной пак (noun) - pack ice, wind-driven congealed ice-floes
ледяной пак праница (noun) - pack-ice boundary, pack-ice limit
ледяном (noun) - ice, frozen-water, compressed-snow
ледяном туман (noun) - ice fog, suspended-ice-crystal fog
ледяные (adjv) - icy, frozen, frosted, ice-related
ледяным (adjv) - icy, frozen, frosted, ice-related
ледяных (adjv) - icy, frozen, frosted, ice-related
ледяных ядер (noun) - ice nuclei, freezing nuclei, sub-freezing condensation-nuclei
лежат (verb) - locate, situate, base, stay, idle
лежащая (verb) - lie, lie down, lie flat, repose, recline, lounge
Лейкербад (noun) - Leukerbad (name)
Лейфа (noun) - Leif (name)

лекарствах (noun) - medicines, medications, medicaments, drugs, prescriptions
лекарственных (adjv) - medicinal, medicative, remedial, curative, therapeutic, healing, corrective, medicine-related
Лексус (noun) - Lexsus (Toyota-corporation automobile)
Лелеку (noun) - Lelek (name)
лён масла (noun) - flax-oil, flaxseed-oil, linseed-oil
Лена (noun) - Lena (name)
Лена река (noun) - Lena river
Ленинградская (adjv) - Leningradian, Leningrad-related
Ленинградской (adjv) - Leningradian, Leningrad-related
Ленинградском (adjv) - Leningradiaan, Leningrad-related
Ленинском (adjv) - Leninian, Lenin-related
Ленинском проспекте (noun) - Lenin Avenue, Lenin Prospect
Леннокс (noun) - Lennox (name)
Лено Индигарский (noun) - Leno Indigar, Leno Indigarian (name)
Ленобласти (comp) - Leningrad Region, Leningrad oblast
Леночка (noun) - Lenochka (name)
Ленсовета (comp) - Lenin-Soviet (theater)
лентикулар (noun) - lenticular-object, lens-shaped object
Лентикулар облако (noun) - Lenticular cloud, lens-shaped cloud
Лентикуларис (noun) - Lenticularis, lens-shaped cloud-form
лентикуларные (adjv) - lenticular, lens-related
Ленфильме (comp) - Lenin-film
Леонид (noun) - Leonid (name)
Лепша (noun) - Lepsha (name)
Лермонтовских (adjv) - Lermontovian, Lermontov-related
Лермонтовских Тарханах (noun) - Lermontav Tarkhanakh
лес горение (noun) - forest-fire, burning-forest, forest wild-fire
лесистая (adjv) - forested, wooded, timbered, forest-related
лесистая бассейн (noun) - forested basin, wooded basin, timbered basin
лесистая землю почва (noun) - forested till-soil, wooded fertile-soil timbered farmable-soil
лесная землю почва (noun) - forested till-soil, wooded fertile-soil, timbered farmable-soil
лесная площадь (noun) - forest area, wooded site, timber land
лесной пожар (noun) - forest-fire, burning-forest, forest wild-fire

лесному (noun) - timber, lumber, forest, forestry, forestration
лесные (adjv) - forested, wooded, timbered, rural, lumbered, forest-related
лесными (noun) - forest, timber, forestry, woodland, tree'd-land, preserve
лесных (adjv) - forested, wooded, timbered, rural, lumbered, forest-related
лесных пожаров (noun) - forest-fires, woodland fires
лесовозобновление (noun) - reforestation, reseeding forest-land
лесовозращение (noun) - reforestation, reseeding forest-land
лесоматериалов (noun) - lumbers, timbers, woods, boards, planks, sheets, panels, building-materials
лесоразработка (noun) - forest exploitation, forest over-harvesting
лесоутройство (noun) - forest management, forest system, forest structure
лет году (noun) - year, time-period, era
летательного (adjv) - aerial, flying, airborne, aviated, flight-related
летательный (adjv) - aerial, flying, airborne, aviated, flight-related
летие (noun) - year, age, existence, life-span, anniversary
летием (noun) - year, age, existence, life-span, anniversary
летию (noun) - year, age, existence, life-span, anniversary
летия (noun) - year, age, existence, life-span, anniversary
летнего (adjv) - summer, warm, sunny, pleasurable, summer-related
летнее (noun) - summer, warmest season
летнее время (noun) - summer time, daylight-savings-time
летней (adjv) - summer, warm, sunny, pleasurable, summer-related
летнему (noun) - summer, warmest season
летнему сезону (noun) - summer season, summer-time
летние (noun) - summer, warmest season
летние осенний (noun) - summer/fall, annual seasons
летние осеняя (noun) - summer/fall, annual seasons
летний (adjv) - summer-like, warm, sunny, pleasurable, summer- related
летний (noun) - year, years old, age, existence, being alive
летним (noun) - year, years old, age, existence, being alive

летних (adjv) - summer-like, warm, sunny, pleasurable, summer- related
летния (adjv) - summer-like, warm, sunny, pleasurable, summer- related
летния сезон (noun) - summer season, summer-time
летного (adjv) - flying, airborne, soaring, hovering, gliding, aviatorial, aerial, flight-related
летные (adjv) - flying, airborne, soaring, hovering, gliding, aviatorial, aerial, flight-related
Летные испытания (noun) - Flight Test, Airborne test
летнюю (noun) - summer, warmest season, years old
летняя (adjv) - summer-like, warm, sunny, pleasurable, summer-related
летняя пора (noun) - summer season, summer-time
летуны (noun) - drifter, floater, soarer, flier
Летучий Голландец (noun) - Flying Dutchman, Flying Hollander
летучих (adjv) - volatile, explosive, capricious, erratic, eccentric, ethereal, capricious, flighty, airy, instability-related
летчиков (noun) - pilots, airmen, fliers, aviators, birdmen
Лех (noun) - Lekh, Lex (name)
Деху Валенсе (noun) - Lech Valencia (name)
лечении (noun) - treatment, medical procedure, therapy, care, nursing care
лечения рака (noun) - cancer treatment, malignant-tumor treatment
лечившего (verb) - treat, prescribe, remedy, cure
лжи (noun) - lie, falsehood, untruth, prevarication, deceit
Ли Мён Бак (noun) - Li Men Bak (Republic of Korea president)
Ливана (noun) - Lebanon, Livana (name)
Ливане (noun) - Lebanon, Livana (name)
ливень (noun) - downpour, cloudburst, rain squall, heavy shower
ливень дождь (noun) - rain-squall, heavy rain-shower, rain-storm
Ливерпуль (noun) - Liverpool (name)
Ливии (noun) - Libya (name)
ливийский (adjv) - Libyan, Libya-related
ливийского (adjv) - Libyan, Libya-elated
ливийской (adjv) - Libyan, Libya-related
ливийскому (adjv) - Libyan, Libya-related

ливийцев (noun) - Libyans
ливийцы (noun) - Libyan
ливийские (adjv) - Libyan, Libya-related
ливийскому (adjv) - Libyan, Libya-related
ливневые (adjv) - stormy, turbulent, thundery, chaotic, frenzied, blustery, thundery, squally, showery, storm-related
Ливневые облака (noun) - Thunderstorm-cloud, cumulonimbus-cloud, storm cloud
ливневых (adjv) - stormy, turbulent, thundery, chaotic, frenzied, blustery, thundery, squally, showery, storm-related
ливней (adjv) - stormy, turbulent, thundery, chaotic, frenzied, blustery, thundery, squally, showery, storm-related
ливнем (noun) - cloudburst, downpour, rain squall, heavy rain-shower
ливни (noun) - cloudburst, downpour, rain squall, heavy rain- shower
ливня (noun) - cloudburst, downpour, rain squall, heavy rain- shower
Лига Европы (noun) - European League
лига чемпионов (noun) - league champions
лиге (noun) - league, association, alliance, coalition, federation, confederation, machine
лиги (noun) - league, association, alliance, coalition, federation, confederation, machine
Лиги арабских (noun) - Arab League, Arabic political-organization
лиги европы (noun) - European League, Europe League
Лиги чемпионов (noun) - League Champions, association champions
лигой (adjv) - associated, joint, competitive, sporting, combined, collabrative, cooperative, mutual, reciprocal, joint, league-related Линой избирателей (noun) - League (of) Voters, League (of the) Vote
Лида (noun) - Lida (name)
Лидар (noun) - LIDAR, Infrared-laser-light detection and ranging
Лидар атмосферные чувствинг (noun) - LIDAR atmospheric sensing

Лидар атмосферный зондер и алтиметр (noun) - LIDAR atmospheric sounder and altimeter
Лидар способность (noun) - LIDAR ability, LIDAR capability, LIDAR capacity
лидерам (noun) - leaders, heads, vanguards, forefronts, pointers
лидерами (noun) - leaders, heads, vanguards, forefronts, pointers
лидеров (noun) - leaders, heads, vanguards, forefronts, spearheads, pointers
лидеру (noun) - leader, head, vanguard, forefront, spearhead, pointer
лидеры (noun) - leader, head, vanguard, forefront, spearhead, pointer
лидирует (noun) - leader, head, vanguard, forefront, spearhead, pointer
лидируют (noun) - leader, head, vanguard, forefront, spearhead, pointer
Лидия (noun) - Lidiya, Lydia (name)
Лиза (noun) - Liza (name)
Лизанка (noun) - Lizanka (name)
ликвидацию (noun) - liquidation, termination, elimination, abolishment, settlement, liquid
ликвидировали (verb) - liquidate, terminate, eliminate, abolish, settle
ликвидирован (verb) - liquidate, terminate, eliminate, abolish, settle
ликвилирована (noun) - liquidation, termination, elimination, abolishment, settlement, liquidating
ликвилированю (noun) - liquidation, termination, elimination, abolishment, settlement, liquidating
ликвилируют (verb) - liquidate, terminate, eliminate, abolish, settle
Лилиенталь (noun) - Lilienthal (name)
лиловый йвет (noun) - color lilac, violet color
Лимасол (noun) - Limasol (name)
лимиты (noun) - limit, quota, allowance, ration, budget, load, share
лимитэд (adjv) - limited, restricted, confined, enforceable, restriction-related

лимническая (adjv) - limnic, limned, delineated, drawn, painted, described, water-body related
лимнической (adjv) - limnic, limned, delineated, drawn, painted, described, water-body related
лимнологическими (adjv) - limnologic, limnological, Limnology- related
Лимнология и океанография (noun) - Limnology and Oceanography
лингвистических (adjv) - linguistic, linguistical, language-related
лингвистическию (adjv) - linguistic, linguistical, language-related
лине (noun) - line, cord, rope, wire, horizontal-row, lineage, route limit
линеаризированной (adjv) - linearized, elongated, straightened sequential, linear-related
линеаризированные (adjv) - linearized, elongated, straightened, sequential, linear-related
линеаризированных (adjv) - linearized, elongated, straightened, sequential, linear-related
линейия (noun) - line, cord, rope, wire, horizontal-row, lineage, route, limit, ruler
линейия сломанная (noun) - broken-line, dashed-line, interrupted- line
линейная (adjv) - linear, elongated, lined, linear-related
линейного (adjv) - linear, elongated, lined, linear-related
линейного разрешения (noun) - linear resolution, linear detail
линейное (adjv) - linear, elongated, lined, linear-related
Линейное уравнение (noun) - Linear equation, linear expression
линейной (adjv) - linear, elongated, lined, linear-related
линейном (noun) - linearity, linear-state
линейную (adjv) - linear, elongated, lined, linear-related
динейные (adjv) - linear, elongated, lined, linear-related
линейный нарушение (noun) - linear breach, linear violation
линейный свойставами (noun) - linear properties, linear attributes, linear characteristics
линейных (adjv) - linear, elongated, lined, linear-related
линейных трендов (noun) - linear trends, linear tendencies
линза виде (adjv) - lens-shaped, lenticular form, configuration-related

Линза виде (noun) - Lenticularus, lens-shaped cloud, lens-shaped object
линза видеил (adjv) - lens-shaped, lenticular-form, configuration- related
линзе (noun) - lense, lens, image-former, propagation-dish
линзы и очки (noun) - Lens and Glasses (medical)
линии (noun) - line, cord, rope, wire, horizontal-row, lineage, route, limit, store, pine
Линии метро (noun) - Metropolitan Line, Metro Line, Moscow Subway Line
линий (adjv) - lined, corded, roped, wired, lineage, routed, limited, stored, pined, bound-related
линим (noun) - line, cord, rope, wire, horizontal-row, lineage, route, limit, store, pine
линию Аккеши (noun) - Akkeshi line
линия (noun) - line, cord, rope, wire, horizontal-row, lineage, route, limit, store, pine
линия непрерывный (noun) - solid-line, uninterrupted line, continuous line
линия одинакового давления (noun) - line (of) uniform pressure, equal-pressure line, isobar
линия пункитрые (noun) - dotted-line, line-of-points, dappled-line, perforated-line
линия сломанная (noun) - broken-line, dashed-line, uncontinuous- line
линия сплошная (noun) - solid-line, unbroken-line, continuous-line
линия шквал (noun) - linear squall-line, linear storm area
линиями (noun) - line, cord, rope, wire, horizontal-row, lineage, route, limit, store, pine
линиянь (noun) - line, cord, rope, wire, horizontal-row, lineage, route, limit, store, pine
линкольном (noun) - Lincoln (name)
линтикулар (adjv) - lenticular, lens-shaped, lens-shaped related
линтикуларус (noun) - lenticularus, lens-shaped object
Лионель (noun) - Lionel (name)
Липецк (noun) - Lipetsk (name) Липецке (noun) - Lipetsk (name)
Липецская (adjv) - Lipetskian, Lipetsk-related

Липецке (noun) - Lipetsk (name)
Липинского (noun) - Lipinskogo (name)
липкрсть (noun) - viscosity, viscous-state, flow-resistance
Лисабон (noun) - Lisbon (name)
Лиссабоне (noun) - Lisbon (name)
Лиссабонский (adjv) - Lisbonian, Lisbon-related
Лиссабонский договор (noun) - Lisbon Treaty
Лиссабонского (adjv) - Lisbonian, Lisbon-related
Лиссабонскому (adjv) - Lisbonian, Lisbon-related
Литва (noun) - Lithuania (name)
Литве (noun) - Lithuania (name)
Литвин (noun) - Lithuanian, Lithuania-native
литейно (noun) - foundry, founding-facility, metal-casting site
литейно механическим (noun) - mechanical-foundry, automated- foundry
литературная (adjv) - literary, pedantic, belletristic, classical, literature-related
литературного (adjv) - literary, pedantic, belletristic, classical, literature-related
литературной (adjv) - literary, pedantic, belletristic, classical, literature-related
литературную (adjv) - literary, pedantic, belletristic, classical, literature-related
литометеоры (noun) - lithometeor, dust, haze, atmospheric-particle
литораль (adjv) - littoral, coastal, shore-line, tidal, sea-shore related
литпремии (comp) - literary-prize, literature-prize
литься (verb) - pour, shower, stream, flow, circulate
лихие (adjv) - evil, ill, illness-related
Лихтенштейном (noun) - Liechtenstein (name)
лиц (noun) - identity, face, exterior, right-side, person, character, name
Лица смерти (noun) death (of) persons, faces (of) death
лицам (noun) - identities, faces, exteriors, right-sides, persons, characters, names
лице (noun) - identity, face, exterior, right-side, person, character, name

личной (adjv) - facial, elegant, expressive, apparent, ostensible, personal, friendly, facile, shallow, simplistic, face-related
личностю (noun) - personality, person, personal remarks, individual, character
личные (adjv) - personal, individual, private, person-related
личные вещи (noun) - paraphernalia, attributes, properties, belongings, articles, items
личным (adjv) - personal, individual, private, person-related
личными (adjv) - personal, individual, private, person-related
лишению (noun) - detention, deprivation, denial, forfeiture, forfeit, privation, divestment, hardship, disqualificatyion, destitution, sacrifice, debit, destruction
лишены (noun) - detention, deprivation, denial, forfeiture, forfeit, privation, divestment, hardship, disqualification, destitution, sacrifice, debit, destruction
лишил (verb) - lose, deprive, strip, forfeit, miss, sacrifice, mislay
лишилась (verb) - lose, deprive, strip, forfeit, miss, sacrifice, mislay
лишой (adjv) - associated, joint, competitive, sporting, combined, collaborative, cooperative, mutual, reciprocal, league-related
Лешой избирателей (noun) League (of) Voters, League (of the) Vote
Ллойдс (noun) - Lloyd's (name)
лобовой волны эволюция (noun) - frontal-wave evolution, frontal- wave stages
лобовой зона (noun) - frontal zone, frontal activity-area
лобовой личные вещи (noun) - frontal distinctive-properties, frontal paraphernalia, frontal attributes, frontal appurtenances
лобовой наклон (noun) - frontal slope
лобовой непрерывности (noun) - frontal continuity, frontal- continuousness
лобовой низкого давления (noun) - frontal low-pressure, frontal (pressure) trough
лобовой отсутствие непрерывности (noun) - frontal-continuity absence, frontal discontinuity, pseudo-front
лобовой перевёртывание (noun) - frontal (thermal) inversion, frontal (lapse-rate) inversion

лобовой перестановка (noun) - frontal transposed (lapse-rate), frontal (lapse-rate) inversion
лобовой профиль (noun) - frontal profile, frontal cross-section
лобогреика (noun) - harvester, harvesting-machine, reaper, reaping- machine
ловле (noun) - catching, snaring, trapping, hunting, gunning, pursuing
логарифмическая кривая (noun) - logarithmic curve, logarithmic path
логирифмический давление диаграмма (noun) - logarithmic pressure-diagram
логарифмическые (adjv) - logarithmic, logarithm-related
логарифмов (noun) - logarithms, mathematical-functions
логарифмы (noun) - logarithms, mathematical-functions
Логест (noun) - Logest (medical)
логин (verb) - login, enter (computer-program input)
логопед (noun) - speech-therapist (medical)
лодке (noun) - boat, vessel, ship, liner, steamer
ложка (noun) - heap, pile, large-amount, spoonful
ложная тревога (noun) - false alert, false alarm, erroneous readiness
ложно (adjv) - false, pseudo, insincere, untrue, deceptive, erroneous, untruth-related
ложного (adjv) - false, pseudo, insincere, untrue, deceptive, erroneous, untruth-related
ложное (pref) - para-, pseudo-, false-, erroneous-
ложное противосолние (noun) - paranthelion, pseudo-anti-Sun
ложное солнце (noun) - parhelion, mock sun, sun dog, rainbow
ложном (adjv) - false, wrong, erroneous, untrue, fallacious, faulty, distorted, illusory, mock, pseudo, error-related
ложный краски процессинг (noun) - false-color processing
Лозанна (noun) - Lausanne (name)
локализации (noun) - localization, local-orientation, specific-area, position
локализованины (adjv) - local, localized, located, positioned, specified, particular, topical, telephonic, location-related
локального (adjv) - local, localized, located, positioned, specified, particular, topical, telephonic, location-related

локальное (adjv) - local, localized, located, positioned, specified, particular, topical, telephonic, location-related
локальном (noun) - local, nearby person, neighborhood thing, small area, particular locality
локальные (adjv) - local, localized, located, positioned, specified, particular, topical, telephonic, location-related
локальных (adjv) - local, positioned, located, positioned, specified, particular, topical, telephonic, location-related
локомобиль (noun) - locomobile, automobile, self-propelled vehicle, traction-engine
Локомотив (noun) - "Locomotive" (Soccer-club name, Yaroslavl Ice-Hockey Team name), Locomotive (railway engine)
Локоиотива (noun) - "Locomotive" (Soccer-club name, Yaroslavl Ice-Hockey Team name)
Локомотивом (noun) - Locomotive, railway self-propelled Engine, Soccer-team club-name.
локсодромия (noun) - rhumb-line, loxodrome, rhumb, constant compass-heading path
Ломбардия (noun) - Lombardy (name)
ломилсия (noun) - heaped, piled, stacked, layered
Ломоносова (noun) - Lomonosova (name)
ломоть метод конвекция (noun) slice-method convection
Дондон (noun) - London (name)
Лондоне (noun) - London (name)
Лондонский (adjv) - London-like Londonian, London-related
Лондонского (adjv) - London-like, Londonian, London-related
Лондонской (adjv) - London-like, Londonian, London-related
Лондону (noun) - London (name)
Лопар (noun) - Lapp, Laplander, Northern Scandinavian-native
Лопаткина (noun) - Lopatkin (name)
ЛОР (abbv) Eye/Nose/Throat (medical)
ЛОРЕУС (noun) - "Loreus", World Academy (of) Sports "Award" (equivalen to the Hollywood Academy Awards "Oscar")
Лос Анжелес (noun) - Los Angeles (name)
Лос Анжелеса (noun) - Los Angeles (name)
Лосей (noun) - Moose, ruminant-mammal, largest member of the deer-family, hooved-animal, elk, reindeer, deer
лосетил (verb) - visit, attend, appear, be at, go, come to, take in

лосиный (adjv) - ruminant (mammal), Algonquian (origin), humped (shoulders), palmated (antlers), deer-family, moose-related
лоскутное одеяало (noun) - patchwork quilt, patchwork coverlet
лотерейных (adjv) - lucky, unlucky, speculative, uncertain, risky, dicey, winning, losing, lottery-related
лотерейных билетов (noun) - lottery tickets
лотлин (noun) - lead-line, sounding-line, fathom-line, depth-finding line
лотосовые (adjv) - Lotus-like, flower-like, herbial, subshrubial, legumial, Lotus-related
Лоту (noun) - sounding-line, plummet, lead-line, sounding-device
Лофотенской (adjv) - Lofotenian, Lofoten-islands related
лошадах (noun) - horses, equines, mounts, tarpan's, ponies
Лошадь широты (noun) - Horse Latitudes, light-wind hemispheric regions
лощина (noun) - arroyo, ravine, gully, depression, hollow, wash-area
лощина стиральная (noun) - gully washer, flash flood, ravine flooder
лубви (noun) - love, affection, fondness, liking, ardor, passion
Лувре (noun) - Louvre (Paris museum)
луг залежь (noun) - fallow-meadow, unseeded-meadow, unfarmed- meadow
Лугано (noun) - Lugano (name)
Луганске (noun) - Lugansk, Lugano (name)
Луганской (adjv) - Luganian, Lugano-related
Луганскю (noun) - Lugansk, Lugano (name)
Лужков (noun) - Luzhkov (name)
Лужков мост (noun) - Luzhkov Bridge
Лужниках (noun) - Luzhniki's (Moscow Stadium) Луи (noun) - Louis, Louie (name)
Луи Виттон Трофи (noun) - Louis Vuitton Trophy (Sailing)
Луизиана (noun) - Louisiana (name)
Лукас (noun) - Lucas (name)
Лукашенко (noun) - Lukashenko (Belorussia President) Лукин (noun) - Lukin (name)
Лукмазут (comp) - Luk fuel-oil, Langeras/Urai/Kogalyen Oil

ЛУКОЙЛ (acnm) - LukOil (Major Russian petroleum products producer)
ЛУКОЙЛа (acnm) - LukOil (Major Russian petroleum-products producer)
Луна радуга (noun) - Moon Bow, lunar rainbow
Луне (noun) - Lune, Moon (name)
лунктир (noun) - dotted-line, line-of-points, dappled-line, perforated- line
лунктирная (adjv) - dotted-linear, points-linear, dappled-linear, perforated-linear, linearity-related
лунной (adjv) - lunar, moon-related
лунные год (noun) - lunar year, 12 synodic months
лунные фаза (noun) - lunar phase, full, half, new, waning, waxing
лупанариев (adjv) - magnified, increased, heightened, intensified, enlarged, magnification-related
луфтваффе (noun) - Luftwaffe, Nazi Germany Air Force, Hitler's Air Force
луч пускание (noun) - radiant-emission, radiation
лучевая диагностика (noun) - radiative diagnostics (medical)
лучеиспускание (noun) - radiation, radiating
лучеиспускающая (adjv) - radiant, radiated, emission-related
лучеиспускающая поверхность (noun) - radiating surface, radiant- surface
лучей (noun) - ray, radiant-energy beam, radiant-light energy, radiance, light, trace
лучей испускание (noun) - radiant-emission, radiation
лучепреломление (comp) - ray emission, radiant-energy emission
лучи (noun) - ray, beam, energy, light, trace
лучиастый (adjv) - radiant, radiated, emission-related
лучистая (adjv) - radiant, radiated, emission-related
лучистая теплота (noun) - radiant heat, radiated heat, emitted heat
лучистая энергия (noun) - radiant energy, radiated energy, emitted energy
лучни (noun) - ray, beam, energy, light, trace
лучшая (adjv) - better, best, superior, greatest, ultimate, quality- related
лучшей (adjv) - better, best, superior, greatest, ultimate, quality-related

лучшие (adjv) - better, best, superior, greatest, ultimate, quality-related
Лучшие госпитали метеранов войн (noun) - Best veteran fighters hospital
лучшим (adjv) - better, best, superior, greatest, ultimate, quality-related
лучших (adjv) - better, best, superior, greatest, ultimate, quality-related
Луших врачей года (noun) - Better Doctor's year, Best physician's year
ЛФК (abbv) - Physical Therapy, Medicinal physical-culture (medical)
ЛФК и спорт (noun) - Physical therapy and sport (medical)
ЛФО (abbv) - Cloud Physics Laboratory
лыжники (noun) - skier, skiing-athlete, snow-skier, skimeister
лыжную (adjv) - skied, skiing, snow-sporting, ski-related
лыжным гонкам (noun) - ski-races, sking speed-events, ski- competitions
Львов (noun) - Lvov, Lviv (Ukraine city), Lion
Львове (noun) - Lvov, Lviv (Ukraine city), Lion
Львову (noun) - Lvov, Lviv (Ukraine city), Lion
Львовский (adjv) - Lvovian, Lvivian, Lvov-related
львовской (adjv) - Lvovian, Lvivian, Lvov-related
Львом (noun) - Leo (name)
льготы (noun) - benefit, allowance, exemption, grant, priviledge, license, aid, facility, boon
льготников (noun) - benefits, allowances, exemptions, grants, privileges, licenses, aids, facilities, boons
льдине (noun) - ice, ice-floe, ice-pack, ice-block, frozen block
льдину (noun) - ice, ice-floe, ice-pack, ice-block, frozen block
льдов (noun) - ices, ice-floes, frozen-waters, compressed-snows, glacial-ices, ice-surfaces
льдом (noun) - ice, ice-floe, frozen-water, compressed-snow, glacial ice, ice-surface
льдообразующих (adjv) - ice-formed, ice-produced, ice-generated, icing-related
льду (noun) - ice, frozen-water, compressed-snow
льдщины (comp) - ice-chine, ice-crevice, ice-fissure, ice-opening

льёт (noun) - rain, liquid-precitation
ЛЭП (abbv) - ElectricityTransmission Line
Лю Чжаосюань (noun) - Lyu Chzhaocyuan (name)
люба (noun) - love, beloved-other, affection, attachment, attraction
любви (noun) - love, beloved-other, affection, attachment, attraction
Люберйах (noun) - Lyubert's (name)
любил (noun) - love, beloved-other, affection, attachment, attraction
любимого (adjv) - loved, beloved, adored, affectionate, fond, love- related
любимое (adjv) - loved, beloved, adored, affectionate, fond, love- related
любителей (noun) - enthusiast, fan, buff, lover, zealot, enthusiast, disciple, follower
лубители (noun) - enthusiast, fan, buff, lover, zealot, enthusiast, disciple, follower
любитель погода набдюдатель (noun) - amateur weather-watcher, volunteer weather-observer
любительское (adjv) - amateur, amateurish, unprofessional, laymanish, layman-related
любителям (noun) - amateur, nonprofessional, layman, lover, swain, suitor, wooer, admirer, pursuer
люблично (advb) - openly, publicly, externally, outwardly
Люблинско-Дмитровской линии (noun) - Lyublinsk-Dmitrov line (Moscow Metro)
люблю (noun) - love, beloved-other, affection, attachment, attraction
Любляна (noun) - Ljublijana (name)
Любовь без границ (noun) - Love without Limit, Love without Boundary
Любовь и смерть (noun) - Love and death
любого (adjv) - any, either, anyone, it-related
любую (verb) - admire, respect, approve, endorse, view with favor
любых (adjv) - any, either, anyone, it-related
Люда (noun) - Lyuda (name), people, persons
людей (noun) - people, men, humans, population, life, feet, staff, world,

Людмила (noun) - Lydmilla (name)
Люкс (noun) - Lux, Illumination-unit
люкс секунда (noun) - Lux-second, illuminations-units per second
люкс час (noun) - Lux-hour, illumination-units per hour
Люмен (noun) - Lumen, luminous-flux unit
Люмен час (noun) - Lumen-hour, luminous-flux units per hour
люминесцентные лампы (noun) - luminescent-lamps, fluorescent- lamps
Люфтганза (noun) - Lufthansa (German aviation company)
Люцерн (noun) - Lucerne (name)
ЛЯ (abbv) - Icing Nuclei, Icing condensation-nuclei

M

м (abbv) - meter, rd, th, eth, years old, age (in years)
M. (abbv) - Moscow, Metro-subway
M (abbv) - Myasishchyev (Original Design Bureau)
м.с. (abbv) - Meters per Second, speed unit
м/с (abbv) - meters per second, speed unit
м/ф (abbv) - multi-film, cartoon, animation
Ма-он (noun) - Ma-on (Asian Typhoon name)
Маврикого (adjv) - Mauritian, Mauritanius-related
Мавритании (noun) - Mauritania (name)
Магадан (noun) - Magadan (name)
Магадане (noun) - Magadan (name)
Магаданом (noun) - Magadan
Магаданской (adjv) - Magadanian, Magadan-related
магазине (noun) - store, shop, magazine, box, trade
магазинные коробка (noun) - firearm-magazine, cartridge-holder
Магасский районный (noun) - Magass Region (Ingush)
МАГАТЭ (acnm) - International Atomic Energy Agency
Магдалена (noun) - Magdalena (name)
магистраль (noun) - railway, railroad, train-transport
Магистерская степень (noun) - Master of Arts degree, M.A.
Магна (noun) - Magna (International) (name)
магнитная буря (noun) - magnetic storm, borealis
магнитного (adjv) - magnetic, magnetism-related
магнитное (adjv) - magnetic, magnetism-related

магнитное аномалия (noun) - magnetic anomaly, magnetic irregularity
магнитное склонение (noun) - magnetic declination, compass error, difference between magnetic and geographical pole
магниеном диске (noun) - magnetic disk, magnetic disc
магнитной (adjv) - magnetic, magnetism-related
магнитные (adjv) - magnetic, magnetism-related
магнитные свойства (noun) - magnetic-property, magnetism
магнитный отклонение (noun) - magnetic deviation, compass-needle deflection
магнитный полюс (noun) - magnetic pole, compass pole, magnets two-poles
Магнитный Экватор (noun) - Magnetic Equator, compass equator
Магнитогорск (noun) - Magnitogorsk (name)
магнитского (adjv) - magnetic, magnetized, magnetism-related
Магнитского (noun) -Magnitsky (name)
магнитудой (adjv) - magnitudal, magnitude-related
Магриба (noun) - (Al) Maghreb (name)
Мадагаскар (noun) - Madagascar (name)
Мадагаскара (noun) - Madagascar (name)
Мадонна (noun) - Madonna (name)
Мадонны (noun) - Madonna (name)
Мадре-де-Дьос (noun) - Madre de Dios (Peruvian region)
Мадрид (noun) - Madrid (name)
Мадрида (noun) - Madrid (name)
Мадриде (noun) - Madrid (name)
Мадридский (adjv) - Madridian, Madrid-related
Мадридского (adjv) - Madridian, Madrid-related
Мадридском (adjv) - Madridian, Madrid-related
Мае (noun) - May, fifth month, spring-time month
Майами (noun) - Miami (name)
Майдане (noun) - Maidan (name)
Майкл (noun) - Michael (name)
Майкл Джексон (noun) - Michael Jackson (name)
Майкла Джексона (noun) - Michael Jackson (name)
Майкл Макфол (noun) - Michael McFaul (American ambassador to Russsia)
Майкоре (noun) - Mallorca (name)

Майкрософт (noun) - Microsoft (Major U.S. Software company)
майские (adjv) - May-time, fifth (month), festive, spring-like, early- blooming, May-related
майское (adjv) - May-time, fifth (month), festive, spring-like, early- blooming, May-related
МАК (abbv) - Interstate Aviation Committee
Макао (noun) - Macao (name)
Макар (noun) - Makar (name)
Макара (noun) - Makar (name)
Макдауэлл (noun)- Mac Dowell, Mc Dowell (name)
макеты (noun) - model, mockup, mannequin, dummy
Маккаби (noun) - Makkabi (Israeli Basketball team)
Маккартни (noun) - Mac Cartney (name)
макрель небо (noun) - mackerel sky, fish-scale cloud, chaotic-altocumulus sky
макро (adjv) - macro, large, thick, prominent, large-quantity, gross, close-up, size-related
макромасштабных (adjv) - macro-scale, large-scale, prominent-scale
Макрометеорология (comp) - Macro-meteorology, large-scale atmospheric phenomena
макроструктура (comp) - macro-structure, metallic gross-structure
МАКС (acnm) - International Aviation Cosmic Salon, Moscow Aviation/Cosmos Show, Moscow Aviation/Space Show, Moscow International Aero/Space Show
Макс (noun) - Maks, Maxs (name)
Максвеллметр (comp) - Maxwell's Meter, Flux-meter, electricity- meter
МАКСе (acnm) - Moscow International Aviation Cosmic Salon, Moscow Aviation/Cosmos Show, Moscow Aviation/Space Show, Moscow International Aero/Space display
Максим (noun) - Maksim (name)
максимален (noun) - maximal, upper-limit, highest-possible, most- comprehensive, totally-complete
максимальная (adjv) - maximum, maximal, upper, highest, most, complete, quantity-related
максимально (advb) - maximally, mostly, completely, totally

максимального (adjv) - maximal, maximum, upper, highest, most, complete, quantity-related
максимальное (adjv) - maximal, maximum, upper, highest, most, complete, quantity-related
максимальное превышение фона (noun) - exceeding maximal-background noise, exceeding maximal-background level, exceeding highest-background noise
максимальной (adjv) - maximal, maximum, upper, highest, most, complete, quantity-related
максимальные (adjv) - maximal, maximum, upper, highest, most, complete, quantity-related
максимальный (adjv) - maximal, maximum, upper, highest, most, complete, quantity-related
максимальный применимый частота (noun) - maximal usable-frequency, highest usable-frequency
максимальный температура (noun) - highest temperature, maximum temperature
максимальный термометр (noun) - maximum thermometer, highest- temperature recording-instrument
максимальных (adjv) - maximal, maximum, upper, highest, most, complete, quantity-related
максимум (noun) - maximum, peak, high, ceiling, limit, superior
максимум ветер скорость (noun) - maximum wind-speed, maximum wind velocity
максимум долговременная (noun) - maximum-prolongation, maximum-sustainment, maximum long-duration
максимумом (noun) - maximum, greatest-value, utmost-development, permitted upper-limit
Макфол (noun) - McFaul (name)
мала (adjv) - small, minor, little, wee, tiny, size-related
Малабу (noun) - Malibu (California beach area)
Малая Азия (noun) - Asia Minor, Anatola
малая вода (noun) - little-water, limited-water, small-water (supply)
малая скорость (noun) - slow speed, low speed, limited speed
Мали (noun) - Mali (name)
Мало Лёд возраст (noun) - Little Ice-Age, hemispheric cold-spell

маловодного (adjv) - shallow-water, little-water, drier-situation, dry, water-related
маловодные (adjv) - shallow-water, little-water, drier-situation, dry, water-related
малогабаритного (comp) - little sidemarker-lights, indicator-related
малогабаритного аэрологического радиолокатора (noun) - aerological-radar compact sidemarker lights
малого (adjv) - little, few, short, slow, weak, small, compact, minor, limited, reduced, least, significance-related
малоградиентные (comp) - weak gradient, small gradient, minor gradient
малодействительный (comp) - limited-action, ineffective, little- value
малоимущих (adjv) - needy, indigitant, poor, depressed, distressed, homeless, wretched, underpriviledged, deprived, need-related
малой (adjv) - little, slight, insignificant, few, short, small, compact, minor, limited, poor, weak, feeble, slow, reduced, least, significance- related
малом (adjv) - little, slight, insignificant, few, short, small, compact, minor, limited, poor, weak, feeble, slow, reduced, least, significance- related
Малом театре Москвы (noun) - Little Theater (of) Moscow, Maly Theater
малон (adjv) - little, slight, insignificant, few, short, small, compact, minor, limited, poor, weak, feeble, slow, reduced, least, significance- related
малон масштабе цтркуляцтя (noun) - small-scale circulation
малочисленных (adjv) - numerically-small, small, minority, few, humanity-related
малоэтажного (adjv) - few-floored, little-storied, levels-related
малый вортиция (noun) - small vortices, compact eddy
малые (adjv) - little, slight, insignificant, few, short, small, compact, minor, limited, poor, weak, feeble, slow, reduced, least, significance- related
малый облако обломок (noun) - little fragmented cloud, scud cloud, Pannus

малых выбросов (noun) - small discharges, reduced emissions
Малых Енисей река (noun) - Little Yenisei river
Мальчиков-близнецов (noun) - twin-boys, boys that are twins
Мама я гришел (noun) "I came to you, Mama", "Mom, I came", "Mother, I have come"
Мамматац (noun) - Mammatus, Mammular-shaped cloud-bottoms
Мамматус (noun) - Mammatus, Breast-shaped cloud, Nipple-shaped cloud-bottoms, Severe-weather indication clouds
маммолог (noun) - Mammologist (medical)
мамы (noun) - mama, mom, mother
Манамы (noun) - Manama (noun)
Манде Барунг (noun) - Mandingo Barung (Indian Yeti, Indian Abomniable Snowman, Indian Bigfoot)
маневрирование (noun) - maneuver, exercise, manipulation, utilization, usage, handling
Манежной (adjv) - manegian, equestrian school-like, riding ring-like, playpen-like, manege-related
Манежной площади (noun) - Manegian Square
манекенами (noun) - manikins, mannequins, dummies, human-figures, lay-figures, clothe's support-forms, substitute human-bodies
манипулятор (noun) - manipulator, remote-control arm
манифестантам (noun) - demonstrators, protesters, pickets, complainers
манифестанты (noun) - demonstrator, protestor, picket, complainer
манифестаций (noun) - manifestation, appearance, materialization, disclosure, presentation, demonstration, street-demonstration
манифестацию (noun) - manifestation, appearance, materialization, disclosure, presentation, demonstration, street-demonstration
манифесту (noun) - manifest, manifesto, proclamation, announcement
Манифесту об освобождении крестьян (noun) - Manifesto of Liberation (for) Peasantry
мануальный терапевт (noun) - manual therapy (medical)

Манчестер сити (noun) - Manchester City (name)
Манчестер юнайтед (noun) - Manchester United (major English soccer team)
Маныцч река (noun) - Manytsch river
Марат (noun) - Marat (name)
марафоне (noun) - marathon, long-distance racee, 26 mile foot-race, endurance contestgreat length/concentrated effort activity
Марвин змей метеорограф (noun) - Marvin kite-meteorograph
Маргарита (noun) - Margarita (name)
Маргулес лобовой наклон (noun) - Margules frontal-slope
Мари Эл (noun) - Mari-El (name)
Мариам (noun) - Mariam (noun)
Мариеке Гюрер (noun) - Mariek Hurer (name)
Мариинке (noun) - Marinsky (name)
Мариинского театра (noun) - Marinsky Theater
Марийнском театре (noun) - Marinsky Theater
Марина (noun) - Marin (name)
Мария (noun) - Maria, Mary (name)
маркет (noun) - market, commercial activity
Марковского (adjv) - Markovian, Markov-related
МАРЛ (abbv) - Compact Aerological Radar, portable aviation-radar
Марокканская (adjv) - Maroccan, Marocco-related
Марокко (noun) - Marocco (name)
Марракеше (noun) - Marrakesh (name)
Марс (noun) - Mars, Planet Mars, ale, malt, top
Марс-500 (noun) - Mars-500 (Russian “Man on Mars” simulation)
Марс-эль-Брега (noun) Mars elo Brega (Libyan city)
Марсе (noun) - Mars (name)
Марселя (noun) - Marseille (name)
Марсонавтам (comp) - Mars simulation (Russian Mars-surface crew quarters)
Марсонавты (comp) - Mars simulation (Russian Mars-surface crew quarters)
Марсоход (comp) - Mars Rover (NASA,s “Opportunity”)
Март-Апрель (noun) - March-April
Марте (noun) - March, third calendar-month

Мартина Лютера Кинга (noun) - Martin Luther King (name)
Мартовский (adjv) - March, March-related
Мартону (noun) - Marton (name)
Маруся (noun) - Marussia (name) Маруся Вёрджин (noun) - Marussia Virgin (auto-racing organization)
Маруся Вёрджин Рэйсинг (noun) - Marussia Virgin Racing (auto-racing organization)
Марфо Мариинская (noun) - Marfo Mariinckaya (name)
Марша (noun) - march, forward-march, maneuver, stairs, Marsha (name)
Маршал Шалошников (noun) - Marshal Shaloshikov (name)
маршируют (verb) - march, advance, move forward in step, maneuver, proceed, traverse
маршруткой (adjv) - itinerary, shuttled, shuttling, transported, transporting, periodic, back and forth, regular, vehicular, shuttle-related
масса ядра (noun) - nuclear mass, atomic mass
Массачусетс (noun) - Massachusets (name)
массе (noun) - mass, array, expanse, bulk, aggregate, whole, large-quantity, large-body
массивные (adjv) - massive, gigantic, voluminous, ponderous, large, bulky, weighty, heavy, size-related
массивов (noun) - massives, arrays, large-bulks, large-masses, large- weights, large-volumes
массивое (adjv) - massive, arrayed, solidly, large, bulky, thick, sturdy, dense, heavy, ponderous, onerous, mass-related
массовая (adjv) - massive, arrayed, solidly, large, bulky, thick, sturdy, dense, heavy, ponderous, onerous, mass-related
массовой (adjv) - massive, arrayed, large, expansive, bulky, solidly, thick, sturdy, dense, heavy, ponderous, onerous, mass-related
массовом (adjv) - massive, arrayed, large, bulky, thick, sturdy, dense, heavy, ponderous, onerous, mass-related
массовую (adjv) - massive, arrayed, large, bulky, thick, sturdy, dense, heavy, ponderous, onerous, mass-related
Массовый меданный диаметр (noun) - Massive median-diameter
массовых (adjv) - massive, arrayed, large, expansive, bulky, aggregative, whole, entire, large, size-related

массу (noun) - mass, masses, expanses, bulks, aggregates, whole, large-quantities, large-bodies
массы (noun) - mass, masses, expanses, bulks, aggregates, whole, large-quantities, large-bodies
мастеров (noun) - masters, artist, old master, artisan, craftsman
масштабам (noun) - scales, ranges, dinmensions, somethings graduated, relationship indications, relative sizes
масштабах (noun) - scales, ranges, dimensions, somethings graduated, relationship indications, relative sizes
масштабе времени (noun) - time-scale, time-range, time-dimension
масштабного (adjv) - scale, scaled, scale-relative, staged, progressive, graduated, relationship-indicative, relative-sized, relation-related
масштабной (adjv) - scale, scaled, scale-relative, staged, progressive, graduated, relationship-indicative, relative-sized, relation-related
масштабные (adjv) - scale, scaled, scale-relative, staged, progressive, graduated, relationship-indicative, relative-sized, relation-related
маштабными (adjv) - scale, scaled, scale-relative, staged, progressive, relationship-indicative, relative-sized, relation-related
масштабных (adjv) - scale, scaled, scale-relative, staged, progressive, relationship-indicative, relative-sized, relation-related
масштабов (noun) - scales, ranges, dimensions, somethings graduated, relationship indications, relative sizes
масштабом (noun) - scale, range, dimension, something graduated, relationship indication, relative size
масштабу (noun) - scale, range, dimension, something graduated, relationship indication, relative size
масштабы (noun) - scale, range, dimension, something graduated, relationship indication, relative size
математическая (adjv) - mathematic, mathematical, mathematics-related
математический анализ (noun) - mathematical analysis

математический орудиеы (noun) - mathematical instruments, mathematical tools,

математического (adjv) - mathematic, mathematical, mathematics-related

математическое (adjv) - mathematic, mathematical, mathematics-related

математической (adjv) - mathematic, mathematical, mathematics-related

матери (noun) - maturity, mother, spirituality, material, cloth, matter, pus, subject, topic

материалам (noun) - materials, substances, matters, ingredients, components, stuff

материалами (noun) - materials, substances, matters, ingredients, components, stuff

материале (noun) - material, substance, matter, ingredients, components, stuff

материале архива (noun) - archival-material, archival-matter

материалов (noun) - materials, substances, matters, ingredients, components, stuff

материалы (noun) - material, substance, matter, ingredients, components, stuff

материальную (adjv) - material, relevant, pertinent, apropos, germane, cogent, applicable, applying, relation-related

материаля (noun) - material, data, copy (journalism)

материками (noun) - motherland, mother country, main-land, subsoil, continent

материки (noun) - motherland, mother country, main-land, subsoil, continent

материковые (adjv) - colonial, American, European, continental, colony-related

матерью (noun) - Our Lady, mother, My Lady, Lady, woman

Матрёшка (noun) - "Matryoshka" (Set of nested wooden-dolls/ hand painted)

матриц (noun) - matrix, matrices, die, stamp, mold, impression, array

матрице (noun) - matrix, matrices, die, stamp, mold, impression, array

матчами (noun) - matchs, contests, bouts, tests, games, competitions, trials, tournaments, tourney's, engagements, encounters
матче (noun) - match, contest, bout, test, game, competition, trial, tournament, tourney, engagement, encounter
матчей (noun) - match, contest, bout, test, gane, competition, trial, tournament, tourney, engagement, encounter
матчем (noun) - match, contest, bout, test, game, competition, trial, tournament, tourney, engagement, encounter
матчи (noun) - match, contest, bout, test, game, competition, trial, tournament, tourney, engagement, encounter
Мауна Лоа (noun) - Mauna Loa (name)
Маунт-Ли (noun) - Mount Lee (Los Angeles/TV transmitters site)
маутинбайку (noun) - mountain-bike, mountain-biking
Махачкале (noun) - Makhachkala (Republic of Dagestan)
Махидром (noun) - Maxidrom (International music-festival)
махинатор (noun) - embezzler, swindler, schemer, wangler
Махмуд (noun) - Makmud (name)
Махмуд Аббас (noun) - Makmud Abbas (Palestinian leader)
Махмуд Фхмадинужад (noun) - Mahmud Ahmadinejad (name)
Махмуда Аббаса (noun) - Makmud Abbas (Palestinian leader)
махровой совковости (noun) - Double Soviets
максимально (advb) - maximally, superlatively, exceedingly, surpassingly, the most
махсимумах (noun) - maximums, greatest-quantities, upper-limits
Мацумото (noun) - Matsumoto (name)
Маша (noun) - Masha (name)
машине (noun) - machine, car, auto, vehicle, truck, tractor. grader, cement-mixer
машинная (adjv) - machine-like, motorized, powered, mechanical, computerized, vehicular, automotive, vehicle-related
машинная графика (noun) - computer graphics, machine graphics
машиной (adjv) - machine-like, motorized, powered, mechanical, computerized, vehicular, automotive, vehicle-related
машиночитаемые (adjv) - machine-readable, computer-readable, machine-readability related
машину (noun) - machine, car, automobile, vehicle
Машхед (noun) - Mashhad (Iran)

Машхеде (noun) - Mashhad (Iran)
Мая (noun) - May, fifth month, spring-time month
маятниковое (adjv) - pendular, pendulum-related
маятниковое движение (noun) - pendulum motion, pendulum movement
Мб (abbv) - Millibar, one-thousandth Bar, 100 Pascals, Pressure unit
МБР (abbv) - Intercontinental Ballistic Rocket/Missile, Naval Short- range Reconnaissance (Aircraft)
МВД (abbv) - Ministry of Internal Affairs (MIA)
МВФ (abbv) - International Monetary Fund (IMF)
мг 2 (abbv) - 2 milligrams, medical dosage
мгновеналия (advb) - instantaneously, instantly, immediately, momentarily
мгновении (noun) - moment, instant, twinkling
мгновенные (adjv) - instantaneous, immediate, momentary, time- related
мгновенока (noun) - flash-flood, sudden-flood, gully-washer, ravine- flooder
МГТС (abbv) - Munincipal Telephone System/Network
МГУ (abbv) - Moscow State University
МГУА (abbv) - Group-method calculation-arguments
МГЭИК (abbv) - Intergovernmental Experts Group on Climate Change
МДМ (abbv) - Moscow Palace Youth (Rap group)
МДМ Банка (noun) - MDM Bank (major Russian Bank)
меандер (noun) - meander, wander, roaming, ramble
меандеров (noun) - meanders, wanders, roams, rambles
меандрирующих (adjv) - meandered, wandered, roamed, rambled, roaming-related
мега (noun) - mega, one-million units
мега температура (noun) - highest-temperature, mega-temperature
Мегалайнера (comp) - Mega-Ocean liner, Mega-Cruise liner, Giant- sized ocean-liner
мегапиксельной (adjv) - Mega-pixeled, Mega-detailed, Million-unit related
мегаспорт (comp) - mega-sport
мегафон (comp) - megaphone, bull-horn (electronic), hailer

Мед в Эрмитаже (noun) - «Honey in Hermitage» (name)
медалей (noun) - medal, decoration, award, ribbon медальную (adjv) - honored, honoring, laureatic, emblematic, monumental, momentous, medal-related
Медведев (noun) - Medvedev (Russian-Federation President)
медведя (noun) - bear, animal, mammal, carnivore
медведями (noun) - bears, Ursidae's, Carnivora's, mammals
медианные (adjv) - median, medial, bilaterial, lengthwise, statistical, averaging-related
медикаментов (noun) - medicines, medications, drugs, prescriptions, remedies, cures, aids, reliefs
медиков (noun) - medical-students, physicians, medicos
Медине (noun) - Medina (name)
мединформатики (comp) - Medical information
Медиокрис (noun) - Mediocris, medium-proportioned Cumulus cloud, mediocre-cumulus
медицине (noun) - medicine, prescription, drugs, medical practice, health care, treatment, therapy, care
медициной (adjv) - medicinal, prescribable, medical, curable, healable, practiced, treatable, treated, cared, medicine-related
медицинском (adjv) - medicinal, prescibable, medical, curable, healable, practiced, treatable, treated, cared, medicine-related
медленно (advb) - slowly, deliberately, heavily, lento
медленого (adjv) - slow, gradual, gentle, slowish, low, movement- related
медленной (adjv) - slow, gradual, gentle, slowish, low, movement- related
медломощи (comp) - medical aid, first aid, medical assistance
Медногорск (noun) - Mednogorsk (name)
Медный всадник (noun) - Brass Horsewoman, Copper rider
медобслуживание (comp) - medical care, medical attention
медпрепаратов (comp) - medical-preparations
медсестре (noun) - nurse, probationer, caregiver, hospice nurse, practical nurse, registered nurse
медучреждении (noun) - health facility, medical facility, hospital, clinic, Emergency Room (ER), Emergency Medical Service (EMS)

медэкспертиза (comp) - Medical-expert-opinion, medical expertise, medical examination
межбанковская (adjv) - interbanked, reciprocal-banked, Interbank- related
межведомственную (adjv) - interdepartmental, relations-related
межгодовая (adjv) - inter-annual, inter-yearly, calendar-related
межгодовой (adjv) - inter-annual, inter-yearly, calendar-related
межгодовых (adjv) - inter-annual, inter-yearly, calendar-related
межгородского (adjv) - inter-city, inter-urban, inter-municipal, relationship-related
межгосударственного (adjv) - inter-state, inter-governmental, relationship-related
Межгосударственного совета по гидрометеорологии (noun) - Inter-governmental Conference for Hydrometeorology
межгосударственном (adjv) - inter-state, inter-governmental, relationship related
междисциплинарный (adjv) - inter-disciplinary, inter-penal, relationship-related
междуведомственной (adjv) - inter-departmental, inter-office, relationship related
международная (adjv) - international, global, planetary, worldwide, world-over, scope-related
международная выставка (noun) - International Exhibition, international show/display
международно (advb) - internationally, globally, planetarily, worldly
международно-правовые (noun) - Internationally-legal, Internationally-lawful
международного (adjv) - international, global, planetary, worldwide, world- over, scope-related
международное (adjv) - international, universal, world-wide, global, worldwide, world-over, planetary, transnational, planet-wide, scope-related,
международной (adjv) - international, universal, world-wide, global, world-over, planetary, transnational, planet-wide, scope-related
Международной гидрографической организации (noun) - International Hydrographic Organization

Международной космической станции (noun) - International Cosmic Station, International Space Station

международном (adjv) - international, universal, world-wide, global, world-over, planetary, transnational, planet-wide, scope- related

международному (adjv) - international, universal, world-wide, global, world-over, planetary, transnational, planet-wide, scope- related

международную (adjv) - international, universal, planet-wide, global, world-over, planetary, transnational, planet-wide, scope- related

международные (adjv) - international, universal, planet-wide, global, worldwide, planetary, transnational, planet-wide, scope- related

Международные Валютные Фонд (noun) - International Monetary Fund (IMF), International currency fund

Международные годы тропосферного озона (noun) - International Tropospheric Ozone Year

Международный день мигранта (noun) - Inernational Migrant Day

Международный единица (noun) - International Unit, International quantity

Международный журнал глобальный энергия выпусков (noun) - International Journal (for) Global Energy Issues

Международный журнал прибрежный и поляр машиностроение - International Journal (of) Offshore and Polar-engineering

Международный Монетный Фонд (noun) - International Monetary Fund (IMF)

Международный стандард (noun) - International standard, International reference

международных (adjv) - international, global, planetary, worldwide, world- over, scope-related

междуречьях (adjv) - inter-fluvial, inter-stream, inter-river, inter-waters related

меженных (adjv) - low-water, lowest-water, water-level related

Межзвездная Срена (noun) - Interstellar Medium, Interstellar Space (ISM)

межзвездной (adjv) - intergalactic, interstellar, interplanetary, special, space-related
межисламский (adjv) - inter-islamic, Islam-related
межклассовых (adjv) - inter-class, inter-category, internal-related
межклассовых переходов (noun) - interclass-crossover, between- transitions
межконтинентальная (adjv) - intercontinental, continent-related
межконтинентальной (adjv) - intercontinental, continent-related
Межконтинентальной Баллистической Ракеты (noun) - Intercontinental Ballistic Rocket, International Ballistic Missile
межконтинентальные (adjv) - intercontinental, continents-related
межконтинентальный (adjv) - intercontinental, continents-related
межконфессиональное (adjv) - inter-confessional, internal-confession related
межкультурного (adjv) - Inter-culteral, inter-societal, internal-related
межнационального (adjv) - inter-national, inter-ethnic, inter-racial, inter- discordant, inter-dissonant, inter-unharmonious, inter-racist, race-related
межнациональную (adjv) - inter-national, inter-ethnic, inter-racial, inter-discordant, inter-dissonant, inter-unharmonious, inter-racist, race-related
межпарлиаментские (adjv) - Inter-parliamentarian, boundary-parliamentarian, internal-parliament related
межпарлиаментском (adjv) - inter-parliamentarian, inter-governmental, internal-related
Межпассатного (adjv) - Inter-trade-winded, Equatorial circulatory, circulation-related
Межпассатное (adjv) - Inter-trade-winded, Equatorial circulatory, circulation-related
Межпассатное противотечение (noun) - Inter-trade-wind counter- circulation, Equatorial circulation
межпланетные (adjv) - inter-planetary, inter-celestial-body, space- related
межплеменных (adjv) - Inter-tribal, tribal, inter-racial, inter-ethnic, national, lineal, race-related
Межплодник (noun) - Mesocarp, fruit inner-layer

межправительственного (adjv) - inter-governmental, inter-governmental related
межправительственной (adjv) - inter-governmental, inter-governmental related
межправительственных (adjv) - inter-governmental, inter-governmental related
межправкомиссии (comp) - inter-commission, intergovernmental- commission
межправсоглашение (comp) - Inter-government-agreement, Inter- government-understanding
межрёберный (adjv) - intercoastal, inter-shores, coasts-related
межрегиональная (adjv) - inter-regional, region-related
межрегионального (adjv) - inter-regional, region-related
Межтропический конвергенция зона (noun) - Inter-tropical Convergence Zone
мезо (pref) - mes-, meso-, mid-, middle-, intermediate-
мезоанализ (comp) - meso-analysis, middle-scale analysis
мезоантициклон (comp) - meso-anticyclone, meso-high (pressure system)
Мезо Ета (noun) - Meso Eta (name)
Мезо Ета модель волна предсказание (noun) - Meso Eta wave-prediction model
Мезо метеорология (noun) - Meso-meteorology, middle-scale meteorology
Мезо циклон (noun) - Meso-cyclone, Meso-low (pressure system)
Мезолитической (adjv) - Mesolithic, stone-age-related (period between Paleolithic and Neolithic)
Мезомасштабная (adjv) - Meso-scale, middle-scaled, scale-related
Мезомасштабной (adjv) - Meso-scale, middle-scaled, scale-related
Мезомасштабных (adjv) - Meso-scale, middle-scaled, scale-related
Мезомасштабных конвективных системах (noun) - Meso-scale convection system
Мезометеорологические (adjv) - meso-meteorologic, meso-meteorological, meteorology-scale related
мезопрерыв (comp) - mesopause, mid-break
мезополигоне (comp) - mesopolygon, middle-range

мезоструктуры (comp) - mesostructure, mesosystem
Мезосфера (comp) - Mesosphere, region between Ionosphere/ Exosphere
мезоциклон (comp) - mesocyclone, meso low (pressure system)
мезочаша (comp) - mesoscale, mesochalice, mesocup, mesobowl
мезочаша конвекция (noun) - mesoscale convection
мезошкала (comp) - mesoscale, mid-scale
мезошкала метеорология (noun) - mesoscale meteorology, mid-scale meteorology
мезошкала циклон наверх (noun) - mesoscale aloft-cyclone, upper- level mesocyclone
Мекке (noun) - Mecca (name)
Мексиканская (adjv) - Mexican, Mexico-related
Мексиканского (adjv) - Mexican, Mexico-related
Мексиканском (adjv) - Mexican, Mexico-related
Мексиканском заливе (noun) - Gulf of Mexico, Mexican Gulf
Мексике (noun) - Mexico (name)
мелиоративных (adjv) - meliorative, melioration-related
мелких (adjv) - fine, small, shallow, petty, small-minded, size-related
мелко (adjv) - fine, small, shallow, petty, small-minded, size-related
мелководной (adjv) - shallow-water, little-depth water, water-depth related
мелкой (adjv) - fine, small, shallow, petty, petty-minded, size-related
мелкомасштабная (adjv) - small-scale, fine-scale, measurement-related
мелкомасштабного (adjv) - small-scale, fine-scale, measurement-related
мелкомасштабной (adjv) - small-scale, fine-scale, measurement-related
мелкомасштабных (adjv) - small-scale, fine-scale, measurement-related
мельшей (adjv) - smaller, younger, lesser, trivial, insignificant, least, significance-related
мемориале (noun) - memorial, commemoration, remembrance, monument, memento

мемориалов (noun) - memorials, commemorations, rememberances, monuments, mementos
мемориальную (adjv) - memorial, commemorative, remembering, recollective, memory-related
менее (conj) - less than, fewer
менее чем мороз (advb) - less than frost (freezing), below freezing, below zero (centigrade)
меньше (adjv) - smaller, younger, lesser, trivial, insignificant, least, under, subordinate, significance-related
меньшей (adjv) - smaller, younger, lesser, trivial, insignificant, least, under, subordinate, significance-related
меньшими (adjv) - smaller, younger, lesser, trivial, insignificant, least, under, subordinate, significance-related
меньших (adjv) - smaller, younger, lesser, trivial, insignificant, least, least, under, subordinate, significance-related
меньших масштабов (noun) - smaller-scale, lesser-scale
меняет (verb) - change, exchange, transfer, substitute, vary, veer
меняется (verb) - change, exchange, transfer, substitute, vary, veer
менять (verb) - change, exchange, transfer, substitute, vary, veer
меняющиеся (adjv) - variable, changeable, alterable, inconsistent, aberrant, consistency-related
меняющиеся критерии (noun) - variable criteria, changeable standards
мер (noun) - measure, dimension, unit, degree, capacity, amount
мера длины (noun) - linear measure, linear units, linear dimension
мерам (noun) - measures, steps, actions, arrangements, sanctions, remedies
мерами (noun) - measures, steps, actions, arrangements, sanctions, remedies
Мерафон (comp) - Meraphone (Communications Company)
Мердок (noun) - Murdoch, Rupert Murdoch (name)
мере (noun) - measure, dimension,extent, proportion, circumstance, knowledge, unit, degree, capacity, amount
Меридиан (noun) - “Meridian” (Siberian-area military satellite)
меридианах (noun) - meridians, great-circles, high-points, pathways
меридианов (noun) - meridians, great-circles, high-points, pathways

меридинальный серединах поперечное сечение (noun) - middle meridian cross-section

меридинальных (adjv) - meridian, meridional, southern, meridian- related

мерить вода испарение (noun) - measure water-evaporation, determine water-vapor loss

Мерия (noun) - Mayor, city father, city head, city leader

Мерказолил (noun) - Merkazolil (medical)

Меркаторская (adjv) - Mercator, Mercator-projection related

Меркаторская карта проекция (noun) - Mercator-chart projection

Меркаторская проекция (noun) - Mercator projection, conformal map projection

Меркель (noun) - Merkel (name)

Меркози (noun) "Merkozi" (union of Angela Merkel (Germany) and Nicolas Sarkozy (France), European heads of state)

Merконти (noun) "Merkonti" (union of Angela Merkel (Germany) and Mario Monti (Italy), European heads of state) Меркурия (noun) - Mercury, Planet, liquid-element

мерная (adjv) - measured, dimensional, proportional, calculated, deliberate, metrical, rhythmical, dimension-related

мерная зачительный облако высота (noun) - measured significant cloud height, measured ceiling, measured significant cloud-base height

мерного (adjv) - measured, dimensional, proportional, calculated, deliberate, metrical, rhythmical, dimension-related

мероприятиях (noun) - measures, events, activities, functions

Мерседесом (noun) - Mercedes-Benz (German prestige automobile)

мертвыми (noun) - death, extinction, decease, demise

мес. (abbv) - month, approximately 30 days, approximately one moon revolution, approximately one-ninth of human pregnancy

Мессина (noun) - Messina (name)

местами (adjv) - local, near-by, localized, locative, areal, topical, sited, placed, spotted, pointed, scenic, posted, rural, locale-related

местами ветры (noun) - local winds, area circulation, site circulation

местами география (noun) - local geography, area terrain

местами дожди (noun) - local shower, local precipitation
местами погода эффекты (noun) - local weather effects, area weather impacts
местами тенденция (noun) - local (pressure) tendency, site (pressure-change) tendency
местами эффекты (noun) - local effects, local impacts
месте (noun) - place, site, spot, point, neck, seat, room, space, post, situation, job, passage, piece (luggage), province, country
местного (adjv) - local, near-by, localized, locative, areal, topical, sited, placed, spotted, provincial, insular, limited, confined, locale-related
местное (adjv) - local, near-by, localized, locative, areal, topical, sited, placed, spotted, provincial, insular, limited, confined, locale- related
местностью (noun) - locality, areal, terrain, ground, district, country
местную (adjv) - local, near-by, localized, locative, areal, topical, sited, placed, spotted, provincial, insular, limited, confined, positional, locale-related
местные (adjv) - local, near-by, localized, locative, areal, topical, sited, placed, spotted, provincial, insular, limited, confined, positional, locale-related
местные токи (noun) - local winds, area circulation
местный анализ (noun) - local analysis, area examination
местными (adjv) - local, near-by, localized, locative, areal, topical, sited, placed, spotted, provincial, insular, limited, confined, locale- related
местных (adjv) - local, near-by, localized, locative, areal, topical, sited, placed, spotted, provincial, insular, limited, confined, locale- related
местов (noun) - places, sites, spots, positions, points, seats, berths, spaces, rooms, posts, situations, jobs, passages, pieces, provinces, countries
местонахождение (noun) - location, position, site, whereabouts, seat
месторождении (noun) - deposit, earth-resource, sediment, loess, moraine, alluvium, alluvion, detritus, debris

месторождений (noun) - deposit, earth-resource, sediment, loess, moraine, alluvium, alluvion, detritus, debris
месторождениям (noun) - deposits, earth-resources, sediments, loess's, moraines, alluviums, alluvions, detritus's, debris
месяйы (noun) - months, 30 day periods, approximate lunar-periods
месяц вперёд (noun) - next month, next 30 day period, approximate next lunar- cycle
месяцев (noun) - months, 30 day periods, approximate lunar-periods, moons
месяцы (noun) - month, 30 day period, approximate unar-period, moon
месячного (adjv) - monthly, periodic, cyclic, repetitious, period- related
месячное (adjv) - monthly, periodic, cyclic, repetitious, period- related
месячной (adjv) - monthly, periodic, cyclic, repetitious, period- related
месячному (adjv) - monthly, periodic, cyclic, repetitious, period- related
месячному ребенку (noun) - months-old child, month-old child
месячных (adjv) - monthly, periodic, cyclic, repetitious, period- related
металлами (noun) - metals, metallic-matter, good-conducting metallic-substances
металлов (noun) - metals, metallic-matter, good-conducting metallic-substances
металлолома (comp) - scrap-metal, leftover metal, discarded metal
Металлург Мг (noun) - "Metallurg Mg" (Magnitorgorsk hockey club)
Металлург Нк (noun) - "Metallurg Nk" (Novokuznitsk hockey club)
металлы (noun) - metal, metallic-matter, good-conducting metallic- substance
метафос (prfx) - metaphos- (metaphosphate/metaphosphoric)
метафосфат (noun) - metaphosphate, metaphosphoric-acid salt/ ester

метач (noun) - methane, marsh-gas, fuel, gaseous-hydrocarbon
метео (abbv) - meterology, weather
Метеобюро (comp) - Meteorological-bureau, Weather Bureau
метеоданных (adjv) - meteorological-informational, weather-informational, meteorology-data related
метеоиздат (comp) - meteorology-publisher, meteorology-oriented publisher
метеоиздат публикация (noun) - meteorological publication, meteorology-publishers journal
метеокомплекс (comp) - meteorological-complex, meteorological- center
метеонаблудений (adjv) - meteorological-observing, weather-observing, weather-recording related
метеопрогноз (comp) - meteorological prognosis, weather forecast
метеопрогнозирования (comp) - meteorological-prognosis, weather- forecasting
Метеор-1 (noun) - “Meteor-1” (First Soviet weather-satellite)
метеорическые (adjv) - meteoric, spectacular-rise, meteor-related
метеорные (adjv) - meteorite, non-striking, meteor-related
метеоров (noun) - meteors, atmospheric-phenomena's, earth-striking solar-system objects
Метеорограм (noun) - Meteorogram, meteorograph-record
Метеорограф (noun) - Meteorgraph, Automatic weather-recording instrument
Метеороид (noun) - Meteoroid, atmospheric-incinerated meteor
метеорологи (noun) - meteorologist, weather-scientist, weather- forecaster, degreed meteorology-specialist
метеорологическая карта (noun) - meteorological chart, weather map
Метеорологическая служба (noun) - Meteorological Service, Weather Service, Weather office
метеорологическая станция (noun) - meteorological station, weather station
метеорологические (adjv) - meteorologic, meteorological, weather- related
метеорологический бюллетень (noun) - meteorological bulletin, weather public-notice

метеорологический карта (noun) - meteorological chart, weather map

метеорологический полеы (noun) - meteorological specialty, meteorological endeavor, weather field,

метеорологический радиолокатор (noun) - meteorological radar, weather radar

Метеорологический Сателлит (noun) - Meteorological Satellite, Weather satellite, METEOSAT (abbreviated data heading)

метеорологический сезоны (noun) - meteorological seasons, weather seasons

Метеорологический Центр (noun) - Meteorological Center, Weather Center

метеорологических (adjv) - meteorologic, meteorological, weather- related

меткорологического (adjv) - meteorologic, meteorological, weather- related

Метеорологического бюро Великобритании (noun) - Great Britain Meteorological Office, British Met. Office

метеорологическое (adjv) - meteorologic, meteorological, weather- related

метеорологическое судно (noun) - meteorological ship, weather ship, quasi-stationary weather vessel

метеорологической (adjv) - meteorologic, meteorological, weather- related

метеорологической мачта (noun) - meteorological mast, weather tower, weather instrumentation-mast

метеорологической службе (noun) - meteorological service, weather service

метеорологическом (adjv) - meteorologic, meteorological, weather- related

метеорологов (noun) - meteorologist's, weather foreasters, weather personnel

метеорологы (noun) - meteorologist, weather forecaster, meteorology-scientist, degreed meteorology-specialist

METEOCAT (acnm) - Meteorological Satellite

метеосведения (comp) - meteorological-reports, weather-reports, weather observations

метеоспутник (comp) - meteorological-satellite, meteo-sputnik

метеостанции (comp) - meteorological-station, weather-station
метеостанцы (comp) - meteorological-stations, weather-stations
метловища (noun) - broomstick, broom-handle
метод построения (noun) - formation methods, construction methods, applications
метода трунтового учета аргументов (noun) - prime-arguments calculation method
методами (noun) - methods, procedures, processes, treatments, techniques, modes, manner, ways, systems, types, principles
методе (noun) - method, procedure, process, treatment, technique, mode, manner, way, system, type, principle
методике (noun) - method, procedure, process, treatment, technique, mode, manner, way, system, type, principle
методических (adjv) - methodic, methodical, systematic, thorough, thoroughness-related
методической (adjv) - methodic, methodical, systematic, thorough, throughness-related
методичные (adjv) - methodic, methodical, systematic, thorough, throughness-related
методом (noun) - method, procedure, process, treatment, technique, mode, manner, way, system, type, principle
методы (noun) - method, procedure, process, treatment, technique, mode, manner, way, system, type, principle
метрические (adjv) - metric, metrical, meter-related
метрические меры (noun) - metric measures, metric dimensions
метрической (adjv) - metric, metrical, meter-related
метров (noun) - meters, metric standard units
метров в секунду (noun) - meters per second
метрового (adjv) - meter-like, metric, metrical, meters-related
метровой (adjv) - meter-like, metric, metrical, meters-related
метровом (noun) - meter, International length-unit, @39.37 inches long
метровую (noun) - meter, International length-unit, @39.37 inches long
Метрополитене (noun) - Metropolitan, Metro, Subway (Moscow)
метры (noun) - meter, International length-unit, @39.37 inches long

Метс (noun) - METS, Metropolitans, New York City - National League Baseball organization
метфонда (comp) - meteorological resources, weather archives
механизмами (noun) - mechanisms, machineries, tools, mechanical- actions, manual-operations
механизмом (noun) - mechanism, machinery, tool, mechanical-action, manual-operations
механизмы (noun) - mechanism, machinery, tool, mechanical-action, manual-operation
механизов (noun) - mechanisms, machineries, tools, mechanical-actions, manual-operations
механикы (noun) - mechanic, physical-science, functional-detail
механисеские (adjv) - mechanic, mechanical, mechanics-related
механическии (adjv) - mechanic, mechanical, mechanics-related
механический турбулентность (noun) - mechanical turbulence, structure-related turbulence
механической (adjv) - mechanic, mechanical, mechanics-related
механическый (adjv) - mechanic, mechanical, mechanics-related
Мехди (noun) - Mehdi (name)
Мехсиканской (adjv) - Mexican, Mexico-related
Мечел (noun) - Mechel (mining and metals company)
мечетях (noun) - mosques, temples, tabernacles, synagogues
мечтой (adjv) - dream-like, reveried, daydreamed, visioned, imagined, created, dream-related
МЗС (abbv) - Interstellar Medium (ISM/substance and fields that fill interstellar space)
Ми (abbv) - Mil (Original Design Bureau)
Ми-34С1 (abbv) - Mil-34S1 (light, training helicopter)
Миами (noun) - Miami (name)
МИГ (abbv) - Mikoyan-Gurevich (Russian Aircraft Corporation/ Original Design Bureeau)
Миг-35 (noun) - Mikoyan-35 (Russian fighter-aircraft)
мигранта (noun) - migrant, migrator, emigrant, emigree, expatriate, nomad, gypsy
Миграции бабочек (noun) - Gypsy Moth, migrating butterfly, British trainer-aircraft (WW II era)
миграционная (advj) - migrational, migratory, ambulatory, migration-related

МИД (abbv) - Ministry of International Diplomacy, Ministry (of) Foreign Affairs

МИД РФ (abbv) - Ministry (of) International Diplomacy - Russian Federation, Ministry of Foreign Affairs - Russian Federation (MFA)

МИД ФРГ (abbv) - Ministry (of) Foreign Affairs (of) Federal Republic (of) Germany, Foreign Minister of Germany

мизгирь (noun) - spider, arachnid, insect

Микати (noun) - Mikati (noun)

Микеланджело (noun) - Michelangelo (name)

микро взрыв (noun) - micro-burst, violent localized-downdraft

микро метеорология (noun) - micro meteorology, small-scale meteorology

микро разрыв (noun) - micro-burst, violent localized-downdraft

микро разрыв состояние (noun) - micro-burst state, micro-burst condition, severe-thunderstorm activity

микробарограф (noun) - Microbarograph, Rapid-response barograph, Pressure-change recorder

микробиологические (adjv) - microbiologic, microbiological, microscopic life-form related

микробиологический (adjv) - microbiologic, microbiological, microscopic life-form related

микроблог (comp) - Micro-Blog, Short-Weblog (internet site)

микроволна (comp) - microwave, very-short electromagnetic wave

микроволна радиация (noun) - microwave radiation, microwave-energy emission

Микроволна член зондер (noun) - Microwave limb sounder

Микровольт (comp) - Microvolt, one-millionth Volt, Voltage unit

Микрогенри (comp) - Micro-henry, one-millionth Henry, Inductance unit

Микродиск (comp) - Micro-disk, Micro-disc, Diskette, floppy-disk

Микрокарта (comp) - Microfiche, micro-imaged printed-materials

Микролитр (comp) - Micro-liter, one-millionth Liter, Capacity unit

микрометрический (adjv) - micrometric, micrometrical, metric- related

микропрограмма (comp) - firmware, computer-resident machine-instructions, micro-program
микрорайон (comp) - Micro-region, Micro-district
Микросекунда (comp) - Microsecond, one-millionth Second, Time unit
микроскопическая (adjv) - microscopic, microscopical, very-small matter related
микроскопическое (adjv) - microscopic, microscopical, very-small matter related
микроскопическое строение (noun) - microscopic structure, very- small matter structure
микроспутник (comp) - Micro-sputnik, Micro-satellite, miniature- satellite
микроструктурным (adjv) - micro-structural, microstructure-related
микрофизика (comp) - microphysics, molecular-atomic-elementary- particle physics
микрофизические (adjv) - microphysics, microphysical, microphysics-related
микрофизисеских (adjv) - microphysics, microphysical, microphysics-related
микрофотография (noun) - microphotography, micro-scale photography
микрофотоснимок (noun) - microphotography photograph, microdot, dot-sized photographic-reproduction
микроэлектроника (noun) - microelectronics, miniaturized-component electronics
миксте (noun) - mix, mixed-match (sports)
Мил в нас (noun) - Miles per Hour, Speed unit
Мила (noun) - Mila (name
мила (adjv) - nice, sweet, lovable, dear, darling, adoration-related
Милане (noun) - Milan (name)
Миланский (adjv) - Milanite, Milan-related
Миланскому (adjv) - Milanite, Milan-related
милицией (noun) - police, police force, law enforcement, constabulary, militia, military service
милиционерами (noun) - policemen, policewomen, police officers, constabulary persons

милиционеров (noun) - policemen, policewomen, police officers, constabulary persons
милицию (noun) - police, police force, law enforcement, constabulary, militia, military service
милиция (noun) - police, police force, law enforcement, constabulary, militia, military service
Миллерово (noun) - Millerovo (name)
мили (noun) - mile, 5280 foot distance, one statute mile
милиционеров (noun) - policemen, law officers, enforcement officers
Миллер (noun) - Miller (name)
миллиардов (noun) - billions, thousand-thousands
Миллибар (noun) - Millibar, one-thousandth Bar, 100 Pascals, Pressure unit
милливольт амперметр (noun) - Millivolt-Ammeter, Voltage/ Current instrument
Миллиметры у ртуть (noun) - Millimeters of mercury, Mercurial-barometer measure, Pressure unit
Миллимикрон (noun) - Millimicron, Nanometer, one-billionth Meter, Length unit
миллионерами (noun) - millionaires, people worth a million or greater
миллионов (noun) - millions, one thousand-thousands
миллионыкого (adjv) - millionth, worth-millions, million-strong, million-related
миль (noun) - mile, 5280 foot distance, one statute mile
миль в секунву (noun) - miles per second, 60 miles per hour, Speed unit
Миль устав (noun) - Statute mile, American mile, 5280 foot distance
Миля адмиралтейская (noun) - Admiralty mile, Nautical mile, 6080 foot distance
мимо (advb) - by, past, beside
мин. (abbv) - minutes, sixty-seconds
минерализации (noun) - mineralization, petrification, mineral or organic conversion
минерализованным (adjv) - mineralized, transformed, converted, petrified, mineral-related

минералов (noun) - minerals, rocks, inorganic materials
минеральные (adjv) - mineral, inorganic, mineral-related
минеральных (adjv) - mineral, inorganic, mineral-related
мини машина (noun) - mini-machine, mini-computer, mini-car, mini-vehicle
миниатюрные (adjv) - miniature, small, diminutive, tiny, dainty,size-related
минимальное (adjv) - minimal, minimum, minor, least, lowest, inferiority-related
минимальной (adjv) - minimal, minimum, minor, least, lowest, inferiority-related
минимальную (adjv) - minimal, minimum, least, smallest, lowest, sufficient, quantity-related
минимальных (adjv) - minimal, minimum, minor, least, lowest, sufficient, quantity-related
минимальны (adjv) - minimal, minimum, minor, least, lowest, sufficient, quantity-related
минимизация (noun) - minimization, miniaturization, reduction, played-down
минимум вода уровень (noun) - minimum water-level, lowest water-level
минимум температура (noun) - minimum temperature, lowest temperature
Минимум термометр (noun) - Minimum thermometer, Minimum (temperature) recorder
минireакторов (noun) -mini-reactors, mini-nuclear-energy-device
министр нефти (noun) - Minister (for) Petroleum, Oil Minister
министр обороны (noun) - Minister (for) Defense, Defense Minister
Министр финансов Германии (noun) - Minister (of) Finances (for) Germany, German Finance Minister
министра финансов (noun) - Ministry for Finances, Minister for finances
министров (noun) - ministers, premiers, officials, officers, diplomats, representatives, ministry's, secretary’s
министром (noun) - minister, premier, official, officer, diplomat, representative, ministry, secretary

Министрству (noun) - Ministry, bureau, office, department, secretariat
Министры (noun) - ministry, bureau, office, department, secretariat
Минкомсвязи (comp) - Ministry (of) Communication Connections, Ministry (of) regional electric/ mail-Communication and information Liaison
Миннеаполис (noun) - Minneapolis (name)
Миннесота (noun) - Minnesota (name)
Минобороны (comp) - Ministry (of) Defense, Minister (of) Defense, Defense Ministry
Минобрнауки (comp) - Ministry (of) Informational Science
миновал (advb) - past, so as to reach and go beyond
Минпромторг (comp) - Ministry of Industry and Trade
Минпромторга (comp) - Ministry of Industry and Trade
Минсельхоз (comp) - Ministry (of) Agriculture
Минск (noun) - Minsk (name)
Минска (noun) - Minsk (name)
Минская (adjv) - Minskian, Minsk-related
Минске (noun) - Minsk (name)
Минского (adjv) - Minskian, Minsk-related
Минском (noun) - Minsk (name)
Минскому (adjv) - Minskian, Minsk-related
Минспорттуризма (comp) - Ministry for Sport Tourism
минувшие (adjv) - past, gone, over, last, latter, passee, obsolete, history-related
минувший погда (noun) - Past weather, recent weather
минус аномалийы (noun) - minus anomalies, negative anomalies, negative irregularities
минусовые (adjv) - minus, negative, sub-zero, frozen, negative-quality related
минусовые температуры (noun) - minus temperatures, below-freezing temperatures, sub-zero temperatures (Centigrade)
минусовый (adjv) - minus, negative, sub-zero, frozen, negative-quality related
минут (noun) - minute, 60 seconds, one-sixtieth Hour Time unit
минуту (noun) - minute, 60 seconds, one-sixtieth Hour, Time unit

минутю (adjv) - minute, brief, momentary, tiny, fine, time-related, extremely-small related
Минфин (comp) - Ministry of Finance, Minister of Finance
Минфина (comp) - Ministry of Finance, Minister of Finance
Минэкономразвития (comp) - Ministry (of) Economic Development
Минэнерго (comp) - Ministry of Energy, Minister of Energy
Минюст (comp) - Ministry of Justice, Minister of Justice
Минюста (comp) - Ministry of Justice
Мир (noun) - World, All-world, Mir (name)
Мир метеорологический организации (noun) - World Meteorological Organization
Мир радиация данные центр (noun) - World radiation-data center
Мтраж-2000 (noun) - Mirage-2000 (French fighter aircraft)
мире (noun) - world, globe, earth, universe, cosmos
Мире банк (noun) - World Bank мирзаев (noun) - Mirzaev, Mirzayaev (name)
Мирная (adjv) - peaceful, peaceable, tranquil, pacific, peace-related
мирного (adjv) - peaceful, peaceable, tranquil, pacific, peace-related
Мирного атома (noun) - Peaceful Atomic-energy
мирному (adjv) - peaceful, peaceable, tranquil, pacific, peace-related
мирных (adjv) - peaceful, peaceable, tranquil, pacific, peace-related
мировая (adjv) - world-wide, throughout-world, global, village-like, via, across, international, universal, first-rate, first-class, conciliatory, peaceful, peaceable, amicable, world-related
мировая аыль (noun) - cosmic dust, universal-dust, fine-particles
мирового (adjv) - world-wide, throughout-world, global, village-like, via, across, international, universal, first-rate, first-class, conciliatory, peaceful, peaceable, amicable, world-related
Мирового центра радиационных данных (comp) - World radiation- data center

мировое (adjv) - world-wide, throughout-world, global, village-like, via, across, international, universal, first-rate, first-class, conciliatory, peaceful, peaceable, amicable, world-related
мировое сообщество (noun) - peaceful settlement, peaceful community
Мировой академии спорта (noun) - World Academy (of) Sports
Мировом (noun) - World, village, peace
Мировом центру данных за рубежом (noun) - World center (for) data abroad, World center for overseas data
мировому (noun) - world, village, peace
мировые (adjv) - world-wide, global, international, universal, first-rate, first-class, concilatory, peaceful, peaceable, amicable, world- related
мировых (adjv) - world-wide, global, international, universal, first- rate, first-class, concilatory, peaceful, peaceable, amicable, world- related
мироздании (noun) - universe, galaxy, cosmos, space
миром (noun) - peace, tranquility, friendly-relations
Миронеги (noun) - Mironegi (name)
Миронова (comp) - Mironov (name)
Миротворцами (noun) - peacekeepers, peacemakers, reconcilers, pacifiers
миротворцев (noun) - peacekeeper, peacemaker, reconciler, pacifier
миротворческих (adjv) - peaceful, tranquil, calm, placid, quiescent, serenre, cool, pacific, peace-related
миру (noun) - world, globe, earth, universe, cosmos
Мисс (noun) - Miss, maiden, unmarried-woman
Мисс Вселенная (noun) - Miss Universe
миссие (noun) - mission, operation, adventure, duty, task, delegation, commission, vocation
миссией (noun) - mission, operation, adventure, duty, task, delegation, commission, vocation
Миссис Мира (noun) - Mrs. World, International beauty-contest
миссию (noun) - mission, operation, action, movement, tactic, Miss, Ms.
Миссоури (noun) - Missouri (name)

Мистраль (noun) - Mistral, Southern France wind, cold/dry Northerly wind
Митенька (noun) - Mitenka (name)
митингах (noun) meetings, conferences, rallies, contacts
митинге (noun) - meeting, conference, rally, contact
митинги (noun) - meeting, conference, rally, contact
митингующие (comp) - mass-meeting, mass-rally, mass-gathering, mass-congregation, mass-conclave, session
митингю (noun) - meeting, conference, rally, contact
Митридат (noun) - Mitridat (name)
Митт Ромни (noun) - Mitt Romney (presidential candidate)
Митчел (noun) - Mitchell (name)
Митя (noun) - Mitya (name)
Минфина (comp) - Ministry of Financial Affairs
Михаем (noun) - Mikhaem (name)
Михаил (noun) - Mikhail, Michael (name)
Михаил Сомов (noun) - Mikhail Somov(Arctic research-ship)
Михаила (noun) - Mikhail (name)
Михаила Щепкина (noun) - Mikhail Shchepkin (deceased actor - born a serf)
Михайловский (adjv) - Mikhailian, Mikhail-related
Мичиган (noun) - Michigan
Миша (noun) - Misha (name)
Мишель (noun) - Mishel (name)
Мишель Обама (noun) - Michel Obama (name)
Мишеля Леграна (noun) - Mishel Legran (name)
Мишка (noun) - Mishka (name)
мк-1 (abbv) - meters per second/per second
МКАД (abbv) - Moscow Beltway, Moscow Circular Automobile/ Vehicle Roadway
МКАДе (acnm) - Minsk Beltway, Minsk Circular Vehicle Roadway
мкв (abbv) - Microvolt, one-millionth Volt, Voltage unit
мкм. (abbv) - Micrometer, one-millionth Meter, Length unit
МКС (abbv) - International Cosmic Station, International Space Station, Mesoscale Conversion System
Мл. (abbv) - Milli-liter, one-thousandth Liter, Capacity unit
Мл/л. (abbv) - Milliliters/per Liter

Младич (noun) - Mladic (name)
Младича (noun) - Mladic (name)
Младича Ратко (noun) - Ratko Mladic (name)
Младичу (noun) - Mladic (name)
младшему (noun) - junior, younger, second
млн (abbv) - million, one-thousand thousand
МЛН долларов (noun) - Million Dollars
млрд (abbv) - billion, one-thousand million
мм. (abbv) - millimeter, one-thousandth Meter, Length unit
ММВБ (abbv) - Moscow Interbank Currency Exchange (MICEX)
ММКФ (abbv) - Moscow International Film Festival
МММ (abbv) - Website (Register designation letters)
ММО (abbv) - World Meteorological Organization
ММО Глобальный изучение и мониторинг проект (noun) - WMO Global research and monitoring project
мн (abbv) - million, one-thousand thousand, very-large number
мнению (noun) - opinion, view, appraisal, belief, judgment
мнимое число (noun) - imaginary number, fictitious number
многим (adjv) - many, numerous, multitudinous, myriad, manifold, multiple, quantity-related
много больше (adjv) - much greater, much larger, size-related
многоводь (noun) - high-water, tall-water, full-water
многоводные (adjv) - high-water level, full, filled, maximum-water level, water-height related
многогранные (adjv) - multi-faced, many-sided, polyhedron, multi- faceted, versatility-related
многодетные (adjv) - "having many children", blessed with many offspring, bountiful, fruitful, abundance-related
многожильный (adjv) - multi-accommodation, multi-lodging, lodging-capacity related
многоканальных (adjv) - multi-channel, many-channel, multiple-channel, multiplex, information-carrying related
многоклеточные (adjv) - multi-cellular, many-celled, cell-related
иногокомпонентных (adjv) - multi-component, multi-element, many-elements related
многократного (adjv) - multi-multiple, multiple, iterative, several-part, complexity-related

многолетнее (adjv) - many-summer, multi-year, perennial, long-life, long-term, protracted, prolonged, duration-related
многолетнего (adjv) - many-summer, multi-year, perennial, long-life, long-term, protracted, prolonged, duration-related
многолетней (adjv) - many-summer, multi-year, perennial, long-life, long-term, protracted, prolonged, duration-related
многолетние (adjv) - many-summer, multi-year, perennial, long-life, long-term, protracted, prolonged, duration-related
многолетним (adjv) - many-summer, multi-year, perennial, long-life, long-term, protracted, prolonged, duration-related
многолетними (adjv) - many-summer, multi-year, perennial, long-life, long-term, protracted, prolonged, duration-related
многолетних (adjv) - many-summer, multi-year, perennial, long-life, long-term, protracted, prolonged, duration-related
многом (noun) - much, many, large, great-quantity, way, respect, aspect
многонациональной (adjv) - multi-national, many-nation, multi-nations related
многопрофильный (adjv) - multi-profiled, many-faced, multi-typical, multi-sectional, multiplicity-related
многосвязной (adjv) - multi-communications, multiplex-communication, communication-related
многоступенчатгог (adjv) - multi-stage, multi-position, multi-station, multi-step, multiplicity-relaated
многоступенчатые (adjv) - multi-stage, multi-position, multi-station, multi-step, multiplicity-related
многотомные (adjv) - multi-volume, multi-edition, multi-text, printed-text related
многотиражные (adjv) - great-circulation, considerable-distribution, large-circulation, circulation-related
многоуровенной (adjv) - multi-level, multi-layer, tiered, multi-stratum, layers-related, layers-related
многофакторных (adjv) - multi-factor, multi-variant, multi-ingredient, multiplicity-related
многофункциональные (adjv) - multi-functional, multi-purpose, poly-functional, complex-function related
многофункциональный (adjv) - multifunctional, multi-purpose, poly-functional, complex-function related

многоцветные (adjv) - multi-color, polychromatic, multi-hue, multi- saturation, multi-brightness, color-related
Многоцветный погода радар (noun) - Multi-color (display) Weather-radar
многочисленниые (adjv) - great-number, numerous, many, quantity- related
многочисленный состояниеы (noun) - multi-state, multi-status, numerous-conditions
многочисленный структура (noun) - multi-structure, multiple-structure, much-structure
многочисленных (adjv) - great-number, numerous, many, quantity- related
многоэлементная (adjv) - multi-element, multi-part, numerous-section, multiplicity-related
многоэлементного (adjv) - multi-element, multi-part, numerous-section, multiplicity-related
многоэтажная (adjv) - multi-storied, many-storied, tall-structured, high-structured, high-structure related
многоэтажные (adjv) - multi-storied, many-storied, tall-structured, high-structured, high-structure related
многоязычного (adjv) - mult-languaged, multi-tongued, language- related
множественной (adjv) - more than one kind, plural, more than one, multiplicity-related
множественные (adjv) - more than one kind, plural, more than one, multiplicity-related
множитель математический (noun) - mathematical factor, mathematic-multiplier
Мо Фара (noun) - Mo Farah (name)
мобидизацию (noun) - mobilization, gathering, assemblage, preparation, militarization, utilization, management,
мобильная (adjv) - mobile, moving, in motion, active, stirring, mobility-related
мобильников (noun) - mobile-phones, cell-phones
мобильной (adjv) - mobile, movable, migratory, adaptable, versatile, mobility-related
мобильность (noun) - mobility, mobile-state, mobilization

мобильные (adjv) - mobile, movable, migratory, adaptable, versatile, mobility-related

мог (verb) - can, could, would, may, be able, be up to, lie in one's power, take charge

Могандишо (noun) - Mogandishu (name)

могиле (noun) - grave, burial-site, tomb, monument, sepulcher, crypt, vault, mausoleum, catacomb, shrine

Могла (noun) - Mogla (name)

могли (verb) - could, may, would, able, can, impact, cause, effect, originate

могло (verb) - could, may, would, able, can, impact, cause, effect, originate

моголов (noun) - Moguls, Mongols, Mongolians, Mongoloids

могут (verb) - could, may, would, able, canimpact, cause, effect, originate

мод (noun) - mode, form, variety, manifestation, arrangement, status, style, fashion

модальные (adjv) - modal, logic-related, procedure-related, manner- related, music-related, structure-related, grammar-related, statistics- related

моделей (noun) - model, archetype, type, design, version, pattern, simulation, miniature, analog

модели (noun) - model, charmer, glamor girl, belle, cutie, archtype, type, design,

моделированни (noun) - model, archetype, type, design, version, pattern, simulation, miniature, analogy

моделированию (noun) - model, modeling, designing, patterning, simulating, miniaturizing, analogizing

моделирования (noun) - model, modeling, designing, patterning, simulating, miniaturizing, analogizing

моделированных (adjv) - modeling, modeled, miniaturized, representative, model-related

моделируются (verb) - model, design, pattern, simulate, miniaturize, analogize

моделирующая (adjv) - modeled, designed, patterned, simulated, miniaturized, analogized, representative, fashionable, model-related

моделирующего (adjv) - modeled, designed, patterned, simulated, miniaturized, analogized, representative, fashionable, model-related
моделирующих (adjv) - modeled, designed, patterned, simulated, miniaturized, analogized, representative, fashionable, model-related
модель в анализ (noun) - model in analysis, analysis example
модельного (adjv) - modeled, simulated, pattern-related, miniaturized, representative, fashionable, model-related
модельные (adjv) - modeled, simulated, pattern-related, miniaturized, representative, fashionable, model-related
модельных (adjv) - modeled, simulated, pattern-related, miniaturized, representative, fashionable, model-related
моделью (noun) - model, design, pattern, simulation, miniature, analogy
моделям (noun) - models, designs, patterns, simulations, miniatures analogies
моделях (noun) - models, designs, patterns, simulations, miniatures, analogies
модемом (noun) - Modem, Modulation-Demodulator
модемы (noun) - Modem, Modulation-Demodulation
модерн-балета (noun) - modern-ballet, modern-dance
модернизайию (noun) - modernization, updating, modernity, modernizing
модернизацию (noun) - modernization, updating, modernity, modernizing
модернизировал (verb) - modernize, update, renew, streamline
модернизированного (adjv) - modernizing, modernized, updated, modernization-related
модернизированные (adjv) - modernizing, modernized, updated, modernization-related
модернизированных (adjv) - modernizing, modernized, updated, modernization-related
модернизирует (noun) - modernization, updating, restoring
модифицинг (verb) - modifying, moderating, changing, reorienting, revising, updating
модифицированной (adjv) - modified, moderated, changed, reoriented, revised, updated, modernization-related

модой (noun) - modes, forms, varieties, manifestations, arrangements, status, styles, fashion
модули (noun) - module, functional-assembly, unit, mathematical-set, modulus, absolute value
модульная (adjv) - module, functionally-assembled, unitary, mathematically-grouped, factored, unit-related
модульный (adjv) - module, functionally-assembled, unitary, mathematically-grouped, factored, unit-related
модулю (noun) - module, functional-assembly, unit, mathematical-set, modulus, absolute value
модуляций (adjv) - module, functionally-assembled, unitary, mathematically-grouped, factored, unit-related
мое (adjv) - my, mine, possession-related
может (advb) - may, can, maybe, perhaps, possibly
может (noun) - power, might, strength, energy, authority
можешь (verb) - can, could, know how to, able to, be permitted, be made possible, have permission,
Моздок-Казимагомед (noun) - Mozdok-Kazimagomed (name)
моим (adjv) - my, mine, possession-related
МОК (abbv) - International Olympic Committee, Mal Onimden Corp.
мока (prep) - while, until, so far, as long as, for the time being
мокрый земля (noun) - wet lands, watery lands, bayou's
мокрый микровзрыв (noun) - watery microburst, thunder-shower microburst, microburst (severe-weather)
Мокрый шарик потенциальный температура (noun) - Potential-temperature Wet-Bulb
Мокрый шарик температура (noun) - Wet-bulb Temperature, Wicked-bulb (indicated) temperature
мокрытый облакоми (noun) - wet-sky cloudiness, moisture-laden cloudiness, overcast skies
Молдавии (noun) - Moldavia (name)
Молдавию (noun) - Moldavia (name)
Молдавский (adjv) - Moldavian, Moldavia-related
Молдовой (adjv) - Modovian, Moldovia-related
молекулярный спектр (noun) - molecular spectrum, molecular-range
молниеуловитель (comp) - lightning-rod, rounding-rod

молниекондуктор (comp) - lightning-conductor, lightning-discharge path-provider
Молния дата центр, Денвер Колорадо (noun) - Lightning Data Center, Denver, Colorado
молния нондукция (noun) - lightning conduction, lightning-to-ground paths
Молния расследование система (noun) - Lightning Detection System, Sferics, Lightning strike-sensing system
молодежная (adjv) - youngish, juvenile, youthful, youth-like, immature, inexperienced, youth-related
молодежного (adjv) - youngish, juvenile, youthful, youth-like, immature, inexperienced, youth-related
молодежном (noun) - youth, juvenile, youngster, adolescent, minor, stripling, teenager
молодежный (adjv) - youngish, juvenile, youthful, youth-like, immature, inexperienced, youth-related
молодежный театр (noun) - Youth Theater, young-people's theater
молодежных (adjv) - youngish, juvenile, young, youthful, youth-like, immature, inexperienced, youth-related
Молодежь кавказских республик (noun) - Young Caucasian Republic
молодецкой (adjv) - spirited, dashing, energetic, vigorous, dynamic, active, lively, vivacious, robust, animated, energy-related
молодые (adjv) - young, youthful, new, fresh, immature, raw, callow, fledgling, nestling, youth-related
молодые родители (noun) - young parents
молодых (adjv) - melodic, melodious, melody-related
Молот рыба (noun) - Hammerhead-shark, Sphyrnidae-family fish
молочный лёд (noun) - milky ice, whitish ice, air-impregnated ice
молочными (adjv) - milky, lactic, dairy, whitish, frosted, milk-related
молочными продуктами (noun) - dairy products, milk bi-products
молочных (adjv) - milky, lactic, dairy, whitish, frosted, milk-related
Молтчаноф радио метеорограф (noun) - Moltchanoff radio- meteorograph
моль (noun) - molecule, moth

моль доли (noun) - portion molecule, part molecule, fate (of a) moth, molecule (weight in) grams
мольные (adjv) - molecular, atomic, nuclear, molecule-related
моментального (adjv) - momentary, fleeting, instantaneous, immediate, time-related
моментальный (adjv) - momentary, fleeting, instantaneous, immediate, time-related
Моментов инерции (noun) - Inertial Moments, Momens of Inertia
Моментов количества движения (noun) - Angular Momentum, moments (of) momentum, moments (of) movement
Моментов эпюра (noun) - Moments diagram, Moments curve-plot
моментом (noun) - moment, movement, particle, effect, action, tendency, the mean, element, feature, factor, instant, time period
моменты (noun) - moment, movement, particle, effect, action, tendency, the mean, element, feature, factor, instant, time period
моменты о времени (noun) - Time of elements, moments of time
Монако (noun) - Monaco (name)
монархов (noun) - monarchs, sovereigns, princes, rulers, potentates, Crowned heads, emperors, kings, chieftains, chiefs
монастырском (adjv) - monastic, celibate, monkish, abstinent, monastery-related
Монблане (comp) - Mont Blanc
Монд (noun) - Le Monde (French newspaper)
MONEX (acnm) - Monsoon Experiment
Монина Обухова (noun) - Monina-Obukhova (name)
мониторед (noun) - monitored, observed, watched, checked, tracked
мониторинг (noun) - monitoring, observing, watching, checking, tracking
мониторингы (noun) - monitoring, observing, watching, checking, tracking
мониторить (verb) - monitor, observer, watch, check, track
моногородов (noun) - mono-cities, mono-towns, monobases, monohomes
монографического (adjv) - monographic, monographical, monograph-related

моноклине (noun) - monocline, oblique geologic-fold, stratum-fold
монокультура (noun) - monoculture, single-crop, single-element culture
монокристалл (noun) - monocrystal, single-crystal
моном (noun) - monomial, single-term, mathematical-expression, single-word taxonomic-name
монорельсовые (adjv) - monorail, single-railed, transported, monorail-related
монотонно (advb) - monotonically, monotonously, unchangeably
монотонные (adjv) - monotonous, sameness, unvarying, boring, monotone-related
монохромные (adjv) - monochrome, single-colored, single-hued, single-color related
Монреаль, Канада (noun) - Montreal, Canada (name)
Монреаль Погода Рецензия (noun) - Montreal Weather Review
Монреадьского (adjv) - Montrealian, Montreal-related
Монтгомери (noun) - Montgomery (name)
Монтсеррат (noun) - Montserrat (name)
монументальные (adjv) - monumental, momentus, massive, outstanding, very-great, importance-related
мора (noun) - Mare, sea, ocean, inland water-body, salt-water body
морально (advb) - morally, ethically, preachedly
моратории (noun) - moratorium, respite, reprieve, halt, stop, wait, pause, break, delay
мораторию (noun) - moratorium, respite, reprieve, halt, stop, wait, pause, break, delay
моргание (noun) - blink, wink, peep, glimpse, glance, glimmer
море вода (noun) - ocean-water, sea-water, salt-water
море вода солёность (noun) - sea-water salinity, ocean-water salinity
море вода температура (noun) - sea-water temperature, ocean-water temperature, sea-temperature
Море зыбь (noun) - Sea-swell, Ocean-swell, crestless-waves
Море краяка (noun) - Sea Tern, Oceanic bird, Genus Sterna
море лёд (noun) - sea ice, oceanic ice, maritime ice
Море Озеро и сухопутный волны из ураганы (noun) - Sea, lake and over-land surge from Hurricanes

Море поверхность температура (noun) - Sea-surface temperature, Ocean surface-temperature
Море состосяние (noun) - Sea State, Sea-surface condition
Море туман (noun) - Sea Fog, Oceanic fog, Maritime fog
Море у Япония (noun) - Sea of Japan, Japanese Sea
Море уровены (noun) - Sea levels, Sea-surface heights, Tidal- heights
моренные (adjv) - moraine, glacial-deposited, moraine-related
Мореплавательах (noun) - Mariners, Sailors, Seafarers, Navigators
моретрясение (comp) - seaquake, submarine earthquake, ocean-bottom quake
Мореу Охотск (noun) - Sea (of) Okhotsk, Okhotsk Sea
мореходах (noun) - seamen, mariners, sailors, navigators
мореходная (adjv) - nautical, oceanic, maritime, naval, aquatic, sea-related
Мореходная карта (noun) - Nautical chart, Mariner's chart, Navigation chart
мореходные (adjv) - sea, nautical, oceanic, maritime, naval, aquatic, Mare-related
Мореходные полукруг (noun) - Navigable Semi-circle, Hurricane/ Typhoon safest navigation course
Моржей (noun) - Walrus, Odobenus rosmarus, large marine mammal мороженне (noun) - ice, frost, sleet, freezing-rain, freezing-drizzle icing
Морзянка (comp) - Morse Code, International Radio-code
Морки (noun) - Morki (name)
мороз без инея (noun) - frost without rime, black frost, invisible frost
мороз дождь (noun) - freezing rain, sleet
мороз изморось (noun) - freezing drizzle, light sleet
мороз образование (noun) - frost accumulation, frost formation
мороз осадки (noun) - frozen sediment, freezing precipitation
мороз пункт (noun) - frost point, freezing point, frozen point
мороз с инеем (noun) - freezing with hoar-frost, white frost
мороз уровень (noun) - freezing level, lowest below-freezing height
мороз формирование (noun) - frost formation, frost development

морозные (adjv) - frozen, freezing, frosty, frosted, intensely-chilled, freeze-related
морозильщиках (comp) - refrigerator ship, reefer ship
морозов (noun) - frosts, frigid-weather periods
морозостойкие (adjv) - frost-resistant, frost-free, non-freezing, cold-resistance related
морозостойкость (noun) - stable-freezing, steadfast-freezing, persistent freezing
морозы (noun) - frost, minute ice-crystals, coldness-indication, ice particles
моросящий (adjv) - drizzly, very-lightly rained, drizzle-related
морская (adjv) - sea, nautical, oceanic, maritime, naval, aquatic, marine-related
морская водоросл (noun) - seaweed, marine-plant, marine-alga, kelp мороская волк (noun) - sailor, old-salt, tar, seadog, seaman
морская жизнь (noun)- marine life, nautical life, ocean biology
морская инла (noun) - needle-fish, family Belonidae fish
морская миль в час (noun) - Nautical miles per hour, Knots
морская свинка (noun) - guinea-pig, rodent, Caviaporcellus
морская свинья (noun) - porpoise, dolphin, small.black-whale
морская соль (noun) - sea salt, marine salt, ocean salt
морские (noun) - sea, high-seas, ocean, Mare
морские закон (noun) - maritime law, marine law
морские пехотинцы (noun) - maritime infantryman, Marine
морские режиме (noun) - maritime regime, marine regime, oceanic influence
морские станйия (noun) - maritime station, marine station, coastal- station
морским (noun) - sea, maritime, marine, nautical activity, navy
мороским (noun) - sea, high-seas, ocean, Mare
морскими (noun) - sea, high-seas, ocean, Mare
морскин воздух масса (noun) - maritime air-mass, moist air-mass, oceanic air-mass
морских (noun) - sea, high-seas, ocean, Mare
морского (adjv) - nautical, oceanic, maritime, naval, aquatic, sea-related

морское (adjv) - nautical, oceanic, maritime, naval, aquatic, sea-related

морское воздух масса (noun) - marine, air-mass, maritime air-mass ocean air-mass

морское побережье (noun) - sea side, ocean coast, ocean shore

Морское поляный (noun) - Maritime Polar, moist/cold air-mass

Морское тропический (noun) - Maritime Tropical, moist/warm air- mass

морской (adjv) - nautical, oceanic, maritime,marine, naval, aquatic,off-shore, sea-related

морской берег (noun) - sea coast, sea shore, shoreline, shore

морской биология (noun) - marine biology, marine-life science

морской воды (noun) - sea water, ocean water, marine water

Морской календарь (noun) - Nautical Almanac, Navigation/ Astronomical tables

морской наблюдать (noun) - marine observations, nautical-observations, observations (at) sea

морской песок (noun) - sea sand, ocean sand, shore sand

морской прилив (noun) - rising-tide, neap-tide, oceanic rising tide

Морской Прогноз Филнал (noun) - Marine Forecast Branch, Ocean Forecast Branch, Marine forecast office

морской слой (noun) - marine layer, marine (air) layer, moist oceanic atmospheric-layer

морской станция (noun) - maritime station, marine station, coastal station

Морской фотопланктон (noun) - Marine photo-plankton, Marine plants/organisms

Морской Гидрофизическом Институте (noun) - Marine Hydro-physical Institute

морфологически (adjv) - morphologic, morphological, morphology- related

морфометрии (noun) - morphometry, organic/biological measurement

морфометрические (adjv) - morphometric, morphometrical, morphometry-related

Морфометрические показатели (noun) - Morphometric Index, Index of organic/biological activity

морфометрических (adjv) - morphometric, morphometrical, morphometry-related
Морфометрмческих показателей (noun) - Morphometric Indices
морфометрического (adjv) - morphometric, morphometrical, morphometry-related
морфометрического коэфициента (noun) - morphometric coefficient
Моршанск (noun) - Morshansk (name)
моря уровень атмосферный давление (noun) - sea-level atmospheric pressure, oceanic surface-pressure
моря уровень давление (noun) - sea-level pressure
моря уровенье давление отсутствиеь неперьвности (noun) - sea- level pressure continuity abscence, sea-level pressure variations
моря уровень давление профиль (noun) - sea-level pressure profile, sea-level pressure (variation) profile
моря уровень давление сокращение (noun) - sea-level pressure reduction, reduction (of station pressure readings) to sea-level
моря уровень лавление вариации (noun) - sea-level pressure variations, changing sea-level pressures
моря уровень давление стандарт (noun) - standard sea-level pressure, U.S. Standard sea-level pressure is 1013.2 millibars
моряк (noun) - sailor, seaman, mariner, naval person, ol' salt
морякам (noun) - sailors, seamen, mariners, naval personnel, ol' salts
моряки (noun) - sailor, seaman, mariner, naval person, ol' salt
морях (noun) - seas, high-seas, oceans, Mares, waters
Мосводоканал (comp) - Moscow water-canal, Moscow water-aquaduct
Mosbuild (acnm) - Moscow Building and Interior Industry Exposition
Мосгордуму (comp) - Moscow City-Duma, Moscow City governmental-body
Мосгордумы (comp) Moscow City-Duma, Moscow City governmental-body
Мосгоризбирком (comp) - Moscow city-level tag, Moscow city-level label
Мосгорсуд (comp) - Moscow City Court, Moscow city-courthouse

Москаль (noun) - Muscovite, Moscow-resident
Москальво (noun) - Moskalvo (name)
Москалья (noun) - Muscovite, Moscow-resident
Москва государство университет (noun) - Moscow State University
Москва-Сити (noun) - Moscow-City, Moscow-metropolis
Москве (noun) - Moscow (name)
Моске-реке (noun) - Moscow River
Москвич (noun) - Muscovite, Moscow-resident
Москвичам (noun) - Muscovites, Moscow-residents
Москвичей (noun) - Muscovite, Moskow resident
Москвичи (noun) - Muscovite, Moscow-resident
Москвой (adjv) - Moscovian, Moscow-related
Москвой время (noun) - Moscow Time, Moscow local-time
Москворецком мосту (noun) - Moskvoretsom bridge (Moscow)
Москву (noun) - Moscow (name)
Москвы (noun) - Moscow (name)
Москова-реку (noun) - Moscow River
Московская (adjv) - Moscovian, Moscow-related
Московская сабля-2010 (noun) - Moscow Saber-2010, Moscow swordsman's tournament (men/women)
Московские (adjv) - Moscovian, Moscow-related
Московский (adjv) - Moscovian, Moscow-related
Московский Кремль (noun) - Moscow Kremlin
Московский университет (noun) - Moscow University
Московских (adjv) - Moscovian, Moskow-related
Московского (adjv) - Moscovian, Moscow-related
Московского университета (noun) - Moscow University
Московское (adjv) - Moscovian, Moscow-related
Московское Метро (noun) - Moscow Metro, Moscow Subway, Moscow Underground, Moscow Mass-transit
Московской (adjv) - Moscovian, Moscow-related
Московской области (noun) - Moscow region, Moscow area, Moscow vicinity
Московском (adjv) - Moscovian, Moscow-related
Московском Метро - (noun) Moscow “Metro”, Moscow subway system
Московском регионе (noun) - Moscow Region, Moscow area

Московскому (adjv) - Moskovian, Moscow-related
Московскую (adjv) - Moskovian, Moscow-related
мосто (noun) - bridge, span, ships controlroom, ships-gantry, electric-instrument, shaft
мосту (noun) - bridge, span, ships control-room, ships-gantry, electric-instrument, shaft
Мосфильм (comp) - Moscow-film, Moscow cinephotographic company
Мосэнерго (comp) - Moscow Energy, Moscow power system
мотальные (adjv) - winding, curved, spiral, sinuous, twisted, twist-related
мотивам (noun) - motives, reasons, causes, goals, ends, motif's
мотивами (noun) - motives, reasons, causes, goals, ends, motif's
мотодельтаплане (comp) - motorized hang-glider, ultra-lite aircraft
мотор (noun) - motor, engine, gasoline/diesel power-plant
Мотор судно (noun) - Motor Vessel, Motor-propelled Ship, engine- powered vessel
мото-экстрима (noun) - moto-extreme, motorcycle/bicycle jumping course
Мохаммед (noun) - Mohammed (name)
Мохаммеда (noun) - Mohammed (name)
Моцарта (noun) - Mozart (name)
мочь (advb) - perhaps, maybe, may, might
Моща (noun) - Mosha (name), power, might, vigor, energy
Мощен (noun) - power, might, vigor, energy
мошенничестве (noun) - fraud, swindling, cheating, bilking
Мощи (noun) - Mosha (name), power, might, vigor, energy
Мощи р бвссейне (noun) - Mosha river-basin
мощно (advb) - powerfully, mightily, vigorously, energetically
мощного (adjv) - powerful, mighty, vigorous, energetic, power- related
мощности облаков (noun) - cloud thickness, clouds base to top height, cloud vertical-development
мощностью (noun) - capacity, strength, power, rating, output, thickness, vertical-development
мощностью облака (noun) - cloud thickness, cloud base to top height, cloud vertical-development

мощные (adjv) - powerful, mighty, vigorous, energetic, power-related
мощных (adjv) - powerful, mighty, vigorous, energetic, power-related
МОЭСК (abbv) - Moscow United Electrical Network Company
Моя прекрасная леди (noun) - “My Fair Lady” (George Bernard Shaw comedy)
МПБ (abbv) - “International Industrial Bank (of Russia)”
Мрамара (noun) - Mamara (name)
Мраморное (noun) - Mamara (name)
Мраморное море (noun) - Sea (of) Mamara, Mamara Sea
МРЛ (abbv) - Meteorological Radar Location, Weather Radar site
мрачное (adjv) - gloomy, dark, dismal, deteriorative, lowering, threatening, ominous, gloom-related
мрачное небо (noun) - dark sky, gloomy sky, deteriorative sky
МРСК (abbc) - Inter-regional Distribution Network Company
мРч (abbv) - Rem's per Hour, Radiation activity-rate
мс-1 (abbv) - Meters per Second, Speed/Velocity rate
мск (abbv) - Moscow (name)
МСК (abbv) - Moscow, Moscow Time, Greenich Mean Time, Universal Time Corrected + 4 (hours), Moscow Insurance Company
МСС (abbv) - Ministry of Culture and Cinematography
МТБЮ (abbv) - International Tribunal (on) Former Yugoslavia
МТО (abbv) - World Trade Organization, Technical-material Security
МТС (abbv) - Meter/Ton/Second system, Metric System
Муамар Каддафи (noun) - Muammar Kaddafi (Libyan leader)
Муамара (noun) - Muammar (name)
Мубарак (noun) - Mubarak (name)
Мубараку (noun) - Mubarak (name)
МУГР (abbv) - International Academic Rowing Regatta
мудрецов (noun) - sages, wisemen, master, philosopher
мужское (adjv) - masculine, male, men’s, man’s, boy’s, lad’s, gender-related
мужчинах (noun) - men, adult-humans, male bipedal-primates, fellows, chaps

мужчине (noun) - man, adult male-human, male bipedal-primate, fellow, chap
мужее (noun) - man, mankind, humankind, human race, human, male, Homo sapien
Музей Прадо (noun) - Prado Museum, Spanish museum
музейную (adjv) - museum-like, gallerian, salon-like, pinacotheca-like, museum-related
музейные (adjv) - museum-like, gallerian, salon-like, pinacotheca-like, museum-related
музею (noun) - museum, gallery, salon, pinacotheca
Музея Кантинт (noun) - Cantini Museum (Marseille - contemporary art)
музыкалиной (adjv) - musical, melodious, rhythmic, rhythmical, talented, music-related
музыкальный фестиваль (noun) - Musical festival
музыкантов (noun) - musicians, musicos, music makers, artists, soloist's, virtuoso's, players, instrumentalists
музыке (noun) - music, cant, melody, harmony, euphony, opus, aria, chorale, cantara, polyphony
мульти (adjv) - multi, multiple, numerous, many, number-related
мульти уровень модель (noun) - multi-level model, multiple-level model
Мульти цветной погода радар (noun) - Multi-color-display Weather Radar
мультимодальность (comp) - multimodality, several-mode state, several-maxima state
мультипликацие (noun) - multiplication, mathematical-operation, being-multiplied state
мультиячеистый (adjv) - multi-cellular, multiple-cellular
мультперсонажам (comp) - multi-personages
мультфильмы (comp) - Multi-films, cartoon animation, cartoon-characters
муниципальная (adjv) - municipal, neopolitan, civic, council-governed, community-related
муниципальном (noun) - municipality, population-center, town, township, city, village, municipally-governed center
муниципальные (adjv) - municipal, neopolitan, civic. council-governed, community-related

муниципальных (adjv) - municipal, neopolitan, civic, council-governed, community-related
МУРа (abbv) - Moscow Criminal Investigation Department
мурава (noun) - glaze, thin-ice coating, ceramic-ware coating, glassy film
муравьев-суперсолдат (noun) - Ants Super-soldiers
муравья (noun) - ant, pismire, insect, family Formicidae
Мураши (noun) - Murashi (name)
Мурманск (noun) - Murmansk (name)
Мурманская (adjv) - Murkanskian, Murmansk-related
Мурманске (noun) - Murmansk (name)
мурманской (adjv) - Murmanskian, Murmansk-related
Муроме (noun) - Murom (name)
Мурси (noun) - Mursi, Muhammed Mursi (Egyptian president)
Мусави (noun) - Musavi (name)
мусльмане (noun) - Muslim, Moslem (name)
муссонал блага (noun) - monsoonal moisture, dry air, wet air, monsoonal humidity, monsoonal precipitation
муссонного (adjv) - monsoonal, dry, wet, seasonal, periodic, monsoon-related
Муссонного эксперимента (noun) - Monsoon experiment, Southeast Asia weather experiment/MONEX
муссонной (adjv) - monsoonal, dry, wet, seasonal, periodic, monsoon-related
муссонной поток (noun) - monsoonal flow, monsoonal circulation, monsoonal winds
муссонной течение (noun) - monsoonal current, moonsonal winds, monsoonal circulation
муссонные (adjv) - monsoonal, dry, wet, seasonal, periodic, monsoon-related
муссонов (noun) - monsoons, dry/wet seasons, periodic Southeast-Asian large-scale circulation, persistant-period of tropical rainfall
Мусу (noun) - Musa (name)
Мусульман (noun) - Muslim, Moslem (name)
Муслульмане (noun) - Muslim, Moslem (name)
Мусульманские (adjv) - Muslim, Moslem, Islam-related
мусульманских (adjv) - Muslim, Moslem, Islam-related

мусульманского (adjv) - Muslim, Moslem, Islam-related
Мухаммед аль-Барадеи (noun) - Mohammed al-Baradei (Egyptian)
МФХ (abbv) - International Hockey Federation
МЧС (abbv) - Emergency Ministry, Ministry for Emergency Situations (customs-fire-police-civil aviation-security-veterans/ MOE)
мыс (noun) - cape, point, promontory, headland
Мыс Дезснев (noun) - Cape Dezkney (name)
Мысе Канаверал (noun) - Cape Canaveral, NASA
Мытищи (noun) - Mytishchi (name)
Мэн (noun) - Man (name)
Мэнсон (noun) - Manson (name)
Мэр Вашингтона (noun) - Mayor (of) Washington
Мэрдок (noun) - Murdok (Rupert - Media owner)
Мэри (noun) - Mary, Mayor (name)
мэрией (adjv) - municipal, governmental, community, mayoral, urban, directive, town-hall related
мэрий (adjv) - municipal, governmental, community, mayoral, urban, directive, town-hall related
Мэрия (noun) - City Hall, town hall, town council, Mayor
мэтра (noun) - meter, International Unit of Length, Unit of metrical verse, rhythm
МЭФ (abbv) - World Economic Forum
Мюнхен (noun) - Munchen, Munich (German city)
Мюнхене (noun) - Munchen, Munich (German city)
мягкая (adjv) - gentle, mild, soft, lenient, easy, sleepy, mildness-related
мягкую (adjv) - gentle, mild, soft, lenient, easy, sleepy, mildness- related
мятежа (noun) - rebellion, mutiny, insurgency, revolt, revolution, insurrection, anarchism, uprising, riot, disorder
мятежниками (noun) - rebels, insurgents, mutineers, revolters, insurrectionists, anarchist’s
мятежников (noun) - rebels, insurgents, mutineers, revolters, insurrectionists, anarchist’s
мятезники (noun) - Rebel, insurgent, mutineer, revolter, insurrectionist, anarchist

мячей (noun) - ball, soccer ball, tennis ball, sphere, orb, globe, pellet, bulb, gob, pill, goal ball
мячом (noun) - ball, soccer ball, tennis ball, sphere, orb, globe, pellet, bulb, gob, pill, goal ball

Н

н.э. (abbv) - Before Christ, pre-Christian
H500 (abbv) - 500 Millibar height, Geopotential height
на (advb) - on, onto, to, at, for, of, the, with, in, into, over, by
на борту судна (noun) - on board vessel, on board ship
на воздухе установленный (noun) - determination in air, atmospheric-determination, established by air's (presence), mass of air surrounding the Earth, atmosphere
на обочина (adjv) - on the edge, on the roadside, on the side
на обочины (adjv) - on the edge, on the roadside, on the side
на основе (adjv) - on the basis, based on, founded on
на протяжёнии (prep) during, throughout the duration of, at a point in the course of
на Северо Запад (noun) - West to North, North-westward
на Юго восток (noun) - East to South, South-eastward
набегание (noun) - raid, attack, foray, incursion, invasion
набегающей (adjv) - raided, mauraded, attacked, invaded, intrusion- related
набегающими (adjv) - raided, mauraded, attacked, invaded, intrusion-related
набегающих (adjv) - raided, mauraded, attacked, invaded, intrusion- related
набережная (adjv) - embanked, structural, elevated, passage-preventive, embankment-related
наблюдавшаяся (verb) - observe, watch, ascertain, appraise, measure, apportion
наблюдавшейся (verb) - observe, watch, ascertain, appraise, measure, apportion
наблюдавшийся (verb) - observe, watch, ascertain, appraise, measure, apportion
наблюдаемое (adjv) - observational, observant, watchful, viewed, sighted, followed, observation-related

наблюдаемой (adjv) - observational, observant, watchful, viewed, sighted, followed, observation-related
наблюдаемых (adjv) - observational, observant, watchful, viewed, sighted, followed, observation-related
наблюдается (verb) - observe, watch, view, sight, follow, supervise, exist, find
наблюдались (verb) - observe, watch, view, sight, follow
наблюдателей (adjv) - observant, observational, vigilant, attentive, watchful, wary, eyes and ears, vigilance-related
наблюдатели (noun) - observer, watcher, viewer, sighter, follower
наблюдательная (adjv) - observational, observant, watchful, viewed, sighted, followed, observation-related
Наблюдательная башня (noun) - Observation tower, Watch tower
наблюдательного (adjv) - observational, observant, watchful, viewed, sighted, followed, observation-related
наблюдательной (adjv) - observational, observant, watchful, viewed, sighted, followed, observation-related
наблюдательной аэростат (noun) - observation aerostat, observation balloon
наблюдательный приборы (noun) - observation device, sighting apparatus
наблюдательных (adjv) - observational, observant, watchful, viewed, sighted, followed, observation-related
наблбдаются (verb) - be observed, be found, exist, live, have life
Наблюдение глобальной атмосферы (noun) - Global Atmospheric Watch
наблюдении (noun) - observation, viewing, sighting, watching, following, supervision, superintendence
наблюдений (adjv) - observational, observant, watchful, viewed, sighted, followed, observation-related
наблюдению (adjv) - observational, observant, watchful, viewed, sighted, followed, observation-related
наблюдениями (noun) - observatios, viewing's, sighting's, watching's, following's, supervision's, superintendence's
наблюденных (adjv) - observational, observant, watchful, viewed, sighted, followed, observation-related
набрано (verb) - assemble, collect, gather, accumulate, acquire, locate

Набукко (noun) - Nabucco (G. Verdi Opera, Turkmenistan gas-pipeline)
навального (adjv) - heaped, piled, stacked, bulked, loaded, heaping- related
навел (noun) - navel orange, citrus fruit, orange
наветренная (adjv) - windward, directional, wind-direction-related
наветренная сторона (noun) - windward side, into-the-wind side, opposite the leeward side
наветренные (adjv) - windward, directional, wind-direction-related
навигациональ опасности (noun) - navigational hazard, navigational danger, navigational peril, reef, shipwreck, sandbar
навигациональ трудность (noun) - navigational difficulty, navigational obstacle, broken navigational-instruments, overcast noon-sighting
навигационная (adjv) - navigational, navigated, navigating, positional, place-to-place, celestial, traveled, commercial, military, yachting, global,navigation-related
навигационной (adjv) - navigational, navigated, navigating, positional, place-to-place, celestial, traveled, commercial, military, yachting, global, navigation-related
навигационной системы (noun) - Navigation system (GLONASS)
навигационный (adjv) - navigational, navigated, navigating, positional, place-to-place, celestial, traveled, commercial, military, yachting, global, navigation-related
навигационый прибор (noun) - navigational instrument, navigational apparatus, navigational device
нависатьировка (noun) - looming, overhanging, impending, threatening
нависнутьировка (noun) - looming, overhanging, impending, threatening
наводнение воды (noun) - flood-water, flooding water
наводнении (noun) - flood, flooding, inundation, washout
наводнений (adjv) - flooded, flooding, inundated, washed-out, flood-related

наводнению (adjv) - flooded, flooding, inundated, washed-out, flood-related
наводнениям (noun) - floods, floodings, inundations, washouts
наводнениями (noun) - floods, floodings, inundations, washouts
навруз (noun) - Navruz, Nowruz (Iranian" New Years")
НАВТЕХ (acnm) - Navigation-text, Navigational-information
навязывать (verb) - intrude, impose, thrust, enforce
Нагорно-Карабахском (noun) - Nagorno-Karabakhskaya (name)
награде (noun) - reward, recompense, award, decoration, prize
наградил (verb) - endow, reward,award, decorate, confer
наградила (verb) - endow, reward, award, decorate, confer
награждение (noun) - recipient, receiver, acquirer, beholder, hearer, listener, spectator
награждении (noun) - recipient, receiver, acquirer, beholder, hearer, listener, spectator
награждения (noun) - recipient, receiver, acquirer, beholder, hearer, listener, spectator
нагревательные (adjv) - heated, warmed, thermal, heat-related
нагружаеной (adjv) - loaded, burdened, encumbered, oppressed, load-related
нагружок (noun) - load, burden. onus, encumberance, oppression
над проточная (noun) - over-running, flowing-over, moving-over
надаль (noun) - Nadal (name)
надводные (adjv) - above-water, over-water, on-top (water), position-related
надеется (verb) - hope, depend, expect, require, rely, trust, confide, solid, stable, secure, safe
надежиной (adjv) - reliable, trustworthy, solid, secure, safe, reliability-related
Надежды Надеждиной (noun) - Hope (and) Trustworthiness
надеждю (noun) - hope, desire, faith, expectation, hopefulness, expectancy, trust, reliance, trust
надежное (adjv) - reliable, dependable, trustworthy, secure, stable, solid, safe, reliance-related
надежной (adjv) - reliable, dependable, trustworthy, secure, stable, solid, safe, reliance-related
надёжности (noun) - reliability, dependability, trustworthiness, solidity, stability, security, safety

надёжность (noun) - reliability, dependability, trustworthiness, solidity, stability, security, safety
надёжностью (noun) - reliability, dependability, trustworthiness, solidity, stability, security, safety
надёжные (adjv) - reliable, dependable, trustworthy, solid, stable, secure, safe, reliance-related
наделен (verb) - provide, provision, endow, empower, establish
Наденька (noun) - Hope, Nadenka (name)
надеются (verb) - hope, desire, wish, expect, aspire, rely, count on
Наджибом (noun) - Najib (name)
Надир (noun) - Nadir, Point opposite the Zenith, Point of greatest adversity
надобность (noun) - requirement, need, necessity, indispensibility
надобные (adjv) - necessary, required, needful, inescapable, important, vital, compulsory, necessity-related
надписью (noun) - inscription, lettering, initialing, epigraph
надтональный (adjv) - supersonic, ultrasonic, hypersonic, faster-than-sound related
Надя (noun) - Nadya (name)
наемников (noun) - mercenaries, hirelings, paid-fighters, soldiers of fortune, free lancers
нажать (verb) - push, press, pressure, shove
назадразбрасывать (comp) - back-scatter, return-energy, reflected radio-frequency radiation
назвал (verb) - name, call, title, label, describe, detail, identify
назвали (verb) - name, call, title, label, describe, detail, identify
назван (noun) - name, title, label, description, detail, identity, moniker, cognomen, tag, epithet
названа (noun) - name, title, label, description, details, moniker, identification, cognomen, tag, epithet
название буквы (noun) - letter-name, letter's name
название стации (noun) - station name, site name
названием (noun) - name, title, moniker, designation, label, tag, epithet, cognomen
названная (adjv) - named, titled, identifiable, name-related
названные (adjv) - named, titled, identifiable, name-related
названы (noun) - name, title, appellation, designation, identification, moniker, cognomen, label, tag, epithet

наземной (adjv) - grounded, ground-based, earth-like, surfaced, terrestrial, ground-related
наземную (adjv) - grounded, ground-based, earth-like, surfaced, terrestrial, ground-related
наземных (adjv) - grounded, ground-based, earth-like, surfaced, terrestrial, ground-related
наземных измерений осадков (noun) - ground-based precipitation measurement, rain-gauge measured precipitation
Назира (noun) - Nazira (name)
назначен (verb) - set, allocate, appoint, prescribe, task, fix, corrupt
назначении (noun) - fixing, setting, destination, allocation, appointment, prescription, purpose, task
назначено (verb) - fix, set, appoint, schedule, make a date with, allocate, nominate, prescribe, allocation-related
назначил (verb) - fix, set, appoint, appoint, schedule, make a date with, allocate, nominate, prescribe, allocation-related
назовут (verb) - call, name, invite
Назрани (noun) - Nazran (name)
Назраномского (adjv) - Nazranian, Nazran-related
Назрань (noun) - Nazran (name)
называемая (adjv) - called, named, identified, individual-related
называемой (adjv) - called, named, identified, individual-related
называемую (adjv) - called, named, identified, individual-related
называют (verb) - call, name, identify, indicate, signify, disclose
наибольшая (adjv) - great, tremendous, outstanding, superior, better, best, predominant, distinguished, huge, quality-related
наибольшее (adjv) - great, tremendous, outstanding, superior, better, best, predominant, distinguished, huge, quality-related
наибольшей (adjv) - great, tremendous, outstanding, superior, better, best, predominant, distinguished, huge, quality-related
наибольшие (noun) - greatness, outstanding-person, superiority, predominance, distinguished-person, significance
наибольшими (noun) - greatness, outstanding-person, superiority, predominance, distinguished-person, significance
наивысшей (adjv) - highest, tallest, farthest, extreme, utmost, uniqueness-related
наидённого (adjv) - found, locatable, discoverable, obtainable, suitable, situation-related

наидёнными (adjv) - found, locatable, discoverable, obtainable, suitable, situation-related
наидённых (adjv) - found, locatable, discoverable, obtainable, suitable, situation-related
наидёны (noun) - finding, basing, determining, locating, discovering, exploring, attaining, obtaining
наидёт (verb) - find, base, determine, locate, discover, explore, attain, acquire, obtain, collect, cover, gather, suit, meet, come, will
наилие (noun) - force, violence, compulsion, constraint
наилия (noun) - force, violence, compulsion, constraint
наилучие (noun) - best, best-thing, maximum-effort, best-performance, best-achievement
наименьшего (adjv) - least, smallest, lowest, slightest, little, size- related
наименьшие (adjv) - least, smallest, lowest, slightest, little, size- related
наименьших (adjv) - least, smallest, lowest, slightest, little, size- related
найден (verb) - find, base, determine, locate, discover, explore, attain, acquire, obtain, collect, cover, gather, suit, meet, come, will
найдена (noun) - finding, basing, determination, location, discovery, exploration, attainment, acquisition, obtainment, collection, coverage, gathering, suiting, meeting, coming, willing
найденная (adjv) - founding, baseing, determinable, locatable, discoverable, explorable, attainable, collectable, coverable, gathering, suiting, meeting, coming, willing
найдено (verb) - find, base, determine, locate, discover, explore, attain, acquire, obtain, collect, cover, gather, suit, meet, come, will найдет (verb) - find, base, determine, locate, discover, explore, attain, acquire, obtain, collect, cover, gather, suit, meet, come, will
найдут (verb) - find, base, determine, locate, discover, explore, attain, acquire, obtain, collect, cover, gather, suit, meet, come, will
НАК (abbv) - National Anti-terrorist Committee

наказала (noun) - order, directive, instruction, mandate наказан (verb) - flog, punish, discipline, castigate, correct, torture, torment, annoy, bother
наказаны (noun) - punishment, discipline, castigation, correction, nuisance, annoyance, bother, torment
накаленные (adjv) - incandescent, white-hot, strained, tense, radiation-related
накануне (noun) - eve, evening, on the eve, day before, previous day, immediately-preceeding period
накануни (noun) - eve, evening, on the eve, day before, previous day, immediately-preceeding period
накачиванию (noun) - inflation, inflationary spiral, rising prices
Наклон ветры (noun) - Slope Winds, inclined-terrain winds
наклон вода (noun) - slope water, terrain-runoff
наклон переход пластовать (noun) - slope transition-layers, slope transition stratum
наклон поверхност (noun) - slope surface, inclined surface
наклон система ось (noun) - slope system axis
наклон тропопауз (noun) - tropopause slope, tropopause fold
наклонная плоскость (noun) - inclined plane, sloped surface
наклонное (adjv) - inclined, sloped, tilted, aslant, inclination-related
наклонное положение (noun) - inclined position, tilted position
наклонно (verb) - slope, incline, tilt, slant, lean
наклонных (adjv) - inclined, sloped, tilted, aslant, inclination-related
Наклонять видимость (noun) - Slant Visibility, sloped-plane visibility
Наковальня облако (noun) - Anvil Cloud, Incus, Thunderhead, Cumulonimbus anvil
наковальня образная (adjv) - anvil shaped, smithy-block shaped, black-smith related
наколенный компьютер (noun) - Lap-top computer, portable micro- computer
накоплен (verb) - amass, save, accumulate, acwuire, obtain, access
накопленный запас (noun) - accumulated supply, accumulated reserve
наладит (verb) - regulate, adjust, arrange, repair, tune

наледном (advb) - on the ice, on a slippery-slope, on a frozen-surface
налоги (noun) - tax, taxation, duty, levy, impost, revenue, assessment, toll, tribute
налоговом (noun) - tax, taxation, duty, levy, impost, revenue, assessment, toll, tribute
налоговые (adjv) - taxed, taxated, dutied, leved, imposted, assessed, tolled,valued, appraised, rated, tax-related
наложил (verb) - impose, affix, influence, apply, put on, lay on, over, load, pack, seize
Нальчике (noun) - Nalchik (name)
намер (noun) - intent, intention, purpose, objective, goal, aim, meaning
намеревавшегося (verb) - intend, plan, mean, consider, devise, contrive
намеревается (verb) - intend, plan, mean, consider, devise, contrive
намерении (noun) - intent, intention, purpose, objective, goal, aim, meaning, proposing, going on
намерениями (noun) - intents, intentions, purposes, objectives, goals, aims, measures, proposals, goings on
намерено (noun) - intent, intention, purpose, objective, goal, aim, meaning, proposing, going on
намерены (noun) - intent, intention, purpose, objective, goal, aim, meaning, proposing, going on
намечен (verb) - plan, project, outline, sketch, view, identify, designate, select
намеченных (adjv) - planned, projected, sketched, viewed, identified, designated, select, vision-related
намечены (noun) - plan, project, outline, sketch, view, identification, designation, selection
нанес (adjv) - pay, compensating, sudden, quick, brief, short, abbreviated, moment-related
нанес (verb) - draw, sketch, plot, cause, inflict, insult, apply, dash, strike against
нанесенный (adjv) - drawn, plotted, inflicted, applied, application- related

нанесить (verb) - draw, plot, cause, inflict, insult, inflict, pay, apply,
нанесли (verb) - bring, draw, plot, cause, inflict, insult, pay, perform, apply, dash, strike, dash, strike
Нано (noun) - Nano, one-billionth part
Нанопорошок (comp) - Nano-powder, nano-dust, nano-soot
наносов (verb) - drifts, deposits, alluviums, issues
нанотехнологий (adjv) - nano-technologic, nano-technological, nano-technology related
Нансена (noun) - Nansena (name)
Нансена котловина (noun) - Nansena basin, Nansena hollow
нансенный на карту (verb) - plot on chart, draw on chart, mapped
Наоми Кэмпбелл (noun) - Naomi Campbell (name)
напавших (adjv) - caught, held, gripped, fixed, arrested, retention- related
нападение (noun) - attack, assault, aggression, onset, strike, expose, subject (to), highjacking, sports forward position
нападении (noun) - attack, assault, aggression, onset, strike, expose, subject (to), highjacking, sport forword position
нападению (noun) - attack, assault, aggression, onset, strike, expose, subject, highjacking, sport-forwards
напакостили (noun) - maliciousness, contemptuousness, attacking, aggressiveness, confrontation, in the eye, in the face
напали (verb) - attack, descend on, seize, come to grips, come upon, come across, occur
наплыву (noun) - influx, afflux, incursion, inrush, inflow, inflooding
наполняющий (adjv) - fillable, feedable, satable, satiated, satisfied, fulfillable, fill-related
наполняющий циклон (noun) - filling cyclone, weaking cyclone
напоминает (verb) - remind, refresh, suggest, hint, arouse, awaken
направил (verb) - direct, send, dispatch, approach, near
направила (noun) - directing, sending, dispatching, approaching, nearing
направила (verb) - direct, send, dispatch, transmit, remit, consign, ship, post, mail, forward, export, expidite
направили (verb) - direct, send, dispatch, transmit, remit, consign, ship, post, mail, forward, export, expidite

направило (verb) - direct, send, dispatch, transmit, remit, consign, ship, post, mail, forward, export, expidite
направился (verb) - direct, head, organize, aim, send, dispatch, refer, sharpen, approach, near, hone
направиляет (verb) - direct, head, organize, aim, send, dispatch, refer, sharpen, approach, near, hone
направит (verb) - direct, send, dispatch, approach, near
направить (verb) - direct, send, dispatch, approach, near
направленальной (adjv) - directional, guided, direction-related
направленальной резать (noun) - slice direction, cut direction, directional shear
направление ветра (noun) - wind direction, direction from which wind blows
направлениеы (noun) - direction, orientation, sector, trend, tendency, turn, order, warrant, directive, action, effect
направлении (noun) - direction,orientation, sector, trend, tendency, turn, order, warrant, directive, action, effect
направлениы (noun) - direction, orientation, sector, trend, tendency, turn, order, warrant, directive, action, effect
направлениях (noun) - dirctions, orientations, sectors, trends, tendencies, turns, orders, warrants, directives, actions, effects
направленниям (noun) - directions, orientations, sectors, trends, tendencies, turns, orders, warrants, directives, actions, effects
направленном (noun) - direction, orientation, sector, trend, tendency, turn, order, warrant, directive, action, effect
направленному (noun) - direction, orientation, sector, trend, tendency, turn, order, warrant, directive, action, effect
направленную (adjv) - directed, directional,directable, directive, aimed, amiable, orientational, oriented, unswervable, unswerving, purposeful, dedicated, direction-related
направленные (adjv) - directed, directional, directable, directive, aimed, amiable, pointable, pointed, steerable, guidable, orientational, oriented, unswervable, unswerving, purposeful, dedicated, direction- related
направленный вверх (noun) - upward directed, oriented above, oriented over, up, northward
направленный вниз (noun) - downward directed, oriented down, oriented below, down, southward

направленных (adjv) - directed, directional, directable, directive, aimed, aimable, pointable, pointed, steerable, guidable, orientational, oriented, unswervable, unswerving, purposeful, dedicated, direction-related

направлено (noun) - direction, orientation, sector, trend, tendency, turn, order, warrant, directive, action

направлявшийся (noun) - heading, way, path, aim, bearing, direction, orientation

направляет (verb) - send, dispatch, forward, ship, transmit, post

направыил (verb) - send, dispatch, forward, ship, transmit, post

направят (verb) - will send, will direct, will dispatch, will manage

напряжение (noun) - stress, tension, strain, pressure, emphasis

напряжении (noun) - stress, tension, strain, pressure, emphasis

напряжений (adjv) - stressful, tense, strained, intensive, tension- related

напряжения (noun) - stress, tension, strain, pressure, emphasis

напряжённо (advb) - stressfully, tensely, intensively

напряжённо деформированное (noun) - intensively deformed, deformed by stress

напряжённого (adjv) - stressful, tense, strained, intensive, tension- related

напряжённости (noun) - stress, tension, tenseness, strain, pressure, emphasis, intensity

напряжённость (noun) - stress, tension, tenseness, strain, pressure, emphasis, intensity

напряжённостью (noun) - stress, tension, tenseness, strain, pressure, emphasis, intensity

напряжённых (adjv) - stressful, tense, strained, intensive, tension- related

нарастании (noun) - growth, increase, expansion, addition, accumulation

нарастил (verb) - boost, increase, build up, enlarge, amplify, augment, add, extend, raise, inflate

нарицательные (adjv) - nominal, approximate, satisfactory, common, familiar, normal-related

наркобандам (comp) - narcotics-bands, narcotics-gangs, narco-bands, narco-gangs

наркокартеля (comp) - narcotics cartel, drug cartel, illegal drug-ring
наркоконтроле (comp) - narcotics control, narcotics monitoring, narcotics inspection
наркоманов (comp) - narcotics-attracted (person), drug addict, narcotics (addicted) person
наркопроизводсиво (comp) - narcotics-preoduction, narcotics- manufactue, narcotics-factory, narcotics-works, narcotics-experience, narcotics-promotion
наркотикам (noun) - narcotics, drugs, illegal stimulants, dopes, opiates
Наро-1 (noun) - Naro-1 (Russian missile)
народного (adjv) - national, nation-wide, folk-like, people, popular, people's. officially-recognized, country-wide related
народной (adjv) - national, nation-wide, folk-like, people, popular, people’s, officially-recognized, country-wide related
народнохозяйетвенное (adjv) - pertaining to the national economy, national-economic, national-economical, national-economy related
народную (adjv) - national, nation-wide, folk-like, people, popular, people's, officially-recognized, country-wide related
Народный центр атмосферный исследование (noun) - National Center for Atmospheric Research
народов (noun) - peoples, races, clans, tribes, nations, countries, states, realms
нарушают (verb) - violate, breach, break, infringe, transgress, trespass, defy
нарушена (noun) - imparement, breaking, breach, infringement, disturbance, violation, offense, abuse
нарушением (noun) - imparement, breaking, breach, infringement, disturbance, violation, offense, abuse
нарушении (noun) - imparement, breaking, breach, infringement, disturbance, violation, offense, abuse
нарушений (noun) - imparement, breaking, breach, infringement, disturbance, violation, offense, abuse
нарушениями (noun) - imparements, breakings, breach’s, infringements, disturbances, violations, offenses, abuses
нарушили (verb) - break, disturb, impare, interrupt, interfere, cross

нарушило (verb) - break, disturb, impare, interrupt, interfere, cross
Нарьян Мар (noun) - Naryan Mar (name)
НАСА (acnm) - National Aeronautics and Space Administration, NASA (USA)
НАСДАК (acnm) - National Association of Securities Dealers - Automated Quotations (NASDAQ)
населению (noun) - population, inhabitants, people, human, settlement
населённые (adjv) - populated, densely-populated, populous, numerous, inhabited, human, people-related
населённых (adjv) - populated, densly-populated, populous, numerous, inhabited, human, people-related
населенных пунктов (noun) - human items, human appliances
насиле (noun) - violence, force, assault, coercion, violation, outrage, forcing, brute force, act of force, foul play
наследию (noun) - legacy, bequest, heritage, patrimony, inheritance
Наследный принц Люксембурга (noun) - Crown-prince (of) Luxembourg
наследства (noun) - legacy, bequest, heritage, patrimony, inheritance
наставникам (noun) - mentors, tutors, preceptors, teachers, instructors, educators, monitors
наставнику (noun) - mentor, tutor, preceptor, teacher, instructor, educator, monitor
настаивает (verb) - insist, demand, contend, maintain, infuse, inculcate
настаивать (verb) - insist, demand, contend, maintain, infuse, inculcate
настаивают (verb) - insist, demand, contend, maintain, infuse, inculcate
настало (adjv) - now, immediate, present time, existing, in progress, at hand, time-related
настенная (adjv) - wall, wall-like, fence-like, structural, material, wall-related
настенные (adjv) - wall, wall-like, fence-like, structural, material, wall-related

настенный облако (noun) - wall-cloud, cyclone wall-cloud, eye wall- cloud
настольный счётчик (noun) - personal computer, PC, desktop computer
настоятелем (noun) - superior, prior, administrator, senior priest
настоятельно (advb) - persistently, insistently, assiduously, tenaciously
настоящая (adjv) - present, existing, now, this, real, genuine, complete, utter, absolute, existence-related
настоящее погода (noun) - present weather, existing weather, weather now
настоящей (adjv) - present, existing, now, this, real, genuine, complete, utter, absolute, existence-related
настоящему (adjv) - present, existing, now, this, real, genuine, complete, utter, absolute, existence-related
настройка (noun) - adjustment, tuning, tweaking, customizing
наступающего (adjv) - coming, approaching, nearing, forthcoming, oncoming, advancing, approach-related
наступление видимый (noun) - approach visibility, landing visibility, descent visibility
наступлению (noun) - offensive, attack, advance, assault, strike, charge, blitz
Настя (noun) - Nastya (name)
Насыр-Кортовского (noun) - Nasyr-Kortovsk (name)
насыщение вода вапор (noun) - saturation water-vapor
насыщение туман (noun) - saturation fog, saturated water-vapor fog
насыщеггого (adjv) - saturated, wet, pure, rich, moisture-related
Ната (noun) - Nata (name)
Наталья (noun) - Natalya (name)
Наташа (noun) - Natasha (name)
НАТО (acnm) - North Atlantic Treaty Organization (NATO)
НАТОвскому (comp) - NATO-membership, Membership in NATO
натуральными (adjv) - natural, real, genuine, ingenious, naïve, unsophisticated, personality-related
натуральныь (adjv) - natural, real, genuine, ingenious, naïve, unsophisticated, personality
Натуральныь логарифмы (noun) - Natural Logarithms, Naperian logarithms

натурные (adjv) - natural, original, fundamental, essential, physical, spontaneous, external, inherent, creative, genetical, nature- related
натурный (adjv) - natural, original, fundamental, essential, physical, spontaneous, external, original, fundamental, essential, nature-related
натурных (adjv) - natural, original, fundamental, essential, physical, spontaneous, external, original, fundamental, essential, nature-related
натурных ланных (noun) - original data, field data, essential data
науке (noun) - science, knowledge, learning, study, reconcilability
Науки комитет п проблемах, Будапешт (noun) - Science Committee on Environment Problems, Budapest
научно (adjv) - scientific, knowledgeable, regulated, principled, systematic, exact, accurate, science-related
научно исследовательские (noun) - scientific research, systematic research
Научно исследовательским центром дистанционного зондирования атмосферый (noun) - Scientific research center (for) atmospheric remote/depth sounding
научно исследовательскому (noun) - scientific research, systematic research
научно-производственного (adjv) - scientific-production, scientific- industrial, science-related
научно у метеорология (noun) - science of meteorology, science of weather
научно у погода прогнозировании (noun) - science of weather prognosis, science of weather forecasting
научного (adjv) - scientific, verified, controlled, principled, systematic, exact, accurate, science-related
научное (noun) - science, verified-facts, learning, study, reconcilability
научной (adjv) - scientific, verified, controlled, principled, systematic, exact, accurate, science-related
научном (adjv) - scientific, verified, controlled, principled, systematic, exact, accurate, science-related
Научный данные центр (noun) - Science Data Center, Scientific data center

научный журнал (noun) - scientific journal, science journal, scientific publication
Научный парк (noun) - Science park, Scientific park
научных (adjv) - scientific, verified, controlled, principled, systematic, exact, accurate, science-related
Нафтогаз (comp) - Naphtogas (principal Ukrainian gas supplier)
Нафтогаз Украины (noun) - Naphtogas (of) Ukraine (name)
Нафтогазом Украины (noun) - Naphtogas's(of) Ukraine (name)
Наха (noun) - Naha (name)
находившихся (verb) - station, locate, position, threaten, endanger
находились (verb) - were, we are, was, be, are
находится (verb) - find, discover, decide, determine, resolve, settle
находят (verb) - are, find, discover, decide, determine, resolve, settle
находятся (verb) - are, find, discover, decide, determine, resolve, settle
находящиеся (verb) - are, which are, being, located, positioned, were present
находящихся (verb) - are, which are, being, located, positioned, were present
нацбезопасности (comp) - national-safety, national-security
наций (noun) - nation, country, state, republic, realm, kingdom
националисты (noun) - nationalist, patriot, jingoist, chauvinist
национальная (adjv) - national, federalized, political, coalescent, nationalization-related
Национальная научная корференция (noun) - National Scientific Conference
национального (adjv) - national, federalized, political, coalescent, nation-related
национальное (adjv) - national, federalized, political, coalescent, nation-related
национальной (adjv) - national, federalized, political, coalescent, nation-related
национальном (adjv) - national, federalized, political, coalescent, nation-related
национальном иностранный (noun) - foreign-national, foreign-visitor, foreigner

Национальном метеорологическом центр. Вашингтон (noun) -National Meteorological Center, Washington (USA)
Национальном океанический и атмосферный агентство (noun) - National Oceanic and Atmospheric Agency, NOAA (USA)
национальных (adjv) - national, federalized, political, coalescent, nation-related
Национальных гидрометеорологических служб (noun) - National Hydrometeorological Service
нацистской (adjv) - militaristic, dictatorial, belligerent, Nazi-related
нацистской Германии (noun) - Nazi Germany, Hitler's Germany
нацисткоих (adjv) - militaristic, dictatorial, belligerent, Nazi-related
Нацпремия (comp) - National-premium, National-bonus, National- prize
нацпроект (comp) - national-project, national-design
нацпроектов (comp) - national-projects, national-designs, state-projects, governmental-projects
начала приближение поле (noun) - area first-approximation, field first-approximation
началась (noun) - start, beginning, onset, origin, source, commencement, establishment, principle, basis, rudiments, employment, equality, nature
начале (noun) - beginning, starting, initiating, sooon afterwards, earliness, commencing, establishing, originating, origin, source, principle, basis, basics, rudiments, position, nature
начали (noun) - beginning, starting, initiating, soon afterwards, earliness, commencing, establishing, originating, origin, source, principle, basis, basics, rudiments, position, nature
начались (verb) - start, begin, commence, establish, initiate, originate,
начало (noun) - start, beginning, origin, home, source, principle, basis, basics, rudiments, nature
начало (verb) - start, begin, commence, establish, initiate, originate, work, be under someone, put under, place in the charge of, rise, equalize, naturalize

началом (noun) - starting, beginning, initiating, commencing, establishing, origin, home, source, principle, basis, basic, rudiment, supervision, nature
началось (verb) - start, begin, commence, establish, initiate, originate, work, be under someone, put under, place in charge of, rise, equalize, naturalize
начался (verb) - start, begin, commence, establish, initiate, originate work, be under someone, put under, place in charge of, rise, equalize, naturalize
начальная (adjv) - initial, first, starting, begining, original, incipient, elemental, primary, commencement-related
начальная ордината (noun) - initial ordinate, original ordinate
начальная скорость (noun) - initial velocity, starting velocity
начальник (noun) - head, boss, manager, chief, superior
начальное распределение (noun) - initial distribution, initial allocation
начальное состояние (noun) - initial condition, initial state
начальной (adjv) - initial, first, starting, original, incipient, elemental, primary, commencement-related
начальные (adjv) - initial, first, starting, original, incipient, elemental, primary, commencement-rlated
начальныед ввод данные (noun) - initialized input-data, initialized lead-in data
начальныед ошибказ (noun) - initialized error, initialized mistake
начальным (adjv) - initial, first, starting, original, incipient, elemental, primary, commencement-related
начальными (adjv) - initial, first, starting, original, incipient, elemental, primary, commencement-related
начальных (adjv) - initial, first, starting, original, incipient, elemental, primary, commencement-related
начаты (noun) - began, start, commencement, onset, outset, opening, launching, establishing, creation
начатые (adjv) - beginning, started, commenced, opened, launched, established, created, commencement-related
начинает (verb) - begin, start, initiate, originate, undertake, commence, proceed, advance
начинается (verb) - begin, start, initiate, originate, undertake, commence, proceed, advance

начинают (verb) - begin, start, initiate, originate, undertake, commence, proceed, advance
начинаются (verb) - begin, start, initiate, originate, undertake, commence, proceed, advance
начнестся (verb) - begin, start, initiate, originate, undertake, commence, proceed, advance
начнет (verb) - begin, start, initiate, originate, undertake, commence, proceed, advance
начнется (verb) - begin, start, initiate, originate, undertake, commence, proceed, advance
начнут (verb) - begin, start, initiate, originate, undertake commence, proceed, advance
начнутся (verb) - begin, start, initiate, originate, undertake, commence, proceed, advance
нашей зры (noun) - In the year of our Lord, Anno Domini, A.D.
нашем (pron) - our, us, ourselves, our-self нашими (pron) - our, us, ourselves, our-self
нашла (verb) - find, discover, encounter, locate, learn, discovery-related
нашли (verb) - find, discover, encounter, locate, learn, discovery-related
нашло (verb) - find, discover, encounter, locate, learn, discovery-related
НГК (abbv) - National Geophysics Committee
Нгуен Тан Зунг (noun) - Nguyen Tan Zung (Vietnamese)
НДС (abbv) - Value Added Tax, Value-added levy, (VAT)
не будет (conj) - not enough, inadequate, lacking, will not
не было (noun) - not very, not involved, not among, not amidst
не дать ни шанса террористам дестабилизироовать страну (noun)-do not give nor chance terrorist's destabilizing (the) nation
не линейный (noun) - unlinear, non-linear, dis-linear
не линейьность (noun) - dis-linearity, unlinearity
не меняется (adjv) - constant, unchanging, steadfast, invariable, uniform, regular, constancy-related
не может (advb) - can not, could not, cannot but, cannot help but, cannot help

не может быть (adjv) - impossible, incapable, undesirable, unacceptable,improbable, acceptance-related
не стандарт температура (noun) - non-standard temperature
не суперячейка (noun) - uncharacteristic supercell
не толко (advb) - not only, but also, as well, in addition
не толко вызывать (conj) - as well as, and in addition, besides
не учитывающих (verb) - neglect, ignore, disregard, overlook, slight, forget
неактивный (adjv) - inactive, inert, non-energetic, sluggish, activity- related
неаккуратные (adjv) - inaccurate, erroneous, faulty, mistaken, accuracy-related
Неандертальйев (noun) - Neanderthals, cavemen, prehistoric-men
небе (noun) - sky, sky condition, heaven, roof, opening
небесно голубой (noun) - blue sky, light-blue sky
Небесный эватор (noun) - Celestial Equator, celestial-sphere Great Circle, equator, equinoctial, equinoctial circle, equinoctial line
неблагополучное (advb) - unsatisfactorily, unsuccessfully, unfavorably
неблагоприятные (adjv) - unfavorable, contrary, disadvantageous, inauspicious, acceptance-related
неблагоприятных (adjv) -unfavorable, contrary, disadvantageous, inauspicious, acceptance-related
небо в барашках (noun) - sky of fleecy-clouds, mackerel sky, fish-scale clouds, Altocumulus sky
небольшая (adjv) - small, short, tiny, wee, insignificant, little, low, moderate, size-related
небольшими (adjv) - small, short, tiny, wee, insignificant, little, low, moderate, size-related
небольших (adjv) - small, short, tiny, wee, insignificant, little, low, moderate, size-related
небольшого (adjv) - small, short, tiny, wee, insignificant, little, low, moderate, size-related
небольшой (adjv) - small, short, tiny, wee, insignificant, little, low, moderate, size-related
Небраска (noun) - Nebraska (name)

Небулосус (noun) - Nebulosus, Indistinctive-detail, Indistinct cloud-forms
небывалый (adjv) - unprecedented, novel, unique, unexampled, fantastic, imaginary, unbelieveable, inexperienced, without-precident related
Неватим (noun) - Nevatim (Israeli Air Base)
невиданные (adjv) - unprecedented, novel, unique, unexampled, fantastic, imaginary, unbelieveable, no precedent-related
невидимке (noun) - invisible, imperceptible, unrevealed, invisible person, hiding person, darkness
невидимые (adjv) - invisible, unseen, imperceptnble, inconspicuous, unreflected, without-presedent related
невиновными (adjv) - innocent, blameless, acquitted, freed, discharged, innocence-related
невнятные (adjv) - indistinct, incomprehensible, ununderstandable, distinction-related
невозможные (adjv) - impossible, unfeasible, unpracticable, unacceptable, insufferable, acceptance-related
невозмущенном (verb) - nondistributed, nonapportioned
неволю (noun) - bondage, slavery, subjucation, captivity, servitude, restraint, control, no freedom
невролог (noun) - Neurologist (medical)
невский (adjv) - Nevian, Neva-related
Невский благовест (noun) - Nevian Church-bell Ringing
невского (adjv) - Nevian, Neva-related
Невского Экспресса (noun) - Nevian Express, Neva Express (Moscow-St. Petersburg high-speed passenger- train)
невскому (adjv) - Nevian, Neva-related
Невскому проспекту (noun) - Neva Avenue, Neva Prospect
невыезде (noun) - constancy, force, resident, forced-residency
невязка (noun) - discrepancy, error, mistake, blunder, lapse, slip, disagreement, discordant
негативное (adjv) - negative, adverse, unfavorable, disagreeable, negativity-related
негативной (adjv) - negative, adverse, unfavorable, disagreeable,negativity-related
негативные (adjv) - negative, adverse, unfavorable, disagreeable,negativity-related

негативными (adjv) - negative, adverse, unfavorable, disagreeable, negativity-related

негативую (adjv) - negative, adverse, unfavorable, disagreeable, negativity-related

негибкость (noun) - inflexibility, rigidity, firmness, unyielding, unfaltering

негидростатическая (adjv) - nonhydrostatic, non-fluid, unpressured, state-related

негидростатической - (adjv) - nonhydrostatic, non-fluid, unpressured, state-related

Negolist (noun) - Negolist (internet Information Net)

недавней (adjv) - recent, late, fresh, latter, later, Holocene, new, lateness-related

недавно (advb) - recently, lately, afresh, latterly, newly

недействение (noun) - dormance, dormant-state, staticness, inactivity, ineffectiveness

недействительные (adjv) - ineffective, incapable, unproductive, unexpectedly, invalid, null, productivity-related

недействующий (adjv) - dormant, inactive, suspended, sluggish, asleep, activity-related

недействующий вулкан (noun) - dormant volcano, inactive volcano, sleeping volcano

неделе (noun) - week, seven-day period, 1/52 nd of a year

недели (noun) - week, seven-day period, 1/52 nd of a year

Недели моды (noun) - Fashion Week

недель (noun) - week, seven-day period, 1/52 nd of a year

неделю (noun) - week, seven-day period, 1/52 of a year

Недерландах (noun) - Netherlands, Holland (the tulip country)

недозрелые (adjv) - immature, premature, infantile, crude, unfinished, babyish, unripe, immaturity-related

недооценила (noun) - underestimation, underestimate, misestimation, underreckoning, underrating, minimization, depreciation

недопущении (noun) - prevention, avoidance, forbearance, evasion, circumvention, equivocation, shunning, forestalling

недорогого (adjv) - cheaply, inexpensively, reasonably, moderately, nominally, cost-related

недостатки (noun) - limitation, insufficientcy, inadequacy, deficiency, deprivation, lacking, needing
недостаточная мощность (noun) - insufficient capacity, inadequate output
недостаточные (adjv) - insufficient, inadequate, deficient, needy, lacking, inadequacy-related
недостоверных (adjv) - unreliable, undependable, untrustworthy, irresponsible, reliability-related
нее (conj) - if, in the event that, allowing that, on the assumption that, on condition that, whether, even though, jf anything
неестественные (adjv) - unnatural, irregular, inconsistent, not-normal, contrived, perverse, acceptance-related
неестественный небо цвет (noun) - unnatural sky-color, discolored sky
независимого (adjv) - independent, self-dependent, free-spirited, self-determined, individualistic, self-reliant, independence-related
независимостю (noun) - independence, self-sufficiency, self-government, freedom
независимые (adjv) - independent, self-sufficient, self-governing, unaffiliated, freedom-seeking, free, independence-related
независимый (adjv) - independent, self-sufficient, self-governing, unaffiliated, freedom-seeking, free, independence-related
независимых (adjv) - independent, self-sufficient, self-governing, unaffiliated, freedom-seeking, free, independence-related
незадержанием (noun) - unstopping, unretaining, undetenting, undelaying, unarresting, undetenting
незаконно (advb) - illegally, unlawfully, illegitimately, illicitly, feloniously, unduly, wrongfully
незаконного (adjv) - illegal, unlawful, illegitimate, illicit, felonious, wrongful, illegality-related
незаконной (adjv) - illegal, unlawful, illegitimate, illicit, felonious wrongful, illegality-related
незаконном (adjv) - illegal, unlawful, illegitimate, illicit, felonious, wrongful, illegality-related
незаконные (adjv) - illegal, unlawful, illegitimate, illicit, felonious, wrongful, common-law, illegality-related

незаконным (adjv) - illegal, unlawful, illegitimate, illicit, felonious, wrongful, common-law, illegality-related
незаконных (adjv) - illegal, unlawful, illegitimate, illicit, felonious, wrongful, common-law, illegality-related
незаконо (advb) - illegaly, unlawfully, illegitimately, illicitly, feloniously
незакономерные (adjv) - exceptional, outstanding, rare, unique, superiority-related
незаконченные (adjv) - unfinished, incomplete, unpolished, completeness-related
незамерзающие (adjv) - non-freezing, anti-freezing, ice-free, icing- related
Незамерзающий порт (noun) - Ice-free Port, Ice-free Harbor
незатухающей (adjv) - undamped, undiminished, unchecked, unchoked, restriction-related
незатухающий (adjv) - undamped, undiminished, unchecked, unchoked, restriction-related
незащищённая (adjv) - unprotected, exposed, unsheltered, open, protection-related
незащищённая повархность (noun) - exposed surfrace, unprotected surface
незащищённый (adjv) - unprotected, exposed, unsheltered, open, protection-related
незначительно (advb) - insignificantly, marginally, slightly, minorly
Неид (noun) - Nejd, Saudi Arabian regions
неизвестными (noun) - unknown, not known, not well-known, requires discovery, symbol, unidentified
неизменная (adjv) - unchanged, unaltered, immutable, invariable, true, persistence-related
неизвестную (adjv) - unknown, undetermined, mysterious, mystery- related
неизвестные (adjv) - unknown, undetermined, mysterious, mystery- related
неизвестным (adjv) - unknown, undetermined, mysterious, mystery- related
неизвестными (adjv) - unknown, undetermined, mysterious, mystery-related

неизданные (adjv) - unpublished, unproduced, unreleased, unprinted, undisseminated, publication-related
неизменной (adjv) - invariable, immutable, devoted, faithful, true, concistency-related
неизостатического (adjv) - unstatic, mobile, active, movable, mobility-related
неимущих (noun) - indigent, impoverished, homeless, needy, poor, wanting
неиспользованное (adjv) - unusable, disabled, inpracticable, inconvient, lost, disability-related
неиспользованное тепло (noun) - heat loss, heat deprivation
нейтрализм (noun) - neutralism, neutrality, neutral-state, non-war policy
нейтральной (adjv) - neutral, unaligned, undecided, indifferent, neuter, achromatic, independence-related
нейтрадьные (adjv) - neutral, unaligned, undecided, indifferent, neuter, achromatic, independence-related
нейтральные пункт (noun) - neutral point, neuter point
нейтральных (adjv) - neutral, unaligned, undecided, indifferent, neuter, achromatic, independence-related
нейтрино (noun) - Neutrino, sub-atomic particle
нейтронах (noun) - neutrons, uncharged-particles, elementary-particle, atom-constituent
некачественных (adjv) - poor-quality, shoddy, sub-standard, inferiority-related
неконвективных (adjv) - non-convective, unconvective, non-conveying, non-radiating, non-transfering, convection-related
неконтролируемой (adjv) - uncontrolled, uncontrollable, ungoverned, ungovernable, unmanageable, resistant, defiant, recalcitrant, control-related
некорректном (adjv) - not correct, incorrect, wrong, abnormal, aberrant, deviant, inaccuracy-related
некоторого (adjv) - some, unknown, undetermined, unspecified, more-than-one, partial, amount-related
некоторой (adjv) - some, unknown, undetermined, unspecified, more-than-one, partial, amount-related
некоторые (adjv) - some, unknown, undetermined, unspecified, more-than-one, partial, amount-related

некоторыми (adjv) - some, unknown, undetermined, unspecified, more-than-one, partial, amount-related
некоторых (adjv) - some, unknown, undetermined, unspecified, more-than-one, partial, amount-related
нелегитимным (adjv) - illegitimate, illicit, unauthorized, illegal, unlawful, legality-related
нелетальное (adjv) - non-lethal, non-deadly, non-fatal, non-destructive, lethality-related
нелинейного (adjv) - non-linear, unstraight, non-uniform, crooked, not-straight, linearity-related
нелинейной (adjv) - non-linear, unstraight, non-uniform, crooked, not-straight, linearity-related
нелинейный (adjv) - non-linear, unstraight, non-uniform, crooked, not-straight, linearity-related
Нельсона (noun) - Nelson (name)
Нельсона Манделу (noun) - Nelson Mandela (name)
Нельсона Манделы (noun) - Nelson Mandela (name)
немаловажные (adjv) - important, significant, valuable, self-important, urgent, importance-related
немаловажным (adjv) - important, significant, valuable, self-important, urgent, importance-related
немалые (adjv) - considerable, large, significant, worthy, amount- related
Неман (noun) - Neman (name)
немедленная (adjv) - immediate, now, at hand, present, on hand, in place, immanent, time-related
немедленно (advb) - immediately, instantly, directly, presently, immanently
немедленной (adjv) - immediate, now, at hand, present, on hand, in place, immanent, time-related
немедленному (adjv) - immediate, now, at hand, present, on hand, in place, immanent, time-related
немеыким (adjv) - Germanic, Germanite, Teutonic, Germany-related
немецких (adjv) - Germanic, Germanite, Teutonic, Germany-related
немецкой (adjv) - Germanic, Germanite, Teutonic, Germany-related

немецкой марки (noun) - German Mark, Deutsche Mark, One Hundred Pfennigs (replaced by the - Euro and Cents)
немногие дожди (noun) - few showers, small-number of showers, very-scattered showers, widely-scattered showers, isolated showers, extremely-scattered showers
немногие облаках (noun) - few clouds, small-number of clouds, very-scattered clouds, widely-scattered clouds, greatly-scattered clouds, extremely-scattered clouds, isolated-clouds
ненаправленности (noun) - not directed, undirected, without instruction, uncontrolled activity
ненасыщенность (noun) - unsaturation, unsaturated-state, capability for added absortion
ненасыщенный (adjv) - unsaturated, absorption-capable, not saturated, saturation-related
Нео-тропический (adjv) - Neo-tropic, Neo-tropical, New-World tropical, Tropic of Cancer/southward-tropical, Southern-tropics related
необозримые (adjv) - immense, huge, vast, immeasurable, boundless, limitless, size-related
необоснованным (adjv) - unreasonable, unfounded, unjustified, groundless, unsubstantiated, evidence-related
необработанные (adjv) - raw, uncooked, natural, unprocessed, unpurified, undiluted, unblended, unprepared, unbridled, green. vulgar, coarse, refinement-related
необратимое (adjv) - complete, completive, total, concluded, thorough, absolute, totalness-related
необратимое равновесие (noun) - complete equilibrium, total equilibrium
необратимой (adjv) - irreversible, unidirectional, not reversible, unchanging, unstoppable, one-sided, unstopping-related
необратимость (noun) - irreversibility, unidirectional-state, irreversible-state
необратимые (adjv) - irreversible, unidirectional, not reversible, unchanging, unstoppable, one-sided, unstopping-related
необратимы процесс (noun) - irreversible process, unstoppable process, unidirectional process

необратимый тепловой цикл (noun) - irreversible heat cycle, unstoppable heat cycle
необходимо (adjv) - necessary, essential, imperiative, vital, required, necessity-related
необходимого (adjv) - necessary, essential, imperative, vital, required, necessity-related
необходимое (adjv) - necessary, essential, imperitive, vital, required, necessity-related
необходимому (noun) - necessity, indispensability, essentialness,something-basic
необходимостью (noun) - necessity, indispensability, essentialness, something-basic
необходимым (noun) - necessity, indispensability, essentialness, something-basic
необычино (advb) - extraordinarily, unusually, rarely, irregularly, uncustomarily
необычное (adjv) - unusual, unconvential, uncommon, uncustomary, rare, rarity-related
необычном (adjv) - unusual, unconvential, uncommon, uncustomary, rare, rarity-related
необычные (adjv) - unusual, unconvential, uncommon, uncustomary, rare, rarity-related
неоднозначность (noun) - ambiguity, equivalence, complexity, complication
неоднородной (adjv) - heterogeneous, dissimilar, inhomogeneous, not uniform, patchy, spotty, irregular, dissimilarity-related
неоднородностей (noun) - inhomogeneity, not homogeneous, localized-collection of Universe-matter
неоднородностях (noun) - heterogeneities, mixtures, dissimilar-ingredients, diverse ingredients
неоднородные (adjv) - heterogeneous, dissimilar, inhomogeneous, not uniform, patchy, spotty, irregular, dissimilarity-related
неоднородный туман (noun) - patchy fog, spotty fog
неопределённой (adjv) - indefinite, uncertain, vague, undeterminate, uncertainty-related
неопределённые (adjv) - indefinite, uncertain, vague, undeterminate, uncertainty-related

неопубликованные (adjv) - unpublished, unprinted, undistributed, undisseminated, unannounced, print-related
неопубликованный (adjv) - unpublished, unprinted, undistributed, undisseminted, unannounced, print-related
неорганизованные (adjv) - disorganized, unorganized, incoherent, disorderly, dysfunctional, organized-related
неограниченный (adjv) - inorganic, mineral, artificial, composition- related
неорганической (adjv) - inorganic, mineral, artificial, composition- related
неоспоримые (adjv) - indisputable, unquestionable, incontestable, undeniable, irrefutable, unexceptionable, self-evident, truth-related
Непале (noun) - Nepal (name)
непогода (comp) - bad weather, stormy weather, inclement weather, unsettled weather
непогодой (adjv) - bad-weather, stormy-weather, inclement-weather, unsettled-weather, weather-related
неподвижные (adjv) - stationary, motionless, still, static, fixed, immobile, unmoving, immovable, inactive, quiescent, latent, quiet, unchanged, motion-related
неподвижный воздух (noun) - motionless air, still air, no wind, calm
неподвижный длина волны (noun) - stationary wave-length, unchanged wave-length, fixed wave-length
неподвижный система (noun) - stationary system, motionless system
неподвижный фрони (noun) - stationary frontal, motionless front
неподобающего (adjv) - inappropriate, unseemly, improper, excessive, propriety-related
непосредсивенно (advb) - immediately, directly, instantaneously, instantly, currently, presently, time-related
непосредственные (adjv) - immediate, instantaneous, instant, current, present, now, time-related
неправдоподобные (adjv) - incredible, amazing, extraordinary, improbable, implausible, incredulous, unbelieveable, unlikely, probability-related

неправдоподобный вред (noun) - incredible damage, unbelieveable damage
неправильную (adjv) - irregular, improper, out-of-line, incorrect, erroneous, wrong, regularity-related
неправительственные (adjv) - non-governmental, non-federal, non- civil, non-authoritarian, government-related
непраздничный (adjv) - nonholiday-like, unholiday-like, holiday-related
непредсказенный (adjv) - unpredicted, unforecast, unprognosticated, unexpected, unforeseen, unanticipated, prediction-related
непрерывная (adjv) - continuous, continual, uninterrupted, unbroken, perennial, constant, perpetual, constancy-related
непрерывно (advb) - continually, continuously, uninterruptedly
непрерывного (adjv) - continuous, continual, uninterrupted, unbroken, perennial, constant, perpetual, constancy-related
непрерывного действия (noun) - continuous action, perennial action
непрерывное движение (noun) - continuous motion, continual motion
непрерывноситах (noun) - continuities, uninterrupted-succesions, continuous-script
непрерывные (adjv) - continuous, continual, uninterrupted, unbroken, perennial, constant, perpetual, constancy-related
непрерывный волна (noun) - continuous wave, CW, constant wave
непрестанный (adjv) - incessant, continual, continuous, unceasing, uninterrupted, constancy-related
неприменении (noun) - non-use, refraining, nonemployment, abstinence, abstention, disuse, disusage
неприслособленные (adjv) - unadapted, unmodified, maladjusted, inappropriate, adaption-related
неприхотливостью (noun) - modesty, unpretensiveness, conservativeness
непрожитую (adjv) - unlived, unfulfilled, shortened, terminated, early-death related
непрозрачный лёд (noun) - opaque ice, dark ice

непроникающей (adjv) - nonpenetrating, nonentering, nonpiercing nonpassing, penetration-related
непроных (adjv) - closed, shut, unopen, fastened, folded-together, access-related
Нептун (noun) - Neptune, Roman Sea-god, Suns' eighth planet
Нептунами (noun) - Neptune's, Roman Sea-God's
Нептуния (noun) - Neptunium, radio-active metallic-element
неравенство (noun) - inequality, disparity, contrariety, irregularity, inadequacy, injustice
неравновесного (adjv) - nonequilibrium, unbalanced, unpoised, disproportionate, disproportional, unequalized, balance-related
неравновесном (noun) - nonequilibrium, unbalanced, unpoised, disproportionate, unequalized
неравновесные (adjv) - nonequilibrium, unbalanced, unpoised, disproportionate, disproportional, unequalized, balance-related
неравномерность (noun) - unbalance, imbalance, lack of balance, disproportion, unevenness, irregularity
неравномерный силы (noun) - unbalanced forces, disproportionate forces
неразмывающих (adjv) - nonscouring, nonscrubbing, without-scouring, scouring-related
неразрывности (noun) - indissolubility, inseperability, without-dissociation, with-permanance, without-annulment, continuity, without-interruption
неразрывность (noun) - indissolubility, inseparability, without-dissociation, with-permanance, without-annulment, continuity, without-interruption
неразрывные (adjv) - indissoluble, inseparable, undissociative, permanent, unannulled, unbroken, continuous, uninterrupted, solubility-related
неразрывный волна (noun) - Continuous Wave, CW, uninterrupted wave
нерасхождение (nonu) - nondivergence, without drawing-apart, no difference, no disagreement
нерве (noun) - nerve, neuron, nervous system, synapse, ganglion, spinal cord, sensory-conductor
нереалистичен (noun) - unrealism, imagination, unbelieveability, fancy

несанкционированного (adjv) - unsanctioned, not sanctioned, unapproved, unauthorized, endorsement-related
несанкционированной (adjv) - unsanctioned, not sanctioned, unapproved, unauthorized, endorsement-related
несанкционированную (adjv) - unsanctioned, not sanctioned, unapproved, unauthorized, endorsement-related
несанкционированные (adjv) - unsanctioned, not sanctioned, unapproved, unauthorized, endorsement-related
несанкционированный (adjv) - unsanctioned, not sanctioned, unapproved, unauthorized, endorsement-related
несанкционированным (adjv) - unsanctioned, not sanctioned, unapproved, unauthorized, endorsement-related
несанкционированных (noun) - unsanctioned, not sanctioned, unapproved, unauthorized, endorsement-related
несбойственных (adjv) - uncharacteristic, not characteristic, unusualo, abnormal, strange, difference-related
несжимаемой (adjv) - incompressible, uncompressible, compression- resistant, compression-related
несжимаемый (adjv) - incompressible, uncompressible, compression-resistant, compression-related
несистемной (adjv) - non system-like, disorganized, unsystematic, ineffective, non system-related
несколькими (adjv) - few, small-number, rare, at-least-some, more- than-one, very-limited-number, number-related
несколько (advb) - some, several, few, somewhat, something, rather, slightly, more, moreover
несовместные (adjv) - disagreeable, inconsistent, incompatible, disjointed, discordant, “Those Who Disagree”, disagreement-related
несогласных (adjv) - disagreeable, inconsistent, incompatible, disjointed, discordant, «Those Who Disagree», disagreement-related
несознательные (adjv) - irresponsible, careless, unrespectful, childish, responsibility-related
несоизмеримое (noun) - irrationality, without-reason, without-understanding, without-coherence, not-governed-by-reason, irrational-number

несоизмеримые (adjv) - incommensurable, incommensurate, uncomparable, no-basis-for-comparison, comparison-related
неспособные (adjv) - dull, inadequate, incapable, insufficient, failed, defective, adequacy-related
неспецифических (adjv) - nonspecific, vague, generalized, indirect, vagueness-related
нестабильностю (noun) - instability, unsteadfastness, precariousness, unsoundness, infirmity, insecurity, unreliability
нестационарая (adjv) - non-stationary, mobile, movable, non-static, unfixed, unstill, motion-related
нестационарной (adjv) - non-stationary, mobile, movable, non-static, unfixed, unstill, motion-related
нестационарых (adjv) - non-stationary, mobile, movable, non-static, unfixed, unstill, motion-related
нестерпимого (adjv) - unbearable, intolerable, unendurable, insufferable, insupportable, tolerance-related
несут (verb) - carry, bear, tote, have, are
несущий винт годова (noun) - lifting-propeller-head icing, rotor-head icing (helicopter)
Нет песни (noun) - No Song (title)
Нетаньяху (noun) - Netanyahu (name)
нетвёрдый воздух (noun) - unstable air, atmospheric-instability, thermal-instability
нетверых (adjv) - unsteady, unstable, shaky, rickety, unreliable, instability-related
нетские (adjv) - childish, infantive, babyish, child-like, children- related
нетурбулентной (adjv) - nonturbulent, stable air, atmospheric-stability related
неудачей (adjv) - unsuccessful, unfortunate, bad, failed, success- related
неудачная (adjv) - unsuccessful, unfortunate, bad, failed, success- related
неудачной (adjv) - unsuccessful, unfortunate, bad, failed, success- related
неудачны (adjv) unsuccessful, unfortunate, bad, failed, success- related

неудовлетворительно (advb) - inadequately, insufficiently. incapably, unsatisfactorily
неужели (advb) - really, truly, unquestionably, very, indeed, possible
неуклонные (adjv) - nuclear, atomic, steady, steadfast, undeviating, energy-related
неукоснительной (adjv) - strict, rigorous, firm, rigid, hard, relentless, exacting-related
неуловимые (adjv) - elusive, evasive, equivocal, imperceptible, ill-defined, incomprehensible, mis-understood, unidentified, classification-related
неуместные (adjv) - inappropriate, unsuitable, inapplicable, irrelevant, relevancy-relatedнеуплату (noun) - non-payment, non-paying, non-disbursal, non- remittance, non-reimbursement
неуравновешенные (adjv) - unbalanced, atip, disturbed, psychotic
неурожаем (noun) - crop-failure, bad-harvest
неустановленных (adjv) - unidentified, unestablished, unfixed, unstated, unknown, identification-related
неустойчивая (adjv) - unstable, unsettled, unsteady, changeable, unfirm, inconsistent, irregular, stability-related
неустойчивая погода (noun) - unsettled weather, changeable weather
неустойчивое (adjv) - unstabile, unsettled, unsteady, changeable, unfirm, inconsistent, irregular, stability-related
неустойчивое равновесие (noun) - unsteady balance, unstable equilibrium
неустойчивое состояние (noun) - unstable condition, unstable condition
Неустойчивость Индекс (noun) - Instability Index, Instability indicator
неустойчивые (adjv) - unstable, unsettled, unsteady, changeable, unfirm, inconsistent, irregular
неустойчивостью (noun) - instability, unstableness, unsteadiness
неутойчивые (adjv) - unstable, unsettled, unsteady, changeable, unfirm, inconsistent, irregular, instability-related
Нефанализ (comp) - Nephanalysis, Cloud/precipitation analysis

нефизический (adjv) - non-physical, non-carnal, nonsexual, non-material, imperceptible, perception- related
нефизических (adjv) - non-physical, non-carnal, nonsexual, non-material, imperceptible, perception- related
неформальная (adjv) - informal, unceremonious, casual, offhand, unofficial, informality-related
неформального (adjv) - informal, unceremonious, casual, offhand, unofficial, informality-related
неформальную (adjv) - informal, unceremonious, casual, offhand, unofficial, informality-related
неформальные (adjv) - informal, unceremonious, casual, offhand, unofficial, informality-related
Нефте танкер (noun) - oil-tanker (vessel), crude-oil carier, oiler, petroleum tanker
Нефтегаз (comp) - Petrogas (name)
нефтегазового (adjv) - oil-gas-like, petro-gas-like, petroleum-related
нефтигазосервисной (comp) - Oil-gas-service, Petro-gas-service
нефтеносном (comp) - oil-rich (area), oil-rich (region), oil-bearing (land)
нефтепроводом (comp) - petroleum-pipeline, oil-pipeline
нефтепроводы (comp) - oil-pipeline, petroleum-pipeline
нефтепродуктов (comp) - petroleum-products, oil-products, petro-chemical products
нефтепродукты (comp) - petroleum-products, oil-products, petro-chemical products
нефтеразвелки (comp) - petroleum-prospecting, oil-drilling
нефтехимии (comp) - oil-technology, petroleum technology
Нефтехимик (noun) - “Neftehimik” (Nizhnekamsk hockey club)
нефтное пятно на воде (noun) - oil patch on water, oil slick on water
нефть пазливаться (noun) - oil spill, oil spillage, environmental- accident
нефтью (noun) - oil, petroleum, lubricant, fuel-oil
нефтяное (adjv) - oiled, oily, flammable, bituminous, lubricative, oil-related
нефтяное пятно (noun) - oil-spill, oil-slick, oil-patch, oil-blemish, oil-stain, oil-spot

нефтяной компании (noun) - oil company, petroleum company
нефтяном (noun) - oil, petroleum, lubricant, grease
нефтяные (adjv) - oiled, oily, flammable, bituminous, lubricative, oil- related
нефтяными (adjv) - oiled, oily, flammable, bituminous, lubricative, oil-related
нефтяных (adjv) - oiled, oily, flammable, bituminous, lubricative, oil-related
Нехаевский (adjv) - Nekhaevskian, Nekhaevski-related
нехватке (noun) - shortage, deficit, deficiency, inadequacy, lack
нецелевые (adjv) - inexpedient, untimely, unwise, ineffective, pointless, purposeless, useless, wasteful, decision-related
нечётные (adjv) - odd, uneven, left-over, irregular, peculiar, eccentric, unusual, oddity-related
Неэвклидова геометрие (noun) - Non-Euclidean geometry
неявная (adjv) - implicit, unquestionable, unquestioning, explicit, unexpressed, implied, potential, understanding-related
неясность (noun) - ambiguity, uncertainty, vagueness, obscurity
неясные (adjv) - ambiguous, uncertain, vague, obscure, vagueness- related
Ниагарский Водопад (noun) - Niagra Falls (name)
ниве (noun) - field, activity, sphere, expertise, setting, arena, site, ground, forum, platform
нивелирной (adjv) - level, horizontal, equipotential, balanced, reasonable, steady, unwavering, steadiness-related
нивелировщик (noun) - leveler, grader, contourer, surveyor
нигерийскими (adjv) - Nigerian, Nigeria-related
нигерийского (adjv) - Nigerian, Nigeria-related
Нигерийцу (noun) - Nigerian, Nigeria citizen
Нидерландах (noun) - Nederlands, Holland, Low countries
Нидерланды (noun) - Nederlands, Holland, Low countries
нижайшные (adjv) - humble, unassertive, unarrogant, survile, insignificant, unpretentious, lower, lowest, minimum, humility- related
нижайший давление (noun) - lowest pressure, minimum pressure
ниже мороз (noun) - below freezing, colder than freezing
ниже нуля (noun) - below zero, colder than zero degrees

ниже полёт уровень (noun) - below flight-level, beneath flight- altitude
Нижегородская (adjv) - Nizhegorodian, Nizhegorod-related
Нижегородского (adjv) - Nizhegorodian, Nizhegorod-related
Нижегородской (adjv) - Nizhegorodian, Nizhegorod-related
нижнего (adjv) - lower, under, beneath, lower-than, height-related
Нижнего Новгорода (noun) - Lower Novgorod (name)
Нижнее поволжье (noun) - Lower Volga (name)
нижней (adjv) - lower, under, beneath, lower-than, height-related
нижней границы (noun) - lower boundary, base height (significant- cloud)
Нижней тропосферы (noun) - lower Troposphere, Surface to @ 3.5 kilometers height
нижней Тунгуски (noun) - Lower Tnguski (name)
Нижнем Новгороде (noun) - Lower Novgorod
Нижнеудинск (noun) - Nizhnedinsk (name)
нижний давление (noun) - low pressure, lower pressure
Нижний Амур (noun) - Lower Amur (name)
Нижний Волга (noun) - Lower Volga (name)
Нижний Дон (noun) - Lower Don (name)
Нижний Енисей (noun) - Lower Yenisei (name)
Нижний Лена (noun) - Lower Lena (name)
Нижний Новгород (noun) - Nizhnii Novogorod, Lower Novogorod (name)
Нижний Обь (noun) - Lower Ob (name)
Нижний Ока (noun) - Lower Oka (name)
Нижний Тагил (noun) - Lower Tagil (name)
нижные (adjv) - lower, under, beneath, below, lower-than, height- related
Нижняя Тунгуска (noun) - Lower Tunguska (name)
нижняя тяга (noun) - downdraft, descending air-current
низка (adjv) - humble, low, mean, base, contemptible, shabby, ashamed, attitude-related
низкие (adjv) - humble, low, mean, base, contemptible, shabby, ashamed, attitude-related
низкий давтение система (noun) - low pressure system, cyclonic system

Низнкий индекс образ (noun) - Low-index pattern, Long-wave condition
Низкий морской прилив (noun) - Low Ocean-tide, Neap Tide
Низкий облако (noun) - Low cloud, surface to 6000' foot cloud
низкий слоистые облака (noun) - low stratus-cloud, low stratiform cloud
низкий уровень ветер резать (noun) - low-level wind shear
низкий ярус облаков (noun) - low tiered clouds, low layered clouds
низкого давления (noun) - low pressure, low atmospheric weight
низкое (adjv) - humble, low, mean, base, contemptible, shabby, ashamed, attitude-related
низкое давление депрессия (noun) - low-pressure depression, low- pressure trough
низкое давление жёлоб (noun) - low-pressure trough, pronounced linear low-pressure feature
низкое повторение норма (noun) - low repetition-rate, low rate of reoccurrence
низкопродуктивным (adjv) - low-productive, poorly-productive, production-related
низкотемпературный (adjv) - low temperature, coldest temperature, temperature-related
низкочастотной (adjv) - low-frequency, function low-repetition-rate, frequency-related
низкочастотных (adjv) - low-frequency, function low-repetition-rate, frequency-related
низкую (adjv) - humble, low, mean, base, contemptible, shabby, ashamed, attitude-related
низовьях (noun) - lower-reaches (of a river), lower-portions (of a river)
НИИ (abbv) - Scientific Research Institute
НИКА (acnm) - Russian National Movie Awards
никакими (conj) - or, either, and/or, any, nor, no
никакой ветер (noun) - no wind, calm wind
никелевые (adjv) - metallic, nickel, nickel, nicolite, nickel arsenide, metal-related
Ники (noun) - Nicky, Niki (Amariah Heaven)
Никита (noun) - Nikita (name)

Никобарских (adjv) - Nikobarian, Nikobar-related
Николаеский (adjv) - Nikolaevian. Nikolaev-related
Николай (noun) - Nikolai, Nicholas (name)
Николаша (noun) - Nikolasha (name)
Николаю (noun) - Nikolai (name)
Николо (noun) - Nikolo (name)
Николь (noun) - Nikol, Nicole (name)
Никольск (noun) - Nikolsk (name)
Николя Саркози (noun) - Nicolai Sarkozy (name)
никто (pron) - none, no-one, nobody, neither
Нил Река (noun) - Nile River
Нилель (noun) - Nile (name)
Нильса Норденшельда (noun) - Nils Norden-sklold (name)
Нимбо слоистое облако (noun) - Nimbus stratified cloud, Nimbo-stratus cloud, stratified low-level rain cloud
нимбус (noun) - nimbus, rain, halo
Нина (noun) - Nina (name)
Нинья (noun) - Nina (name)
Ниньо (noun) - Nino (name)
нисходящем (adjv) - descendible, descending, moving-downward, extending-downward, dropping-downward, going-lower, falling, descent-related
нисходящий воздух (noun) - descending air, subsiding air
нисходящих (adjv) - descendible, descending, moving-downward, extending-downward, dropping-downward, subsiding, descent- related
нисходящой (adjv) - descendible, descending, moving-downward, extending-downward, dropping-downward, going-lower, falling, descent-related
нисходящые (adjv) - descendible, descending, moving-downward, extending-downward, dropping-downward, going-lower, falling, descent-related
нисшествие (noun) - descending, lowering, falling, subsiding, downward-step, descent
нисшествия (noun) - descending, lowering, falling, subsiding, downward-step, descent
нитратов (noun) - nitrates, nitric-acid salts, nitric-acid esters, sodium-nitrates, potassium-nitrates

них (pron) - they, them, these, him, her, it
НИЦ (abbv) - Scientific Research Center
Ница (noun) - Nice (name)
Нкм (abbv) - Height in Kilometers, height in thousands of meters
НЛО (abbv) - Unidentified Flying Object/UFO
нм (abbv) - nanometers, one-billionth Meter
но (conj) - but, yet, only, and, still, nevertheless, although, just
НО (abbv) - Nitric-oxide, corrosive liquid inorganic acid
Нобелевская (adjv) - Nobelian, Nobel-related
Нобелевская премия (noun) - Nobel Prize
Нобелевских премий (noun) - Nobel Prize
Нобелеыских торжеств (noun) - Nobel celebration
Нобелевской (adjv) - Nobelian, Nobel-related
Нобелевской премии (noun) - Nobel Prize
Нобелевскую (adjv) - Nobelian, Nobel-related
нова (adjv) - new, recent, modern, newish, novel, fresh, original, news, unfamiliar, newness-related
новая (adjv) - new, recent, modern, newish, novel, fresh, original, news, unfamiliar, newness-related
Новая волна (noun) - New Wave, New tide, New sea, New wash
Новая Сибирский Остерова (noun) - New Siberian Islands
Новая Фоундландия (noun) - New Foundland (name)
Новгороде (noun) - Novgorod (name)
Новгородской (adjv) - Novgorodian, Novgorod-related
новейшие (adjv) - latest, newest, most-recent, newly-fashionable, cutting-edge, state-of-the-art, highly-progressive, newness-related
новейшой (adjv) - latest, newest, most-recent, newly-fashionable, cutting-edge, state-of-the-art, highly-progressive, newness-related
Ново-Огарево (noun) - Novo-Ogaryovo (Moscow estate)
новоаненский (adjv) - Novoanenian, Novoanen-related
нового (adjv) - new, modern, recent, new's, currency-related
Нового года (noun) - New Year, New Year's day
новогодная (adjv) - New Year's-like, celebratory, New Year's-related
новогоднего (adjv) - New Year's-like, celebratory, New Year's-related

Новогоднем (comp) - New Year's, holiday, New Year's Day
новогодние (comp) - New Year's, holiday, New Year's Day
новогодний (adjv) - New Year's-like, celebratory, New Year's- Related
новогодним (adjv) - New Year's-like, celebratory, New Year's- related
новогодних (adjv) - New-Year's-like, celebratory, New Year's- related
Новогород (noun) - Novogorod (name)
Новогороде (noun) - Novogorod (name)
Новодвинск (noun) - Novodvinsk (name)
Новодевичьем (noun) - New-maidens (name)
Новодевичьем кладбище (noun) - Novodevichem Cemetary
Новодезичье (noun) - Novodevichi (name)
новое (adjv) - new, recent, modern, newish, up-to-date, novel, fresh, original, news, unfamiliar, newness-related
Новозеландской (adjv) - New Zealander, Kiwi, New Zealand-related
Новозеландском (noun) - New Zealand (name)
Новозландских (adjv) - New Zealander, Kiwi, New Zealand-related
Новой Газеты (noun) - New Newspaper, newly (printed) news media Новой Гвинее (noun) - New Guinea (name)
Новой Зеландией (noun) - New Zealand (name)
Новой Зеландии (noun) - New Zealand (name)
Новой Земли (noun) - New Earth, New ground
Новокузнецка (noun) - Novokokuznetsk (name)
Новокузнецка-Кемеровской (noun) - Novokuznetsk-Kemerovsk (name)
Новокузнецке (noun) - Novokuznetsk (name)
Новокузнуцк (noun) - Novokuznetsk (name)
Новокуйбышевска (noun) - Novokujbyshevsk (name)
Новолазаревская (adjv) - New-Infirmian, New-Infirmary related
новом (adjv) - new, recent, modern,newish, up-to-date,novel, fresh, original, news, unfamiliar, newness-related
Новом году (noun) - New Year
Новом Орлеане (noun) - New Orleans (name)

новому (noun) - newness, recentness, modernness, novelty, freshness, originality, news, unfamiliarity
Новониколаевский (adjv) - Novonikolaevian, Novonikolevsky- related
Новороссийск (noun) - Novorossiysk (name)
новоселов (noun) - new settlers, new occupants, new arrivals, emigrants
Новоселову (noun) - Novoselov (name)
новоселью (comp) - new-home, new-dwelling, house-warming, new- home celebration
Новосибирск (noun) - Novosibirsk (name)
Новосибирская (adjv) - Novosibirskian, Novosibirsk-related
Новосибирском (adjv) - Novosiberskian, Novosibirsk-related
Новосирбирские (adjv) - Novosibirskian, Novosibirsk-related
Новосибирскую (adjv) - Novosibirskian, Novosibirsk-related
Новочеркасск (noun) - Novocherkassk (name)
новую (adjv) - new, modern, recent, newish, novel, unprecedented, unique, fresh, original, unfamiliar, avant-garde, originality-related
Новую Зеландию (noun) - New Zealand (name)
Новы-Сонч (noun) - Nowy-Sacz (Poland)
новые (adjv) - new, modern, recent, newish, novel, unprecedented, unique, fresh, original, unfamiliar, avant-garde, originality-related
Новый Орлеан (noun) - New Orleans (name)
Новый Учёный (noun) - New Scientist
Новым годом (noun) - New Year's
новыми (adjv) - new, modern, recent, newish, novel, unprecedented, unique, fresh, original, unfamiliar, avant-garde, originality-related
новых (adjv) - new, modern, recent, newish, novel, unprecedented, unique, fresh, original, unfamiliar, avant-garde, originality-related
Ногинске (noun) - Noginsk (name)
Нода (noun) - Noda (Japanese Prime-minister)
НОК (abbv) - National Olympic Committee (NOC)
нокутом (noun) - “Knock-out”, Final decisive-blow
Нокиа (noun) - Nokia (electronics manufacturer)

номенклатурные (adjv) - nomenclatural, named, designated, systemized, standardized, nomenclature-related
номер станции (noun) - station number, station identifier
номеров (noun) - numbers, numerals, ciphers, digits, sums, amounts, parts, portions
номинантов (noun) - nominees, nominations, chooses, names, appointees, designees
номинаций (noun) - nomination, choosing, naming, supporting, appointing, designation
номинирован (verb) - nominate, designate, name, choose, appoint
номограмма (noun) - nomogram, nomograph
ному (noun) - number, total, complement, many, meter, verses, notes, individual, routine, act, policy, arithmetic, statistics, rating, lifetime
Норвегию (noun) - Norway, Norwegian country
Норвежец (adjv) - Norwegian, Norseman, Norsewoman, Norse, Norway-related
Норвежская (adjv) - Norwegian, Norsemen, Norsewomen, Norse, Norway-related
Норвежский (adjv) - Norwegian, Norseman, Norsewomen, Norse, Norway-related
Норвежской (adjv) - Norwegian, Norseman, Norsewomen, Norse, Norway-related
Норвежском (adjv) - Norwegian, Norseman, Norsewomen, Norse, Norway-related
Норвежском метеорологическом институте (noun) - Norwegian Meteorological Institute
Норд-Ост (noun) - “North-East” (Moscow Terrorist Act, Spetsnaz Siege-2002, Musical)
Норд Стрим (noun) - “Nord Stream” (Baltic-Sea gas pipeline)
Норилск Никель (noun) - Norilsk Nickel (name)
Норильск (noun) - Norilsk (name)
Норландия (noun) - Norlandia (name)
нормализацией (noun) - normalization, standardization, transformation, restored-normalcy
нормадизованных (adjv) - normalizable, standardized, transformed, restored, normal-related
нормализуется (verb) - normalize, standardize,

нормадьная (adjv) - normal, standard, conventional, regular, sane, perpendicular, orientation-related
нормального (adjv) - normal, standard, conventional, regular, sane, perpendicular, orientation-related
нормадьнуй (adjv) - normal, standard, conventional, regular, sane, perpendicular, orientation-related
нормадьные (adjv) - normal, standard, conventional, regular, sane, perpendicular, orientation-related
нормадьный штопор (noun) - conventional-spin, tail-spin, aircraft- maneuver
нормадьным (adjv) - normal, standard, conventional, regular, sane, perpendicular, orientation-related
нормадьных (adjv) - normal, standard, conventional, regular, sane, perpendicular, orientation-related
Нормандия-Heman (noun) - Normandy-Heroic-man, Normandy WWII Western-forces fighting-men
Нормандский острова (noun) - Normandy islands, Channel Islands
нормативноми (adjv) - normative, norm-related, standard-related, conformative, norm-presciptive, ethical, norm-related
норме (noun) - norm, model, standard, rule, average, rate
нормировании (noun) - norm, model, average, rule, normalization, regulation, rationing
нормированной (adjv) - normal, pattern-capable, representative, fixed, rigid, rationed, norm-related
нормированные (adjv) - normal, pattern-capable, representative, fixed, rigid, rationed, norm-related
норму (noun) - normal, norm, model, average, rule, normalization, standard, regulation, rationing
нормы (noun) - normal, norm, model, average, rule, normalization, standard, regulation, rationing
Норьега (noun) - Norega (Panamanian dictator)
Норьегу (noun) - Norega (Panamanian dictator)
носит (verb) - carry, bear, support, perform, bring, wear, have-character, be-of-a-certain-nature
носителей (adjv) - carried, carrying, bearing, beared, speaking, spoken, talked, talking, transported, transporting, reposited, repository, transmitted, transmitting, transportation-related

носных (adjv) - nocturnal, dark, over-night, evening, night-related
ностей (noun) - plain, level treeless-country, unbroken expanse, something unadorned
носят (verb) - carry, bear, support, suffer, incur, perform, bear, reek, stink, have, blabber, rumor, fuss, be of
нотификация (noun) - notification, notifying, notice, announcement, information, warning
нотифицировать (verb) - notify, announce, inform, warn
ночами (noun) - night, nighttime, darkness, blackness, bedtime
ночного (adjv) - night, nocturnal, over-night, evening, night-related
ночное (adjv) - nightnocturnal, over-night, evening, night-related
ночное небо (noun) - night sky, night-time sky, night-fall sky
ночное охдажление (noun) - over-night cooling, nocturnal cooling
ночном кдубе (noun) - night club, cabaret
Ночь пожирателей рекламы (noun) - Night Devouring Hype/ Publicity
Ноябре (noun) - November, 11th calendar month
ноябрьскому (adjv) - November-like, November-related
нояс (noun) - zone, division, subdivision, region, area, belt, layer, girdle, waist
ноясов (noun) - zones, divisions, subdivisions, regions, areas, belts, layers, girdles, waists
НПЗ (abbv) - Oil-refining Works, Oil Refinery
НПО (abbv) - Natural Environment Observation
нравстенного (adjv) - moral, ethical, moralistic, ethological, axiological, morality-related
НТД1 (abbv) - Normal Trend 1, Ice-appearance date
НТД2 (abbv) - Normal Trend 2, River-opening date
НТПр (abbv) - Normal Trend period, Ice-duration period
нуждается (verb) - need, require, want, ask, claim, demand, necessitate, matter, mind
нуждов (noun) - want's, poverties, needs, necessities, matters, minds
нулевая точка (noun) - null point, zero point
нулевая черта (noun) - null mark, zero mark
нулевого (adjv) - null, zero, nil, nothing, naught, worthless, invalid, insignificant, value-related

нулевом (noun) - null, zero, nil, nothing
нутряной (adjv) - internal, within, inside, intrinsic, inherent, interior-related
Нургалиева (noun) - Nurgaliyev (name)
Нурекском (noun) - Nurekskom (name)
НХЛ (abbv) - National Hockey League (NHL)
ным (prep) - of, out of, from, by, on, before, about
нынешнего (adjv) - present, now, in progress, in view, in hand, existing, existent, extant, subsistent, living, time-related
нынешней (noun) - present, present-time, present-day, this-time, this-day's hour, this-hour, existing
Нью Джерси (noun) - New Jersey (name)
Нью Йорк (noun) - New York (name)
Нью Йорка (noun) - New York (name)
Нью Йорке (noun) - New York (name)
Нью Йоркской (noun) - New York, New Yorker
Нью-йорском (noun) - New York, New Yorker
ньюс (noun) - News, information, intelligence, word, journalism, media
Ньюс оф уорлд (noun) - News of (the) World (Murdoch UK News Corporation publication)
ньюсмейкерь (noun) - newsmaker, headliner, celebrity
Ньютон (noun) - Newton (name)
Ньютонов (adjv) - Newtonian, Newton-related
Ньюфаундлендской (adjv) - New Foundlandian, New Foundland- related
Нэшвилла (noun) - Nashville (name)

О

о (abbv) - Island, Isle, Islet
о-в (abbv) - Island, Isle, Islet
о-ва (abbv) - Island, Isle, Islet
о.ве. (abbv) - Cloud and Upper-air Data Station, Meteorological-data reporting station
о беременности (noun) - on gestation (medical)
о загрязнении природной среды (noun) - pollution of (the) natural environment, environmental pollution

О.К. Ильинского (noun) - O.K. Ilinsky (name)
О полиции (noun) - “Oh! Police” (song title)
о сейшах (noun) - water-surface oscillations, seiches
ОА (abbv) - Objective Analysis
оазис (noun) - oasis, refuge area, relief area, pleasant-contrast site
ОАК (abbv) - United Aircraft-building Corporation
ОАО (abbv) - Russian Bank for Development
ОАЭ (abbv) - United Arab Emirates
об этом (conj) - that's the, about-it well, however
об мин. (abbv) - Revolutions per Minute. RPM
Об обращении лекарственных средств (noun) - “Concerning appeal (of) medicinal facilities» (caveat)
об особенностях (noun) - particularities, specifics, peculiarities
Обама (noun) - Obama (name)
Обаме (noun) - Obama (name)
Обамы (noun) - Obama (name)
обвалили (verb) - cause to fall, cause to collapse, to heap, to pile
обвальным (noun) - avalanche, slide, slip, landslide, snowslide
обвалом (noun) - collapses, avalanches, fallings, heapings, pilings
обвинению (noun) - charge, accusation, finding, prosecution
обвинениями (noun) - charge's, accusation', finding's, prosecution's
обвиненные (adjv) - accusing, charging, prosecutive, accusation- related
обвенный (adjv) - accusing, charging, prosecutive, accusation-related
обвинил (verb) - accuse, impute, charge, arraign, indict, prosecute, persecute, defend
обвинила (noun) - accusation, imputation, charge, indictment, prosecution, persecution, defense
обвинительное (noun) - indictment, arraignment, impeachment, charging, complaint
обвиняемой (adjv) - accused, accusative, accusing, charged, charging, arraigned, arraigning, indicted, indicting, prosecuting, prosecuted, defended, defending, accusation-related
обвиняемую (adjv) - accused, accusative, accusing, charged, charging, arraigned, arraigning, indicted, indicting, prosecuting, prosecuted, defended, defending, accusation-related

обвиняемые (adjv) - accused, accusative, accusing, charged, charging, arraigned, arraigning, indicted, indicting, prosecuting, prosecuted, defended, defending, accusation-related
обвиняемых (adjv) - accused, accusative, accusing, charged, charging, arraigned, arraigning, indicted, indicting, prosecuting, prosecuted, defended, defended, defending, accusation-related
обвиняют (verb) - accuse, charge, indict, arraign, input, prosecute, defend, persecute
обвиняющего (verb) - accuse, charge, indict, arraign, input, prosecute, persecute, defend
обводнению (noun) - irrigation, artificial-watering, flushing-therapeutically, water-related
обводнительный (adjv) - irrigation, artificial-watering, flushing-therapeutically, water-related
обгорелые (adjv) - scorched, burnt, charred, seared, heat-related
обезвоженный (adjv) - dehydrated, fluid-depletive, moisture-removal, dry-related
обезвреживанию (noun) - beheading, decapitation, deprivation
обеих (adjv) - both, the two, the pair, for two, “a deux”, “tete-a-tete”, doubleness-related
обеспечат (verb) - secure, guarantee, ensure, provide, protect
обеспечениа (verb) - secure, guarantee, ensure, provide, protect
обеспечивает (verb) - secure, guarantee, ensure, provide, protect
обеспечивающего (adjv) - secured, safe-like, confident, dependable, trustworthy, assured, security-related
обеспечиваюшие (adjv) - secured, safe-like, confident, dependable, trustworthy, assured, security-related
обеспечивающий (adjv) - secured, safe-like, confident, dependable, trustworthy, assured, security-related
обеспечивающих (adjv) - secured, safe-like, confident, dependable, trustworthy, assured, security-related
пбеспечить (verb) - provide, ensure, assure, determine, establish, ascertain
обеспокоены (noun) - concern, worry, anxiety, interest, sensitivity
обесточенными (noun) - de-energized, de-dynamized, de-powered, de-vitalized, de-invigorated, de-enlivened
обесценилась (verb) - depreciate, devaluate, cheapen, reduce, disparage,

обещает (verb) - promise, pledge, vow, swear, avouch, warrant, guarantee, assure, commit
обещал (verb) - promise, pledge, vow, swear, avouch, warrant, guarantee, assure, commit
обещано (advb) - promisingly, pledgingly, vowingly, avouchingly, warrantingly, guaranteeingly, assureingly, committingly
обещают (verb) - promise, pledge, vow, assure, guarantee, warrant
обжаловал (verb) - appeal, entreat, supplicate, implore, beseech, beg
обжалуют (verb) - appeal, entreat, supplicate, implore, beseech, beg
обзор модели (noun) - Model review
обзоры (noun) - review, survey, overview, field of view
Обзоры и комсультации (noun) - Surveys and Consultation
Оби (noun) - Ob (name)
обильного (adjv) - abundant, plentiful, bountiful, lavish, generous, luxuriant, opulent, abundance-related
обинены (verb) - charge, prosecute, litigate, sue, try, bring to justice
обитателей (noun) - inhabitant, resident, dweller, populace, people, public, national, citizen
обл. (abbv) - oblast, region, area, district, dialectal
обладателем (noun) - possession, ownership, owner, owning, title, claiming
обладатели (noun) - possession, ownership, owner, owning, title, claiming
облака высота (noun) - cloud height, cloud altitude, cloud-base height
облака глубина (noun) - cloud vertical-height, cloud depth
облака зачительный высота (noun) - cloud-height reading, cloud ceiling
облака конвекция тянуть в окружающая воздух (noun) - cloud-convection drawn-in surrounding air, cloud entrainment
облака направление (noun) - cloud direction, cloud-movement direction
облака опазнование (noun) - cloud recognition, cloud identification
облака прикрытие (noun) - cloud cover, cloud coverage

облака развитие (noun) - cloud development, cloud evolution
облака разряжаются электричеством (noun) - cloud electrical discharge, cloud discharged lightening
облака рост (noun) - cloud development, cloud growth, cloud height
облака слоистые (noun) - stratified cloud, stratiform cloud
облака состав (noun) - cloud structure, cloud composition
облака типы (noun) - cloud type, cloud form, cloud characteristics
облаками (noun) - clouds, atmospheric saturated water-vapor masses, atmospheric condensed water-vapor-masses, airborne water-droplets or ice-crystal masses
облаках (noun) - clouds, atmospheric saturated water-vapor masses, atmospheric condensed water-droplet or ice-crystal masses
облаках слоистых (noun) - stratified-form clouds, stratiform clouds
облако о возвух (adjv) - cloud to air, cloud to atmosphere, cloud-relatedоблако о земля (adjv) - cloud to ground, cloud to surface, cloud-related
облако пучоки (noun) - cloud tufts, fibrous cloudform, wispy cloud- forms
областе (noun) - oblast (administrative-unit), area, zone, region, land, field, belt, realm, domain, sphere
областном (noun) - oblast (administrative-unit), area, zone, region, land, field, belt, realm, domain, sphere
областях (noun) - oblasts (administrative-units), areas, zones, regions, fields, belts, realms, domains, spheres
облачно (noun) - cloudy sky, clouded sky, broken cloud-cover, overcast sky, gloomy sky, dulled sky, murky sky, dimmed sky, chaotic sky, indistinct sky
облачного (adjv) - clouded, cloudy, broken, overcast, gloomy, dulled, murky, dimmed, chaotic, nebulous, indistinct, sky-related
облачного покрова (noun) - cloudy cover, cloudy cloak, cloudy blanket
облачной (adjv) - clouded, cloudy, broken, overcast, gloomy, dulled, murky, dimmed, chaotic, nebulous, indistinct, sky-related

облачной камеры (noun) - cloud chamber, water-vapor condensation vessel (ionization-nuclei)

облачность в шесть баллов (noun) - cloudiness of six-balls (six-tenths), cloud-ceiling minimum coverage

облачные (adjv) - clouded, cloudy, broken, overcast, gloomy, dulled, murky, dimmed, chaotic, nebulous, indistinct, sky-related

облачные гряды (noun) - cloud row, cloud street, cloud line

облачные положение (noun) - cloud condition, cloud coverage

облачный состояние (noun) - cloud state, cloud form/structure

облачных (adjv) - clouded, cloudy, broken, overcast, gloomy, dulled, murky, dimmed, chaotic, nebulous, indistinct, sky-related

обледенелых (adjv) - ice-covered, ice-laden, ice-related

обледеневший (adjv) - ice-crusted-over, ice-covered, ice-related

облигации (noun) - obligation, commitment, contract, bonds, understanding, engagement

облигаций (noun) - obligation, commitment, contract bonds, understanding, engagement

облигационных (adjv) - obligational, commited, contracted, understanding, engaged, promissory, pledged, bound, committed, obligation-related

обломки (noun) - debris, fragments, wreck, wreckage, rubbish

обломков (noun) - debris, fragments, wrecks, wreakage, rubbish

обманутых (adjv) - defrauded, swindled, cheated, deceived, misleading, deception-related

обменяются (verb) - exchange, swap, transfer, consign, turn over

обмороженные (adjv) - frost-bitten, frostbite, frost-damaged, frost-related

обнадеживающей (adjv) - encouraging, promising, favorable, propitious, auspicious, encouragement-related

обнажиться диффузия (noun) - outcrop-diffusion, outbreak-diffusion, outcrop-migration

обнародовали (verb) - reveal, unveil, disclose, publish, release, promulgate, post, list

обнародовало (verb) - reveal, unveil, disclose, publish, release, promulgate, post, list

обнародует (verb) - reveal, unveil, disclose, publish, release, promulgate, post, list
обнаружен (verb) - reveal, show, display, disclose, divulge, tell, betray, detect, discover, find, unveil
обнаружена (noun) - revealing, showing, displaying, disclosure, divulging, telling, betrayal, detection, discovery, finding, revelation
обнаруженный (adjv) - displayed, revealed, discovered, detected, revelation-related
обнаружено (noun) - revealing, showing, displaying, disclosure, divulging, telling, betrayal, detection, discovery, finding, revelation
обнаружены (noun) - revealing, showing, displaying, disclosure, divulging, telling, betrayal, detection, discovery, finding, revelation
обнаруживший (adjv) - discovered, located, found, detected, revealed, located, revealed, shown, displayed, discovery-related
обнаружил (verb) - reveal, show, display, disclose, divulge, tell, betray, detect, find, discover, locate
обнаружила (noun) - revealing, showing, displaying, disclosing, divulging, telling, betraying, detecting, finding, discovering, locating
обнаружили (verb) - reveal, show, display, disclose, divulge, tell, betray, detect, find, discover, locate
Обнинск (noun) - Obninsk (name)
Обнинской (adjv) - Obninskian, Obninsk-related
обновив (noun) - renovation, revitalizion, renewal, updating, refreshing, regathering, christening, using
обновили (verb) - renovate, revitalize, renew, update, refresh, regather, christen, use (initially)
обновленной (adjv) - updated, renovated, revitalized, renewed, renovation-related
обновляет (verb) - renovate, revitalize, renew, update, refresh, regather, christen, use (initially)
обнородован (verb) - announce, publish, publicize, promulgate, disclose, divulge, tell, release, reveal
обобщает (verb) - generalize, be indefinite, extend-throughout, spread, induce, derive, conclude

обобщен (verb) - generality, generalization, generalizability, vague-statement, inadequate-statement, in bulk, being general
обобщенное (adjv) - generalized, undifferentiated, non-adapted, generalization-related
обобщенные (adjv) - generalized, undifferentiated, non-adapted, generalization-related
обобщены (noun) - generality, generalization, generalizability, vague-statement, inadequate-statement, in bulk, being general
обогащению (noun) - enrichment, endowment, enhancement, mprovement, betterment, advancement, concentration, dressing
обогнала (verb) - enrich, endow, enhance, improve, better, advance, ameliorate, promote, concentrate, dress
обозначает (verb) - appear, show, reveal, expose, display
обозначают (verb) - mean, intend, mark, reveal, expose, emphasize
обозначенные (adjv) - marked, marking, signed, signing, symbolized, mark-related
обозначилась (verb) - delineate, define, portray, depict, sketch, draft
обоих (adjv) - both, being the two, one and the other, two-related
оборонителную (adjv) - defensive, defending, guarding, shielding, screening, protective, defense-related
Оборонно-промышленного Комплекса (noun) - Defense-Industial Complex
оборонного (adjv) -defensive, protective, guarding, fortified, armed, industrial, defense-related
оборотов в минуту (noun) - revolutions per Minute, rotations per minute/ RPM's
оборотов в секунву (noun) - revolutions per Second, rotations per second
обороты (noun) - revolution, rotation, turn, circulation, turn- over, back
обоснована (verb) - substantiate, base, found, ground, embody, verify
обоснованные (adjv) - substantiated, reasonable, sound, well-founded, well-grounded, justified, verified, substantiation-related

обоснованным (adjv) - substantiated, reasonable, sound, well-founded, well-rounded, justified, erified, substantiation-related

обосновано (advb) - substantively, basely, perceptibly, veridically

обоснованы (noun) - substantiation, justification, basis, foundation, ground, embodiment, verification

обосновывается (verb) - substantiate, justify, base, found, ground, embody, verify

обострилась (verb) - become dangerous, become threatening, become serious, become pointed, become sharp, become more sensitive, become keener, become aggravated, become exacerbated, become strained, worsen, deepen

обостряется (verb) - become dangerous, become threatening, become serious, become pointed, become sharp, become more sensitive, become keener, become aggravated, become exacerbated, become strained, worsen, deepen

обочению (noun) - teaching, instruction, training, educating, tutoring

обочине (noun) - edge, side, roadside, curb, shoulder

обощная (adjv) - vegetative, vegetational, vegetated, vegetal, vegetarian, plantlike, herbaceous, tuberous, bulbous, botanical, vegetable-related

обработка система (noun) - processing system, treatment system

образах (noun) - images, shapes, forms, patterns, appearances, types, modes, icons

образная (adjv) - picturesque, descriptive, figurative, imaginary, vivid, realistic, shaped, conformed, configured, turned, twisted, graphic, appearance-related

образная кривая (noun) - picturesque-shape, figurative-curve, vivid- form

образно (advb) - picturesquely, descriptively, figuratively, imaginarily, vividly, realisticly, configatively, graphically

образноировка (verb) - picture, image, shape, form, display

оьразный (adjv) - picturesque, colorful, figurative, imaginary, vivid, shaped, configured, appearance-related

образов (noun) - images, shapes, forms, patterns, appearances, types, modes, icons

образовавшийся (verb) - form, develop, generate, produce, evolve, appear
образовались (verb) - trap, entrap, snare, capture, hold, stop
образовались воздушные (noun) - trapped air, captured air
образована (noun) - formation, education, development, generation, production, structure, education
образовании (noun) - formation, education, development, generation, production, structure
образований (noun) - formation, education, development, generation, production, structure
образованию (noun) - formation, education, development, generation, production, structure
образовательные (adjv) - educational, informative, developmental, education-related
образовательных (adjv) - educational, informative, developmental, education-related
образом (noun) - image, shape, form, pattern, appearance, type, mode, icon
образуются (verb) - reason, justify, explain, rationalize, be logical
образуются (noun) - development, formation, intensification
образующая (adjv) - reasonable, justifiable, rational, logical, reason- related
образующей (adjv) - reasonable, justifiable, rational, logical, reason- related
образующем (noun) - reason, justification, rationalness, logic
образующих (adjv) - reasonable, justifiable, rational, logical, reason- related
образца (noun) - pattern, model, type, specimen, sample
образцовой (adjv) - model, sample, ideal, classic, precedential, standard, exemplary, example-related
образцы (noun) - pattern, model, type, specimen, sample
обратилась (verb) - turn, turn to, address, appeal, convert
обратился (verb) - turn, turn to, address, appeal, convert
обратимы процесс (noun) - reversible process, bidirectional process
обратная (adjv) - inverse, reverse, opposite, counter, return, returnable, retrograde, feed-back, bi-directional, direction-related

обратная сторона (noun) - reverse direction, opposite direction
обратно (advb) - inversely, reversibly, backwardly
Обратно пропорциональный (adjv) - Inversely proportional, reversely proportional, reverse-proportion related
обратного (adjv) - inverse, reverse, opposite, counter, return, returnable, retrograde, backward, feed-back, bi-directional, direction- related
обратное (adjv) - inverse, reverse, opposite, counter, return, returnable, retrograde, backward, feed-back, bidirectional, direction- related
обратное движение (noun) - counter motion, reverse motion, retrograde motion
обратное излучение (noun) - return radiation, reradiation
обратное преобразование (noun) - reverse conversion, inverse transformation
обратной (verb) - inverse, reverse, opposite, counter, return, returnable, retrograde, feed-back, bidirectional, direction-related
обратный ток (noun) - reverse current, return current
обращается (verb) - point, turn, flee, appeal, apply, accost, become, be converted
обращением (noun) - appeal, address, conversion, revolution, reversal, inversion, withdrawal, treatment, handling, use
обращению (noun) - appeal, address, conversion, revolution, reversal, inversion, withdrawal, treatment, handling, use
обретение (noun) - passing, passage, bypassing, leaving behind
обретения (noun) - passing, passage,bypassing, leaving behind
обречена (noun) - doomed, condemned, destined, judged, convicted
обрушении (noun) - downing, collapsing, caving in, falling
обрушившегося (verb) - stuck, bond, fasten, fix, jam, wedge, seize, freeze, tape, glue
обрушившихся (verb) - collapse, strike, befall, occur, happen, take place, be found
обрушились (verb) - come down, collapse, cave-in
обрыве (noun) - precipice, sheer, cliff, escarpment, palisade, wall, face, crag, break, rupture

обрывистые (adjv) - steep, abrupt, precipitious, sheer, steepness- related
ОБСЕ (abbv) - Organization for Security and Collaboration in Europe обсерваторие (noun) - observatory, lookout, watchtower, planetarium, astronomical-observatory
обсерваторию (noun) - observatory, lookout, watchtower, planetarium, astronomical-observatory
обсервации (noun) - observation, observing, watching, monitoring, viewing, looking, seeing
обсервация (noun) - observation, observing, watching, monitoring, viewing, looking, seeing
Обсеой (adjv) - Obian, Ob-related (Asian river)
Обской губе (noun) - Ob Gulf, Gulf of Ob
обслуживанию вертолетов (noun) - Helicopter's Service
обстановке (noun) - situation, condition, environment, atmosphere, context, circumstances, décor, furniture, theatrical set
обстановку (noun) - situation, condition, environment, atmosphere, context, circumstances, décor, furniture, theatrical set
обстоятельство (noun) - circumstance, fact, thing, case, development, condition, instance, adverbial modifier
обстрел (verb) - fire at, fire on, bombard
обстрел (noun) - firing, fire, gunfire, gunning, battle
обстреле (noun) - firing, fire, gunfire, gunning, shelling, bombardment
обстреляла (verb) - fire, trigger, shoot, shell, bombard
обстреляли (verb) - fire, trigger, shoot, shell, bombard
обстреляно (noun) - firing, gun-fire, gunfire, shelling, bombardment
обсудил (verb) - discuss, talk, consider, question, debate, argue, investigate, explore, find, present, declare, state
обсудила (verb) - discuss, talk, consider, question, debate, argue, investigate, explore, find, present, declare, state
обсудили (verb) - discuss, talk, consider, question, debate, argue, investigate, explore, find, present, declare, state
обсудит (verb) - discuss, talk, consider, question, debate, argue, investigate, explore, find, present, declare, state

обсудят (verb) - discuss, talk, consider, question, debate, argue, investigate, explore, find, present, declare, state
обсуждается (verb) - discuss, talk, consider, debate, argue, investigate, explore, find, present, declare, state
обсуждались (verb) - discuss, talk, consider, debate, argue, investigate, explore, find, present, declare, state
обсуждался (verb) - discuss, talk, consider, question, debate, argue, investigate, explore, find, present, declare, state
обсуждают (verb) - discuss, talk, consider, question, debate, argue, investigate, explore. find, present, declare, state
обсуждаются (verb) - discuss, talk, consider, question, debate, argue, investigate, explore, find, present, declare, state
обсуждению (noun) - discussion, deliberation, nonformalogue, debate, treatment, consideration, analysis
обсуждщаться (verb) - discuss, deliberate, consider, question, debate, argue, investigate, explore, find, present, declare, state
обтекаемая (adjv) - streamlined, resistance-contoured, smooth, non- turbulent, laminar-designed, resistance-related
Обтекаемая форма анализ (noun) - Streamlined-form analysis, Streamline analysis
обтекаемая форма поток (noun) - streamlined-form flow, streamline flow
обтекаемаяы (adjv) - streamlined, contoured, smooth, non-turbulent, laminar, resistance-minimized, resistance-related
обтекаемые (adjv) - streamlined, contoured, smooth, non-turbulent, laminar, resistance-minimized, resistance-related
обтекания (noun) - streamline, airflow-analysis isopleth, smooth-flow particle-path, resistance-contoured, made simpler
ОБУВ (abbv) - Approximately Safe Impact Level
обудет (verb) - support, aid, back, help, encourage, -approve,
Обукова (noun) - Obukova (name)
обусдит (verb) - discuss, debate, reason, deliberate, study, consider
обусловлена (verb) - consist, contend, depend, trust, rely, be conditional
обусловленное (adjv) - conditional, conditioned, stipulatory, causative, condition-related
обусловленной (adjv) - conditional, conditioned, stipulatory, causative, condition-related

обусловленные (adjv) - conditional, conditioned, stipulatory, causative, condition-related
обусловлено (advb) - dependably, reliantly, consistently
обусловлены (noun) - dependent, reliance, reliability, consistency
обустреляно (noun) - seasoning, hardening, experiencing
обусудил (verb) - discuss, confer, consider, reason, treat, examine, analyze, study
обучающийся (adjv) - studentlike, elementary, rudimentary, primary, alphabetical, abecedarian, beginning, student-related
обход облачности (noun) - evading cloud, circumventing cloud, skirting the clouds
обширной (adjv) - extensive, vast, enormous, huge, spacious, coverage-related
обширные (adjv) - extensive, vast, enormous, huge, spacious, coverage-related
общая (adjv) - overall, entire, total, whole, general, prevalent, common, amount-related
общая отдача (noun) - overall performance, overall efficiency
общего солержания озона (noun) - general ozone content, common ozone content, total ozone content
общегородском (adjv) - general-city, common-urban, settlement- related
Общегосударственной (adjv) - Allstate, entire-state, whole-state, state-related
общее наименьшее кратное (noun) - lowest common multiplier, lowest common multiple
общеивестно (advb) - generally, commonly, familiarly, notoriously
общей (adjv) - general, common, wide-spread, mutual, familiar, greatest-common, presence-related
общей циркуляции океана (noun) - general ocean circulation, general oceanic currents
общекомандном (comp) - The Team (sports)
общекомандом (comp) - common-command, common-order, sports-team coordination
общем (noun) - general, common, typicality, aggregate, whole, complete, totality
общение (noun) - communication, link, contact, relationship

общеполитической (adjv) - general-policy, generally-accepted policy, policy-related
Общепринятые методы (noun) - Generally-accepted Methods, Standard Methods
Общероссийский (adjv) - All-Russian, All-Russia related
обществе (noun) - society, company, fraternization, fellowship, companionship, culture, ethnic group
общественного (adjv) - social, public, voluntary, unpaid, free, amateur, society-related
общественностю (noun) - the public, the community, the populace
общественные (adjv) - social, public, voluntary, unpaid, free, amateur, society-related
общественный оранспорт (noun) - public transport, free transport
общественный деятель (noun) - public figure, familiar person, well-known person
общественных (adjv) - social, public, voluntary, unpaid, amateur, society-related
общество (noun) - society, association, companionship, company
Общество монархии Ирана (noun) - Society/Monarchy in Iran
общий знаменатель (noun) - common-multiple, common-denominator
общий наибольший делитель (noun) - largest common divisor, highest common factor
общим (noun) - total, product, sum, amount, quantity
общим содержанием озона (noun) - total ozone content, total ozone substance
общинах (noun) - communities, communes, Commons, populations, societies, sects
общих (noun) - total, sum, amount, quantity, product
общую (adjv) - customary, usual, ordinary, typical, common, commonplace, everyday, acceptable, acceptance-related
объединению (noun) - coalescence, unification, union, merging, combining, amalgamation, association
объединённого (adjv) - united, combined, merged, amalgamated, unified, joint, unionized, associated, common, harmonious, union- related

объединённых (adjv) - united, combined, merged, amalgamated, unified, joint, unionized, associated, common, harmonious, union- related
Объединенных Наций (noun) - United Nations (U.N.)
объединяет (verb) - unite, combine, merge, amalgamate, unify, unionize, associate
объезжая (adjv) - passing, over-taking, avoiding, evading, traveling, passage-related
объектах (noun) - objects, articles, things, affairs, somethings
объекте (noun) - object, article, thing, affair, something
объективе (noun) - objective, goal, aim, destination
объективного (adjv) - objective, unbiased, impartial, unprejudiced, extrinsic, independent, fair, objectivity-related
объективного анализа (noun) - objective-analysis, unpredjudiced- analysis
объективной (adjv) - objective, unbiased, impartial, unprejudiced, extrinsic, independent, fair, objectivity-related
объективном (noun) - objective, goal, aim, end, intention, strategic- position
объективный (adjv) - objective, unbiased, impartial, unprejudiced, extrinsic, independent, fair, objectivity-related
объективных (adjv) - objective, unbiased, impartial, unprejudiced, extrinsic, independent, fair, objectivity-related
объектов (noun) - objects, articles, things, affairs, somethings
объекты (noun) - object, body, military-objective, establishment, unit
объём (noun) - volume, range, amount, capacity, size, scope, extent, output, bulk, space
объема (noun) - volume, range, amount, capacity, size, scope, extent, output, bulk, space
объемам (noun) - volumes, ranges, amounts, capacities, sizes, scopes, extents, outputs, bulks, spaces
объеме (noun) - volume, ranges, amount, capacity, size, scope, extent, output, bulk, space
объемные (adjv) - volumetric, three-dimensional, bulky, fat, size- related
объёмным (adjv) - volumetric, three-dimensional, bulky, fat, size- related

объемов (noun) - volumes, sizes, bulks, spaces, extents, amounts, ranges, expanses, measures, dimensions, capacities, scopes, contents, breadths

объемы (noun) - volume, size, bulk, space, extent, amount, range, expanse, measure, dimension, capacity, scope, content, breadth

объявивший (adjv) - declared, announced, stated, pronounced, advertised, noted, determined, avowed, statement-related

объявил (noun) - declaration, announcement, statement, pronouncement, advertisement, notice

объявила (noun) - declaration, announcement, statement, pronouncement, advertisement, notice

объявили (verb) - declare, announce, state, pronounce, decide, advertise, notice

объявило (noun) - declaration, announcement, statement, pronouncement, advertisement, notice

объявит (verb) - declare, announce, state, pronounce, decree, decide, advertise, notice

объявле (verb) - declare, announce, state, pronounce, decree, decide, advertise, notice

объявлен (verb) - declare, announce, state, pronounce, decree, decide, advertise, notice

объявлена (noun) - declaration, affirmation, announcement, notice, advertisement

объявленного (adjv) - declared, announced, noticed, advertised, declaration-related

объявлено (advb) - declaratively, pronouncedly, advertisedly, decidedly, noticeably

объявлены (noun) - declaration, announcement, notification, advertisement

объяснено (advb) - explanatorily, explanatively, accountably, explicitly

объясняет (verb) - explain, account, expound, explicate, elucidate, demonstrate, show, illustrate, clarify, interpret

объясняется (verb) - explain, account, expound, explicate, elucidate, demonstrate, show, illustrate, clarify, interpret

обыграв (verb) - win, vanquish, beat, outplay, play, use, turn, break-in

обыграла (noun) - winner, victor, vanquisher, player, using, turning, breaking in
обыденные (adjv) - customary, usual, ordinary, common, commonplace, habitual, accustomed, wonted, everday, common-related
обыкновенные (adjv) - customary, usual, ordinary, common, commonplace, habitual, accustomed, wonted, everday, custom-related
обычная (adjv) - customary, usual, ordinary, common, commonplace, habitual, accustomed, wonted, everday, custom-related
обычная практика (noun) - customary practice, business as usual
обычного (adjv) - customary, usual, ordinary, common, commonplace, habitual, accustomed, wonted, everday, custom-related
обычного типа (noun) - usual type, customary type, conventionality
обычное (adjv) - usual, customary, ordinary, common, commonplace, habitual, accustomed, wonted, everday, custom-related
обычные (adjv) - usual, customary, ordinary, common, commonplace, habitual, accustomed, wonted, everday, custom- related
Обь (noun) - Ob (name)
Обь река (noun) - Ob River
обяжут (verb) - bind, oblige, commit, arrive, appear, be indebted
обязала (noun) - binding, obligation, commitment, binding, indebtedness
обязательно (advb) -without fail, be sure, be certain, definitely, necessarily, is bound
обязательной (adjv) - obligatory, compulsory, binding, reliable, obligation-related
обязательствам (noun) - obligations, promises, commitments, undertakings, liabilities
обязывающих (adjv) - pledged, undertaking, bounded, obligation- related
овальных (adjv) - oval, egg, egg-shaped, elliptical, oval-like, egg-form related

ОВД (abbv) - Department of Interior Affairs
овёс верно (noun) - grain-oats, ceral-oats
овёс зелёный корм (noun) - green fodder-oats
овощах (noun) - vegetables, edible plants, herbaceous plants, vegetations
овраге (noun) - ravine, gully, arroyo, gulch, gap, pass, lunar rill
овражек (noun) - gopher, burrowing-rodent, family Geomyidae, tortoise, squirrel
огибающие (noun) - round, circle, globe, ring, ladder-rung
огласила (verb) - announce, state, declare, assert, say, relate
оглашен (verb) - announce, state, declare, assert, say, relate
оглы (noun) - fire, flame, conflagration, ignition, combustion, spark, light, brightness, Ogle (Radio service)
огнем (noun) - fire, flame, conflagration, incendiary, ignition, combustion, spark, light, brightness
Огненная Земля (noun) - Fiery Land, Tierra del Fuego (name)
огнестрельных (adjv) - armed, weaponized, gunshooting, gun-related
огню (noun) - flame, blaze, fire, torch
огня (noun) - flame, blaze, fire, torch
огоней (noun) - light, fire, firing, fervor, devil
огонь распределение (noun) - fire distribution, fire assignment
ограбивший (adjv) - robbed, thieved, stealing, absconded, deprived, divested, denuded, illegal-loss related
ограбил (noun) - robbery, burglary, theft, hoisting, mugging
ограблению (noun) - robbery, burglary, theft, hoisting, mugging
ограблены (noun) - robbery, burglary, theft, hoisting, mugging
ограждение (noun) - limit, boundary, restriction, constraint, fence, barrier, enclosure, guard, protection
ограничена (noun) - limitation, restriction, limiting, hedging, confinement
ограничение о видимость (noun) - restriction to visibility, restricted visibility
ограничению (noun) - limitation, restriction, limiting, hedging, confinement
ограничениевы (noun) - limits, boundaries, restrictions, constraints, fences, barriers, enclosures, guards, protections

ограничениями (noun) - limitations, restrictions, constraints, confines, restraints, restrictive guide-lines
ограниченного (adjv) - limited, restricted, restrictive, constrained, reducible, limitation-related
ограниченное (adjv) limited, restricted, restrictive, constrained, reducible, limitation-related
ограниченной (adjv) - limited, restricted, restrictive, constrained, reducible, limitation-related
ограниченным (adjv) - limited, restricted, restrictive, constrained, reducible, limitation-related
ограниченных (adjv) - limited, restricted, restrictive, constrained, reducible, limitation-related
ограничивающие (adjv) - limited, restricted, restrictive, constrained, reducible, limitation-related
ограничивающие условия (noun) - limited condition, constrained proviso
ограничил (verb) - limit, restrict, confine, reduce, cut down
ограничит (verb) - limit, restrict, confine, reduce, cut down
огранки (noun) - limitation, restriction, confinement, reduction
огромное (adjv) - huge, enormous, vast, very large, very extensive, great size, gargantuan, grand, size-related
огромную (adjv) - huge, enormous, vast, very large, very extensive, great size, gargantuan, grand, size-related
огромных (adjv) - huge, enormous, vast, very large, very extensive, great size, gargantuan, grand, size-related
ОДБ (abbv) - Original Design Bureau (missile/aircraft)
одержал (verb) - win, best, beat, defeat, triumph, vanquish, conquer, gain, receive
одержали (verb) - win, best, beat, defeat, triumph, vanquish, conquer, gain, receive
Одесса (noun) - Odessa (name)
Одесса-Броды (noun) - Odesa-Brody (name)
Одессе (noun) - Odessa (name)
Одесская (adjv) - Odessian, Odessa-related
Одесский (adjv) - Odessian, Odessa-related
Одесского (adjv) - Odessian, Odessa-related

один (noun) - one, odin, Woden, solo, a thing, an object, a certain, thing, aloneness, by oneself, single, separate thing, only one, same one
Одна война (noun) - One Warrior, One Fighter
одинаково (advb) - equally, evenly, alike, identically, equivalently
одинакового (adjv) - identical, same, self-same, like, alike, equal, equivalent, identic, monozygotic, resemblant, similarity-related
одинакового давления (noun) - identical pressure, like pressure
одинаковые (adjv) - identical, same, selfsame, like, alike, equal, equivalent, identic, monozygotic, resemblant, similarity-related
одинаковых (adjv) - identical, same, selfsame, like, alike, equal, equivalent, identic, monozygotic, resemblant, similarity-related
одинародных (adjv) - single, lone, sole, individual, singular, undivided, unbroken, similarity-related
одиннадцатидетнии (noun) - eleven-years old, age of eleven years, eleventh year
одиннадцатилетням (noun) - eleven-years old, age of eleven years, eleventh year
одиннадцатых (adjv) - eleventh, eleven-related
одиночек (noun) - lone-person, solo-person, single-person, solitary-person
ОДКБ (abbv) - Collective Security Treaty Organization (CSTO)
одна (noun) - one, a, first, single-thing, number, dollar-bill
однако (advb) - however, whatever, in spite of that, on the other hand, but, only, merely, though, nevertheless
одни (noun) - one, first, single-thing, number, dollar-bill
одним (adjv) - one, alone, only, single, solitary, isolated, incomparable, unique, unity-related
одних (adjv) - one, alone, only, sole, single, individual, singular, solitary, alone, isolated, incomparable, unique, unity-related
одно (adjv) - one, alone, only, sole, single, individual, singular, solitary, alone, isolated, incomparable, unique, unity-related
одновременых (adjv) - simultaneous, coincident, synchronous, harmonious, coincidence-related
одного (adjv) - one, alone, only, sole, single, individual, singular, solitary, alone, isolated, incomparable, unique, unity-related
одного пункта (noun) - one point, isolated site, unique location
однозночности (noun) - simple, unambiguous, straight-forward

однозночных (adjv) - identical, similar, of the same name, sameness-related
одноименному (adjv) - of-the-same-name, identical name, sameness- related
одноименные (adjv) - of-the-same-name, identical name, sameness- related
одной (adjv) - one, alone, only, sole, single, individual, singular, solitary, alone, isolated, incomparable, unique, unity-related
одноклассники (noun) - Classmate, School chum, schoolfellow, fellow student
однокомпонентные (adjv) - one-component, singular-component, singularity-related
одном (noun) - one, first, single-thing, number, dollar-bill
одномерное (comp) - single-measurement, one-measurement
одномерной (adjv) - one-dimensional, single-dimensional, singularity-related
одному (adjv) - one, single, singular, individual, sole, solitary, lone, integral, unique, oneness-related
однопунктового (adjv) - single-point, singular-point, singularity-related
одноразовыми (noun) - diaper, baby napkin, baby's basic-garment, cloth diaper, paper diaper
однородного (adjv) - uniform, same-form, same-manner, same-degree, consistent, consonant, homogeneous, similar, uniformity- related
однородной (adjv) - uniform, same-form, same-manner, same- degree, consistent, consonant, homogeneous, similar, uniformity- related
однородном (noun) - uniformity, sameness, consistency, homogeneousness, similarity, resmblance
однородных (adjv) - uniform, same-form, same-manner, same- degree, consistant, consonant, homogeneous, similar, uniformity- related
однотидных (adjv) - same-type, similar-kind, sisterly, object-related, similarity-related
одноточечние (noun) - single-point, dot, spot, blot
одноточечной (adjv) - single-pointed, dotted, spotted, blotted, point-related

одноуровневой (adjv) - one-level, single-level, level-related
одну (noun) - one, first, single-thing, number, dollar-bill
одобрен (verb) - approve, favor, support, sustain, agree, concur, echo
одобрил (verb) - approve, favor, support, sustain, agree, concur, echo
одобрила (noun) - approval, favoritism, supporting, sustainance, agreement, concurrence, echoing
одобрили (noun) - approval, favoritism, supporting, sustainance, agreement, concurrence, echoing
оебя (pron) - themselves, himself, herself, itself, yourself, myself, ourselves, me
ождаем (verb) - expect, anticipate, plan on, contemplate, wait, await, hope, trust, desire, aspire
ожесточенные (adjv) - bitter, caustic, acrimonious, embittered, hardened, disgruntled, hostile, attitude-related
оживленное (adjv) - busy, lively, active, energetic, zestful, fervent, eager, spirited, liveliness-related
ожидаемо (advb) - expectedly, expectantly, anticipatingly, anticipatively, hopefully, breathlessly
ожидаемое (adjv) - expectant, anticipated, waited, remained, supposed, thoughtful, anticipation-related
ожидаемой (adjv) - expectant, anticipated, waited, remained, supposed, thoughtful, anticipation-related
ожидаемыми (noun) - expectation, anticipation, wait, stay, supposition, reflection, thoughtfulness
ожидаемых (adjv) - expectant, anticipated, waited, remained, supposed, thoughtful, anticipation-related
ожидает (verb) - expect, anticipate, plan on, contemplate, wait, await, hope, trust, desire, aspire
ожидается (verb) - expect, anticipate, plan on, contemplate, wait, await, hope, trust, desire, aspire
ожидают (verb) - expect, anticipate, plan on, contemplate, wait, await, hope, trust, desire, aspire
ожиданияах (noun) - expectations, anticipations, waits, stays, suppositions, reflections, thoughts
Ожную Африку (noun) - South Africa (name)

Ожным Израилем (noun) Mysterious Israel, Adventurous Israel, Exciting Israel
Оз. Байкал (noun) - Lake Baikal, Baikal Lake
Оз. Ужин (noun) - Lake Uzhin, Uzhin Lake
озабочен (verb) - concern, make anxious, worry, be upset, vex, disquiet, agitate
озвучил (noun) - sound, audio, aural signal
озёра (noun) - lake, loch, lough, inland water-body
озёрах (noun) - lakes, lochs, loughs, inland water-bodies
озёре (noun) - lake, loch, lough, inland water-body
озрный эффект (noun) - lake effect, lake impact
озёрных (adjv) - lake-like, lakish, lacustrine, pond-like, limnologic, lake-related
Озеро Байкал (noun) - Lake Baikal, Baikal Lake
Озеро Балхаш (noun) - Lake Balkash, Balkash Lake
Озеро Комсомолская (noun) - Lake Komsomolsk
Озером Байкал (noun) - Lake Baikal, Baikal Lake
озимая (adjv) - winter-like, wintery, winter-related
озимая культурам (noun) - winter-crops, winter agriculture
озимая пшеница (noun) - winter-wheat, winter-time wheat
озимое (noun) - winter, winter-time, coldest-season, coldest-period
озимой (adjv) - winter, wintery, winter-related
озимых (adjv) - winter, wintry, winter-related
ознакомился (verb) - familiarize, accustom, habituate, acquaint, enlighten, brief
ознаменовался (verb) - mark, distinguish, commemorate, celebrate, appear, saw, seen
означал (verb) - attribute, ascribe, deserve,worth, merit, entitle
означальне (adjv) - attributive, attributable, ascribable, deserving, meriting, worthy, entitled, due, dueness-related
означенных (adjv) - the aforesaid, the previously mentioned, prior- related
Озон абсорбция (noun) - Ozone absorption, ozone absorbtivity
озон истощение (noun) - ozone depletion, ozone diminuition
озон направлениеы (noun) - ozone trends, ozone tendency
озон разрирование химикалы (noun) - ozone-destroying chemicals
озон разрушитель (noun) - ozone destroyer, nullifier

озона дыра (noun) - ozone hole, ozone depletion area, Antarctic area
озонатор (noun) - ozonizer, ozone-combiner
озонзонде (comp) - ozone-sonde, ozone-measurement sounding
озонирование (noun) - ozonization, ozone-treatment, ozone-impregnation, ozone-conversion
озонирования (comp) - ozonization, ozone-treatment, ozone-impregnation, ozone-conversion
озонированный (adjv) - ozonized, ozone-treated, ozone-impregnated, ozone-combined, ozonization-related
озонировать (verb) - ozonize, ozone-impregnate, ozone-treat, ozone-convert
озонного (adjv) - ozonized, oxygen-based, ozone-related
озонного максимума (noun) - ozone maximum, ozone's greatest- quantity
озонный слой (noun) - ozone layer, ozone stratum
озонных (adjv) - ozonized, oxygen-based, ozone-related
озоноактивного (comp) - ozone-active, ozone-effective
озонобезвредных (comp) - ozone-friendly, ozone-constructive
озоновая (adjv) - ozonized, oxygen-based, ozone-related
озоновая дые (noun) - ozone hole, dimenishment ozone-region
озонометра Брюера (noun) - Brewer Ozonometer, Brewer ozone-measuring instrument
озонометрами (noun) - ozonometers, ozone-measuring instruments
озонометрических (adjv) - ozonemetric, ozonemetrical, ozone-related
озонометров (noun) - ozonometers, ozone-measuring instruments
озоноопасных (adjv) - hazardous-ozone, unhealthful ozone, hazarous-level ozone related
озоноопасных и долгоживущих (noun) - long-lived and hazardous ozone
Озоносферу (noun) - Ozonosphere, Upper-atmospheric Ozone-layer
Озоносферы (noun) - Ozonosphere, Upper-atmospheric Ozone-layer
ОЗХО (abbv) - Organization (on) Prohibition (of) Chemical Weapons

ОИ (abbv) - Optimal Interpolation, enhanced interpolation
Оймякон (noun) - Omyakon (name)
Ойясио (noun) - Oyashio (name)
Ока Река (noun) - Oka River
окажет (verb) - render, show, influence, effect, help, prefer, impede, offer, show, honor
окажут (verb) - render, have, had, influence, effect, help, prefer, impede, offer, show, honor offer, honor
оказавшим (noun) - who have rendered, who have, who had, who influenced, who effected, who helped
оказавшуюся (verb) - found, find, manifest, turn-out, prove to be
оказала (verb) - has, has had, had, provided, offered
оказалась (verb) - found, find, manifest, turn-out, prove to be, render, extend
оказались (verb) - found, find, manifest, turn-out, prove to be, render, extend
оказадся (verb) - turn out, prove, found, be found, find oneself, was, been
оказании (noun) - providing, supplying, provisioning, rendering, supporting, showing
оказывается (verb) - found, find,manifest, turn-out, prove to be, render, extend
оказываются (verb) - found, find, manifest, turn-out, prove to be, render, extend
оказывающего (adjv) - found, expected, probable, turned-out, rendered, extended, inevitable, discovery-related
оказывающих (adjv) - found, expected, probable, turned-out, rendered, extended, inevitable, discovery-related
окаменелость топливо (noun) - fossile fuel, fossil-coal, fossil-oil
окаменелость топливо горение (noun) - fossil-fuel combustion, fossil-fuel burning
ОКБ (abbv) - Special Design Bureau, Experimental Design Bureau, Omsk Regional Hospital
океан атмосфера система (noun) - ocean atmosphere-system
океан поверхность температура (noun) - ocean surface-temperature
океан пол топография (noun) - ocean-floor topography
океан тиде (noun) - ocean tide, ocean lunar-tide

океан трассиров (noun) - ocean tracers, ocean explorers
океан циркуляция (noun) - ocean circulation, ocean currents
океана поверхности температур (noun) - ocean-surface temperature
Океанана (noun) - Oceania, Oceana, South Seas
океане (noun) - ocean, pond, deep, main, blue, brine
океанический (adjv) - ocean, oceanic, high-seas, maritime, ocean-related
океанический струяы (noun) - oceanic currents, oceanic circulations, maritime circulations
океанмческий термал пасширение (noun) - oceanic thermal-expansion
океанов (noun) - oceans, ponds, deeps, main's, blues, brines
Океанограф (noun) - Oceanographer, Ocean-scientist, Maritime-scientist
океанографический анализ (noun) - oceanographic analysis, oceanographic study
океанографических (adjv) - oceanographic, ocean-related
Океанологика Акта (noun) - Oceanologica Acta, Oceanologic Records
Океанологии (noun) - Oceanology, Oceanography, Marine resources and technology
океанологических (adjv) - oceanologic, oceanology-related
океанологических полей (noun) - oceanologic fields, oceanologic activity-spheres
океаном (noun) - ocean, pond, deep, main, blue, brine
океанский анализ (noun) - oceanic analysis, oceanic study
океанский буй (noun) - oceanic buoy, maritime floating platform/ navigation aid
океанский тропический погода (noun) - Maritime-tropical weather
океанских (adjv) - ocean, oceanic, maritime, vast, great, ocean- related
океанской (adjv) - ocean, oceanic, maritime, vast, great, ocean- related
океану (noun) - ocean, pond, deep, main, blue, brine, profound
Оки (noun) - Oka (name)
окислителей (noun) - oxidizer, oxidizing-agent

окислительных (adjv) - oxidative, oxidizing, oxidation-related
окись азота (noun) - nitric oxide, oxidized nitrogen/ammonia
Окклюдированный фронт (noun) - Occluded Front, Occlusion
окклюдировать (verb) - occlude, overtake, obstruct, contact, conceal
окклюзии (noun) - occlusion, overtaking-front, occluding, breath-obstruction, teeth-contact, gas inclusion/sorption
окклюзия (noun) - occlusion, overtaking-front, occluding, breath-obstruction, teeth-contact, gas inclusion/sorption
оккупантов (noun) - occupants, occupiers, denizens, intruders, invaders, infesters
оккупацию (noun) - occupation, vocation, business, work, calling, profession, practice, pursuit, trade, craft
оккупирован (verb) - occupy, inhabit, possess, engage, include, engross
оккупируй (verb) - occupy, inhabit, possess, eng age, include, engross
Оккупируй Уолл-стрит (noun) - "Occupy Wall-Street" Оклахома-сити (noun) - Oklahoma City (name)
Окленде (noun) - Oakland (name)
окно мороз (noun) - window frost, window with ice-crystal deposits
около (adjv) - near, close, by, around, about, approximately, nearly, some, proximity-related
околоземную (noun) - earth, terra firma, land, ground, real estate
окончанию (noun) - completion, conclusion, end, expiration, graduation, ending
окончательно (advb) - finally, ultimately, completely, definitively, eventually
окончательное (advb) - finally, ultimately, completely, definitively, eventually
окончательные (adjv) - final, definitive, conclusive, terminal, caudal, ultimate, endmost, last
окончена (noun) - ending, finishing, completing, terminating
ОКР (abbv) - Experimental Design Work, Russian Olympic Committee
окрание (noun) - Okranie (name)
окрестностях (noun) - environs, neighborhoods, vicinities, locales

округу (noun) - neighborhood, residential-area, district
окружающая (adjv) - environmental, vicinal, surrounding, local, ambient, encompassing, environment-related
окружающей (adjv) - environmental, vicinal, surrounding, local, ambient, encompassing, environment-related
окружающий злоровье критериа (noun) - environmental health criteria
окружающий изучение самолёт (noun) - environmental research aircraft
Окружающий Науки Технология (noun) - Environmental Science (and) Technology
окружающим (noun) - environment, ambient, atmosphere, surrounding
окружили (noun) - surrounding, encircling, enveloping, b encompassing, environing
окружная скорость (noun) - peripheral velocity, peripheral rate
окружность круга (noun) - circle-circumference, circle-perimeter, ring-circumference
окружностью (noun) - circumference, periphery, perimeter, neighborhood
окружный (adjv) - circled, circular, round, circuited, circuitous, circle-related
оксид (noun) - oxide, oxygen binary-compound
оксид углерода (noun) - carbon oxide, bonded compound
оксидиовка (noun) - oxidation, oxidization, oxidizing
оксидирование (noun) - oxidizing, oxidation, oxidization
оксидмровать (verb) - oxidize, convert, cover, remove
ОКСМ (abbv) All-Russian Classifier (of) World Countries
Оксфорда (noun) - Oxford (name)
Оксфордовского университета (noun) - Oxford University
Оксфордских (adjv) - Oxfordian, Oxford-related
Октоберфест (noun) - Octoberfest, Bavarian festival (beer drinking festivity)
Октябре (noun) - October, tenth calendar month
Октябрьских (adjv) - October-like, fallish, October-related
Олег (noun) - Oleg (name)
Олега (noun) - Oleg (name)
Олегом Табаковым (noun) - Oleg's Tobacco (name)

оледенелых (adjv) - frozen, ice-cold, icy, chilled, fixed, unavailable, unemotional, coldness-related
Оленька (noun) - Olenka (name)
Олешенки (noun) - Oleshenki (name)
Олимпиаде (noun) - Olympiad, Olympics, Olympic Games, Olympic events
Олимпиаду (noun) - Olympiad, Olympics, Olympic Games, Olympic Events
Олимпиады (noun) - Olympiad, Olympics, Olympic Games, Olympic Events
Олимпийские (adjv) - Olympian, Olympics-related
Олимпийский (adjv) - Olympian, Olympics-related
Олимпийский хоккейный турнир (noun) - Olympian Hockey Tournament
Олимпийских (adjv) - Olympian, Olympics-related
Олимпмйских игр (noun) - Olympic game, Olympic playing
Олимпийских играх (noun) - Olympic Games, Olympic sports
Олимпийских чемпионов (noun) - Olympic Champions
Олимпийского (adjv) - Olympian, Olympics-related
Олимпийское (adjv) - Olympian, Olympics-related
Олимпийской (adjv) - Olympian, Olympics-related
Олимпийскую (adjv) - Olympian, Olypics-related
Олимпийцев (noun) - Olympics, Olympic Games
Олимпискких (adjv) - Olympian, Olympics-related
Олимписких игр (noun) - Olympic Games
Ольга (noun) - Olga (name)
Ольховский (adjv) - Alder-like, tree-related
Оля (noun) - Olya (name)
ом (abbv) - Special Group, Special Unit, Special Squad
Omaha (noun) - Omaha (name)
Омане и Катаре (noun) - Oman and Qatar (United Arab Emirate/ UAE)
омега антициклон (noun) - omega anticyclone, omega high, very short-lived anticyclone
омега блок (noun) - omega block, very short-lived barrier
омега волна (noun) - omega wave, very short-lived wave
ОМОН (abbv) - Special Police Forces Unit/SWAT/Riot Squad
ОМОНа (abbv) - Special Police Forces Unit/SWAT/Riot Squad

Омск (noun) - Omsk (name)
Омская (adjv) - Omskian, Omsk-related
Омске (noun) - Omsk (name)
омский (adjv) - Omskian, Omsk-related
омской (adjv) - Omskian, Omsk-related
омывающих (adjv) - washing, washed, bathed, cleansed, wash-related
ОН радикалов (noun) - Hydroxyl radicals, Hydroxy radicals, Hydroxyl group, OH radicals
онагер (noun) - Asian wild ass, heavy catapult
Онега (noun) - Onega (name)
Онега озеро (noun) - Lake Onega, Onega Lake
Онежского залива (noun) - Onega Bay
Онешскойе озеро (noun) - Lake Oneshskoje
онкогинеколог (noun) - Oncologist/Inecologist (medical)
онкореабилитация (comp) - Oncological rehabilitation (medical)
онлайн (noun) - Online, being on the Internet, on the telephone
Онлаин-карт (noun) - Online-Map, online-form
ОНФ (abbv) - All-Russian National Front
Онэксим (noun) - Oneksim (Private Investment Company) (name)
ОНЭС (abbv) - Organization (of) Petroleum Exporting Countries/ OPEC
ООН (abbv) - Organization (of the) United Nations (UN)
Опакус (noun) - Opacus, Sun/Moon-obscuring cloud
опасается (verb) - fear, dread, be afraid, beware, avoid, keep off, refrain from, avoid
опасательную (noun) - rescue, saving, recovering, saving, deliverance, salvation, recovery, retrieval, extrication, releasing
опасен (noun) - fear, concern, anxiety, misgiving, apprehension, dread
опасно (advb) - hazardously, dangerously, perilously, harmfully
опасное (adjv) - dangerous, hazardous, perilous, harmful, injurious, hazard-related
опасност (noun) - danger, hazard, peril, harm, injury
опасносте (noun) - danger, hazard, peril, harm, injury
опасность зона (noun) - danger zone, hazard zone, perilous zone
опасность индекс (noun) - hazard index, danger index, peril index

опасную (adjv) - dangerous, hazardous, perilous, menancing, threatening, danger-related
опасны (noun) - danger, hazard, peril, menance, threatening
опасные (adjv) - dangerous, hazardous, perilous, menancing, threatening, danger-related
опасный полукуг (noun) - dangerous semi-circle, most-dangerous storm semi-circle
опасных (adjv) - dangerous, hazardous, perilous, menacing, threatening, danger-related
опаснье (noun) - danger, hazard, peril, menace, threat
ОПЕК (abbv) - Organization (of) Petroleum Exporting Countries (OPEC)
Опель (noun) - Opel (name)
Опелю (noun) - Opel (name)
Опеля (noun) - Opel (name)
оперативно (advb) - operatively, operationally, energetically, efficiently, professionally, executively, surgically, functionally
оперативного (adjv) - operative, operational, working, real-time, energetic, efficient, professional, executive, surgical, functioning- related
оперативную (adjv) - operative, operational, working, real-time, energetic, efficient, professional, executive, surgical, functioning- related
оперативный модель (noun) - operational model, operational design
оперативный метеорологы (noun) - working meteorologist, professional meteorologist
оперативных (adjv) - operative, operational, working, real-time, energetic, efficient, professional, executive, surgical, functioning-related
операторов (noun) - operators, performers, practioners, cameramen, surgeons
оператором (noun) - operator, performer, practitioner, cameraman, surgeon
операции на сердце (noun) - Operation on (the) Heart, Heart operation
операционная-система (noun) - operation-system, operating-system

операционную (noun) - operation, surgical procedure
операцию (noun) - operation, procedure, action, activity, practice, behavior, business
оперная (adjv) - operatic, lyrical, musical, virtuoso, opera-related
оперной (adjv) - operatic, lyrical, musical, virtuoso, opera-related
Оперной Арией (noun) - Operatic Aria, Opera aria
оперных (adjv) - operatic, lyrical, musical, virtuoso, opera-related
оперу (noun) - opera, musical theater, lyrical theater, operetta
описана (noun) - description, accounting, depiction, representation
описанных (adjv) - circumscribed, constrictive, definitive, marked, outlined, surrounded, constructed, limited, surrounding-related
описаны (noun) - description, accounting, depiction, representation
описательных (adjv) - descriptive, accountable, depictive, representative, depiction-related
описываемые (verb) - describe, account, depict, represent, list, inventory, circumscribe
описываемым (verb) - describe, account, depict, represent, list, inventory, circumscribe
описывает (verb) - describe, account, depict, represent, list, inventory, circumscribe
описывается (verb) - describe, account, depict, represent, list, inventory, circumscribe
описываются (verb) -describe, account, depict, represent, list, inventory, circumscribe
описывающая (adjv) - describable, descriptive, depictive, representative, listed, inventoried, circumscribed, depiction-related
описывающей (adjv) - describable, descriptive, depictive, representative, listed, inventoried, circumscribed, depiction-related
описывающих (adjv) - describable, descriptive, depictive, representative, listed, inventoried, circumscribed, depiction-related
ОПК (abbv) - Defense-Industrial-Complex
оплату (noun) - payment, pay, remuneration, compensation, income, earnings, salary

оплаченными (noun) - prepayment, payment, defrayment, expense, cost, expenditure, overhead
оплодотворении (noun) - fertilization, apply-fertilizer, make-fertile, enrichment, fecundation, insemination, impregnation
оплотом - stronghold, bulwark, bastion, fort, fortress, pillbox, refuge
оповещению (noun) - notification, announcement, disclosure, publication
опознавние (noun) - identification, identifying, recognition, naming, likening, acknowledgment, cognition
опознавния (noun) - identification, identifying, recognition, naming, likening, acknowledgment, cognition
опознавательный (adjv) - identifiable, recognizable, cognitive, cognitional, identification-related
опознано (verb) - identify, recognize, name, know, acquaint, acknowledge
опознаны (noun) - identification, identifying, recognition, naming, likening, acknowledgment, cognition
опознань (noun) - identification, identifying, recognition, naming, likening, acknowledgement, cognition
опокидной (adjv) - flask-like, containable, contained, flask-related
оползней (noun) - landslide, slide, slip, mudslide, landslip, avalanche
опор (noun) - support, abutment, pier, scaffolding, scuffy-shoes, speed
опорной (adjv) - bearing, supporting, abuting, strong, bridge-like, support-related
опорную (adjv) - bearing, supporting, abuting, strong, bridge-like, support-related
опорных (adjv) - bearing, supporting, abuting, strong, bridge-like, support-related
оппозицией (noun) - opposition, counteraction, resistance, contention, rejection, noncooperation, contradiction
оппозиции (noun) - opposition, counteraction, resistance, contention, rejection, noncooperation, contradiction
оппозиционер (noun) - oppositionist, malcontent, opposeк, resister, protester

оппозиционерам (noun) - oppositionist's, malcontents, opposers, resisters, protesters
оппозиционерами (noun) - oppositionist's, malcontents, opposers, resisters, protesters
оппозиционеров (noun) - oppositionist's, malcontents, opposers, resisters, protesters
оппозиционность (noun) - opposition, counteraction, resistance, contention, rejection, noncooperation, contradiction
оппозиционные (adjv) - oppositional, counteractive, resistant, contentious, rejected, contradictory, opposition-related
оппозицию (noun) - opposition, counteraction, resistance, contention, rejection, noncooperation, contradiction
оппозиция (noun) - opposition, counteraction, resistance, contention, rejection, noncooperation, contradiction
оппонентами (noun) - opponent's, adversaries, antagonist's, oppositions, foes, enemies, combatant's
оправданы (noun) - justification, warranting, authorization, vindication, exculpation, excuse, alibi, acquittal, discharge
оправданы (noun) - justification, warranting, authorization, vindication, exculpation, excuse, alibi, acquittal, discharge
оправдыаемость (verb) - justify, warrant, authorize, excuse, discharge
определен (noun) - determination, impulsion, attribute, resolution, decision, definition, detection
определена (noun) - determination, impulsion, attribute, resolution, decision, definition, detection
определении (noun) - determination, impulsion, attribute, resolution, decision, definition, detection
определенич (noun) - determination, impulsion, attribute, resolution, decision, definition, detection
определению (noun) - determination, impulsion, attribute, resolution, decision, definition, detection
определённости (noun) - fixation, preoccupation, certainty, definiteness
определённый (adjv) - definite, definitive, determinate, fixed, certain, certainty-related
определённых (adjv) - definite, efinitive, determinate, fixed, certain, certainty-related

определены (noun) - determination, impulsion, attribute, resolution, decision, definition

определил (verb) - identify, determine, define, diasgnose, find, judge, fix, take shape, tell, be formed, be determined

определили (verb) - identify, determine, define, diagnose, find, judge, fix, take shape, tell, be formed, be determined

определились (verb) - identify, determine, define, diagnose, find, judge, fix, take shape, tell, be formed, be determined

определился (verb) - identify, determine, define, diagnose, find, judge, fix, take shape, tell, be formed, be determined

определяется (verb) - identify, determine, define, diagnose, find, judge, fix, take shape, tell, be formed, be determined

определялась (verb) - identify, determine, define, diagnose, find, judge, fix, take shape, tell, be formed, be determined

определяются (verb) - identify, determine, define, diagnose, find, judge, fix, take shape, tell, be formed, be determined

определяющей (adjv) - identified, determinate, definite, fixed, certain, diagnostic, judgmental, shaped, formed, determined, identification-related

определяющими (noun) - identification, determination, definition, decision, utilization

определяющих (adjv) - identified, determinate, definite, fixed, certain, diagnostic, judgmental, shaped, formed, determined, identification-related

опреснитель (noun) - desalter, desalinator, distiller, vaporizer

опроверг (verb) - refute, deny, disavow, reject, disprove

опровергает (verb) - refute, deny, disavow, reject, disprove

опровергают (verb) - refute, deny, disavow, reject, disprove

опровергли (verb) - refute, deny, disapprove, reject, disprove

опровергло (verb) - refute, deny, disapprove, reject, disprove

опротестует (verb) - appeal, entreat, plea, bid, supplicate, beseech, protest

оптиеаллы (noun) - opticals, optics, light-science, vision-science, sight-related

оптико (advb) - optically, visionally

оптико электронных (noun) - optoelectronics, electronic optics

оптимальная (adjv) - optimal, optimum, best, most favorable, quintessential, superlative, greatest, ultimateness-related

оптимальной (adjv) - optimal, optimum, best, most favorable, quintessential, superlative, greatest, ultimateness-related
оптимальную интерполяцию (noun) - optimal interpretation, most favorable interpretation
оптималный (adjv) - optimal, optimum, best, most favorable, quintessential, superlative, greatest, ultimateness-related
оптимизации (noun) - optimization, optimizing, perfection, effectiveness, functionality
оптомизировать (verb) - optimize, perfect, functionize, effect, accomplish, improve, refine
оптимуиах (noun) - optimums, perfections, effective-forms, most-functional forms
оптический глубина (noun) - optic depth, optical depth
оптический феномена (noun) - optic phenomena, optical phenomena
оптических (adjv) - optic, optical, visual, sighted, vision-related
оптических облачных параметрах (noun) - cloud optical-parameters
оптических характеристик (noun) - optic characteristic, optical characteristic
оптической (adjv) - optic, optical, visual, sighted, vision-related
оптической плотности облаков (noun) - clouds optical-density
опубликовал (noun) - publication, bulletin, instruction, circular, communication, announcement, statement, promulgation, declaration
опубликована (noun) - publication, bulletin, instruction, circular, communication, announcement, statement, promulgation, declaration
опубликованные (adjv) - published, printed, distributed, promulagated, publication-related
опубликованными (adjv) - published, printed, distributed, promulgated, publication-related
опубликованных (adjv) - published, printed, distributed, promulgated, publication-related
опубликованных в журнале (noun) - publications and journals
опубликует (verb) - publish, print, promulgate, distribute
опускания (noun) - subsidence, lowering, falling, descending, sinking, down-welling

опускающегося (verb) - subside, lower, fall, descend, sink
Опухоль (noun) - Tumor (medical)
опытные (adjv) - experienced, practiced, knowing, investigative, modeled, experimental, tentative, experience-related
опытных (adjv) - experienced, practiced, knowing, investigative, modeled, experimental, tentative, experience-related
опытовый (adjv) - model, modeled, experimental, investigative
Опытовый басейн (noun) - Model basin, experimental basin
опыту (noun) - experience, practice, knowledge, experiment, test, trial
оранжевая (adjv) - orange-like, orange-colored, color-related
оранжевый (adjv) - orange-like, orange-colored, color-related
оранжевый цвет (noun) - orange color, colored orange, red-yellow color
оранский (adjv) - orange-like, orange-colored, color-related
орбитал (noun) - orbital, in orbit, revolving about an object
орбитального (adjv) - orbital, circular, revolving, revolved, traveled, traveling, orbit-related
орбитальный (adjv) - orbital, circular, revolving, revolved, traveled, traveling/ orbit-related
Орбитальный Телескоп «Кеплер» (noun) - Orbital Telescope «Kepler» (US)
орбитальных (adjv) - orbital, circular, revolved, revolving, traveled, traveling, orbit-related
орбите (noun) - orbit, orbital revolution, circular closed path, rotational trajectory, circle, ecliptic, sphere, range, zodiac
орбитинг (noun) - orbiting, circling, circular-movement, revolving, traveling
орбиту (noun) - orbit, orbital revolution, circular closed-path, rotational trajectory, circle, ecliptic, sphere, range, zodiac
орбиту полета (noun) - orbit flight, orbital flight
орбиты научный микроспутник (noun) - orbit scientific micro- satellite
ОРВ (abbv) - Long-lived and hazardous Ozone, Dangerous and persistent Ozone
ОРВИ (abbv) - Organization of Russian Vodka Industry, Acute Respiratory Viral Infection

организаторы (noun) - organizer, planner, arranger, structurer, producer, sponsor
организаций (noun) - organization, organizing, structure, association, body, agency, society, personnel, production
Организация Нефть Экспортировать Страны (noun) - Organization (of) Petroleum Exporting Countries/OPEC
организованно (adjv) - organized, organizational, orderly, disciplined, regulated, methodical, organization-related
организованных (adjv) - organized, organizational, associated, orderly, disciplined, regulated, methodical, organization-related
Организация метеорологического обеспечения (noun) -Organization (of) Meteorological Services
Организация Объединённые Накий (noun) - (The) United Nations Organization, UN
Организация Объединённых Наций Окружающтй (noun) - United Nations Environmental Program
организмах (noun) - organisms, complex-element structures, living beings
органика (noun) - organic chemistry, plant/animal chemistry
органичений (adjv) -organic, instrumental, fundamental, organized, restricted, organism-related
органичения (noun) - organic matter, flora and fauna, living thing, biology, flesh, tissue, individual thing
органиченность (noun) - organic matter, flora and fauna, living thing, biology, flesh, tissue, individual thing
органиченными (noun) - the only restriction, the only limitation, the only qualification, the only confinement
органических (adjv) - organic, instrumental, fundamental, organized, restricted, organism-related
органического (adjv) - organic, instrumental, fundamental, organized, restricted, organism-related
органичивается (verb) - limit, restrict, restrain, bound, confine, contain, specialize
органичить (noun) - organic matter, flora and fauna, living thing, biology, flesh, tissue, individual thing
органов (noun) - organs, organizations, members, instruments
органогенеза (noun) - organogenesis, bodily-organ regeneration

оргвыводов (noun) - organization pull-outs, organization withdrawals, organization-deductions, organization-conclusions
Орден Услуга в Отечество (noun) - Order of Service to the Fatherland
Ордена Британской империи (noun) - Order (of the) British Empire
Ордена Мужества (noun) - Order of Honor (for) Courage, Award (for) Courage
Ордена Почётного Легиона (noun) - Order (of) Legion (of) Honor
орденом (noun) - orders, directions, instructions, guidance, decorations
орденов (noun) - orders, directions, instructions, guidance, decorations
Орджоникидзе (noun) - Ordzhonikidze (name)
орекстром (noun) - orchestra's, musical groups
Орёл (noun) - Orel, eagle, head
Оренбург (noun) - Orenburg (name)
Оренбурге (noun) - Orenburg (name)
Оренбургская (adjv) - Orenburgian, Orenburg-related
оригональная (adjv) - original, unique, initial, first, earliest, formative, authentic, inventive, primary, eccentric, originality-related
оригинальной (adjv) - original, unique, initial, first, earliest, formative, authentic, inventive, primary, eccentric, originality-related
оригинадьные (adjv) - original,unique, initial, first, earliest, formative, authentic, inventive, primary, eccentria, originality- related
оригинальных (adjv) - original, unique, initial, first, earliest, formative, asuthentic, inventive, primary, eccentric, originality-related
ориентации (noun) - orientation, direction, introduction, arrangement, alignment, self-identification
ориентир (noun) - reference-point, guidance-reference, base-line
ориентированного (adjv) - oriented, knowledgeable, aware, directed, guided, introduced, arranged, aligned, identified, awareness-related

ориентированным (adjv) - oriented, knowledgeable, aware, directed, guided, introduced, arranged, aligned, identified, awareness-related

ориентированных (adjv) - oriented, knowledgeable, aware, directed, guided, introduced, arranged, aligned, identified, awareness-related

ориентировочно безопасный уровень воздействия (noun) - approximately-safe impact level

ориентировочные (adjv) - orientational, position-finding, location- finding, approximate, tentative, roughish, orientation-related

ориентировочных (adjv) - orientational, position-finding, location- finding, approximate, tentative, roughish, orientation-related

оркестрам (noun) - orchestra's, symphonic musical groups, bands

оркестровый (adjv) - orchestral, orchestra-related

Оркиейские острове (noun) - Orkey Islands

Орландо (noun) - Orlando (name)

Орловская (adjv) - Orlovian, Orlov-related

Ормузского пролива (noun) - Straits (of) Ormuz, Ormuz Straits,

Орографей (noun) - Orography, Mountain physical-geography, geologic terrain-features

Орографии (noun) - Orography, Mountain physical-geography, geologic terrain-features

орографический (adjv) - orographic, orographical, terrestrial, orography-related

Орографический волна (noun) - Mountain atmospheric-wave, Orographic wave,

Орографисеский облако (noun) - Orographic cloud, terrestrial- cloud

Орографический осадки (noun) - Orographic rainfall, terrestrial- rainfall

Орографический подъёминг (noun) - Orographic lifting, terrestrial- lifting

Орографический снегопад (noun) - Orographic snowfall, terrestrial snowfall

Орографический эффекты (noun) - Orographic effect, terrestrial- effect

орографических (adjv) - orographic, orogrpahical, terrestrial, mountain-related
Орография (noun) - Orography, Orology, Moutain physical-geography, geologic terrain-features
орошаемом (noun) - irrigations, artificial land-waterings, therapeutic-flushings
Орск (noun) - Orsk (name)
ортогональных (adjv) - orthogonal, at-right-angles-related
ортогофото (noun) - orthophoto, orthogonal-photograph
ортогофото карты (noun) - orthophoto charts, orthophoto displays
орудиеы (noun) - tools, implements, instruments, ordinance, guns
оружейнику (noun) - gunsmith, armorer, weapon-maker
оружиюов (noun) - weapons, arms, armaments, munitions, ordinance, instruments of destruction, games
осадка (noun) - precipitation, fallout, rainfall, snowfall, condensation, sedimentation, deposition
осадками (noun) - precipitations, fallouts, rainfalls, snowfalls, condensations, sedimentations, depositions
осадках (noun) - precipitations, fallouts, rainfalls, snowfalls, condensations, sedimentations, depositions
осадкзуемый вода (noun) - precipitable water, precipitated water
осадки (noun) - precipitation, fallout, rainfall, snowfall, condensation, sedimentation, deposition
осадков (noun) - precipitations, sediments, depositions, aftertastes
осадкт атмосферные (noun) - atmospheric precipitation, atmospheric condensation
осадки вызванная туман (noun) - precipitation-induced fog
осадки эффективьность (noun) - precipitation effectivity, precipitation effectiveness
осадки радар стощение (noun) - precipitation radar-attenuation, radar signal-strength-attenuation (from) precipitation
осадки статическое (noun) - precipitation static, precipitation radio-interference
осадки эко (noun) - precipitation echo, precipitation radar-display
осадкоб (noun) - precipitation, fallout, rainfall, snowfall, settling, draft, draught, set
осадков (noun) - precipitations, rains, fallouts, rainfalls, snowfalls, settlings, drafts, draughts, sets

осадкообразования (noun) - precipitation-formation, precipitation- development, precipitation-production
осадкообразующие (adjv) - precipitation-formed, precipitation-developed, precipitation-produced, precipitation-related
осадок капканов (noun) - sediment traps, sludge traps
осадоков (noun) - sediments, sludges, deposits, after-tastes
осаждаемый (adjv) - precipitable, precipitate-capable, precipitative, precipitation-related
осаждение (noun) - precipitation, fallout, rainfall, snowfall, condensation, sedimentation, deposition
осаждение испарение отнощение (noun) - precipitation-evaporation ratio, precipitation-loss from evaporation
осаждения (noun) - precipitation, fallout, rainfall, snowfall, condensation, sedimentation, deposition
осажндаемость (noun) - precipitability, precipitation-probability
осветительных (adjv) - lit, illuminate, illuminative, illuminating, flare-like
освободила (noun) - liberation, freeing, releasing, emancipation
освободили (verb) - liberate, free, release, liberate, emancipate
освобождаются (verb) - free, liberate, release, dismiss, clear, disperse, vacate
освобожден (verb) - free, liberate, release, dismiss, clear, disperse, vacate
освобождена (noun) - freedom, liberation, releasing, freeing, dismissal, clearing, dispersal, vacating
освобождении (noun) - freedom, liberation, releasing, freeing, dismissal, clearing, dispersal, vacating
освобождению (noun) - freedom, liberation, releasing, freeing, dismissal, clearing, dispersal, vacating
освобожденным (adjv) - free, exempt, released, cleared, dismissed, vacated, freedom-related
освобождены (noun) - freedom, liberation, releasing, freeing, dispersal, vacating
освятил (verb) - consecrate, sanctify, purify, beautify, bless, glorify, dedicate
освяшен (verb) - consecrate, sanctify, purify, beautify, bless, glorify, dedicate

освящение (noun) - consecration, consecrating, sanctification, sanctifying, blessing, ordaining, dedication, dedicating, honoring, Kiddush
освящения (noun) - consecration, consecrating, sanctification, sanctifying, blessing, ordaining, dedication, dedicating, honoring, Kiddush
осгаться (verb) - stay, remain, persist, endure, last, bide, stand, hold, subsist
осей (noun) - axis, axle, spindle, pin
осенне (noun) - autumn, fall, between summer and winter
осенне-зимнему периоду (noun) - autumn-winter period
осеннего (adjv) - autumnal, fall-like, autumn-related
осенней (adjv) - autumnal, fall-like, autumn-related
осенние (adjv) - autumnal, fall-like, autumn-related
осенних (adjv) - autumnal, fall-like, autumn-related
осенняя (adjv) - autumnal, fall-like, autumn-related
Осень ветер (noun) - Fall wind, Autumn wind
Осень сезон (noun) - Fall season, Autumn season
осеньу (noun) - autumn, fall, harvest-time
осесимметричной (adjv) - axisymmetric, axisymmetrical, axis-symmetric, symmetry-related
оси (noun) - axis, axle, spindle, pin
оси эллипса условного (noun) - convenitional elipse-axis
Оскар (noun) - Oscar, Award statuette (Hollywood)
осквернен (verb) - desecrate, debauch, violate, defile, profane, dishonor
осколе (noun) - debris, fragmentation, splintering
осколки (noun) - debris, fragment, splinter
ослабевающим (adjv) - weakened, impoverished, slackened, abated, scarce, abatement-related
ослабить (verb) - weaken, impoverish, slacken, relax, abate
ослаблении (noun) - weakening, impoverishment, slackening, relaxation, tension-releasing, abatement, scarcity
ослабленный (adjv) - weakened, impoverished, slackened, abated, scarce, abatement-related
оследённый (adjv) - snow blinded, snow blinding, vision-restrictive, vision-related
Осло (noun) - Oslo (name)

осложняет (verb) - complicate, compound, entangle, muddle, perplex, involve, confuse, confound, ravel
османских (adjv) - ottoman-like, ottoman-related
осмотрах (noun) - examinations, inspections, look arounds, visits, checks
осмотрел (verb) - examine, inspect, check, visit
оснастит (verb) - install, equip, outfit, rig, furnish, tailor
оснастить эвм (verb) - install computer, computerize, computer-automate, computer equip, computer fit-out
оснаститьед оживление (noun) - computerized animation, computerized life-like movement
оснастку (noun) - tool, part, accessory, rig, "snap" (software feature)
оснащении (noun) - equipping, rigging, fitting-out, installing, configuring
оснащённых (adjv) - equipping, rigging, fitting-out, installing, configuring, equipment-related
оснещённых (adjv) - snow-covered, snow-buried, snow-laden, snow- covering related
основан (verb) - base, found, study, reason, ground
основании (noun) - base, basing, basis, ground, foundation, founding, footing, study, reason
основание течение (noun) - base-flow, base-current
основанная (adjv) - based, grounded, founded, useful, base-related
основанные (adjv) - based, grounded, founded, useful, base-related
основанный (adjv) - based, grounded, founded, useful, base-related
основано (advb) - basely, thoroughly, foundationally, usefully
основателю (noun) - founder, establisher, originator
основе (noun) - foundation, base, basis, grounds, fundamentals, stem, warp
основная (adjv) - fundamental, original, main, principal, primary, basic, major, whole, fixed, fundamentalness-related
основная версия (noun) - main version, principal version
основная единица (noun) - fundamental unit, basic unit
осеовное (adjv) - fundamental, main, principal, primary, basic, major, whole, fixed, fundamentalness-related

основного (adjv) - fundamental, main, principal, primary, basic, major, whole, fixed, fundamentalness-related
основной (adjv) - fundamental, main, principal, primary, basic, major, whole, fixed, fundamentalness-related
осовной графический продукты (noun) - basic graphic-products, fundamental graphic-products
основные (adjv) - fundamental, main, principal, primary, basic, major, whole, fixed, fundamentalness-related
основным (adjv) - fundamental, main, principal, primary, basic, major, whole, fixed, fundamentalness-related
основными (adjv) - fundamental, main, principal, primary, basic, major, whole, fixed, fundamentalness-related
основных (adjv) - fundamental, main, principal, primary, basic, major, whole, fixed, fundamentalness-related
основой (adjv) - fundamental, main, principal, primary, basic, major, whole, fixed, fundamentalness-related
основу (noun) - basis, foundation, principles, fundamentals, stem, warp
основы (noun) - base, foundation, principle, fundamentals, stem, warp
ОСО (abbv) - Total Ozone Content
особая (adjv) - special, outstanding. unique, particular, peculiar, uniqueness-related
особе (noun) - speciality, particularity, specific, individual, peculiarity, rarity
особенностей (noun) - specifics, details, particulars, features, characteristics, specification, peculiarity, rarity,
особенностью (noun) - specifics, details, particulars, features, characteristics, specification, peculiarity, rarity
особенностями (noun) - specifics, details, particulars, features, characteristics, specification, peculiarity, rarity
особенностях (noun) - specifics, details, particulars, features, characteristics, specification, peculiarity, rarity
особенным (adjv) - special, notable, memorable, remarkable, extraordinary, particular, peculiar, importance-related
особого (adjv) - special, exceptional, particular, specific, esoteric, individual, peculiar, unique, rare, importance-related

особом (noun) - specialities, particularities, specifics, individuals, peculiarities, rarities
особую (adjv) - special, exceptional, particular, specific, esoteric, individual, peculiar, rare, unique, importance-related
особый (adjv) - special, exceptional, particular, specific, esoteric, individual, peculiar, rare, unique, importance-related
Особый доклады (noun) - Special Reports, Special observations
оспаривают (verb) - contend, challenge, dare, vie, confront, front, face, meet, defy
оспорили (verb) - contend, challenge, dare, vie, confront, front, face, meet, defy
Оспри (noun) - Osprey (name)
осреднем (noun) - averaging, mean value, mode value, median value, norm, estimated average
осреднения (noun) - avereraging, mean value, mode value, median value, norm, estimated average
осредненного (adjv) - averaged, mean, mode, median, norm, average-related
осредненном (adjv) - averaged, mean, mode, median, norm, average- related
осредненные (adjv) - averaged, mean, mode, median, norm, average- related
осредненный (adjv) - averaged, mean, mode, median, norm, average- related
осредненный по территории (noun) - averaged by territory, area-averaged mean
осредненных (adjv) - averaged, mean, mode, median, norm, average- related
осреднены (noun) - averages, means, modes, medians, norms
ОСТ (abbv) - Ocean-surface temperature
Ост норд ост (noun) - East-North-East, cardinal direction
Ост тень норд (noun) - East by North, cardinal direction
остававшихся (verb) - remain, stay, last, subsist, hold, continue, reside, survive, endure, persist, bide, stand
оставил (verb) - leave, abandon, give up, stop, ask, make, keep, reserve
оставила (verb) - leave, abandon, give up, stop, ask, make, keep, reserve

оставит (verb) - leave, abandon, give up, stop, ask, make, keep, reserve
оставление (noun) - abandonment, desertion, relinquishment, detention, dereliction, reservation, vacation
оставшимся (verb) - remain, stay, last, subsist, hold, continue, reside,survive, endure, persist, bide, stand
оставшихся (verb) - remain, stay, last, subsist, hold, continue, reside, survive, endure, persist, bide, stand
оставштйся (verb) - remain, stay, last, subsist, hold, continue, reside, survive, endure, persist, bide, stand
Оставшийся ДДТ (noun) - Residual Diphenyl-Trichloride, remaining DDT
остается (pron) - it, it remains, it is/was necessary, it plays a role
остались (noun) - rest, balance, remnant, other, remainder
осталось (verb) - remain, stay, last, subsist, hold, continue, reside, survive, endure, persist, bide, stand
остался (verb) - remain, stay, last, subsist, hold, continue, reside, survive, endure, persist, bide, stand
остальных (adjv) - residual, remaining, the rest, other respects, other, else, reminant-related
останется (verb) - remain, stay, last, subsist, hold, continue, reside, survive, endure, persist, bide, stand
остановил (verb) - stop, halt, interrupt, stay, put up, dwell, settle, rest
остановился (verb) - stop, halt, interrupt, stay, put up, dwell, settle, rest
остановить (verb) - stop, stop short, restrain, halt, shutdown, rest, direct, concentrate
остановлен (noun) - stopping, stoppage, shut down, holding up, delaying, delay, hinderance, retardation, obstruction
остановлена (noun) - stopping, stoppage, shut down, holding up, delaying, delay, hinderance, retardation, obstruction
останутся (verb) - remain, stay, last, subsist, hold, continue, reside, survive, endure, persist, bide, stand
Остапенко (noun) - Ostapenko (name)
остатки (noun) - clearance, remainder, residual, remnant, remaining, leftover, residuum, balance, rest

остатком (noun) - clearances, remainders, residuals, remnants, remainings, leftovers, residuums, balances, rest

Остаточный ДДТ (noun) - Residual Diphenyl-Trichloride, remnant DDT

остаюнся (verb) - remain, stay, left over, stranded

Остенде (noun) - Ostend (name)

Остров (noun) - Ostrov (name)

Остров Мэн (noun) - Isle of Man

Остров Новая Голландия (noun) - New Holland Island (at Saint Petersburg), New Netherlands Island

Остров Тропический погода (noun) - Tropical-island Weather

Остров Юшный (noun) - South Island

Острова Кунашир (noun) - Kunashir Island

Острова фантазий (noun) - Fantasy Island, Fancy Island

остроавами (noun) - islands, isles, islets, keys, reefs, archipelago's, atoll's

острове (noun) - island, isle, islet, key, reef, archipelago, atoll

островецкой (adjv) - Ostrovian, Ostrov-related

Островецкой АЭС (noun) - Octrov Atomic Energy Station

островных (adjv) - island, isleted, archipelagic, island-related

островов (noun) - islands, isle's, islet's, key's, reef's, archipelago's, atoll's

Островский в Доме Островского (noun) - Island in (my) Home Island (theatrical)

островы (noun) - island, isle, islet, key, reef

острого (adjv) - acute, keen, sharp, vivid, intense, extreme, excruciating, sensation-related

острой (adjv) - acute, keen, sharp, vivid, intense, extreme, excruciating, sensation-related

осудил (verb) - censure, denounce, reproach, condemn, convict, sentence

осудили (verb) - censure, denounce, reproach, condemn, convict, sentence

осуждают (verb) - censure, denounce, reproach, condemn, convict, sentence

осужден (verb) - condemn, censure, reproach, denounce, convict, sentence

осужденных (adjv) - condemned, censured, reproached, denounced, convicted, sentenced, guilt-related
осушительный канал (noun) - drainage canal, drainage channel
осушительных (adjv) - drainage, liquid-removal, depletive, depletable, draining-related
осуществил (verb) - realize, bring about, accomplish, implement, carry out, exercise
осуществило (verb) - realize, bring about, accomplish, implement, carry out, exercise
осуществимых (adjv) - feasible, practicable, reliable, dependable, practicality-related
осуществлении (noun) - implementation, application, utilization, accomplishment, realization, acceptance
осуществляемого (adjv) - realized, brought about, accomplished, carried-out, realization-related
осуществлялся (verb) - perform, follow, accomplish, implement, realize
осциллографы (noun) - oscillographs, oscillography-recorder
осцилляция (noun) - oscillation, repeating-variation, repeating-fluctuation, alternation
ось наклон (noun) - axis-tilt, axis-slant, axis departure from vertical
осью (noun) - axis, axle, spindle, pin
осями (verb) - settle, subside, sink, deposit, sediment
отбила (verb) - repulse, repel, beat off, fend off, defend
отбита (verb) - repulse, repel, beat off, fend off, defend
отбойка (verb) - cutting, slicing, segmenting, breaking, interrupting
отборочном (noun) - selection, qualifying, option, alternate, boxing, eliminating
отборочные (adjv) - selective, qualified, optimal, alternative, boxed, eliminated, selection-related
отвез (verb) - take, acquire, get, gain, obtain, procure, reap
отвергли (verb) - reject, turn down, repudiate, renounce, disclaim, disapprove, decline, refuse, deny
отвергнут (verb) - reject, turn down, repudiate, renounce, disclaim, disapprove, decline, refuse, deny
отверстии (noun) - aperture, orifice, opening, hole, slot, anus

ответил (verb) - reply, answer, return, rejoinder, repeat, pay
ответила (noun) - answering, replying, repeating, returning, paying
ответственностов (noun) - responsibilities, trustabilities, reliabilities, dependabilities, accountabilities, answerabilities, liabilities,
ответственность (noun) - responsibility, trustability, reliability, dependability, accountability
ответственным (adjv) - responsible, trustworthy, reliable, dependable, accountable, responsibility-related
ответят (verb) - answer, respond, reply, retort, rejoin, react, acknowledge
отдалённая (adjv) - isolated, distant, afar, remote, secluded, out-of- the-way, isolation-related
отдалённая грозы (noun) - isolated thunderstorms, extremely scattered thunderstorms, widely-scattered thunderstorms, greatly- scattered thunderstorms
отдалённая штормы (noun) - isolated storms, extremely scattered storms, widely-scattered storms, greatly-scattered storms
отдалённый чувствинг инструменты (noun) - remote-sensing instruments
отдалённых чувствинг техника (noun) - remote-sensing technology
отдан (verb) - confine, jail, imprison, lock up, restrict, punish, charge
отделе (noun) - department, branch, division, section, station, compartment, office, room, desk, group, chapter, bureau, director, range, part, serie, class, separation, secession, secularization
отделении (noun) - department, branch, division, section, station, compartment, office, room, desk, group, chapter, bureau, director, range, part, series, class, separation, secession, secularization
отделная (adjv) - separate, individual, isolated, independent, isolation-related
отдельно (advb) - individually, separately, independently, solitarily, autonomously

отдельного (adjv) - separate, individual, isolated, independent, isolation-related
отдельные (adjv) - individual, separate, independent, solitary, isolated, autonomous, isolation-related
отдельныме (adjv) - individual, separate, independent, solitary, isolated, autonomous, isolation-related
отдельных (adjv) - individual, separate, independent, solitary, isolated, autonomous, isolation-related
отделяющим (noun) - individuality, separateness, independence, solitude, isolation, autonomy
отдых (noun) - recreation, leisure, rest, vacation, holidays
отеле (noun) - hotel, inn, lodging house, motel, hostel, roadhouse, hospice, calving
отели (noun) - hotel, inn, lodging house, motel, hostel, roadhouse, hospice, calving
отепляющего (adjv) - warming, cold-protecting, heat-giving, heat-preserving, warmly, heat-related
отечественная (adjv) - patriotic, nationalistic, domestic. fatherland, civic, flag-waving, public-spirited, chauvinistic, patriotism-related
отечественной (adjv) - patriotic, nationalistic, domestic, fatherland, civic, flag-waving, public-spirited, chauvinistic, patriotism-related
отечественному (adjv) - patriotic, nationalistic, domestic, fatherland, civic, flag-waving, public-spirited, chauvinistic, patriotism-related
отечественные (adjv) - patriotic, nationalistic, domestic,fatherland, civic, flag-waving, public-spirited, chauvinistic, patriotism-related
отечественных (adjv) - patriotic, nationalistic, domestic, fatherland, civic, flag-waving, public-spirited, chauvinistic, patriotism-related
отечеством (noun) - patronymic, paternal name, father's name
отзывает (verb) - recall, take aside, cancel, return product, remove from office, revocate, call for return, taste
отзываются (verb) - recall, take aside, cancel, return product, remove from office, revocate, call for return, taste

откажется (verb) - refuse, reject, decline, deny, repudiate, fail, break- down
откажутся (verb) - refuse, reject, decline, deny, repudiate, fail, break- down
отказал (verb) - refuse, reject, decline, deny, repudiate, fail, break- down
отказала (noun) - refusal, rejection, declining, denying, repudiation, failure, breaking-down
отказалась (verb) - refuse, reject, decline, deny, repudiate, fail, break- down
отказали (noun) - refusing, rejecting, declining, denying, repudiating, failing, breaking-down
отказался (verb) - refuse, reject, decline, deny, repudiate, fail, break-down
отказе (noun) - refusal, be refused, be turned down, renunciation, failure, natural
отказывает (verb) - refuse, reject, decline, deny, repudiate, fail, break-down
отказывается (verb) - refuse, reject, decline, deny, repudiate, fail, break-down
отказывают (verb) - refuse, reject, decline, deny, repudiate, fail, break-down
отказываются (verb) - refuse, reject, decline, deny, repudiate, fail, break down
откачка (noun) - evacuation, leaving, abandonment, bailing, escaping, emergence
откладывается (verb) - postpone, put aside, set aside, lay aside, unharness, deposit
отклики (noun) - response, comment, echo, repercussion, review
отклонение (noun) - divergence, drawing-apart, deviation, deflection, diffraction, variation, refusal
отклонение от нормы (noun) - variation from normal
отклонений (noun) - divergence, drawing-apart, departures, deviation, deflection, diffraction, variation
отклонению (noun) - divergence, drawing-apart, departures, deviation, deflection, diffraction, variation
отклонения (noun) - divergence, drawing-apart, departures, deviation, deflection, diffraction, variation

отклонил (verb) - reject, dismiss, decline, refuse, contradict, deny, dismiss, disdain, spurn, discard

отключение (noun) - disfunctioning, not operating, dead, out of order, broken down, requiring repair, disconnection, open circuit, "open" procedure

отключения отключения (noun) - disfunctioning, not operating, dead, out of order, broken down, requiring repair, disconnection, open circuit, "open" procedure

откорректированных (adjv) - recorrected, reevaluated, re-estimated, correction-related

откровенных (adjv) - candid, frank, open, revealing, unconcealed, openness-related

откроет (verb) - open, reveal, unfold, uncover, disclose, discover, find, learn, revelation-related

откроется (verb) - open, reveal, unfold, uncover, disclose, discover, find, learn, revelation-related

откроются (verb) - open, discover, unveil, uncover, reveal, discover, turn on

открываем (verb) - open, discover, unveil, uncover, reveal, confide, begin, start, launch, kick off

открывает (verb) - open, discover, unveil, uncover, reveal, bare, lay, show, retail, turn on

открывается (verb) - open, discover, unveil, uncover, reveal, bare, lay, show, retail, turn on

открывают (verb) - open, discover, unveil, uncover, reveal, bare, lay, show, retail, turn on

открывшийся (verb) - open, discover, unveil, uncover, reveal, bare, lay, show, retail, turn on

открыл (verb) - open, discover, disclose, reveal, confide, begin, start, launch, kick off, extend, offer

открыла (noun) - opening, opening up, unfolding, disclosure, revealation, expression, extension, offering, confidence

открылась (verb) - open, discover, disclose, reveal, confide, begin, start, launch, kick off, extend, offer

открыли (verb) - open, discover, disclose, reveal, confide, begin, start, launch, kick off, extend, offer

открылись (verb) - open, discover, disclose, reveal, confide, beging, start, launch, kick off, extend, offer

открыло (noun) - discovery, disclosure, revelation, unfolding, opening, expression, offering, confidence
открылся (verb) - open, discover, disclose, reveal, confide, begin, start, launch, kick off, extend, offer
открыт (verb) - open, show, uncover, revelate, discover
открыта (noun) - opening, uncovering, revelation, discovery
открытие (noun) - opening, showing, discovery, breakthrough, opportunity, chance
открытии (noun) - opening, showing, discovery, breakthrough, opportunity, chance
открытиы (noun) - opening, showing, discovery, breakthrough, opportunity, chance
открытию (noun) - opening, uncovering, revelation, discovery
открытия (noun) - opening, showing, discovery, breakthrough, opportunity, chance
открыто (advb) - openly, accessibly, unconcealingly, unprotectively, unrestrictedly, availably
открытого (adjv) - opened, accessed, unconcealed, unprotected, unrestricted, available, open-related
открытого чемпионата (noun) - Open champion
открытой (adjv) - opened, uncovered, revealed, discovered, turned on, low-necked, open-related
открытом (noun) - open, exposure, reveelation,no protection, opening, open space, unobstructed space, open air, open water, unrestricted tournament, public position, high ocean
открытом море прогноз (noun) - high-seas forcast, oceanic prognosis
открытому (noun) - open, exposure, revelation, no protection, opening, open space, unobstructed space, open air, open water, unrestricted tournament, public position, high ocean
открыты (adjv) - opened, public, exposed, uncovered, revealed, low-necked, discovered, unprotected, undisguised, free, frank, direct, overt, naked, turned on, open-related
открытые (adjv) - opened, public, exposed, uncovered, revealed, low-necked, discovered, unprotected, undisguised, free, frank, direct, overt, naked, turned, open-related
открытые отношения (noun) - open relations, open relatioship

открытых (adjv) - opened, uncovered, revealed, discovered, turned on, low-necked, open-related
отливная (adjv) - casted, founded, founding, molded, moldable, casting-related
отлитой (adjv) - casted, founded, founding, molded, moldable, casting-related
отличаться (verb) - differ, be unlike, disagree, be distinct, vary, be at variance
отличаются (verb) - differ, be unlike, disagree, be distinct, vary, be at variance
отличительных (adjv) - distinctive, distinguishing, outstanding, conspicuous, eminent, famous, distinction-related
отложен (verb) - postpone, delay, defer, put off, extend, prolong, table
отложении (noun) - sediment, fallout, precipitate, laid-down material, deposit
отложениях (noun) - sediments, fallouts, precipitates, laid-down materials, deposits
отложено (verb) - postpone, delay, defer, retard, put off, set aside, put asie, put away, unharness, deposit
отложил (noun) - postponement, delay, retardation, putting off, setting aside, putting aside, putting away, unharnessing, deposition,
отложила (noun) - postponement, delay, retardation, putting off, setting aside, putting aside, putting away, unharnessing, deposition
отложили (verb) - put aside, set aside, put away, put by the side, put off, postpone, adjourn, shelve, lay away, unharness, deposit
отложило (verb) - postpone, delay, put off, set aside, put aside, put by, put away, unharness, deposit
отмене (noun) - cancellation, abolition, abolishment, repeal, abortion
отменена (noun) - repeal, abolition, cancellation, revocation, abrogation, invalidation, annulment, waiver, reversal, abortion
отменено (verb) - repeal, cancel, abolish, repeal, abort, revocate
отменены (noun) - repeal, abolition, cancellation, revocation, abrogation, invalidation, annulment, waiver, reversal, abortion

отменил (verb) - repeal, abolish, cancel, lift, revocate, abrogate, invalidate, annul, waive, reverse, abort

отменила (noun) - repealing, abolishment, cancellation, lifting, revocation, abrogation, invalidation, annulment, waiving, reversing, aborting

отменит (verb) - repeal, abolish, cancel, revocate, abrogate, invalidate, undo, annul, waive, reverse, abort

отменить (verb) - repeal, abolish, cancel, revocate, abrogate, invalidate, undo, annul, waive, reverse, abort

отменой (adjv) - repealed, abolished, canceled, revocated, abrogated, invalidated, annulled, waived, reversed, aborted, cancellation-related

отмену (noun) - repeal, abolition, cancellation, revocation, abrogation, invalidation, annulment, waiver, reversal, abortion

отметил (noun) - marking, celebration, observation, noting, keeping, solemnizing

отметила (noun) - marking, celebration, observation, noting, keeping, solemnizing

отметили (verb) - mark, celebrate, observe, note, keep, solemnize

отметку (noun) - mark, note, rate, value

отметчик (noun) - marker, annotation, pointer, sign-post, roadway-sign, identifier, identification card

отмечавшимся (verb) -report, relate, record, carry, write, account, state, announce, issue, submit, make, make known, charge, subordinate oneself

отмечаемый (adjv) - registered, recorded, signed, qualified, present, record-related

отмечает (verb) - register, make, enter, sign, mark. note, record, print to, mention, celebrate, achieve

отмечается (verb) - register, make, enter, sign, mark, note, record, print to, mention, celebrate, achieve*

отмечается День (noun) - “Registration Day”

отмечалось (verb) - register, make, enter, sign, mark, note, record, print to, mention, celebrate, achieve

отмечать (verb) - register, make, enter, sign, mark, note, record, print to, mention, celebrate, achieve

отмечаться (verb) - register, make, enter, sign, mark, note, record, print to, mention, celebrate, achieve

отмечают (verb) - register, make, enter, sign, mark, note, record, print to, mention, celebrate, achieve
отмечаются (verb) - register, make enter, sign, mark, note, record, print to, mention, celebrate, achieve
отмечен (noun) - observing, watching, recording, guarding, realizing, noticing, finding, marking, celebrating, mentioning
отмечена (noun) - observing, watching, recording, guarding, realizing, noticing, finding, marking, celebrating, mentioning
отмечены (noun) - observing, watching, recording, guarding, realizing, noticing, finding, marking, celebrating
отмывать (verb) - wash, clean, launder, become clean, come out, come off
отнормы (advb) - from norm, abnormally, unusually, exceptionally
относительная (adjv) - relative, relevant, pertinent, comparative, comparison-related
Относительная влажность (noun) - Relative Humidity, comparative moistness
Относительная плотность (noun) - Relative Density, comparative density
Относительная скорость самолёта (noun) - Relative aircraft-speed
относительная устойчивость (noun) - relative firmness, comparative stability
относительного (adjv) - relative, relevant, pertinent, comparative, comparison-related
относительной (adjv) - relative, relevant, pertinent, comparative, comparison-related
относительной водносит (noun) - relative dampness, relative water- content
Относительностю (noun) - Relativity, Einsteins Theory
относительные (adjv) - relative, relevant, pertinent, comparative, comparison-related
относительный поток (noun) - relative flow, relative current, relative wind
относительный сдвиг (noun) - relative displacement, comparative shear
относительный температура (noun) - relative temperature, comparative temperataure

относительными (adjv) - relative, relevant, pertinent, comparative, comparison-related
относительных (adjv) - relative, relevant, pertinent, comparative, comparison-related
относятся (prep) - relative, relevant to, pertinent to, compared to
относящийая (adjv) - relative, relevant, pertinent, comparative, comparison-related
относящийая движение (noun) - relative motion, relative movement
относящийся (adjv) - relative, relevant, pertinent, comparative, comparison-related
Относящийся вихря напряжённость (noun) - Relative Vorticity, Relative whirlwind-tension
Относящийся влажность (noun) - Relative Humidity, Relative dampness
Относящийся топография (noun) - Relative topography, petinent topographical-features
отношении (noun) - attitude, treatment, consideration, relation, respect, bearing, regard, esteem, terms, ratio, letter, memorandum
отношений (noun) - attitude, treatment, consideration, relation, respect, bearing, regard, esteem, terms, ratio, letter, memorandum
отношению (noun) - attitude, treatment, consideration, relation, respect, bearing, regard, esteem, terms, ratio, letter, memorandum
отношениям (noun) - attitudes, treatments, considerations, relations, respects, bearings, regards, esteems, terms, ratio's, letters, memorandums
отношениях (noun) - attitudes, treatments, considerations, relations, respects, bearings, regards, esteems, terms, ratio's, letters, memorandums
отношенцю (prep) - against, inopposition, contrasted to, contrary to, directly opposite, hostile to,
отожжённых (adjv) - annealed, heated and cooled, toughened, strengthened, strength-related
отозвала (verb) - withdraw, remove, take back, take aside, retract, retire, sideline, delay, reconsider, recall

отозвали (verb) - withdraw, remove, take back, take aside, retract, retire, sideline, delay, reconsider, recall

отомстить (verb) - take revenge, avenge onself, recompense, repise, requit, retribute, compensate

оторвавшейся (verb) - detach, part, separate, come off, divorce, break away

оторвались (verb) - detach, part, separate, come off, divorce, break away

отпала (verb) - recede, fall off, diminish, drop out, fade, pass

отпечатано (verb) - print, stamp, impress, copy, write, publish, produce

отпечатков (noun) - prints, impressions, identifications, marks, records

отпечатков пальцев (noun) - Finger Prints, finger-identifications, finger-impression records

отпленец (noun) - heating engineer, heating-system engineer

отправил (verb) - send, post, forward, dispatch, ship, set out, leave, depart

отправилась (verb) - send, post, forward, dispatch, ship, set out,start, leave, depart

отправило (verb) - send, post, forward, dispatch, ship, set out, start, leave, depart

отправился (verb) - send, post,forward, dispatch, shipping, set out, start, leave, depart

отправку (noun) - sending, posting, forwarding, dispatching, shipping, setting out, starting, leaving, departing

отправлен (noun) - departure, leaving, egress, sending, exercise, function, performance

отпуски (noun) - holiday, leave, furlough, issuing, delivery, distribution

отпустили (verb) - let go, release, let out, set free, give leave, make, crack, relax. slacken, ease, let grow, issue, give out, serve, assign, allot, remit, forgive, give

отпущен (verb) - let go, release, let out, set free, give leave, make, crack, relax, slacken, ease, let grow, issue, give out, serve, assign, allot, remit, forgive, give

отравившаяся (verb) - poison, sicken, afflict, disable, invalid, indispose, enfeeble

отравившихся (verb) - poison, sicken, afflict, disable, invalid, indispose, enfeeble, pollute
отравили (verb) - poison, sicken, afflict, disable, invalid, indispose, enfeeble, pollute
отравлением (noun) - poison, toxin, toxicant, pesticide, insecticide, venom, pollutant
отражаемости (noun) - reflectivity, reflection-effectiveness
отражаемость (noun) - reflectivity, reflection-effectiveness
отражает (verb) - reflect, deflect, repel, ward off, fend off
отражают (verb) - reflect, deflect, repel, ward off, fend off
отражающей (noun) - reflecting, deflecting, repelling, warding off
отражении (noun) - reflection, returning, deflection, giving back, mirroring, showing
отражены (noun) - reflection, return, deflection, deviation
отпраздновала (verb) - celebrate, praise, glorify, observe, party
отразятся (verb) - reflect, repel, ward off, fend off
отрасле (noun) - branch, division, arm, corps, office
отрезаны (noun) - cut off, separation, isolation, stranding, disjunction
отреставрированного (adjv) - Otrestavian, Otrestav-related
отрицает (verb) - deny, refute, repudiate, renounce, disclaim, dismiss, discard, disdain
отрицательная (adjv) - negative, unfavorable, adverse, disagreeable, pessimistic, negation-related
отрицательное (adjv) - negative, unfavorable, adverse, disagreeable, pessimistic, negation-related
отрицательное вихря напряжённость (noun) - Negative Vorticity, Negative whirlwind-tension
отрицательное вращение (noun) - negative rotation, adverse rotation
отрицательное давление (noun) - negative pressure, negative stress
отрицательной (adjv) - negative, unfavorable, advers, disagreeable, pessimistic, negation-related
отрицательные (adjv) - negative, unfavorable, adverse, disagreeable, pessimistic, negation-related
отрицательный (adjv) - negative, unfavorable, adverse, disagreeable, pessimistic, negation-related

отрицательный знак (noun) - negative sign, negative indicator
отрицательных (adjv) - negative, unfavorable, adverse, disagreeable, pessimistic, negation-related
отсасыватель (noun) - suction-pump, vacuum-pump, common pump
отслеживает (verb) - serve, conduct, wear out, finish
отслеживающей (adjv) - monitoring, monitored, tracked, tracking, checking, examined, followed, monitor-related
отсрочек (noun) - postponement, deferment, delay, extenuation, continuation
отсрочить (verb) - postpone, defer, delay, prorogue, suspend, extend, end, terminate
отсрочке (noun) - postponement, deferment, delay, extenuation, continuation
отставку (noun) - resignation, relinguishment, renouncement, with- drawing, yield, surrender. retirement
отстой западня (noun) - sediment trap, sludge trap, grease trap
отступают (verb) - retreat, withdraw, retire, fall back, depart, leave, flee
отстыкованный (adjv) - undocked, unmoored, unconnected, detached, debarked, connection-related
отсуплении (noun) - deviation, departure, deflection, difference
отсуствием (noun) - absence, absent-state, absent-period, departure, lacking, want, need, inattention
отсутствие непрерывности (noun) - lack (of) continuity, discontinuity
отсутствии (noun) - absence, absent-state, absent-period, departure, lacking, want, need, inattention inattention
отсутствий (noun) - absence, absent-state, absent-period, departure, lacking, want, need, inattention
отсутсвует (verb) - be absent, be wanting, be lacking, be inattentive, be gone, vanish
отсутсвующий (adjv) - absent, missing, not existing, lacking, unattentive, abstracted, absence-related
отсчёт (verb) - read, determine, check, understand, comprehend, indicate
отсчёта (noun) - keeping, maintaining, indicating, reading, recording

отсчёт непосредственный (noun) - direct reading, direct read-out
отсчёт нуль (noun) - null reading, zero reading
отсчёт показании темометра (noun) - reading/indicating thermometer
отсчётливо (advb) - precisely, exactly, accurately, distinctly, correctly, clearly
отсылка атмосферы (noun) - standard atmosphere, referenced atmosphere
отто (noun) - Otto (name)
оттуда (advb) - thence, therefrom, thereout, from there
Отунбаева (noun) - Roza Otunbayeva (President of Kyrgyzstan)
Отунбаевой (adjv) - Otunbayevian, Otunbayeva-related
отходов (noun) - departures, withdrawals, deviations, breaks, wastes
отцом (adjv) - father-like, patriarchal, father-related
отчественного (adjv) - patriotic, nationalistic, civic-spirited, flagwaving, home-protective, homeland-protective, native-land protective, patriotism-related
отчественных (adjv) - patriotic, nationalistic, civic-spirited, flagwaving, home-protective, homeland-protectivel, native-land protective, patriotism-related
отчёт точнность (noun) - account accuracy, report, accuracy
отчетной (adjv) - financial, monetary, economical, banked, invested, finance-related
отчётливости (noun) - distinctness, precison, intelligibility, clarity
отчётливость (noun) - distinctness, precision, intelligibility, clarity
отчётливый (adjv) - distinct, precise, exact, intelligible, clear, legible, distinctness-related
отчетом (noun) - accounts, reports, statements, descriptions, studies
отчеты (noun) - account, report, statement, description, study
офисы (noun) - office, branch space, executive suite, headquarters, study, embassy, consulate
офийер полийии (noun) - Police Officer
офицере (noun) officer, military-officer, commissioned-officer, official, executive, governer, policeman
офицеров (noun) - officers, military-officers, commissioned-officers,officials, executives, governers, policemen

офицеры (noun) - officer, military-officer, commissioned-officer, official, executive, governer, policeman
официально (advb) - officially, authoritatively, commandingly, formally, imperatively, supremely, influentially, prestigiously
официальной (adjv) - official, authoritative, office-holding, position- associated, officiary, authority-related
официальную (adjv) - official, authoritative, office-holding, position -associated, officiary, authority-related
официальные (adjv) - official, authoritative, office-holding, position-associated, officiary, authority-related
официальным (adjv) - official, authoritative, office-holding, position associated, officiary, authority-related
официальных (adjv) - official, authoritative, office-holding, position- associated, officiary, authority-related
оформляется (verb) - formalize, shape, design, register, enroll, be registered, legalize, take on
офсетиая (adjv) - offset, displaced, bent-abruptly, compensated, counterbalanced, displacement-related
офтальмолог (noun) - Ophthalmologist (medical)
охарактеризовано (verb) - characterized, described, categorized, distinguished, typlified
охватившие (noun) - embracing, enveloping, enclosing, enfolding, clasping, hugging
охватила (noun) - coverage, covering, envelopment, reach, incidence
охватывающих (adjv) - including, includable, inclusive, enclosed, contained, inclusion-related
охвать (noun) - coverage, scope, range, inclusion, envelopment, out- flanking
охвачены (adjv) - stricken, wretched, miserable, woeful, cut up, misery-related
охладелы (adjv) - cold, chilly, chilling, coldish, nippy, raw, uncomfortable, unheated, unfriendly, aloofness-related
охладителей (noun) - cooling-pond, cooler, condenser, refrigerator
охладительных (adjv) - cooled, cooling, frigid, calmed, unfriendly, coolness-related
охладителях (noun) - cooling-ponds, coolers, condensers, refrigerators

охлаждается (verb) - cool, cool off, cool down, calm, be unfriendly
охоте (noun) - hunt, hunting, chase, desire, wish, inclination, female- animal heat
охотничий сезон (noun) - hunting season, chase season
Охотск (noun) - Okhotsk (name)
Охотска (noun) - Okhotsk (name)
Охотского (adjv) - Okhotskian, Okhotsk-related
Охотского моря (noun) - Okhotsk Sea, Sea of Okhotsk
Охотском (adjv) - Okhotskian, Okhotsk-related
Охотском море (noun) - Okotsk Sea, Sea of Okhotsk
Охотском морях (noun) - Okhotsk Sea, Sea of Okhotsk
охране (noun) - protection, guarding, guard, safety, health
охранниками (noun) - guards, sentries, escorts, conveyors, safe- guarders
охранной (adjv) - secured, alarmed, protective, safe, secure, snug, cozy, restricted, guarded, burglar-proofed, cautious, security-related
охраной (adjv) - secured, alarmed, protective, safe, secure, snug, cozy, restricted, guarded, burglar-proofed, cautious, safety-related
охрану (noun) - protection, security, guarding, safety, health, conservation
охраны (noun) - protection, security, guarding, safety, health, conservation
охружающей (adjv) - surrounding, environing, environmental, ecological, environment-related
Охта центра (noun) - Ohta Center
оценен (noun) - estimation, evaluation, calculation, appraisal, appreciation
оценена (noun) - estimation, evaluation, calculation, appraisal, appreciation
оценивается (verb) - estimate, evaluate, appraise, calculate, appreciate
оценивалось (verb) - estimate, evaluate, appraise, calculate, appreciate
оценивания (noun) - estimation, evaluation, calculation, appraisal, appreciation

оценивают (verb) - value, estimate, price, evaluate, appraise, appreciate
оценил (noun) - price, cost, worth, value
оценить вред (noun) - estimated damage, assessed damage
оценка о вторичный (noun) - evaluation of derivatives
оценками (noun) - valuations, evaluations, appraisals, estimates, assessments, appreciations, marks, grades, scores
оценках (noun) - valuations, evaluations, appraisals, estimates, assessments, appreciations, marks, grades, scores
оценке (noun) - valuation, evaluation, appraisal, estimate, assessment, appreciation, mark, grade, score
оценкй (adjv) - valuational, evaluative, appraisive, assessable, marked, graded, scored, value-related
оценкой (adjv) - valuational, evaluative, appraisive, assessable, marked, graded, scored, value-related
оценок (noun) - adjustment, adjusting, modification, correction, settlement
оценю (noun) - adjustment, adjusting, modification, correction, settlement
очагам (noun) - hearths, fireplaces, stoves, ranges, homes, seats, benchs, centers
очагам огня (noun) - home fire, home blaze, hearth fire
очаги (noun) - hearth, fireplace, stove, range, home, seat, bench, center
очагов (noun) - hearths, fireplaces, stoves, ranges, homes, seats, benchs, centers
Очаков (noun) - Ochakov (name)
очевидец (noun) - witness, eyewitness, spectator, beholder
очевидный (adjv) - transparent, pellucid, radiation-passable, diaphanous, clear, obvious, frank, transmission-related
очевидцу (noun) - witness, eyewitness, spectator, beholder, attestor
очевидцы (noun) - witness, eyewitness, spectator, beholder, attestor
очен (advb) - very, extremely, exceedingly, very much, highly
Очень высокое частотная (noun) - Very High Frequency/VHF
очень крепкий ветер (noun) - very strong wind, fresh gale

очередное (adjv) - next, succeeding, successive, following, latest, ensuing, subsequent, immediate, usual, regular, sequence-related
очищать (verb) - clean, clean out, cleanse, purify, decontaminate, clear, salve, free, open, peel
очищенные (adjv) - cleansing, purgative, purging, purifying, purificatory, decontaminating, eliminating, ridding, remove-related
очков (noun) - points, units, score, numbers, indicator
Оше (noun) - Osh (Kygyrstan/airport)
ошибка навлюдения (noun) - observation error, observation mistake
ошибказ (noun) - error, discrepancy, mistake, blunder, slip, lapse
ошибкам (noun) - errors, discrepancies, mistakes, blunders, slips, lapses
ошибками (noun) - errors, discrepancies, mistakes, blunders, slips, lapses, inaccuracies
ошибке (noun) - error, discrepancy, mistake, blunder, slip, lapse, inaccuracy
ошибки (noun) - error, discrepancy, mistake, blunder, slip, lapse, inaccuracy
ошибки компаса (noun) - compass error, compass discrepancy
ощелачивание (noun) - alkalization, made alkaline
ошибкой (adjv) - mistakable, erroneous, false, illogical, mistake- related
ошибок (noun) - error, discrepancy, mistake, blunder, slip, lapse, inaccuracy,
ошибочные (adjv) - erroneous, inaccurate, incorrect, faulty, improper, wrong, mistaken, error-related
оштрафовала (noun) - fine, penality, levy, punishment, damage
оштрафовали (noun) - fine, penality, levy, punishment, damage
оштрафован (verb) - fine, penalize, levy, punish, damage
ОЭСР (abbv) - Organization (for) Economic Cooperation (and) Development

GRAMMATICAL ABBREVIATIONS:

(abbv) - abbreviation, (acnm) - acronym, (adjv) - adjective, (advb) - adverb, (comp) - compound-word, (conj) - conjunction/conjugation, (noun) - noun, (numb) - number, (pref) - prefix, (prep) - preposition, (pron) - pronoun, (punc) - punctuation, (sufx) - suffix, (verb) - verb

AMERICAN/CYRILLIC KEYBOARD:

`	1	2	3	4	5	6	7	8	9	0	-	=
ё	1	2	3	4	5	6	7	8	9	0	-	=

q	w	e	r	t	y	u	i	o	p	[	]	\	*
й	ц	у	к	е	н	г	ш	щ	з	х	ъ	\	

a	s	d	f	g	h	j	k	l	;	'
ф	ы	в	а	п	р	о	л	д	ж	э

z	x	c	v	b	n	m	,	.	/
я	ч	с	м	и	т	ь	б	ю	.

CYRILLIC/AMERICAN KEYBOARD EQUIVALENTS:

А	Б	В	Г	Д	Е/Ё	Ж	З	И	Й	К	Л	М	Н	О	П
F	,	D	U	L	T/~	;	P	B	Q	R	K	V	Y	J	G

Р	С	Т	У	Ф	Х	Ц	Ч	Ш	Щ	Ъ	Ы	Ь	Э	Ю	Я
H	C	N	E	A	[	W	X	I	O	]	S	M	'	.	Z

RUSSIAN/AMERICAN TRANSLITERATIONS:

Russian:	А	Б	В	Г	Д	Е/Ё	Ж	З	Т	Й	К	Л	М	Н	О	П
American:	A	B	V	G	D	E/E	ZH	Z	T	J	K	L	M	N	O	P

Russian:	Р	С	Т	У	Ф	Х	Ц	Ч	Ш	Щ	Ъ	Ы	Ь	Э	Ю	Я
American:	R	S	T	U	F	KH	TS	CH	SH	SHCH		Y		E	YU	YA

(transliterating Cyrillic spellings frequently reveals the English influence on the Russian language. ie.: “Баскетбол” transliterates to; BASKETBOL/ American “BASKETBALL”).

The Author: L. L. Downing welcomes all comments and suggestions, and can be reached at:
downing@wavecable.com

ABOUT THE AUTHOR

Mr. Downing is a retired US. Federal Service member with 39 ½ years of service. He served 22 ½ years of active Army Air Corp/US. Air Force service as a weather specialist. He completed Graduate Meteorolgy, University of Chicago, through Air Force Extension training at Rantoul, Illinois in 1950. He also has had a career in Air Force electronics. He began his Russian Language training while stationed in West Texas, more than forty years ago.

While informally associated with the North American franchise of "Translation Experts", he initiated the incorporation of differentiated translations which distinguished between the English and American vernacular for Russian translations. This practice is now incorporated into the most prestigious English/Russian dictionaries (Oxford press, etc.).

His production of "Contemporary Russian" is a consequence of his awareness of the lack of contemporary word/term Russian translations available in most English/Russian dictionaries, currently in print. Mr. Downing has near-daily monitored "Moscow based On-line news publications". This exposure has contributed greatly to his contemporary translations of Cyrillic - abbreviations, compound terms, phonetic translations, etc.